国家社科基金一般项目：外语能力标准的国际比较研究（编号：15BYY078）

张蔚磊◎著

# 外语能力标准的国别研究：美国与澳大利亚

上海交通大學出版社
SHANGHAI JIAO TONG UNIVERSITY PRESS

**内容提要**

本书主要研究了美国和澳大利亚语言能力标准的研究背景、发展历程、相关研究、信度效度、编排表达模式及其相关启示等。同时将二者与《中国英语能力等级量表》进行了细致的比较，为进一步完善我国的外语能力测评体系，升级修订《中国英语能力等级量表》奠定了基础。本书可以为我国现有的语言政策研究提供借鉴，有助于完善我国的外语测评体系。

**图书在版编目(CIP)数据**

外语能力标准的国别研究. 美国与澳大利亚 / 张蔚磊著. —上海: 上海交通大学出版社，2022.3

ISBN 978-7-313-26461-9

Ⅰ.①外… Ⅱ.①张… Ⅲ.①外语—语言能力—研究—美国、澳大利亚 Ⅳ.①H3

中国版本图书馆 CIP 数据核字(2022)第 034832 号

**外语能力标准的国别研究：美国与澳大利亚**

WAIYU NENGLI BIAOZHUN DE GUOBIE YANJIU: MEIGUO YU AODALIYA

著　　者：张蔚磊

出版发行：上海交通大学出版社　　地　　址：上海市番禺路 951 号

邮政编码：200030　　电　　话：021-64071208

印　　制：江苏凤凰数码印务有限公司　　经　　销：全国新华书店

开　　本：710 mm×1000 mm　1/16　　印　　张：27.75

字　　数：480 千字

版　　次：2022 年 3 月第 1 版　　印　　次：2022 年 3 月第 1 次印刷

书　　号：ISBN 978-7-313-26461-9

定　　价：118.00 元

版权所有　侵权必究

告读者：如发现本书有印装质量问题请与印刷厂质量科联系

联系电话：025-83657309

# 序

中国特色社会主义建设进入新时代之际，我国正快速走近世界舞台的中央。党的十八大以来，习近平总书记多次强调，参与全球治理需要一大批熟悉党和国家方针政策、了解我国国情、具有全球视野、熟练运用外语、通晓国际规则、精通国际谈判的专业人才。党中央国务院十分重视外语教育的改革与发展。2020年10月，中共中央、国务院印发《深化新时代教育评价改革总体方案》，其意义重大而深远。以教育评价改革作为建设高质量教育体系的"龙头之战"，统筹推进育人方式改革、办学模式改革、管理体制改革、保障机制改革，将是我国在新时代建设教育强国、办好人民满意教育的关键一步。外语是我国国民适应21世纪社会发展所需的关键能力之一，也是国家参与国际合作与国际竞争的重要工具。

2014年国务院下发《国务院关于深化考试招生制度改革的实施意见》(国发〔2014〕35号)，提出要加强外语能力测评体系建设，从国家层面对外语测评综合改革提出明确要求。目前，我国各级各类外语考试繁多，考试本身的效度和各种外语考试之间的对等性等须从国家层面制定标准来加以规范，教育部和国家语言文字工作委员会于2018年4月发布的《中国英语能力等级量表》(以下简称《量表》)就是一种很好的尝试。《量表》可以起到促进我国的英语学习、教学及评测"车同轨、量同衡"的作用。迄今为止，《量表》在外语教学中的应用研究涉及我国各级各类英语教学，从小学、初中到高中、高职、大学(涵盖普通大学、应用型本科大学、独立学院、中外合办大学等多种性质的大学)。

外语能力等级量表能为外语课程计划的制订、外语教学的设计和实施、外语学习的测评提供帮助，能促进外语学习者、教师、课程设计者、考试机构和教育行政管理部门相互之间更好地合作，能为各类外语考试提供科学的能力指标体系和准确的能力标尺，使考试设计更加全面、系统，使考试成绩具有可比性，为不同学习成果的沟通互认提供依据，实现"量同衡"；也能为外语教学的过程性、终结性等评价方式提供共同参照标准，促进多元评价的发展，推动各级各类外语教学、学习、测试的协调发展，实现“车同轨”。

随着《量表》的应用越来越广泛，我们发现《量表》也需要不断地根据广大英语教师及其他量表使用者的反馈，参考国际上其他语言能力等级量表的发展规律进行不断的完善。有些国际语言能力量表的使用时间长达几十年，积累了丰富的经验，它们在应用过程中表现出的优缺点可以为我国《量表》的修订和完善提供宝贵的经验。例如《量表》如何通过具体的描述语来指导外语的教学还需要进一步细化，我国外语教师可在《量表》的基础上，尝试开发适合各种专门用途外语的能力量表，并且对学习和教学全过程进行较为精细的描述。当然，《量表》还须在今后的外语学习、教学、测评中得到验证，在实践中不断地完善，量表的验证和修订可以说是个持续不断的工作(刘建达，2019)。

张蔚磊教授的力作“外语能力标准的国别研究”系列丛书系统地比较了国际上几种典型的外语能力标准。丛书以美国、澳大利亚、英国、加拿大、中国等国家制定的外语能力标准为实例，着眼于新时期我国外语能力标准的开发和完善，阐述了外语能力标准和外语课程标准的关系，横向比较了美国、澳大利亚、英国、加拿大、中国等国家制定的外语能力标准。本书研究的外语能力标准可分为三个模式：能力水平的案例例证模式(美国)、分年级的成就图模式(加拿大、澳大利亚)、跨年级的连续性尺度模式(英国、欧盟)，涵盖当前国际上较为流行的几种外语能力标准，值得推荐。

刘建达

2022年1月于广州白云山麓

# 前　言

外语能力标准贯穿于外语教学的各个环节之中，是外语教学目标和评价体系设计的参照和依据。外语能力标准是对外语学习者的语言能力从低到高的一系列描述，是测量外语能力的标准、参考点和依据。2010 年《国家中长期教育改革和发展规划纲要（2010—2020 年）》明确提出要“树立以提高质量为核心的教育发展观……制定教育质量国家标准”。2014 年，国务院颁布的《关于深化考试招生制度改革的实施意见》明确提出要加强“外语能力测评体系建设”。为此，教育部定下目标：到 2020 年，基本建成标准统一、功能多元的现代化外语测评体系，同时推动考试内容和形式的改革。2018 年，我国出台了《中国英语能力等级量表》（中华人民共和国教育部、国家语言文字工作委员会，2018）。该量表自颁布实施以来，在语言考试的设计、课程标准和教学指南的制定、测评标准的制定等诸多方面发挥着重要作用。2019 年，雅思和普思考试与《中国英语能力等级量表》的对接结果正式公布。目前我国的《中国英语能力等级量表》已出台几年时间，正处于修订完善的关键时期，因此对国际上重要的语言能力标准的应用实践进行深入比较研究，对完善我国外语能力测评体系意义深远。

本丛书聚焦外语能力标准的国别研究，从多个维度对不同国家的语言能力标准进行了比较研究，分为美国篇、澳大利亚篇、加拿大篇、英国篇和中国篇。本书主要为美国篇、澳大利亚篇和中国篇。

美国篇共有 5 章。该篇首先介绍了美国现存的五大语言能力量表：《美国外语教学委员会外语能力指导方针》《语言绩效描述语量表》《语言学习的世界标准》《NCSSFL－ACTFL 全球语言能力“能做”绩效指标体系》和《世界各种语言教学实用指南》，进而分别研究了五大量表的基本信息、发展历程、听说读写信度效度的发展与改进、与量表对应的测评系统、量表的作用和影响、量表的优势、量表的使用范围、量表和国家标准、量表与教学实践、量表与课程设计、量表与教学评估、量表与学生自主学习、量表的实际应用和注意事项等。

澳大利亚篇共包含6章，该篇对澳大利亚的《国际第二语言能力标准》进行了详细的研究与剖析。从《国际第二语言能力标准》的研究背景、目的和用途、必要性、意义、发展历程、理论基础、描述语的改进、编排表达模式、信度效度、评级程序、用途范围、研制与升级过程、不足与警示等方面分别进行了详细的分析。

作为对照，本书引入了《中国的外语能力等级量表》，并编写了中国篇。中国篇包含3章。分别介绍了中国英语教学大纲的发展脉络、《中国英语能力等级量表》的历史沿革、研发背景、目标人群、指导原则、功能与作用、研发方法、信度和效度、组织架构、理论基础、编排表达模式、自我评价量表等，并进一步明确了我国英语能力标准的研究热点及未来趋势。

本书可以为我国现有的外语教育政策研究提供借鉴，有助于完善我国的外语能力测评体系，有助于我国的外语能力测评体系和国际上最新的语言能力测评体系接轨，借鉴他国经验，为我国外语能力测评体系的完善提供参考。输出驱动型外语能力标准的研究符合当前的国际发展趋势，可解决当前外语课程标准重点关注学科内容的问题，转变育人模式，改变国家和地方测评过分依赖考纲的现状，有助于对我国的外语教育目标进行准确定位，对协调各阶段的外语教学，开发和应用外语测评体系，明确课程实施程度，评价学生学业等提供理论框架和水平依据。

在本书出版之际，要特别感谢国家社会科学基金［本书系国家社科基金一般项目：外语能力标准的国际比较研究（编号：15BYY078）的成果］对本研究给予的支持和肯定。另外，刘建达教授，蒋以刘、程佳蒙、冯婷婷、魏冬亮、宋秋逸等研究生，以及本书编辑均为本书的出版贡献了心力，在此一并致谢！

著　者

# 目 录

## 澳大利亚篇

# 插图目录



## 美　国　篇



## 澳 大 利 亚 篇

## 中 国 篇

# 表格目录

## 美　国　篇

## 澳大利亚篇

## 中 国 篇

# 绪 论

外语能力标准是一个国家核心竞争力和软实力的真实体现，它贯穿于外语教学的各个环节之中，是外语教学目标或评价目标的参照或依据(Davies et al.，1999：23)。外语能力标准是对外语学习者的语言能力从低到高的一系列等级描述，是测量语言能力的一种标准、一个参考点、一个依据(王勃然等，2015：40)。外语能力的界定和教学目标的评价均要以能力标准作为衡量手段，因此构建能力标准的研究成为重要的突破口和研究对象(杨惠中、桂诗春，2007：35)。2010 年《国家中长期教育改革和发展规划纲要(2010—2020 年)》明确提出要“树立以提高质量为核心的教育发展观……制定教育质量国家标准”。比较研究现有的发达国家的语言能力标准或量表①，并研制输出驱动的外语能力国家标准是推进我国外语教育改革的关键，具有至关重要的战略意义和价值。

## 0.1 发达国家语言能力标准比较

在 20 世纪 80 年代之前，国际上基于学业素养的语言能力标准的研究主要参照输入驱动的内容标准，80 年代之后逐步转变成输出驱动的规范性标准。国际上，语言能力标准的编排和设计模式大体可以分为三类：能力水平的案例例证模式(美国、德国)、跨年级的连续性尺度模式(英国、欧盟)，和分年级的成就图模式(澳大利亚、加拿大)，即成就标准和表现水平模式。

① 国内用“外语能力标准”特指中文以外的外语的能力标准，国际上使用“语言能力标准”指包含英语在内的语言能力标准。

1. 能力水平的案例例证模式(美国、德国)

美国语言能力标准的雏形是《美国外交学院量表》以及由此演变而来的《跨部门语言圆桌量表》(Interagency Language Roundtable Scale，简称 ILR)。20 世纪 80 年代，美国制定了《美国外语教学委员会外语能力指导方针》(American Council on the Teaching of Foreign Language Proficiency Guideline，以下简称《ACTFL 外语能力指导方针》)(韩宝成、常海潮，2011：40)。这些能力测评体系大都基于制定者的经验，效度不强。此后，美国颁布了《21 世纪外语学习标准》(Standard for Foriegn Language Learning in the 21st Century，简称 SFLL)，它对各阶段外语学习者的学习目标进行了具体描述。该标准的制定前后历时 6 年，代表了美国 21 世纪初外语教育的发展方向。

2010 年美国颁布了《共同核心州立标准》(Common Core State Standards Initiative，简称 CCSS)，旨在统一美国 K－12(学前教育至高中教育)课程标准，它对英语和外语学科做了细致的描述，强调学生掌握的知识和技能要和就业期望相一致，其精彩之处在于把学生的外语学业表现水平渗透于内容标准之中。《共同核心州立标准》不仅关注学生学到了哪种认知水平的知识与技能，还涉及学生学习后的表现或成果，包括作业、表演、论文等学生表现水平的任务类型和表现证据，属于典型的能力水平的案例例证模式，有很强的借鉴意义。

此外，德国(2003)、瑞士(2007)也都出台了自己的外语学科能力标准，标准按照"整体素养模型—核心领域—具体描述"的框架进行编排。成就标准渗透在其内容标准的表述之中，也是案例例证模式的代表。

2. 跨年级的连续性尺度模式(英国、欧盟)

英国的语言能力标准渗透在《国家课程》中，突出了学科核心概念和过程的重要性，强调引导学生积极参与和实践课程活动，在学习课程内容范围的过程中形成该学科的核心能力。英国曾先后颁布了英语和其他外语学科的《国家课程(1999)》和《国家课程(2007)》。《国家课程》表现了英国对学生能力素养的高度关注(张晓蕾，2012：42)。2011 年英国又进行了新一轮《国家课程》审议修订。语言能力标准水平被刻画为一个跨越不同年级的连续性发展尺度，并按照核心能力和内容领域确定语言的成就目标。

1996 年欧洲成立了欧洲语言测试者协会(Association of Language Testers in Europe，简称 ALTE)，制定并颁布了《欧洲语言测试者协会语言能力标准》。该标准虽建立在问卷调查、报告、修订、级别划分等实证研究的基础之上,但资料的收集实行自我报告模式,使自身的客观性和信度有所降低(Council of Europe, 2001: 245-246)。2001年《欧洲语言共同参考框架:学习、教学与评估》(The Common European Framework of Reference for Languages: Learning, Teaching, Assessment,简称CEFR,以下简称《欧框》)颁布,成为整个欧洲语言教学和评测的共同参照标准。该框架的研制采用了经验、定性、量化三种方法,经历了四个阶段,即:搜集资料,分类整理,形成原始描述库;进行质的分析,划分能力级别;量化研究,评估学生,给出描述;形成标准(Council of Europe, 2001: 218-219)。此外,它也是跨年级的连续性尺度模式的代表。

3. 分年级的成就图模式(澳大利亚、加拿大)

澳大利亚的语言能力标准《国际第二语言能力标准》(International Second Language Proficiency Ratings,简称ISLPR)不仅用于评估第二语言学习者的语言能力,亦可供外语教育科研者或制定语言政策制定者使用,同时为语言课程的开发提供了参考框架(Wylie, 2000)。2009年澳大利亚颁布《国家课程框架》和《课程设计报告》,对外语学科的语言能力标准做了详尽的描述(夏雪梅,2012: 49)。该标准突出了学科核心能力的类型(知识和理解、思考、交流和应用),并针对每个年级进行了水平界定,是典型的成就图模式。

加拿大在2000年颁布了《加拿大语言能力标准》(Canadian Language Benchmarks,简称CLB),成为加拿大全国统一的语言能力标准。该标准对描述参数进行了细致的整理和说明,但没有通过实证研究证明其有效性(Hudson, 2005: 216)。加拿大安大略省2004年颁布的《语言学科学业成就表》是典型的分年级成就图模式,它非常关注概念之间的联系和前后内容的系统性,明确阐述了语言的基本概念、内涵外延、内容主题和核心能力。

## 0.2 我国现有的外语能力标准

我国台湾地区于2005年参考欧洲的《欧框》、加拿大的《加拿大语言能力标准》及美国的《21世纪外语学习标准》,研究并制定了台湾地区的《通用英语能力标准》(Common English Yardstick for English Education in Taiwan,简称CEYEE)(韩宝成、常海潮,2011: 41)。

我国大陆地区在《中国英语能力等级量表》(China's Standard of English,简称CSE)发布之前,对外语能力标准的描述与要求主要体现在不同教育阶段的教学大纲和课程标准之中(韩宝成、常海潮,2011：42),用于指导不同时期的英语教学。大学英语类的要求主要有1962年的《英语教学大纲(试行草案)》(高等工业学校本科五年制各类专业适用)、1980年的《英语教学大纲(草案)》(高等学校理工科本科四年制适用)、1985年的《大学英语教学大纲》(高等学校理工科本科用)、1986年的《大学英语教学大纲》(高等学校文理科本科用)、1999年的《大学英语教学大纲(修订本)》(高等学校本科用)、2004年的《大学英语课程教学要求(试行)》和2007年的《大学英语课程教学要求》(张蔚磊,2011：149)。专业英语类的要求主要有《高等学校英语专业英语教学大纲》(2000)。基础英语类的能力标准主要体现在一系列课程标准中,如2001年的《全日制义务教育英语课程标准(实验稿)》和2011年的《义务教育英语课程标准(2011年版)》。以上的文件中所表述的能力标准大都只描述了笼统的内容标准,但对于如何将这些内容标准细化到具体的学年、学期、单元,并转化为学生的能力标准未作表述。

我国大陆地区的全国英语等级考试(Public English Test System,简称PETS)是建立在1999年的《大学英语教学大纲(修订本)》之上的标准化考试,但是其考纲对该能力标准的描述尚不完善——只涉及听、说、读、写四个维度,似乎并不能全面干预学习者语言能力的可持续发展。

目前我国已经有不少大规模标准化英语考试项目,在多年的实践中积累了丰富的考生资料,为全面准确地描述考生英语语言能力水平提供了翔实的数据和基础(杨惠中、桂诗春,2007：34)。现在已经有一些学者投入到我国外语能力标准的研制与完善工作之中。代表性的研究主要有以下几个方面:① 采用定量和定性相结合的方法建立描述语库,如杨惠中、朱正才和方绪军的《中国语言能力等级共同量表研究：理论、方法与实证研究》(2012：23-29);② 着手研究更为具体的基于实证数据的语言参照水平描述,如王勃然等人的《基于〈大学英语课程教学要求〉的中国大学英语语言能力标准研究》(2015：40);③ 关注能力标准的可靠性和有效性,对编制的量表进行质量检验,如王佶旻的《汉语能力标准的描述语任务难度研究——以中级口语能力量表为例》(2013：413)。目前的研究趋势已经开始转向基于大规模实证数据的语言特征参数研究,更加关注学习者在使用语言时所呈现出的标准特征(Davies,2008：89)。2018年《中国英语能力等级量表》出台,这是我国外语能力标准研究领域的一座里程碑,它标志着我国外语能力标准开始和国际上顶尖的语言能力标准接轨。近几年和该量表相关的应用研究也逐步增加。

总体来说,我国的外语能力标准经历了结构主义能力标准(基于"本族语者”特征)(Fulcher, 2003: 91)和功能主义能力标准(基于“能做表述”特征)(North, 2000: 482)阶段,正在向交际语言能力标准(基于“情景表现”特征)(Fulcher & Davidson, 2007: 56)阶段迈进。

## 0.3 完善新时期我国外语能力标准的必要性

和国外的语言能力标准相比,我国原有的标准(2018 年以前)在层次性、精细性、可操作性上均有一定的差距。首先,这些标准是输入驱动而非输出驱动的,在本质上属于内容标准,其编排体例主要遵循了学科体系的逻辑。其次,这些外语能力标准虽然在总目标中提及学科能力,但没有将外语学科能力作为明确的编排原则,没有明确规定不同年级和学段要培养的外语能力及其应达到的表现水平。这种学科内容取向的编排模式产生的影响如下:① 课程实施程度和外语能力标准模糊不清,使教学管理和改进、学生学业评价缺乏明确的参考依据;② 课程过分强调学科内容和知识点的传授,学科能力或素养培养不突出、不系统。

我国原有的《大学英语课程教学要求(2007)》(以下简称《教学要求》)不是严格意义上的外语能力标准(韩宝成、常海潮,2011: 43),原因在于: ① 它缺乏明晰的语言能力理论基础,只有对语言能力的分项描述,缺乏系统性的总体描述;② 能力描述参数过于简单,有的只是早期传统语言能力描述方式的继续和延伸,虽体现了结构主义语言学理论在语言教学中的应用,但缺乏对学习者语言表现行为的实证研究的支持(岑海兵、邹为诚,2011: 36);③ 量表对语言教育内部目标的描述较为单一简略,不够清晰翔实,在“确定性”“独立性”“一致性”和“语境游离性”等方面存在缺陷,缺乏应有的解释力,不能与国际权威性的能力标准相匹配(王笃勤,2008: 18;韩宝成、常海潮,2011: 44);④《教学要求》主要还是基于研制者的经验和定性调查,研制方法不够科学,其级别的划分和各个级别的描述项目尚有待实证检验,仍然需要不断发展和完善(杨惠中、桂诗春,2007: 36;王勃然等,2015: 41)。

此外,和国外语言能力标准相比,国内原有标准学习目标较为单一,主要体现为对语言运用能力的重视,强调学习者通过各种语言技能完成交际任务的能力。国外语言能力标准则更强调对学习者学习能力、认知能力和学习态度、性格、情感、动机等方面的培养与发展,追求综合素质的提升,而不仅仅是对语言知识、语言技能的提高。尽管新的标准——《中国英语能力等级量表》

(2018)已经颁布，但是这只是我国量表向着科学化、国际化迈进的第一步，后面依然有很长的路要走。

因此，笔者选取经济较为发达、教育质量较高的美国、澳大利亚、英国、加拿大等国家的外语能力标准体系为研究对象，对外语能力标准及其研制完善工作进行系统梳理和研究。从标准的设计编排原则、指标的选取、指标的描述、权重的设定、研制过程、修订的过程质量保障机制等方面进行分析、比较，在此基础上提出对我国外语能力标准进行完善的建议。

笔者认为：① 研究国际先进的语言能力标准体系，有助于我国的外语能力标准完善并与国际上最新的能力标准接轨，借鉴他国研制和修订的过程和经验，为我国外语能力标准的完善和修订提供参考。② 输出驱动型外语能力标准的研究符合当前的国际发展趋势，可解决当前外语课程标准过分关注学科内容的问题，转变育人模式，改变国家和地方测评过分依赖考纲的现状。③ 完善现有的外语能力标准有助于对新时代我国的外语教育目标进行准确定位，对协调各学段的外语教学、外语测评体系的开发和应用、明确课程实施程度、学生学业评价等提供理论框架和水平依据。

## 0.4 新时期外语能力标准研究的总体框架

新时期我国外语能力标准的总体框架建设主要涉及以下方面：界定基于学业质量的外语能力标准的概念；厘清外语能力标准与外语课程标准的关系；比较美、澳、加、英等发达国家的语言能力标准；以及完善我国的外语能力标准。

1. 界定基于学业质量的外语能力标准的概念

以输出驱动的外语能力标准是指对学生在完成各学段时应该具备的基本外语素养以及其应该达到的具体水平的明确界定和描述。

根据当前国际上的共同做法，界定者要站在总体教育目标和公民素养的角度思考和设计外语学科核心能力，要确保设计出的外语能力标准和不同学科的能力标准之间是一种融合和统整的关系。基于学业质量的外语能力标准不是指根据学生在学业水平测试中的实际表现水平而制定的成就标准，而是以各学段的总体教育目标为导向，以跨越不同学科领域的公民素养模型和外语学科的核心能力模型为基础的规范性成就标准。

2. 厘清外语能力标准和外语课程标准的关系

外语能力标准是对现有外语课程标准的有益补充和完善，两者联合构成一个有机的整体。我国现有外语课程标准主要强调学科内容和知识点的传授,有时会忽视学科能力或素养培养。外语能力标准要突出外语学科能力或跨学科能力模型的核心地位,在能力模型基础上形成各学段学生学习结果的规范性成就标准或表现水平。

3. 比较研究美、澳、英、加等发达国家的语言能力标准

通过比较各国语言能力标准的整体架构设计、素养模型建构、编排表达模式、研制修订经验和具体做法,可将研究分为以下五类:

(1) 各国需求分析的比较研究。尽管语言能力标准的研制背景各不相同,但它们都具有相似的结构。在比较几国背景基础上,充分分析未来一定时期内国内外社会变化以及其对教育和人才素养提出的挑战和要求(需求分析),为我国外语能力标准的修订和完善提供参考。

(2) 知识基础研究。语言能力标准都基于一定的语言学理论和相关学科理论,基于这些知识理论可以更科学地对语言能力进行定性描述。

(3) 语言能力基本框架研究。比较几个国家的语言能力标准模式(美国—案例例证模式;澳大利亚—成就标准模式;加拿大—表现水平模式;英国—连续性尺度模式),探索适合我国的模式,不同的设计模式是以学科能力模型为核心的规范性表现标准和实际表现标准相结合的产物。

(4) 编排表达模式研究。语言能力是一种心理特质,具有无法观察性,因此,语言能力指标要通过一定的形式表述出来,如何准确表达和描述语言能力是语言能力标准修订和完善的关键环节。

(5) 研制和修订方法与评价体系研究。语言能力标准的可操作性、信度和效度,主要取决于该标准的研制方法。标准的研制和修订过程应该包括对经验、定性、定量等各种方法的综合运用。国外能力标准的研制和修订都经过"框架—标准—评估"的系统过程,其科学的研制和修订方法和评估系统值得我国借鉴。

4. 完善我国的外语能力标准

外语能力标准作为一个系统至少包括四个部分: ① 各种能力或构成的界定;② 不同能力之间的相关关系或结构,或者不同维度能力的理解和整合;③ 对各种能力的表现水平的界定和描述;④ 对能力在不同表现水平上的发展机制的阐述。标准所规定的能力应该和就业期望相一致(杨惠中,2012: 25)。标准应当包括高水平的认知要求(推理、判断、分析、总结和问题解决),应当具备精准性、可测量性和有效性,并反映学习进程,应当符合国际基准。

## 0.5 外语能力测评体系研究的实践策略

笔者建议可以按照如下思路对外语能力测评体系进行研究和完善。参见图 0-1。

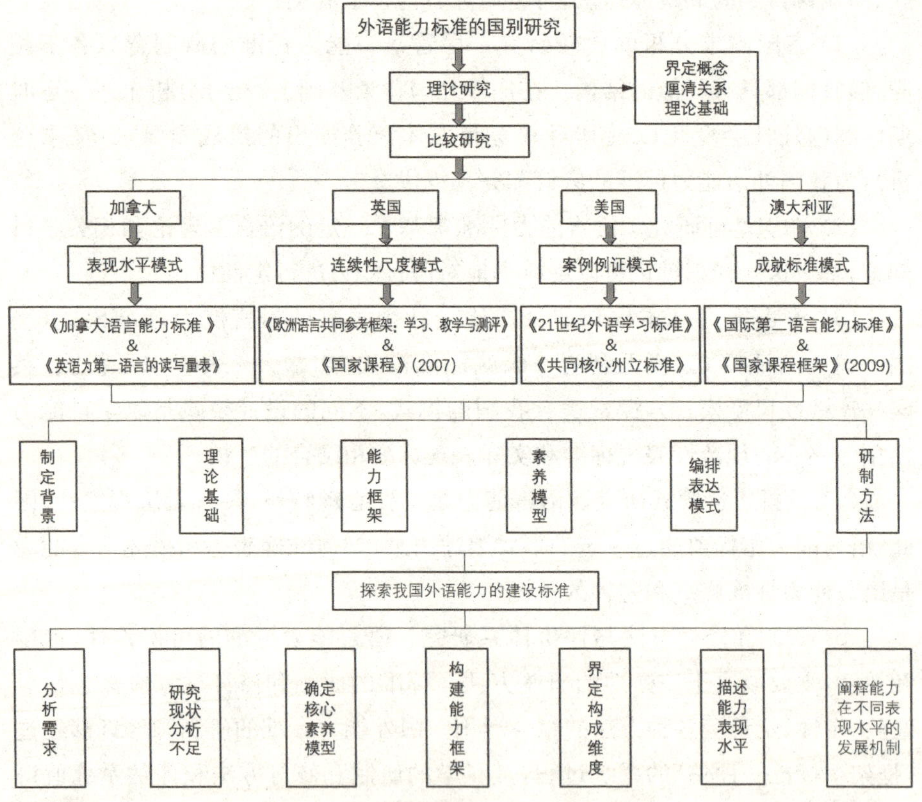


**图 0-1　外语能力测评体系的研究思路**

外语能力测评体系的研究可从以下几个方面展开。

(1) 开展外语能力标准的相关理论研究。运用二语习得理论、学习科学理论、认知科学理论、外语教学理论和教育学理论等进行外语能力标准的概念界定，厘清外语能力标准的基本概念、内涵、关键要素，揭示本领域研究的逻辑起点。核心概念包括能力标准、核心素养、输出驱动等。要深入分析外语能力标准、能力评估等不同理论所涉及的相关内容，比较国内外已有的各种技术手段的结构与效用，厘清外语能力标准和外语课程标准的关系，厘清外语能力标准中各个子指标之间的相关关系，为外语能力标准的修订和完善奠定理论基础和知识基础。

(2) 选择国际上的成功典范(如美国、澳大利亚、加拿大和英国等国家)，即有代表性的语言能力标准进行专项研究和国际比较研究。从制定背景(需求分析)、理论基础、能力框架、素养模型、编排表达模式、研制和完善方法六大维度仔细研究美国的《21 世纪外语学习标准》和《共同核心州立标准》、加拿大的《加拿大语言能力标准》、英国的《国家课程》(2007)、欧洲的《欧框》，以及澳大利亚的《国际第二语言能力标准》和《国家课程框架》(2009)。通过对能力标准基本框架的比较研究、表述模式的比较研究、评估工具的比较研究等，尝试建立外语能力标准研究的模型，实现本研究领域的知识创新。

(3) 完善我国外语能力建设标准的参考框架。笔者建议可以按照以下七个步骤进行：分析需求、研究现状分析不足、确定核心素养模型、构建能力框架、界定构成维度、描述能力表现水平、阐释能力在不同表现水平的发展机制。我国外语能力标准的进一步研究可以考虑遵循计划、调研、开发、意见征询和采纳的整体思路；推进策略上可以采用整体规划、分步推进、先期尝试、全面铺开的基本模式。

(4) 完善我国外语能力标准并进行实践尝试。在理论分析形成不同学段能力发展预期的基础上进行测试。通过实际测试校正理论预期的可行性，并补充评价任务样例、学生实际表现样例及其相应的分析情况。探索外语能力评价的实践，形成至少三个可借鉴的外语能力评价案例，创造在理论关照下的实践经验，为外语能力测评体系的完善提供支撑。

(5) 进行大规模测试。采用文本分析法和多元回归分析法对学生群体、教师群体、专家群体和用人单位等进行问卷和访谈调查，对转录文本进行分析，运用文本分析法进行编码分析。结合文献研究和比较研究的成果，初步确定外语能力标准修订的参考性评估架构和质量标准。意见征询阶段通过各种渠道，在不同范围内对现有的外语能力标准进行意见征询和修改。并开展试点研究，明确实施所需的配套资源、制度保障、培训模式等，为完善的国家教学质量标准中的学生外语能力标准提供参考。

总之，以输出为驱动并基于核心素养的外语能力规范性标准应该是我国外语能力标准今后的发展方向。当前国际上发达国家最新研制的语言教育标准都非常强调跨学科能力模型与外语学科学习内容的整合，因此应以教育总体目标为指向，构建一个整体性框架来系统地设计、组织、编排、修订、完善外语能力标准。

# 美国篇

# 第1章 《ACTFL外语能力指导方针》的研究

诺埃(Noe, 2005)表示，在美国，约有20%—30%的机构会将一部分资金投入外语培训。此外，许多境外机构也都会将各类资源投入到英语培训中，我们称此类培训为英语为第二语言(English as a Second Language，简称ESL)的课程。例如，跨国公司和机构必须为那些非英语母语的雇员进行语言培训(Weber, 2004)。为了区分不同外语能力水平，外语能力量表(foreign language proficiency scale)被应用于教学的不同阶段，同时为教学考核和学生成绩考核提供参考(Davies et al., 1999)。美国的2012年版《ACTFL外语能力指导方针》(ACTFL, 2012)可以考察四种不同能力，有助于教师和研究者更好地了解大学英语教学(college English teaching)的特点和不足之处，以及该指导方针对于发展和完善我国现有的能力量表的益处。

## 1.1 《ACTFL外语能力指导方针》概述

本节将围绕《ACTFL外语能力指导方针》的基本信息、信度效度研究和应用展开讨论。

### 1.1.1 基本信息

2002年，位于加利福尼亚州蒙特雷的国防语言学院(Defense Language Institute，简称DLI)与美国外语教学委员会(American Council on the Teaching of Foreign Language，简称ACTFL)签约，自此美国外语教学委员会开始为该学院及国防部(Department of Defense，简称DOD)其他机构提供测试员培训和被试者考核方面的帮助。该合约设计了多达100种语言的口语能力考核，称为“百天百语计划”(100 Days - 100 Languages)。截至2005年4月，美国外语教学委员会已经培训了掌握44种不同语言的60名专业测试员，还有掌握15种语言的60名测试员也在考核过程中。同年，美国外语教学委员会研制的《跨部门语言圆桌量表》出台，可考核42种语言，分别是：荷兰语、阿姆哈拉语、阿拉伯语、亚美尼亚语、保加利亚语、粤语、宿雾语、查瓦卡诺语、达里语、波斯语、他加禄语、法语、德语、格鲁吉亚语、海地克里奥尔语、希伯来语、希利盖农语、印地语、赫蒙语、伊洛卡诺语、印尼语、日语、爪哇语、高棉语、韩语、库尔德语(北库尔德及索拉尼)、老挝语、马来语、普通话、普什图语、旁遮普语、罗马尼亚语、俄语、西班牙语、斯洛伐克语、萨摩亚语、泰米尔语、苏禄语、泰语、土耳其语、乌尔都语及越南语。

此外，合约要求美国外语教学委员会和国防语言学院内部对其他国防部项目提供相应支持，主要包括：① 帮助研发俄语、西班牙语、阿拉伯语、韩语、汉语与波斯语版本的在线阅读辅助工具(online Diagnostic Helps tools in reading)；② 开展有关阿尔巴尼亚语、希腊语、韩语、挪威语和越南语能力的考核；③ 开展三种菲律宾方言，即宿雾语、查瓦卡诺语和苏禄语的写作和听力考核。美国外语教学委员会和美国政府之间合作的重要性是不言而喻的。对那些了解重要国家的文化和语言的政府工作人员，以及处于高能力等级的人员进行外语培训，无疑是美国促进跨文化交流的重要途径。

### 1.1.2 发展历程与述评

本小节将对《ACTFL外语能力指导方针》的发展历程展开述评，主要涉及对象为1986年版、1999年版、2001年版和2012年版《ACTFL外语能力指导方针》。

#### 1.1.2.1 1986年版《ACTFL外语能力指导方针》(听、说、读、写)

随着全球化发展，1986年版《ACTFL外语能力指导方针》对听、说、读、写四个方面的外语综合能力进行了分级。但不同等级仅代表特定语言能力的考核结果，并不代表全部语言能力。每一等级也都对较低等级的语言能力进行了考核，使得语言学习成为一种从简单到复杂的过程。

与学习成绩不同，《ACTFL外语能力指导方针》强调了外语能力的习得，考核并不试图去衡量学生在课堂教学中的各方面表现，而是考察在不同时间地点，不管以何种方式，学生在实际生活中的语言应用情况；因此，“学习语言”和“获得能力”具有了更深远的意义。该指导方针并不是基于特定语言学理论或教育方法的，而是基于能力水平的一项全球性语言评估。

但从指导方针本身和使用指导方针时的动态交互过程来看，1986年版的指导方针还有待改进，原因是学术界会定期细化和改进教育大纲，学生也会对学业的不断进步充满渴望。同时，1986 年版指导方针也受惠于 1982 年版《ACTFL 外语能力指导方针》、《跨部门语言圆桌量表》和政府语言能力等级分级描述（the Government's Language Skill Level Description）。

1.1.2.2 1999 年版《ACTFL 外语能力指导方针》

作为学生专业外语技能的衡量指标，《ACTFL 口语能力指导方针》（The ACTFL Proficiency Guidelines — Speaking, 1986）得到了广泛的应用[①]，学生完成考核的能力会被划分成不同等级。在美国，政府机构拥有多年口语能力考核的经验，加上《跨部门语言圆桌量表》对语言能力的划分作用，《ACTFL 外语能力指导方针》逐渐适用于学术领域（尤其针对高校学生）。为此，暂行指导方针（provisional Guidelines）的研发人员（1982）对"高能力等级"（即《跨部门语言圆桌量表》的 3—5 级）进行合并，又对"低能力等级"进行了细分（即《跨部门语言圆桌量表》的 0—1 级），并采纳那些了解初学者情况的外语教师和研究者的经验，最终确定了语言能力的各等级划分结构细则。这使 1986 年版《ACTFL 语言能力指导方针》更加完善。经过多年的口语考核、方针解读，以及无数项目研究、学术论文讨论和辩论后，指导方针得到了更加完善的审核和更新。该方针一开始只是为了考核口语能力，现在也要对其他能力进行考核。1999 年修订《ACTEL 口语能力指导方针》，是为了让那些未接受最新美国外语教学委员会口语能力考核培训的人员可以更容易理解该方针，同时此次修订明确了测试员和教师之间的区别，纠正了委员会对指导方针早期版本等级方面的误解。一个重要修改是对"优秀能力等级"（superior level）的解释：由于《跨部门语言圆桌量表》假设能力等级范围从 0 级（无专业能力者）到 5 级（专业能力相当于受过良好教育的母语语言者），并且语言评估对象通常是成年学员，《ACTFL 外语能力指导方针》并不能达到《跨部门语言圆桌量表》的最高等级，因此后者的优秀能力等级大约相当于《跨部门语言圆桌量表》3 级，即基础等级。虽然该等级考察了一些外语专业能力，但不一定是学习了多年外语和异国文化的学生可以掌握的全部语言能力。因此，达到优秀能力等级的学生并不能与《跨部门语言圆桌量表》的高能力等级学生对标。为此，委员会打破传统，制定了《ACTEL 口语能力指导方针》的降序版本来替代升序版本。这种自上而下的方法有两个优点：首先，相比于基础等级，它更强调高能力等级与更高等级之间的紧密联系，而不仅仅关注某一能力等级所带来的优越感，这是

① 1999 年版指导方针只包含口语部分，因此本小节仍将其称为《ACTFL 口语能力指导方针》。

激励学生向上攀登的一个方法。其次，当学生无法达到更高等级时，对此结果也会有更高的接受度。1999 年版指导方针的另一个显著的变化是将高能力等级细分为高级高、高级中和高级低三个阶段，这满足了学术界和商业界日益增长的对高能力等级学生进行细分的需求。其中，经过对不同语言的上百个口语面试（Oral Proficiency Interview，简称 OPI）高能力等级样本的研究，1986 年版指导方针划分出了高级中和高级低两个等级。与以前版本相比，委员会对方针采取了不同的阐述方法：将简单摘要图（Chart of Summary Highlights）附于方针后以提醒学生注意各等级的主要特征，并提供快速索引功能，但要注意，摘要图无法取代《ACTFL 外语能力指导方针》。事实上，低能力等级指的是中等能力等级而不是基础等级，否则分级具有局限性，并会扭曲大众对该等级的普遍理解。这次对《ACTFL 口语能力指导方针》的修改，进一步丰富了对口语能力的描述。这次修改在判定学生语言能力方面更具经验，也表现出语言教学中正在进行的讨论和研究所产生的深刻影响，修订委员会（Revision Committee）注意到仍然有许多需要进一步修正的问题，为提高方针在语言教学和考核方面的实用性，他们又在接下来几年对其进行了修订，详见表 1－1。

#### 1.1.2.3 2001 年版《ACTFL 外语能力指导方针》

《ACTFL 外语能力指导方针》自 1986 年问世以来，一直是一项全球性语言综合能力考量标准，经完善后可考核口语、写作、阅读和听力四种不同的语言能力。该指导方针是在《跨部门语言圆桌量表》语言能力等级划分的基础上修改后应用于学术领域的指导方针。

研发人员已经对《ACTFL 口语能力指导方针》进行了大量考察和阐释，并将其作为口语能力面试的核心和研究课题、学术文章和辩论的重要环节。1999 年，在 1986 年版指导方针的基础上，该方针被重新审视、修改、细化，并在 2001 年版的指导方针中修改了其余三个能力——写作、听力和阅读。

修订后的《ACTFL 写作能力指导方针》（2001）和修订后的《ACTFL 口语能力指导方针》（1999）一样，都呈现了自上而下的顺序（从高能力等级到低能力等级），这使每个等级及次等级有了更具体的解释，同时强调了学生须掌握的语言核心能力，弱化了对次要能力的要求。这种自上而下的顺序通过强调能力之间的细微差别，更清晰地展现出相邻等级之间的紧密联系，关注点也不仅限于考核之间存在的差异性和对更高能力等级的追求。需要注意的是，优秀能力等级包括《跨部门语言圆桌量表》3—5 级。但即使学生被评为优秀，也仅指其被考核过的基础能力（baseline ability）达标，而非全部外语能力都达到了优秀能力等级。

表 1－1 1999 年版《ACTFL 口语能力指导方针》

| 重点总结 | | | |
|---|---|---|---|
| 优秀级 | 高级 | 中级 | 初级 |
| 优秀级口语能力者须掌握以下能力：<br>• 可以在正式或非正式的环境中，全身心且有效地参与到实际或专业的学术领域对话中。<br>• 可以提出符合逻辑的论据对自己的观点进行解释和辩护，并在拓展型对话中发表有效的假设猜想。<br>• 可以正确或抽象地进行话题讨论。<br>• 可以处理语言学方面的陌生现状（unfamiliar situtation）。<br>• 可以保持较高的语言准确性。<br>• 语言能力可以满足专业或学术生活的语言需求。 | 高级口语能力者须掌握以下能力：<br>• 可以在大多数非正式环境和少数正式环境中积极参与对话，并讨论个人或公众话题。<br>• 能够以主要时间框架进行讲述或形容，并对话题有较好控制能力。<br>• 可以通过多种交流方式有效解决未预料到的复杂情况。<br>• 可以拥有一定的语言准确度和自信，并通过控制语段长度和使用内容衔接手段来维持对话。<br>• 可以满足工作或学术环境的需求。 | 中级口语能力者须掌握以下能力：<br>• 可以参与简单又直接的日常对话，进行关于日常活动和个人生活的讨论。<br>• 通过合并分句中的语言要素和使用短句与有好感的交谈者开展对话并交流个人想法。<br>• 可以通过询问或回答问题来获取或给予信息。<br>• 可以在反应模式中保持或建立一定数量的简单的基础交流。<br>• 可以满足简单的个人需求和社交需求，并能在目标语环境中生活。 | 初级口语能力者须掌握以下能力：<br>• 可以回应简单的与日常生活相关的问题。<br>• 在与外国人交流时，可以通过使用单个单词、系列单词、记忆过的短语以及重组单词和词组，传达最简单的意思。<br>• 可以解答数量非常有限的紧急问题。 |

（详情请见：ACTFL Proficiency Guideline—Speaking，1999：13）

对于两种输出型技能（口语和写作），商业界和学术界要求对其在指导方针中的高能力等级进行细分（《跨部门语言圆桌量表》2 级为有限工作能力）。这与对写作能力指导方针的中低能力等级进行细分，或对口语能力指导方针进行修改一样，是为了满足社会需求才将高能力等级划分为高级高、高级中和高级低。

但要注意，这里所说的写作是指自发性写作和反思性写作。自发性写作不会给被试者留有足够的时间进行修改、重写、说明和阐述；而反思性写作会提供时间给被试者去更好地规划和组织书面材料，使其充分参与整个写作过程，包括重读、修改和重写。作为考核目的而不是某种写作形式，两者都可以使用量表来进行考核。按常理来说，反思性写作会比自发性写作的内容更丰富、更准确，因此随着考核水平的提升，为了满足更高等级的要求，写作必然会变得更具反思性。被试者也会更愿意去关注写作的其他方面，如读者的阅读体验。在现实世界中，中能力等级以上的大部分写作考核都应具备一定程度的反思性写作的要求。学生能力越高，对写作工具的使用越多，熟练度也越高（如编辑、校对、词典、拼写检查，及其他纸质或电子资源）。高能力等级被试者会自行编辑，改善文本内容、风格，并扩大作品影响。

2001 年修改的《写作能力指导方针》只是整个修订过程的第一步。委员会邀请了专业测试员使用指导方针来进行写作能力的考核，并研究这些修改对教学和大纲设计产生的影响。为了更精确地评判写作能力，委员会还请了专业人士继续研究、讨论和审查写作能力指导方针，以便进一步细化内容。

2001 年版写作能力指导方针的精华内容参见表 1－2：

**表 1－2　2001 年版《ACTFL 写作能力指导方针》**

| 重点总结 | | | |
|---|---|---|---|
| 优秀级 | 高　级 | 中　级 | 初　级 |
| 优秀级写作者须掌握以下能力：<br>• 可以在大多数正式和非正式的写作中抽象并准确地表达与生活、社会和专业话题相关的观点。<br>• 可以在拓展型话题中表达完整的观点、意见、论点和假设。<br>• 可以控制行文结构，例如：常用词汇和特殊/专业词汇、拼写或符号、标点、变音符号、衔接手段和其他写作形式及结构，并确保没有能够引起读者误解的错误。 | 高级写作者须掌握以下能力：<br>• 可以进行非正式写作或正式通信，会撰写记叙文、说明书和一些事实性总结。<br>• 可以按时间主线顺序进行叙述或描述，使用释义或通过详尽阐述来提升行文的准确性，并用连贯的论述控制段落长度。<br>• 可以主要通过使用常用词汇和常用的结构向不熟悉文章的非母语者清楚地传达信息。 | 中级写作者须掌握以下能力：<br>• 可以满足实践型写作需求，例如：简单的短信和信件、获取信息、询问和回复问题。<br>• 可以以目前的个人兴趣和社会需求为话题，以松散的连接句进行主题的创造，交流简单的观点事实。<br>• 可以通过单词或基础结构传达信息，让非母语者熟悉文本。 | 初级写作者须掌握以下能力：<br>• 可以制作列表和笔记，以及在相关简单文本和文件里传达有限的信息。<br>• 可以在一定准确程度上重组练习材料，使用松散的单词和语句传递简单的信息，转换相似的词汇或语句，复制单词表字母或音节，或重复基础的数字。<br>• 可以交流基础信息。 |

（详情请见：PRELIMINARY Proficiency Guidelines—Writing Revised 2001）

#### 1.1.2.4　2012 年版《ACTFL 外语能力指导方针》

《ACTFL 外语能力指导方针》考核学生在自发性的真实情景中对口语、写作、听力和阅读这四种语言能力的应用情况。它对不同语言能力都划分了五个关键等级：杰出级(distinguished)、优秀级(superior)、高级(advanced)、中级(intermediate)和初级(novice)。参见图1-1：

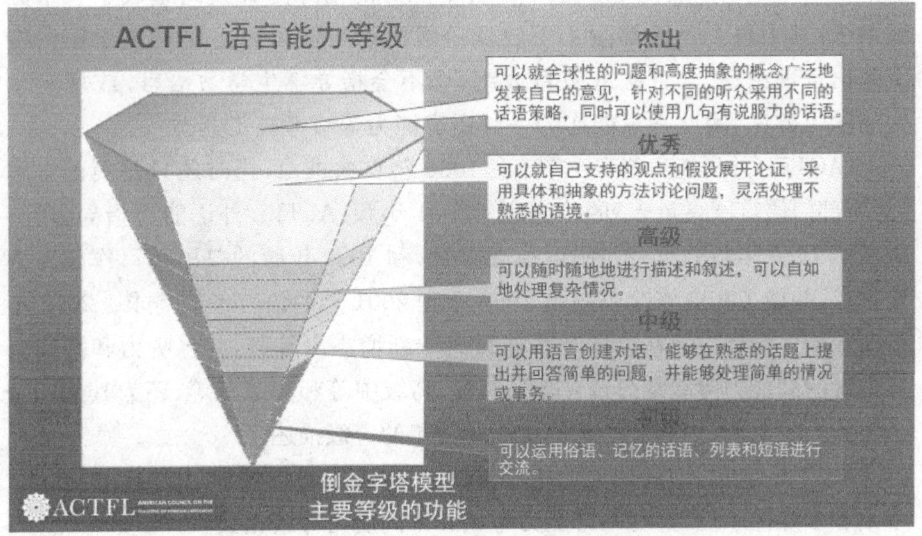


图1-1 ACTFL外语能力等级倒金字塔模型

其中高级、中级和初级又各自分出：高、中、低三个次等级(例如：高级高等、高级中等、高级低等)。参见图1-2：

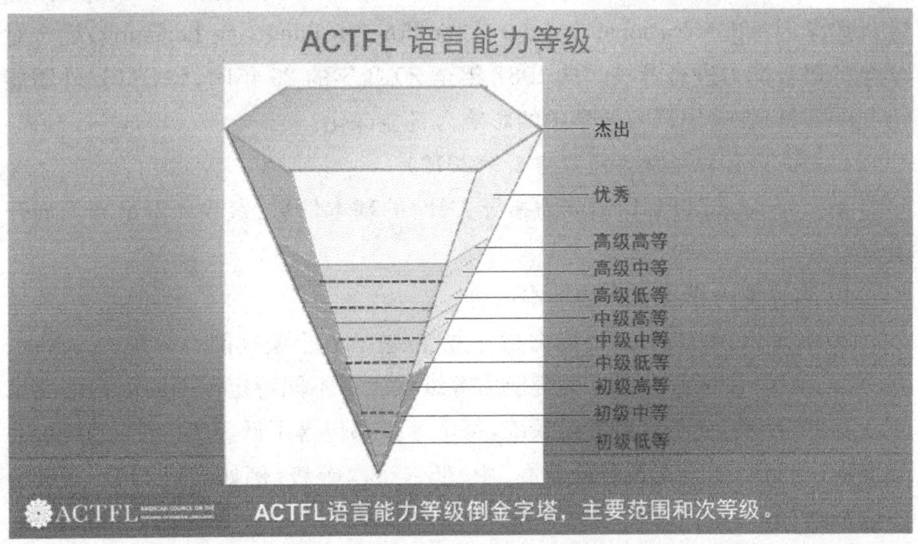


图1-2 ACTFL外语能力等级划分

《ACTFL外语能力指导方针》体现了从零基础或低能力等级到完全掌握语言的高能力等级的连续统一。

《ACTFL外语能力指导方针》包括不同语言能力等级，并规定了每个等级中学生须达到的特定能力水平。各个能力的指导方针共同组成了一个分级系统，其中每个等级都融入了较低等级的语言能力。它并不基于任何特定的语言理论、教学方法或教育大纲，也不会指导学生学习语言，或规定学生的学习方法，因此它只能作为一种语言能力等级考核工具。

《ACTFL外语能力指导方针》在1986年首次推出，当时还只是美国学术界《跨部门语言圆桌量表》的改进版。2001年版《ACTFL外语能力指导方针》包括了1986年版的听力和阅读指导方针，和1999年版的口语和写作能力指导方针，并做了相应修改以满足1999年和2001年的语言考核需求。2012年最新版能力指导方针在口语和写作量表中新增杰出等级，并将听力和阅读指导方针的高能力等级划分成：高级高等、高级中等和高级低等，还为其他四个语言能力的高级、中级和初级都增添了简单的等级描述。

2012版《ACTFL外语能力指导方针》也发布了网络版本，其中包含有大量术语和多媒体示例，并与不同能力考核和不同能力等级相关联。

《ACTFL外语能力指导方针》可直接应用于语言能力的考核当中，并将在学术界和工作环境中发挥作用。

外语能力指导方针确实具有指导性功能。《ACTFL外语能力指导方针》(1998)是中小学能力量表的基础，与1996年版、1998年版及2006年版的《国家外语学习标准》(National Standards for Foreign Language Learning)配合对学生的语言能力进行考核。从1987年至2012年的25年间，《ACTFL外语能力指导方针》在美国语言教学中的影响力日益深化。

1.《ACTFL口语能力指导方针》(2012)

下文将从《ACTFL口语能力指导方针》的基本信息、参数和不足方面展开论述。

1）口语能力指导方针的基本信息

2012年版《ACTFL口语能力指导方针》包括五个关键能力等级：杰出级、优秀级、高级、中级及初级。关键能力等级代表了不同特定范围的语言能力水平。这些等级构成了口语分级系统，每个等级都包含了低等级的能力要求，并且高级、中级和初级又各自分成高、中、低三个次等级（例如高级高等、高级中等、高级低等）。

考核可以考察不同等级、内容、语境、准确度和文本类型，并且不同的考核模式也会使被试者了解自身的局限性。口语能力指导方针可以用来考核如演讲等交际型(双向交流,如对话)或展示型(单向无交互,如演讲)口语能力。

纸质版和电子版口语能力指导方针都包含了不同等级的口语样本。

2012 年版《ACTFL 口语能力指导方针》经美国外语教学委员会授权只能用于公益教育,除此之外再无其他版本。

2)《ACTFL 口语能力指导方针》的参数

《ACTFL 口语能力指导方针》涉及众多参数,如目的文化、目的语、母语、一语、言语、非母语言语、听者、母语者、非母语者、任务、议题、话题、内容、信息、思想、主要内容、辅助性信息、基本信息、个人信息、语境、情景(熟悉的、例行的、正式、非正式)、直接语境、善于表达、言简意赅、表达精确、流利、长的、连贯、准确性、娴熟、清晰、精确、准确、有效率地、有效地、轻松、自信地、文化上恰当/真实的方式、话语、话语类型、口语、书面语、人际型/报告型口语、劝说型/假设型话语、扩展的话语、语域、记叙、描写、具体/抽象视角、段落、口语段落、口语段落结构(母语的和目的语的)、语言模式、长度、言语质量/数量、会话(非正式、正式、可预见的、具体的、长短)、简单问题、句子层语言、词汇(丰富性、恰当性、具体性)、词汇量、通用词汇、具体词汇、专业领域词汇、文化/历史所指、深层次文化所指、基本结构、低频/高频结构、非连续的句子、短或不完整的句子、句串、句法、语法、语块、时态、体、语言(丰富或贫乏)、发音、外国腔、语调、语流量(大、小、是否规则)、局限性、错误、孤立的/模式性错误、停顿、犹豫、不自然长时间的犹豫、假同源词、语码转换、字面翻译、改述、自我纠正、中断、词不达意、交际崩溃、交际间断、孤立的词/词组、重复、沉默、可理解、误解、困惑、互动/话语/交际策略、被动地交际、提示等。很明显,口语能力参数与其他能力参数不同,与基于理论的口语标准也不同。不过,该方针的有些描述语值得借鉴,如“不自然长时间的犹豫”较准确地反映出犹豫是言者能力所致,而不是言者说话习惯等所致。

3)《ACTFL 口语能力指导方针》的不足

该部分的不足主要表现为有些概念不清,如“段落长度”。此概念并未提及多长可算作一个段落,而且口语和书面语话语单位存在差异,还有些口语能力参数(如信息包装)没有被提及。总而言之,此方针虽有不足,但对我国口语能力标准完善仍有一定的参考价值。

2.《ACTFL 写作能力指导方针》(2012)

下文将从《ACTFL 写作能力指导方针》的基本信息、参数和不足方面展开论述。

1）《ACTFL 写作能力指导方针》的基本信息

2012 年版《ACTFL 写作能力指导方针》包括五个关键能力等级：杰出级、优秀级、高级、中级及初级。关键能力等级都代表了不同特定范围的语言能力水平。这些等级构成了写作分级系统，每个等级都包含了低等级的能力要求，并且高级、中级和初级又各自分成高、中、低三个次等级（例如：高级高等、高级中等、高级低等）。

考核可以考察不同等级、内容、语境、准确度和文本类型，并且不同的考核模式也会使被试者了解自身的局限性。写作能力指导方针可以用来考核如展示型（如论文、报告、信件）或交际型（如短信、电子邮件）写作能力。另外，指导方针强调写作成果的产出，因此学生需要进行自发型（即时、无编辑）或反思型（修改、有编辑）写作。

纸质版和电子版写作能力指导方针都提供了不同等级的写作样本。

2012 年版《ACTFL 写作能力指导方针》经美国外语教学委员会授权只能用于公益教育，除此之外再无其他版本。

2）《ACTFL 写作能力指导方针》的参数

《ACTFL 写作能力指导方针》描述了不同级别的作者能完成的任务、内容、语境、准确性和话语类型，以及在完成更高级别的任务时能力上的局限性，它涉及很多具体的能力描写参数，如实用型写作、话题、职业话题、学术话题、社会话题、能力域、话语、说服性话语、假设性话语、记叙、描写、论证、字、短语、词汇、通用词汇、专业词汇、措辞、语块、语法、句法、表达经济、文体特征、标点、拼写、符号书写、句子、松散的句子、简单的句子、会话体句子、结构、常见的结构、句序、重复性结构、低频结构、高频结构、时态、体、语篇情态、文体、写作规范、写作风格、口头话语模式、错误、呈模式的错误、重大错误、低级错误、衔接手段、话语结构、长度、组织原则、段落、释义、详述、冗长、正式的、非正式的、信息量大、具体的、抽象的、精确、丰富、复杂的、流畅、清晰、连贯的、详细、准确性、意思、细微差别、理解、一语、目的语、目的文化、思维模式、文化模式、组织模式、文体模式、母语者、非母语者、驾驭能力、口语、作文的质量、作文的字数等。

3）《ACTFL 写作能力指导方针》的不足

该部分的不足主要表现在有些描述语意义模糊，不便于应用，譬如对高级能力的描述"写出段落长度一致和结构连贯的话语"中的"段落"。真实语篇中"段落"有的长达几百字，有的短到一个字，而且不同文体中的段落长度也存在巨大差异。跟《加拿大语言能力标准》一样，写作能力指导方针中有一些表示数量的描述语，如"一些"，概念模糊，不够具体。有些能力描述只出现在一个等级中，不符合实际情况。譬如，杰出级别的能力描述语“根据读者写作、调整语言”就值得商榷，因为未说明初级作者是否可不根据读者写作，不根据读者调整语言。有些反映输出能力的参数，如文化所指、修辞、信息包装方式等，在标准中没有明确提及。跟听、说和读的能力指导方针一样，写作能力指导方针不基于语言学理论，有些粗糙，但涉及的参数对我国制定写作能力标准仍有一定的参考价值（史成周，2014）。

3.《ACTFL 听力能力指导方针》(2012)

下文将从《ACTFL 听力能力指导方针》的基本信息、参数和不足方面展开论述。

1)《ACTFL 听力能力指导方针》的基本信息

2012 年版《ACTFL 听力能力指导方针》包括五个关键能力等级：杰出级、优秀级、高级、中级及初级。关键能力等级代表不同特定范围的语言能力水平。这些等级构成了听力分级系统，每个等级都包含了低等级的能力要求，并且高级，中级和初级又各自分成高、中、低三个次等级（如高级高等、高级中等、高级低等）。

听力是一种解释型能力。听力理解很大程度上依赖于听者从对话或语篇中获得的信息量。被试者可以根据不同的听力文本，在不同的考核环境下，检验自身对文本的理解。听力能力指导方针并不规定被试者的学习进程、听力方式及认知过程。而且，该方针重点考核被试者对外语听力的理解能力，可以用来考核展示型（无其他参与者）或交际型（有其他参与者）的听力能力。

纸质版和电子版听力能力指导方针都提供了不同等级的演讲示例和功能型听力测试。

2012 年版《ACTFL 听力能力指导方针》经美国外语教学委员会授权只能用于公益教育用途，除此之外再无其他版本。

2)《ACTFL 听力能力指导方针》的参数

《ACTFL 听力能力指导方针》涉及众多参数，如听力（解释型和交际型）、言者、听者、口头语篇、口语结构、话语（扩展的、学术的、专业的、具体的、常规的、记叙、描写、议论性、事实性、面对面的、高度语境化的、高度抽象的、简单的、平白直述的）、环境、任务、形式、文体、语域、方言、标准方言、非标准语言变体、篇幅（任何长度、短、句子长度）、信息度、结构（复杂的、清晰的、可预测的）、目的语模式、连贯、话题（高度专业化、复杂的、熟悉的、日常的、陌生的）、大意、细节、事实、主题、隐含信息、推知信息、语气、视角、关键词、语块、礼貌用语、词语（孤立的、非常高频的、高频的、高度语境化的、听觉同源词、借词）、短语、文化框架、目的文化、语言经历、现实生活中的知识、语境提示、非语言提示、重复、重述、释义、词汇(低频、高频、精确、专业)、文化所指、暗指、口语词汇、习语、文化内涵、推知、词汇量、问句、陈述句、命令句、复杂的句子结构、复杂修辞结构、时态、语速等。显然,听力能力涉及的参数跟口语、阅读、写作能力涉及的参数有显著的不同,不涉及标点、拼写、一语、母语、句串、口音、母语者、非母语者和流利性等参数;跟基于交际理论的听力标准涉及的参数也存在不同,没有提及距离、正式度、修辞、手势语等参数。

3)《ACTFL 听力能力指导方针》的不足

《ACTFL 听力能力指导方针》的不足主要表现在: ① 有些描述语及概念不清楚,如“句子长度”。口语和书面语中句子长度不固定,且划分句子的标准也不同。② 一些反映听力的参数没有被提及,如新/旧信息。指称语越新,其突显性越高,指称新且词项新的指称语比指称旧且词项旧、指称新但词项旧、指称旧但词项新、指称未用但词项新的指称语突显;指称旧且词项新、指称新且词项旧、指称新且词项新的指称语比指称旧且词项旧的指称语突显;指称桥接且词项新的指称语比指称桥接但词项旧的指称语突显。句序跟句子成分的信息状态相关,话语实体能否出现在主语、宾语等句法槽位置上跟其信息状态相关,非限定从句、否定句等构式有特定的信息状态。③ 未能说明听者能否根据不同语言的不同信息包装方式解读话语。有些能力的界定和描述不是独立的,而是通过不同等级的对比来进行界定的,以至于学习者难以独立地理解或应用某个能力等级,标准的可操作性大大降低。例如,高级高等的描述之一是“理解一般面向优秀级听者、抽象、复杂的话语时会有脱节”,中级高等的描述之一是“能听懂一些高级连贯的语篇的大量意思,但囿于口语词汇和口语结构知识的局限,在理解上经常存在脱节”。④ 标准中的否定描述也降低了标准的可操作性。例如,中级低等的描述之一是“极少听懂或听不懂高级语篇”,问题是中级低等以下的听者也听不懂高级语篇,若孤立地看“听不懂高级语篇”,听者是处于中级低等还是初级阶段就存在分歧(史成周,2014)。

4.《ACTFL 阅读能力指导方针》(2012)

下文将从《ACTFL 阅读能力指导方针》的基本信息、参数和不足方面展开论述。

1)《ACTFL 阅读能力指导方针》的基本信息

2012 版《ACTFL 阅读能力指导方针》包括五个关键能力等级:杰出级、优秀级、高级、中级及初级。关键能力等级代表不同特定范围的语言能力水平。这些等级构成了阅读分级系统,每个等级都包含了低等级的能力要求,并且高级、中级和初级又各自分成高、中、低三个次等级(如高级高等、高级中等、高级低等)。

阅读也是一种解释型能力。阅读理解很大程度上依赖于被试者对文本信息的获取量。被试者可以根据不同的阅读文本,在不同的考核环境下,检验自身对阅读文本的理解。《ACTFL 阅读能力指导方针》并不规定被试者的学习进程、阅读方式及认知过程。而且,《ACTFL 阅读能力指导方针》重点考核被试者对阅读内容的理解能力。

《ACTFL 阅读能力指导方针》可以用来考核如展示型(如书籍、论文、报告)或交际型(如即时消息、短信、电子邮件)阅读能力。

纸质版和电子版《ACTFL 阅读能力指导方针》都提供了阅读样本和功能型阅读测试。

2012 年版《ACTFL 阅读能力指导方针》经美国外语教学委员会授权只能用于公益教育用途,除此之外再无其他版本。

2)《ACTFL 阅读能力指导方针》的参数

《ACTFL 阅读能力指导方针》涉及众多参数,如读者、任务、书面语、阅读(解读型的和人际型的)、语篇(专业性的、学术性的和文学性质的、记叙、描写和议论、真实、连贯的、连贯松散的、衔接、最简单的、不复杂、简单、传递基本信息的、平白直述的、可预测的、高度可预测的、高度语境化的、抽象的、长、很长、短、任何长度、格式熟悉的)、讯息(可预测的、非常熟悉、日常语境中的)、话题(熟悉的、非常熟悉的、陌生的、个人的、社会的)、主题(熟悉的和陌生的)、体裁(专业、技术、学术和文学)、语气、视角、语篇结构(清晰)、信息浓度(高)、理解(误解、不稳定、脱节)、意思(隐含的、推知、部分)、作者想表达的推论、推论、联想、中心思想、事实、细节、情景/主题方面的知识、语言知识、语篇/非语言提示、语言规则、写作规则、背景知识、文化框架、目标文化、阅读次数(反复读)、字母、符号、字、词汇(高度抽象、精确、独特、低频、专业词汇、高频、高度语境化的)、借词、关键词、同源词、短语、语块(高度语境化的、抽象的)、深层次(文化所指和假设)、词汇量(大)、结构(高度复杂、复杂、高频)、孤立的句子、句串、修辞、语言变体(非标准的、历史的、地区的和口语的)、语言的美学特征和文学文体等。

阅读能力涉及的参数跟口语、听力、写作能力涉及的参数有显著的不同,不涉及口音、语速和流利性等参数。

3)《ACTFL 阅读能力指导方针》的不足

《ACTFL 阅读能力指导方针》的不足主要表现在:① 有些等级的描述语使用比较级,使等级不能独立使用,必须参照其他等级,因而降低了标准的可操作性。如高级高能力描述中的"包含更复杂的事实信息的记叙和描写语篇"

和“阅读结构和/或概念更复杂的语篇”。② 有些描述语意义模糊，不便于应用，譬如很多、各种、广泛的等等。③ 否定形式的描述语降低了指导方针的可操作性。譬如，优秀级的描述语“不能完全读懂含有深层次文化所指和假设的语篇”不是优秀级的区别性特征，不能把优秀级和高级、中级或低级的读者区分开，因为后者同样也不能完全读懂那样的语篇。④ 有些体现阅读能力的重要的参数没有被提及，如词典的使用、语篇中新/旧信息的包装方式等（史成周，2014）。

跟基于交际理论的《加拿大语言能力标准》一样，不基于语言学理论的《ACTFL 阅读能力指导方针》也注重交际能力，虽有不足，但仍对我国阅读能力量表的制定和阅读教学具有一定的参考价值。

## 1.2 《ACTFL 外语能力指导方针》的信度效度探究

美国《ACTFL 外语能力指导方针》出台之后，有相关组织对其信度效度进行了专项研究，这些信度和效度研究涉及写作、阅读和口语领域。

### 1.2.1 写作能力①

《美国外语教学委员会写作能力测试信度效度分析报告》（以下简称《报告》）呈现了美国外语教学委员会开发的有关写作能力测试的初步信度和效度信息。美国外语教学委员会写作能力测试是一项标准化的全球语言功能写作测试，旨在评估被试者在没有使用参考或者编辑工具的前提下进行一种语言写作的能力。他们把被试者的表现与《ACTFL 写作能力指导方针》（2001）中的标准进行比较，以此进行评级。这个研究总共收集了 509 份写作能力测试样本，由美国外语教学委员会按照写作能力测试的评估程序进行组织和评级。为了对打分者对全部样本和西班牙语样本的写作能力测试做出的评价进行评估，需要测试其评估间一致性（interrater consistency，即评估间效度和统一性）。研究发现，打分者的评估间一致性都处于可接受的水平之上（例如全部样本和西班牙语样本的相关系数分别为 0.92 和 0.94）。评估间一致性的结果表明，对于全部样本来说，大部分人给出的评价分数都有代表性（完全统一匹

---

① 该部分内容参考了 Dr. Erich C. Dierdorff 2004 年的《美国外语教学委员会写作能力测试信度效度分析报告》，详见 Erich C. Preliminary Reliability and Validity Findings for the ACTFL Writing Proficiency Test[J]. SWA Techinical Report, 2004 - C04 - R01.

配度为80%)。对于西班牙语样本而言,结果类似(完全统一匹配度为78%)。研究对报告中的每个能力级别(如高级)和等级(如高级中等),也开展了评估间一致性的测试。最后,从纵向来看,评估间效度的测试已经进行了3年多,2001年版的写作能力测试也已经投入使用。纵向的信度趋势表明,随着修订程序的实施,评估间效度也逐步提升。把评估与其他的因素联系在一起,很难证明测试的效度。口语能力面试与写作能力测试的分数之间存在紧密的联系($r=0.81, p<0.001$),这表明口语能力面试与写作能力测试呈正相关,与设想一致。但该发现并没有给测试的效度带来充足的证据,因为人们希望在同一种语言中,采用同一种评估方法进行的语言技能测试之间应该有所关联,尤其是对于写作和口语这两个实用技能而言。换言之,这次研究发现了预期的数据。如果发现的是不显著的关系,那么就可能存在效度问题。为此需要收集更多的数据,设计更合理的实验,去完整地评估写作能力测试的效度。

总体而言,这一有关信度和效度的初步研究得出的结果对写作能力测试是有利的。由于获得了更多的数据,所以未来的研究应该更加深入地去评估写作能力测试的信度和效度。

这份报告采用了类似美国心理学会(American Psycological Association,简称APA)风格的文章格式,有助于帮助读者理解、评估他们的研究及其成果。这就可以让读者做出关于写作能力测试的明智决定。这份报告共分五个部分:① 引言和目的;② 研究背景与原理;③ 研究方法;④ 研究结果;⑤ 交流讨论。

#### 1.2.1.1 写作能力测试信度效度的分析报告

本小节将主要围绕《报告》的目的和背景展开论述。

1.《报告》的目的

2002年,美国外语教学委员会为写作能力制定了修订版的指导方针(Breiner-Sanders, Swender & Terry, 2002),该指导方针可以用来进行美国外语教学委员会写作能力测试。前文提到的《报告》给出了有关写作能力测试的初步信度和效度的信息。在呈现这些信度和效度信息时,研究者结合了《美国教育与心理测试标准》中的指导方针,这份标准是由美国外语教学委员会、美国心理学会和国家教育测评委员会(National Council on Measurement in Education,简称NCME)制定的。

这份标准为用户、研发人员和测试制定方提供了评价性指导方针。它旨在令任何评价性工具和程序都能够获取特定领域中被试者的行为样本,并利用标准化的过程对之进行评估、打分,而不仅仅局限于纸笔的测试模式。测试制定方和研发人员有责任提供有关他们评估结果的效度和信度数据。效度是指证据和理论支持测试分数解读结果的程度，而信度则是指测试程序提供特定领域一致性评估的能力。对于一项新的评价系统，美国外语教学委员会只有根据相应的测试结果，才能提供写作能力测试的初步信度效度信息。

为了评估信度，《报告》给出了写作能力测试一致性的指标，其中涉及五种语言(法语、德语、意大利语、俄语和西班牙语)。《报告》呈现出了全部样本和西班牙语样本的研究结果，之所以选择西班牙语，是因为西班牙语是唯一一种进行了足够的测试，可以单独进行分析验证的语言。写作能力测试和口语能力面试之间的关系没有为测试的效度带来足够的证据。因为这些评估测试了两种不同能力(即写作和口语)，使用了同一种方法(即专业的评估者使用美国外语教学委员会的测试规程)，所以他们发现了紧密的联系。《报告》的提示说明部分给出了写作能力测试信度和效度分析的原理、方法、结果和解释。

2.《报告》的背景

1986 年首次发布的《ACTFL 外语能力指导方针》是对世界范围内四种语言能力(包括写作能力)中每种能力综合表现的界定说明(ACTFL, 1986; Breiner-Sanders et al., 2002)。该指导方针基于语言能力等级说明，供跨部门语言国际会议使用，适用于学术文本。《ACTFL 外语能力指导方针》于 1999 年修订了口语部分，又于 2001 年修订了写作部分。

同口语能力指导方针一样，写作能力指导方针也明确了四种主要能力等级(即优异、高级、中级和初级)，各主要能力等级还细分为 10 个次等级。根据《ACTFL 写作能力测试指导方针》所述，针对面向各等级人群的写作任务，四个主要的等级对写作者的能力进行了区分。等级按照降序进行呈现，层次分明，从优异到初级，每个等级都有低于它的次等级。10 个次等级按照降序排列如下：优异、高级高等、高级中等、高级低等、中级高等、中级中等、中级低等、初级高等、初级中等、初级初等。

根据《ACTFL 写作能力测试指导方针》(ACTFL, 2002a)规定，处于优异水平的写作人员可以完成非正式和正式的写作任务，可以就专业、学术及社会性问题进行抽象化和具体化的写作。他们可以通过扩展性话语表达观点、论述和假设，可以掌握结构、通用及专业词汇、书写、标点、衔接手法以及其他写作形式和结构方面的内容，不会出现任何可能影响阅读的错误。高级水平写作者的能力稍有逊色。他们能够撰写常规的非正式及部分正式信函，以及属于事实性质的叙述、描写和概要。他们可以在过去、现在和将来的主要时间框架内进行叙述和描写,通过变换措辞或详细阐述使文章清晰。他们能够利用最常用结构及通用词汇,让所有非母语写作的读者也能理解他们的意思。中级水平写作者的能力则略有不足。他们能够满足各种简单实务写作的需要,能够阐述简单的事实,表达简单的思想。但是,他们的写作只能使那些习惯非母语写作的读者理解。初级水平写作者能够写出列表和便笺,能在简单的表格和文件中提供有限的程式化信息,而且他们的写作通常会受到自己有限的词汇、短语和记忆语料的限制。

2001年版《ACTFL写作能力指导方针》(Breiner-Sanders et al., 2000)是写作能力测试的基础。写作能力测试是一个标准化的全球语言功能写作测试,旨在评估被试者在没有使用参考或者编辑工具的前提下进行某种语言写作的能力。通过比对被试者的表现与《ACTFL写作能力指导方针》中的标准可以对他们进行评级。作为一个新的评测标准,写作能力测试的初步信度和效度信息应该符合《美国教育心理测试标准》。

#### 1.2.1.2 信度和效度的基本原理

本节将主要围绕《ACTFL外语能力指导方针》的信度和评估间一致性,以及效度展开。

1. 信度和评估间一致性

经典的信度的核心概念主要是指单个评测结果之间的相关程度(Thorndike, 1951; Flanagan, 1951; Stanley, 1971; Anastasi, 1988; Cattell, 1988; Feldt & Brennan, 1989)。简而言之,信度就是对于不同的时期地点和被试者,运用同一个评估程序、评估方法可以得到同一种结果的程度。在某个特定案例的评估数据中,信度的评估会主要关注样本评估者所做出的评价的一致性。对评估者的信度进行评价,最常用的形式就是评估间信度,它描述的是在一个特定的评价过程中,评估者样本整体的一致性水平。如果评估间信度的估值较高,那么样本评估者的一致性就会较高。

另一个常用的方法是统一测量标准(measure of agreement)。评估间信度的估计是相关参数变量,而统一测量标准则是非参数变量,评估的对象是评估者就同一个事物给出一致或者不一致的评价的程度(如被试者、受访者等)。从技术上来讲,统一的测量标准在本质上并不是信度的指标,可是对于描述评估者一致性和具体评价一致性的水平非常有用,尤其在获得的数据是定序变量或者定类变量时。

评价中涉及的项目、测试、评估者、程序一定要能够产生有效可靠的评测数据，要有心理测量层面的考虑。根据定义，数据不可靠是由操作失误产生的，因此基于这样的数据得出的结论很可能不够严谨，甚至是不准确的。虽然效度是最重要的心理层面测量特性，但是如果结构域或者内容域不能被评测，那么效度的评测一定是无效的。这样一来，信度就成了效度的上限。

《美国教育与心理测试标准》(1999)包括许多指导方针，旨在帮助组织测试者对测试制定方给出的信度数据进行评估。根据这一标准，测试开发和宣传者对评估程序的信度信息负有获取和传播的主要责任。但是，在一些情况下，组织测试者有责任记录当地被试者的信度和效度信息。信度证据能够有多大的说服力，是否值得去评估取决于测试或者评估程序的目的。如果评估是为了做出一些不易被推翻，或者存在高风险的决定(如员工选择、学校录取)，那么对报道中的信度数据准确性要求也会随之增高。

考虑到写作能力测试以及相关研究的性质，研究尤其需要注意以下内容：① 每个测试的分数、分项分数，或者是组合分数都应该进行信度的评估(标准2.1)；② 相似的评估信度相关系数不可互换，除非它们对测量误差的隐含定义相同(标准2.5)；③ 若在打分过程中加入主观性的判断，那么就应该为评测提供重复测量的评估间一致性和测试者间一致性的证据(标准2.10)；④ 测试开发者应该记录下选择、培训评估者的过程，以及打分者的信度(标准3.23)；⑤ 要想获得研究的数据，测试开发者和制定方就需要对测试的修正、改进和回收负责(标准3.25)。此外，测试提供者和评估程序的制定者应共同对这些程序信度数据的报道和定期更新负责。所以，这个标准充分证明了该项研究的合理性。

2. 效度

效度是指收集到的证据和理论能够从多大程度上支持对按照初始设想设计的测试的分数进行解读的结果。换句话说，测试或者评估必须要在其预期用途上有效力，否则，这个测试就不应该是服务于上述目的的。效度是测试最重要的心理层面上的一个特征。它通过不断收集经验性、科学性的证据证明，经合理的解读，测试的结果符合特定的目的。支持某个测试是为了某种目的而设计的证据，不会自行证明这种测试也符合另外的目的。《美国教育与心理测试标准》为效度的评估和证据的收集提供了指导方针。当测试是用来进行人员选择时，人员甄选程序的验证和使用原则(SIOP，2003)还可以提供其他的指导方针。

效度是一个整体概念，体现所有收集到的证据可以在多大程度上支持测试分数的解读结果与预期目的的吻合程度。过去,效度证据的类型会有具体的名称(如构想效度、效标效度),但这样操作不易懂;因此,《美国教育与心理测试标准》现行版本放弃了传统的命名方法,转而对证据类型进行描述。证据主要分为五类: ① 基于测试内容的证据;② 基于反应过程的证据;③ 基于内部结构的证据;④ 基于与其他变量关系的证据;⑤ 基于测试结果的证据。虽然对这几类证据进行全部说明已经超出了这篇报告的范畴,但是基于与其他变量关系的证据,这一类别还是要说明一下的,因为它是报告中有限的效度数据的基础。

测试的数据与相同假设、相关假设以及不同假设的评估之间的关系(如相互关系)可以证明测试的效度。根据《美国教育与心理测试标准》,基于同其他变量之间关系的证据可以回答一些问题,即这些关系与测试的预期设想之间的一致性如何。目标测试评估的分数与评估类似结构的分数之间的相关性较强,但与评估不同结构的测试分数之间的相关性较弱。总体而言,一个测试与评估相同或类似结构的测试之间的相关性应该要比与评估不同或不相似的测试之间的相关性高。在这次研究中,写作能力测试与口语能力面试之间的关系只能为效度的证明带来有限证据,因为他们总是期望用同一种测试方法,发现同种语言中不同技能之间存在联系,而不去考虑这些技能之间的差别(即写作能力和口语能力)。此外,由于写作和口语都属于产出技能,因此他们会期望两者之间有紧密的联系。但是,如果研究也需要考虑到其他的技能(即听力能力与阅读能力)、多语言乃至多方面的测试监管,那么得到的证据一定会更有说服力。因此,写作能力测试与口语能力面试之间的关系只能够为效度的证明带来有限证据,也就是说,缺乏显著的数据关系会使得测试存在一定的问题。

#### 1.2.1.3 先前研究与本次研究目的分析

本小节将主要围绕先前研究和《报告》的研究问题展开。

1. 先前研究

虽然写作能力测试是一种新的测试方式,之前也没有相关的研究去评估它的信度和效度,但是基于《ACTFL 外语能力指导方针》(1986)开发的写作能力测试在之前的两个研究中得以运用,并得出了一些证据。不过,在呈现两份研究的结果之前,读者应该认识到这些研究并没有就写作能力的发展和性质作出充分的说明。所以,在与目前的研究进行比较时,要非常慎重地看待这些研究结果。

1990 年,丹多诺利和亨宁(Dandonoli & Henning)发表了口语能力面试多特性多方法的效度研究结果，这份研究包括法语和英语分别作为第二语言的听说读写能力测试。研究样本包括：西北大学法语专业学生和主要来自布兰迪斯大学的以英语为第二语言的学生。埃里希·迪尔多夫博士(Dr. Erich C. Dierdorff)为了这次研究还专门设计了全新的测试，但是鲜有写作测试的信息出现。报告中，英语样本(样本数为 59)的写作测试评估间效度为 0.87；法语样本(样本数为 60)的写作测试评估间效度为 0.89。有趣的是，每个样本的写作与口语能力之间都有四个相关系数，即口语评估者 A 和 B 与写作评估者 A 和 B 之间的相关系数(2 * 2 矩阵)都有被提及。写作和口语能力不是由同一部分人评估的。对于英语样本来说，口语评估者与写作评估者之间的四个相关系数分别为 0.85，0.86，0.92 和 0.88。对于法语样本来说，口语评估者与写作评估者之间的四个相关系数分别为 0.85，0.80，0.84 和 0.80。

多年来，汤普森的研究都运用基于《ACTFL 外语能力指导方针》(1986)的测试对俄罗斯学生的听说读写能力进行评估，于 1996 年发表了研究结果。研究中针对四项能力都有专门的试题测试，口语能力面试的评估人员对被试者口语进行了测试，而写作测试涵盖了《ACTFL 外语能力指导方针》中的五个不同难度等级。每个参与者都有 45 分钟的时间去完成写作测试，而经美国外语教学委员会认证的，对写作能力指导方针熟悉的口语能力面试评估者会给每一个人的写作打分。报告中，评估者的评估间效度为 0.88($df=18$；$p<0.05$)。实际研究的样本一部分是爱荷华大学的学生，另一部分则是来自俄罗斯明德学院夏令营的学生。报告中，爱荷华大学样本的评估间效度为 0.91($df=25$；$p<0.001$)；明德学院样本的评估间效度为 0.72($df=28$；$p<0.001$)。综合两个样本来看，对于 27% 的试卷，评估者的看法绝对一致。研究发现写作与口语之间的相关系数为 0.64($p<0.001$)。

2.《报告》的研究问题

为了给出有关写作能力测试的初步心理方面的数据，《报告》提出了如下的几个研究问题(目的)：

(1) 样本中，五种语言的写作能力测试的效度是什么？

(2) 西班牙语的写作能力测试信度是什么？

(3) 写作能力测试信度自 2002 年问世以来有无改变？

(4) 对于研究中的所有语言或者是西班牙语自身，写作能力测试和口语能力面试之间的关系如何？

1.2.1.4 《报告》的研究方法

《报告》的研究方法主要包括筛选参与人员、设置评估程序，以及采用分析程序。

1. 筛选参与人员

该研究总共收集了509份写作能力测试结果，由美国外语教学委员会认证的评估者按照写作能力测试的评估程序进行组织和评级。大多数的案例在2002年1月到2004年4月之间就已完成，服务于两个州的教育认证目的。该研究使用的数据来自五个不同语言的测试，包括法语（N=81）、德语（N=8）、意大利语（N=22）、俄语（N=3）和西班牙语（N=395）。西班牙语因为其庞大的案例样本，是唯一一个被单独分析的语言。其中460个案例既有口语能力面试成绩，也有写作能力测试成绩，有助于评估者对这两种能力的相互关系进行分析。所有的数据都可以从美国外语教学委员会测试附属机构——国际语言测试机构处查询。但是这些案例没有相关人口方面的数据。

2. 设置评估程序

根据《ACTFL写作能力测试指导方针》（ACTFL，2002a）的描述，写作能力的评估是按照写作能力测试评估程序进行的。写作能力测试是一个标准化的全球语言功能写作测试，旨在评估被试者在没有使用参考或者编辑工具的前提下进行一种语言写作的能力。被试者的表现会被与《ACTFL写作能力指导方针》中的标准（2001年修订）进行比较，以得到评级。写作能力测试的文本有正式和非正式之分，涉及实用、社会和专业话题，被试者拿到的写作任务和文本可以完全满足从初级到优异的能力水平要求。写作能力测试不是用来测试被试者对课程内容某一方面的掌握程度的，也不局限于任何一种特定的写作方法，它测试的是面对现实生活中写作任务时的写作能力。

写作能力测试时间为90分钟，包含引导、热身以及不同写作任务等四个要求。所有的提示说明都是用英语呈现，写作题材广泛，只要使用目标语进行写作即可。测试形式分为纸笔和电脑两种。每个任务都有多重要求（如描述、叙事等），被试者要考虑读者、文本类型、写作目的、文章长度和时间分配。在评估被试者的文章的时候，需要从多个角度参考如下的标准，看他们如何体现整体的写作任务要求：① 文章功能；② 文章的文本类型和内容领域；③ 文章的准确性；④ 文章的长度和结构组织。所有的评估者都需要经严格的培训项目培训，并得到认证。

正如《ACTFL口语能力面试测试训练手册》（Swender，1999）所描述的那样，口语能力面试程序包含四个阶段：热身、能力检验、测试、评估，可以有效地提取评估样本。程序规定，每个案例都要经过两个人的评估。有些案例还需要第三个人的评估，以解决两人评估结果之间的差异问题。在所有的案例中，第一个评估者会对被试者进行录音。随后，他会根据录音对被试者的口语能力进行评估。接着，第二个评估者也会独立对同一个被试者进行评价。所有评估者都会运用《ACTFL 口语能力指导方针》(Breiner-Sanders et al., 1999)中的评价量表去描述被试者的能力等级。如果前两人的评估结果不一致，那么第三个人就会再次去评估被试者的录音并给出结果。但是他(她)不会知道前面两个人的评估结果，也不会知道自己是第三个评估者。所有的评估者都是经美国外语教学委员会认证的，也就是说他们已经历了口语能力面试评估者的认证程序(ACTFL, 2002b)。研究发现口语能力面试在19种语言的测试中都非常可信。据报道，西班牙语口语能力面试评估间效度为0.978。

3. 采用分析程序

为了更加准确地评估评估间一致性的程度，研究者使用了多重方法。评估间一致性可以从几个角度进行理解(如评估间效度、评估间联系性等)，因此，多重方法可以让评估间一致性的程度得到更为完整的呈现，整体的原理就是扩大评估间一致性的广度。评估间一致性的测试面向写作能力测试的全部样本和西班牙语样本，以促进评估者一致性之间的相对比较。

1) 皮尔逊相关系数(Pearson correlation coefficient, r)

皮尔逊相关系数有时候也叫积矩相关系数，是一种应用最为广泛的检测评估间效度的方法，这一系数可以评估评价结果一致性的程度。从这个层面上来讲，信度可以表示为分数的实际方差与总体方差的比例(即分数的实际方差除以总体方差)。

2) 斯皮尔曼秩次相关系数(Spearman's rank-order correlation $\rho$)

这是另一种常用的评估间效度测试方法，尤其在涉及序数变量时。斯皮尔曼秩次相关系数($\rho$)与皮尔逊相关系数(r)的说明方式类似，其区别在于计算方式：$\rho$ 是计算秩次，而 r 是计算定距数据。由于能力等级是序数数据，所以这种统计数据对写作能力测试的数据是合适的。

3) 肯德尔相关系数(Kendall's coefficient tau $\tau$)

在基本假设方面，肯德尔相关系数 $\tau$ 就等同于斯皮尔曼的 $\rho$。但是，$\tau$ 和 $\rho$ 又有着不同的说明方式。$\rho$ 是一个相关系数，因此代表着一定比例的变化性；而 $\tau$ 是用来测量一致性的，代表两种可能性之间的区别。$\tau$ 是两个评估者对案例给出同一等级的可能性与两个评估者对案例给出不同等级的可能性之间的区别。

4) 古德曼和克鲁斯卡尔 γ 系数(Goodman and Kruskal's coefficient cogamma, γ)

同 τ 类似,γ 是一种基于可能性的一致性测量系数。但不同的是,γ 并不会计算两者之间的联系。当评估间一致性有望更高时(即有大量的相关评估结果),γ 能够比 τ 提供更多有关评估间一致性的有用信息。由于没有计算评估结果之间的联系性,因此 γ 数值通常要比 τ 数值要高。

5) 科恩 κ 系数(Cohen's coefficient kappa, κ)

科恩 κ 系数是另一种常用的评估一致性的测试方法,它会把观察到的一致性数据与期望的一致性数据相比。κ 数值从 0.00 到 1.00(0.00 代表完全不一致;1.00 代表完全一致)代表从低到高的一致性。κ 并没有考虑评估者之间不一致的程度,因为所有的不一致都被认为组成了整体的不一致水平。所以,如果能够对评估进行有序分类的话,那么更应使用 κ 加权数据分配不同的权重,因为评估者根据之前的分类是不同的。所以,不同程度的不一致性会不同程度地影响总体的 κ 数值,加权 κ 数值在该研究中得到了使用。

6) 一致性的原比例(Raw percentages)

这一方法用来测试评估者之间完美一致性的程度。它是一种对评估间一致性的绝对一致性的评测,方法是用有代表性的评估数量除以整体的评估数量。因为可能存在一些不一致性,故有必要去评估部分一致性的比例。所以,他们预测了三个单独的部分一致性比例:① +1 和 -1 能力等级(如:初级中等对初级低等)中评估者间一致性;② +2 和 -2 能力等级(如:中级高等对中级低等)中评估者间一致性;③ +3 和 -3 能力等级(如:优异对优秀低级)中评估者间一致性。

7) 写作与口语之间的关系

为了评估写作与口语能力之间的关系,提供一些有限的效度证据,研究者计算了皮尔逊相关系数(r)和斯皮尔曼秩次相关系数(ρ)。

1.2.1.5 《报告》的研究结果与启示

本小节主要围绕《报告》的相关数据及其结果与启示展开。

1.《报告》的相关数据

表 1-3 为所有样本和西班牙语样本的评估间一致性分析结果。所有的一致性预测都很显著,且处于预期水平内。虽然全部样本和西班牙语样本在量上存在一些细微的差别,但是两者互相比较时,每个测试的一致性预测统计数据,前者都要稍微高于后者。

**表 1-3　写作能力测试评估间一致性**

| 数据类型 | N | r | ρ | γ | τ | κ |
|---|---|---|---|---|---|---|
| 全部样本 | 509 | 0.935 | 0.935 | 0.959 | 0.890 | 0.865 |
| 西班牙语样本 | 395 | 0.921 | 0.921 | 0.949 | 0.870 | 0.842 |

表 1-4 为评估者间一致性分析结果，两者的数据依然非常相似。对于全部样本来讲，大量的评估者的评估结果类似（80.1%），而对于西班牙语样本来讲，完全一致性的比例为 77.7%。对于两个样本来讲，评估者之间的不一致性只发生在单个能力水平之间（如初级低等和初级中等）。

**表 1-4　写作能力测试评估间一致性比例**

| 数据样本 | 一致程度 | 不一致程度 | | |
|---|---|---|---|---|
| | 完全一致 | 一个等级差 | 两个等级差 | 三个等级差 |
| 全部样本 | 80.16%<br>(408)* | 16.90%<br>(86) | 2.75%<br>(14) | 0.20%<br>(1) |
| 西班牙语样本 | 77.72%<br>(307) | 18.73%<br>(74) | 3.29%<br>(13) | 0.25%<br>(1) |

注：百分比下括号内的数字为样本数量。

表 1-5 和表 1-6 分别表示全部样本和西班牙语样本中每个能力层级（初级、中级、高级和优异）的一致性比例。在全部样本中，一致性水平最高的是高级水平（50.1%）。这个层级也包含了最多的被试者。西班牙语写作能力测试样本也是这种情况（49.6%）。没有被试者被评定为初级水平。

**表 1-5　全部样本的写作能力测试能力层级的评估间一致性**

| 能力层级 | 一致程度 | 不一致程度 | | |
|---|---|---|---|---|
| | 完全一致 | 一个等级差 | 两个等级差 | 三个等级差 |
| 初级 | | | | |
| 中级 | 14.73%<br>(75) | 6.48%<br>(33) | 0.98%<br>(5) | |
| 高级 | 50.10%<br>(255) | 10.02%<br>(51) | 1.57%<br>(8) | 0.20%<br>(1) |
| 优异 | 15.32%<br>(78) | 0.39%<br>(2) | 0.20%<br>(1) | |

注：百分比下括号内的数字为样本数量。

表 1-6 西班牙语样本的写作能力测试能力层级的评估间一致性-1

| 能力层级 | 一致程度 | 不一致程度 | | |
|---|---|---|---|---|
| 初 级 | 完全一致 | 一个等级差 | 两个等级差 | 三个等级差 |
| | | | | |
| 中级 | 11.65%<br>(46) | 6.58%<br>(26) | 1.26%<br>(5) | |
| 高级 | 49.62%<br>(196) | 11.90%<br>(47) | 1.77%<br>(7) | 0.25%<br>(1) |
| 优异 | 16.46%<br>(65) | 0.25%<br>(1) | 0.25%<br>(1) | |

注：百分比下括号内的数字为样本数量。

表 1-7 和表 1-8 更为细致地说明了写作能力的一致性水平。它们说明了每个能力层级的一致性比例(如初级低等、初级中等、初级高等)。对全部样本的 408 位具备完全一致性的被试者，大多数人给出的评价都处于高级低等和高级中等区间(49%)，西班牙语样本的情况也大致如此(50%)。

表 1-7 西班牙语样本的写作能力测试能力层级的评估间一致性-2

| 能力层级 | 一致程度 | 不一致程度 | | |
|---|---|---|---|---|
| | 完全一致 | 一个等级差 | 两个等级差 | 三个等级差 |
| 初级 | | | | |
| 低等 | | | | |
| 中等 | | | | |
| 高等 | | | | |
| 中级 | | | | |
| 低等 | 0.85<br>(1) | | | |
| 中等 | 6.86<br>(28) | 9.30<br>(8) | 14.29<br>(2) | |
| 高等 | 11.27<br>(46) | 29.07<br>(25) | 21.43<br>(3) | |

续表

| 能力层级 | 一致程度 | 不一致程度 | | |
|---|---|---|---|---|
| | 完全一致 | 一个等级差 | 两个等级差 | 三个等级差 |
| 高级 | | | | |
| 低等 | 25.74 (105) | 30.23 (26) | | |
| 中等 | 23.04 (94) | 20.93 (18) | 57.14 (8) | 100 (1) |
| 高等 | 13.73 (56) | 8.14 (7) | | |
| 优异 | 19.12 (78) | 2.33 (2) | 7.14 (1) | |

注：N＝408(完全一致)；N＝86(一个等级差)；N＝14(两个等级差)；N＝1(三个等级差)。

**表 1－8　西班牙语样本的写作能力测试能力层级的评估间一致性－3**

| 能力层级 | 一致程度 | 不一致程度 | | |
|---|---|---|---|---|
| | 完全一致 | 一个等级差 | 两个等级差 | 三个等级差 |
| 初级 | | | | |
| 低等 | | | | |
| 中等 | | | | |
| 高等 | | | | |
| 中级 | | | | |
| 低等 | | | | |
| 中等 | 3.91 (12) | 9.46 (7) | 15.38 (2) | |
| 高等 | 11.07 (34) | 25.68 (19) | 23.08 (3) | |
| 高级 | | | | |
| 低等 | 28.01 (86) | 33.78 (25) | | |

续表

| 能力层级 | 一致程度 | 不一致程度 | | |
|---|---|---|---|---|
| | 完全一致 | 一个等级差 | 两个等级差 | 三个等级差 |
| 中等 | 22.15 (68) | 20.27 (15) | 53.85 (7) | 100 (1) |
| 高等 | 13.68 (42) | 9.46 (7) | | |
| 优异 | 21.17 (65) | 1.35 (1) | 7.69 (1) | |

注：N=307(完全一致)；N=74(一个等级差)；N=13(两个等级差)；N=1(三个等级差)。

为了更全面地评估西班牙语样本的写作能力测试的评估间效度，最后的分析聚焦于信度的纵向模式。研究者运用皮尔逊相关系数，首先去评价 2002、2003 和 2004 年期间的评估间效度。年度的评估间效度结果如图 1-3 和图 1-4 所示。为了进行比较，信度评估运用斯皮尔曼—布朗公式，评估者的配对组合数量一致。最终的效度水平是针对 180 个评估者配对组合而言的。修正过的评估间效度说明写作能力测试的申请数在逐年上升。表 1-7 和表 1-8 说明了每两年的信度分析结果类似。通过分析发现，虽然 2003 年下半年呈现小幅的下降，其他时间整体还是呈现上升趋势。

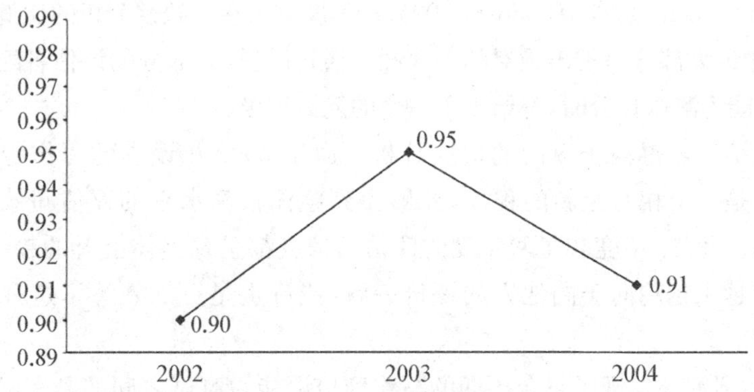


**图 1-3 未修正的评估间信度**
(2002 年 N=180，2003 年 N=181，2004 年 N=340)

最终，为了提高一些有限的效度证据(即同已经建立的类似或者相关的设想之间的关系)，对于所有语言的写作能力测试和口语能力面试，评分者都计算了其系数：皮尔逊相关系数(N=460，r=0.81，p<0.001)；西班牙样本(N=

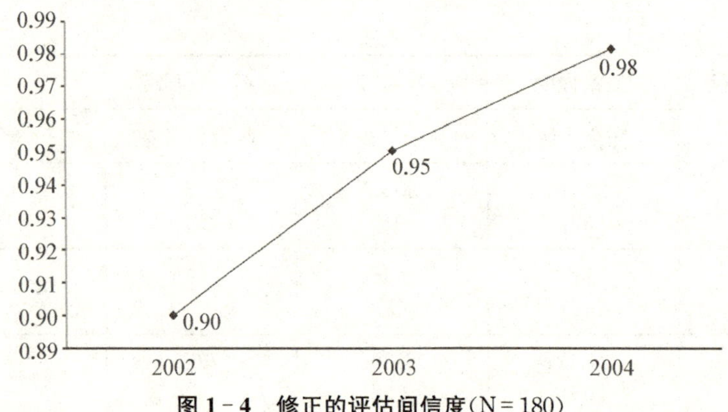


**图 1－4 修正的评估间信度**(N＝180)

358，r＝0.81，p＜0.001)；斯皮尔曼的秩次相关系数(N＝460，ρ＝0.81，p＜0.001)；西班牙语样本(N＝358，ρ＝0.81，p＜0.001)。

2.《报告》的结果与启示

综合来看，这份研究为写作能力测试，尤其是西班牙语写作能力测试的评价工作的评估间效度提供了强有力的证据。表 1－3 中所体现的一致性预测结果都处在可接受范围内，正如相关文献中说明的一样。例如，评估者间的皮尔逊和斯皮尔曼信度水平都高于 0.90，这是卡普兰和萨库索(Kaplan & Saccuzzo，1982)以及农纳利和伯恩斯坦(Nunnally & Bernstein，1994)建议应用研究应该达到的水平。而且，20 世纪 80 年代中期的加权 κ 相关系数，通常还可以达到更高的水平(Landis & Koch，1977；Gardner，1995)。信度结果在一致性分析的比例中有所显现，其中绝大部分呈现出绝对的一致性。换句话说，大部分的评估者配对组合在给写作能力测试打分时，都给出了一致的能力等级。

研究结果还得益于纵向的信度分析。由于 2002 年设立的写作能力测试评分过程是一个相对全新的程序，能够得到整体较高水平的评估间效度还是很难得的。此外，年度和每两年度的评估间信度都呈现整体上升的趋势，这表明评估者越来越趋向于同他人的评价一致，或许也是更加熟悉了这种打分评价的模式。

最后，研究还发现了符合预期的写作和口语能力测试之间的紧密联系。这一发现并没有给测试的效度带来充足的证据，因为人们假设在同一种语言中，运用同一种评估方法进行的语言技能测试应该是有所关联的，尤其是对于写作和口语这两个实用技能而言。正如之前提到的那样，若研究也能够考虑到其他的技能(即听力与阅读)多语言乃至多方面的测试监管，那么得到的证据一定会更有说服力。因为本研究使用的是先前的数据，所以这种证据是不可获得的。因此,他们发现写作和口语之间存在紧密的联系,但是这也只能提供有限的效度证据,用以表明口语能力面试和写作能力测试存在联系,且符合预期。换言之,他们发现了预期的数据,如果是不显著的关系,那么就可能存在效度问题。为此需要更多的数据设计更合理的实验,去完全地评估写作能力测试的效度。

总体而言,这一有关信度和效度的初步研究得出的结果对写作能力测试是有利的,尤其考虑到这是一种全新的测试。因为他们可以获得更多的数据,所以未来的研究应该更加深入地去评估写作能力测试的信度和效度。

虽然《ACTFL写作能力指导方针》有些值得商榷的地方,但是它仍然对我国写作能力标准的制定具有一定的指导参考意义。具体而言,在制定标准的时候,需要全面分析收集到的数据,充分考虑各方面的相关因素,对写作标准中的语言描述进行优化,确保其意思清晰,没有歧义。同时,要完善评价标准与指标,减少人为因素对评估结果的影响。

### 1.2.2 阅读能力①

《ACTFL阅读能力指导方针》出台之后,2004年就有一份针对其效度的研究报告,即《美国外语教学委员会阅读测试文本和能力等级方针的效度报告》(以下简称《报告》)。这篇报告通过测试的生成过程和数据分析,采用哥特曼量表法和方差分析法(Guttman scaling and ANOVAs)检测了《ACTFL阅读能力指导方针》的效度。由于指导方针的出台是建立在阅读文本和能力要求两个连续等级之上的,所以在设置测试题目时,就要仔细考虑每个题目文本的复杂性和能力要求。首先运用哥特曼量表法研究文本和能力要求之间的联系性,随后再运用方差分析法对初级、中级、高级、优异的等级进行进一步划分。研究发现,哥特曼量表法分析结果呈现出由初级到高级的能力等级水平。同时,经方差分析,连续等级的样本之间存在数据上的显著性差异。然而,有些样本代表性还不够,无法体现上述等级要求。

#### 1.2.2.1 《报告》的研究背景

外语能力指导方针在语言教育的许多方面都发挥了重要作用。指导方针成为各语言机构共同的行动纲领,推动语言项目的发展(Brown, 1996),并给测试研发人员提供评估标准,使他们在设计题目的时候,可以预测自己的设计的题目难度是否符合指导方针的要求。他们可以根据指导方针,对测试结果

---

① 本章内容参考了《美国外语教学委员会阅读测试文本和能力等级方针的效度》,详见:Park, Siwon. Validation of the Text and Skill Hierarchy of the ACTFL Reading Guidelines. English Teaching, 2004, 59(3): 145-166.

进行解读，并做出下一步计划。然而，虽然外语能力指导方针存在这些优点，人们还是对其效度有所疑虑，尤其是运用在教育测试中时。例如，因为指导方针都是描述性语言，所以使用者们经常听说这种指导方针可能并不能准确地描述每个能力等级应该达到的语言水平。尤其是，指导方针中阅读能力部分对能力等级的描述，并不能恰当地体现二语阅读过程的复杂性(Lange & Lowe，1987；Lee & Musumeci，1988；Mecartty，1998)。也就是说，考虑到阅读过程的复杂性(会涉及多种心理因素的共同作用)，指导方针可能无法充分描述二语阅读能力提升的特点。但是美国外语教学委员会声称《ACTFL 阅读能力指导方针》可以很好地描述阅读能力，所以它们符合课程和测试研发的目的要求。之前有几个研究专门对这个论断进行了探讨(Lee & Musumeci，1988；Dandonoli & Henning，1990)，但它们的结果不能充分一致地支持指导方针的等级划分，甚至在许多情况下，会得出互相矛盾的结果。本节旨在通过研究《ACTFL 阅读能力指导方针》难度等级划分的效度问题，对这些论断进行评估。研究人员会运用哥特曼量表法和方差分析法，评估阅读指导方针的一般结构，尤其是它们的等级划分。

1.2.2.2 《报告》的相关研究

丹多诺利和亨宁(Dandonoli & Henning，1990)认为效度验证的逻辑是：如果运用指导方针可以促进可靠可信的测试的研发，那么就可以认为指导方针本身是服务于学术语言能力评估的初衷的。换句话说，基于指导方针成功研发出来的既可靠又可信的阅读测试，将会有助于间接地验证该方针能力标准划分的效度。很明显，这种论断要想站得住脚，只有当我们排除了这类测试研发过程中其他因素的影响时才行。

在少数的效度研究中，李和穆苏梅奇(Lee & Musumeci，1988)对测试的反馈结果进行了定量定性的研究。他们的研究重点关注指导方针描述的阅读能力的三个特征——阅读技巧、文本类型和能力等级。他们也考虑了这三种特征之间的相互影响。研究结果表明，读者的表现与不同的阅读技巧、文本类型都不一致，与等级划分结果也不一致。因此他们总结道：《ACTFL 阅读能力指导方针》并没有考虑到读者的认知能力、文本的语言元素、读者与文本之间的文化和社会因素。

丹多诺利和亨宁(Dandonoli & Henning，1990)还进行了一个《ACTFL 阅读能力指导方针》的效度显著性研究。他们运用了两种数据分析方法——多特性多重方法(a multitrait-multimethod)和 Rasch 分析法，对指导方针中英语和法语的阅读能力等级划分进行研究。他们从研究中发现：① 指导方针可以被用于进行相关的测试；② 法语和英语中每个能力次等级也有效度保证；③ 每个能力等级比较时的效度可以接受；④ Rasch 分析揭示出指导方针对等级进行描述时，依据的阅读能力和难度系数呈现上升的趋势。然而，他们的研究也发现指导方针存在一些问题。在诸如法语听力、英语听力和写作等能力等级方面，指导方针的效度相对较低。而且，Rasch 分析结果表明：指导方针中的阅读部分不足以区分中级和高级的能力。有趣的是，Rasch 分析还发现阅读部分存在较高比例的不匹配项目。研究人员自己也认识到，这是因为研究中收集和分析的数据太少。

简而言之，之前的两个研究已经表明只检验一个特征，并不能保证整个特征的效度，这对于阅读测试来说尤其如此(Hudson，1998)。只考虑二语阅读发展的一个方面并证实其效度是不够的，需要对其所有方面进行讨论研究。

1.2.2.3 《报告》的研究过程

《报告》的研究过程涉及《报告》的研究问题、研究样本、研究步骤和实验研究，下文将逐一展开论述。

1.《报告》的研究问题

本节的研究问题主要为：

(1) 运用《ACTFL 阅读能力指导方针》能够促进可靠可信的测试的研发吗？

(2)《ACTFL 阅读能力指导方针》中对等级的说明能够体现从初级中等到优异的等级提升吗？

问题(1)和问题(2)将共同用来检测《ACTFL 阅读能力指导方针》的等级划分效度。美国外语教学委员会将指导方针作为项目和能力评估的准则，当前研究的每一个过程都是在践行这一主张。如果指导方针能够有效地呈现阅读能力，那么运用这一方针就能促进可靠可信测试的研发，可以反映出将英语作为第二语言的学习者们阅读能力的提升。当然，正如上面提到的那样，这一假设是严格基于一个设想之上的，即这一发展过程将不会受到除指导方针中的三个特征之外的任何因素的影响。

问题(2)试图检验《ACTFL 阅读能力指导方针》的整体等级结构的效度。如果等级说明与学习者阅读能力的表现一致，那么参与者水平在测试中的反映就可以直接体现从初级中等到优异等级的平稳上升。

2.《报告》的研究样本

有 1 964 名韩国学生参与了此次研究。初步研究时，有来自韩国一所高中和两所大学的 904 名学生参与，其中，高中生 626 名——高一学生 190 名，高二学生 209 名，高三学生 227 名。剩余的 278 名都是大学生，他们来自不同的年级，从大一新生到大四毕业班学生均有。而在主要的研究里，则有 1 060 名学生参与，其中 621 名是韩国首尔的高中生，439 名是韩国其他各地的大学生。高中生人数分布为高一学生 205 名，高二学生 203 名，高三学生 213 名。大学生同样也是来自不同年级。所有参与其中的学生都是从初中开始正式学习英语的。所以，这些学生学习英语的时间最短 3 年，最长 10 年。

3.《报告》的研究步骤

研究的成功实施离不开研究工具和方法的有效使用。《报告》的研究中效度是指：所有的文章和题目都必须要完全准确地体现《ACTFL 阅读能力指导方针》中的能力说明要求。否则，任何有关指导方针效度的论断都是没有说服力的。进行初始研究时，共有三个步骤。

1）文本收集

对每个等级的文本特征进行仔细的研究鉴定后，研究人员会从不同的渠道去选择文本。所有的文本都是真实而非虚构的，且在韩国国内都是可以应用的。大多数的文章都没有经过删减，所以也不会降低其真实度。

在刚开始收集到的 70 个文本中，有 33 个文本被用作研究的初稿。根据指导方针中的设想，中级高等和高级水平的学生使用同一个文本，高级高等和优异水平的学生使用同一个文本。同时，为了提升测试的准确性，中等水平的学生（初级高等到高级）使用了更多的文本。

2）项目设置

所有的题目都是为所选择的文本而专门设置的。它们可以体现《ACTFL 阅读能力指导方针》中对技能（如功能）的描述。为了便于分析，所有的题目都是 4 选 1 类型的选择题。研究人员刚开始会进行细致的技能评估，记住文本的数量，随后依据每个文本的长度，设置 1—4 个题目。

测试总共设置了 91 个题目。但是不像阅读文本，这些题目都是针对不同等级水平的。事实上，研究人员让不同等级水平的被试者使用相同的文本做不同的题目，可以仅根据技能的差别对他们的能力进行区分。

3）评估

评估的过程就是检验所选择的阅读文本及其对应的题目是否真正地反映出《ACTFL 阅读能力指导方针》中每个等级的说明内容。参与评估的两个人都是以英语为母语的语言测试专家。他们对这个研究的研究目的、研究程序，以及技术与数据非常了解。评估者必须对三种类型的评价任务做出反馈，即阅读文本、测试题目和文本的真实性和合理性。

评估程序分为两个阶段：第一阶段是熟悉研究目的、《ACTFL阅读能力指导方针》，并大致了解一下阅读文本和题目。第二阶段是运用4分制李克特量表(Likert Scale)，对阅读文本和题目的质量进行严格的评估。

在第一阶段中，研究人员会首先告诉评估者研究的目的，随后让他们去研读讨论这一指导方针，使其能够对指导方针的内容熟记于心。这一熟记的过程是非常有必要的，这样评估者才能更好地对阅读文本和题目的质量做出评价。他们会运用二分法，把不符合指导方针中每个能力等级要求的文本和题目淘汰出去(见表1-9)。

**表1-9 第一次评估结果**

| | 可 用 | 不可用 | 总 数 |
|---|---|---|---|
| 文 本 | 32(97%) | 1(3%) | 33 |
| 题 目 | 83(91%) | 8(9%) | 91 |
| 真实性和合理性 | 30(91%) | 3(9%) | 33 |

测试的初稿中，有33个题目被筛选了出来，而所有被认定为不合适的题目都会被剔除。另有3个文本，其中一篇被试者水平与能力等级不匹配，另外两篇则缺乏真实性，不适合放在测试中，因此也被剔除。此外，研究人员决定再剔除9个文本，因为它们的内容不太适合研究。所以，经过第一轮评估后，测试的第二稿就只有21个文本，59个题目。

一周之后，进入评估的第二阶段。在这一阶段里，评估者要运用4分制李克特量表对文本、题目、真实性和合理性进行评价。结果如表1-10所示。

**表1-10 第二次评估结果**

| | 同意——→不同意 | | | | 总 数 |
|---|---|---|---|---|---|
| | 4 | 3 | 2 | 1 | |
| 文 本 | 21 | 0 | 0 | 0 | 21 |
| 题 目 | 52 | 7 | 0 | 0 | 59 |
| 真实性与合理性 | 17 | 4 | 0 | 0 | 21 |

对于第二个评估任务，三个不同的评价都运用了修订版的斯皮尔曼—布朗公式计算评估者间的信度系数。结果如表1-11所示。

表 1－11　评估者间与评估者内相关系数

| | 评估者间相关系数 | 评估者内相关系数 |
|---|---|---|
| 文　本 | 1.00 | 1.00 |
| 题　目 | 0.64 | 0.78 |
| 真实性与合理性 | 0.88 | 0.93 |

因为两位评估者对所有的文本都持有高度一致的意见，所以本研究没有计算他们的相关系数和效度。除了对3个题目和1个文本的真实性持有不同意见之外，他们对其他文本的真实性和合理性的评价高度一致，对测试题目的评价也是如此。

在测试的最终版本中，每个等级的测试文本数量和题目数量如表1－12所示。括号内的数字代表分属不同等级的文本数量。研究人员刚开始会选择一些文本，供中级高等和高级、高级高等和优异等级的被试者共用，但是他们还为中级高等、高级、高级高等和优异等级的被试者分别选择了1到2篇不同的文本供其单独使用，这样研究人员就可以发现不同文本以及相同文本对被试者技能的影响。所以，虽然中级高等和高级的受试者分别进行了4个和3个测试，但是他们其实只共同进行了2个测试。因此，在4个中级高等的测试中，有2个是专属于中级高等被试者的；而在3个中级的测试中，有1个是专属于高级被试者的。同样的方法还运用在高级高等和优异级别的被试者中。

表 1－12　试行研究中文本和题目的数量

| | 文 本 数 量 | 题 目 数 量 |
|---|---|---|
| 初级低等 | 2 | 2 |
| 初级中等 | 2 | 3 |
| 初级高等 | 3 | 7 |
| 中级低等 | 3 | 6 |
| 中级中等 | 3 | 6 |
| 中级高等 | 4(专属中级高等：2) | 10 |
| 高级 | 3(专属高级：1) | 6 |
| 高级高等 | 4(专属高级高等：2) | 7 |
| 优异 | 3(专属优异：1) | 12 |
| 总数 | 27(19) | 59 |

4.《报告》的实验研究

实验研究基本上就是为了通过识别研究中的不合格题目，提升研究对象的质量。研究人员采取了传统的项目分析法来检验题目的质量，剔除不合格的题目之后，他们开始试着去探索出现问题的原因：① 与题目本身的物理属性有关，即题目本身如题干、答案，或者有其他的干扰项存在问题；② 与题目和文本的内容有关，即采用的阅读文本和为之设置的题目不合适。

如果不合格的题目是由上述两种情况引起的，那么这些题目要么被剔除，要么修改后再次使用。在实验研究中，高中生完成两个阶段测试的时间都是 2 个小时，但是大学生完成的时间根据他们的实际情况为 1—1.5 小时不等。因为测试封面上就是说明内容，所以就没有必要再单独花时间去解释测试的程序了。而在这种英语作为外语的学习环境中，学生们已经对阅读理解中的选择题非常熟悉。

因为测试时有答题册供填写答案，所以测试结束只需要收回答题册。之后，所有的答题册都会被提交给研究者，由其进行打分并将结果反馈给相关大学。而高中生的答题册不需要由研究者打分，因为答案已经交给了学校，老师在测试阶段结束后，会把正确答案告诉学生。

学生所有的表现被录入 Excel 电子表格并编码，供研究者打分并进行数据分析。他们的表现会被标记为 1 或 0，便于运用 SPSS 软件进行分析。数据描述的结果如表 1 - 13 所示。

**表 1 - 13 试行研究的描述性数据**

| 数 量 | 最高分 | 平均分 | 众 数 | 中位数 | 标准差 | 范 围 |
|---|---|---|---|---|---|---|
| 904 | 59 | 30.16 | 33 | 31 | 7.58 | 49 |

虽然表格中的最高分是 59 分，但实际发现的最高分是 56 分，最低分是 8 分。分数的平均数、中位数和众数分别是 30.16 分，31 分和 33 分，基本处于中等分数。标准差为 7.58 分，表明这些分数总体属于正态分布。

研究者使用了传统的项目分析方法，并利用克朗巴哈系数（Cronbach coefficient alpha，α）算出信度系数为 0.81。虽然测试依然处于试行阶段，但是它在评估间一致性方面有效度。

第二，研究者还估算了点双列相关系数 r（point-biserial correlation coefficient，r）。根据点双列相关系数的数值，在 59 个题目中，有 26 个题目被剔除，因为这些题目不符合分析时设置好的“30%标准”，需要进一步研究以确定其不一致的原因，并运用其他项目分析方法对这些题目进行更细致的分析。事实上，这些题目都是同一篇文本后面的习题，而且答对的数量或者比例表明：所有不合适的题目，除了一题，其他都是非常困难的。也就是说，不足 30%的人答对了那些题目，意味着他们多是靠猜测答对的。从这些有问题的题目的分布情况可以明显地看出，这些题目适合能力强的人来做，而中低等水平的人只能靠猜。因为点双列相关系数与每个题目和整个测试之间的相关系数以及答案的猜测成分有关，所以我们无法保证这些特别难的题目有很高的点双列相关系数的数值。

哪些题目可以用，哪些不可以，哪些需要修改，这些都要根据题目的功能和难度等数据来确定。实验研究阶段出现的问题多是由题目的难度引起的，该阶段的参与人员大多是高中生，其阅读水平一般处于初级到中等之间。因此，对于很多困难的题目，他们并不知道答案，只能靠猜。所以，在主要研究阶段，需要更多有高水平阅读能力的人参加。

除了对题目进行分析之外，还有一个问题：如何利用测试中的题目去界定初级低等和初级中等水平。关于这两个等级水平的问题，在前面部分已经有所讨论。在实际的出题和修改阶段，研究者必须要决定供这两个等级水平的人使用的题目是否要在英语题干和选项下附上韩语的翻译说明。根据初级低等的说明，让这类学生去做没有韩语翻译说明的题目是不切实际的，因为说明中表示“偶尔能够看懂文本里面语境含义比较明显的个别词、短语”。也就是说，这类学生不借助文本的话，根本不理解词或者短语的意思。而且，我们也不能假设他们能够理解英语的题干和选项。但是，研究者还是试着借助图片来出题，帮助学生理解。

此外，研究者还就类似的话题参考了其他的研究。然而，在其他的研究中，没有一个真正解决了初级低等和初级中等这两等级水平上存在的问题。很多针对《ACTFL 阅读指导方针》的研究，都没有考虑初级低等和初级中等这两个等级水平，而是直接从初级高等或者中级水平开始。可是，题目给出韩语翻译也是有问题的，因为这样就会暗示学生题目很难。所以，研究者决定把供初级低等水平的学生使用的测试中的第 17 和第 20 篇文本及其后面的题目去掉。但是，初级中等水平的学生还是要做这两篇文章的，因为即便是没有韩语翻译说明，他们也能做得出来，还可以反映出这一等级的实际情况。此外，研究者考虑到一个事实：让学生去读 23 篇文本，做 59 个题目，是一个很费劲的任务。所以，他们决定根据项目反应理论，通过对题目的分析，减少题目的数量。经分析，第 7、27 和 30 个题目的卡方值(Chi-square values)不符合要求，故剔除。而这 3 个题目刚好都是第 12 篇文本后面的习题。

所以，研究人员决定把这篇文章连同后面的第28、29题直接去掉，这样一来，在初稿的基础上，就有3篇文本和7个题目被去掉。因此，最终只剩下52个题目和17篇文本，如表1-14所示。

**表1-14 终稿文本和题目的数量**

| | 文本数量 | 题目数量 |
|---|---|---|
| 初级低等 | 0 | 0 |
| 初级中等 | 2 | 3 |
| 初级高等 | 3 | 7 |
| 中级低等 | 3 | 6 |
| 中级中等 | 3 | 6 |
| 中级高等 | 4(专属中级高等：2) | 10 |
| 高级 | 3(专属高级：1) | 6 |
| 高级高等 | 3(专属高级高等：2) | 6 |
| 优异 | 2(专属优异：1) | 8 |
| 总数 | 23(17) | 52 |

5.《报告》的结果

《报告》的结果需要通过初步分析、采用研究方法、四个主要水平的方差分析和研究水平确认。

1）初步分析

研究测试的分数数据描述结果如表1-15所示。

**表1-15 分数数据描述结果**

| 数量 | 最高分 | 平均分 | 众数 | 中位数 | 标准差 | 范围 |
|---|---|---|---|---|---|---|
| 1 060 | 52 | 34.39 | 35 | 35 | 7.77 | 43 |

虽然表格中的最高分是52分，但是实际发现的最高分只有51分，最低分是9分。测试的平均分是34分，众数和中位数都是35分，表明分数相对较为集中，标准差只有7.77分。试行测试时，59道题目的平均分为30分，与之相比，这次的研究中学生的整体英语阅读水平似乎更高。

研究者运用克朗巴哈系数算出信度系数为0.86，标准值是0.87；而在试行测试阶段，这一信度系数只有0.81(标准值为0.87)，因此这次的测试已经提升了题目的质量。此外，因为其高信度系数，这些题目似乎可以作为检验研究目的的一个可靠工具。

但是，有 10 个题目的点双列相关系数值还不足 0.30，故被研究者剔除在外。为了调查这些题目为什么不适合出现在测试中，研究者对它们的其他数据值进行了进一步的观察分析。研究发现，所有的这些题目都是出自同一篇文本，这意味着它们之间的一致性会受到阅读文本自身特性的影响。此外，这些题目的平均分、标准差，以及分布特点都表明它们更适合能力水平高的人完成。这是因为题目相对较难时，学生们可能会靠猜来获取答案，导致学生给出答案的方式不一致。实际上，从 1 000 多个学生中收集到的反应方式数据很难一致，因此这些难题的点双列相关系数值可能会很低。

2）采用研究方法

哥特曼量表法的初步目的就是为了说明量表的可结合性。但是它并不会提供任何有关每个题目难度的详细数据信息。当前研究包含 52 个测试题目，有 1 060 名学生参与其中。因此，用矩阵的可视化表示去证明数据的量表结构是不合理的，所以，表 1 - 16 中只给出了这些程序的数据证据。

**表 1 - 16　哥特曼量表分析结果**

| 重复性系数（CR） | 最小边际重复率（MMR） | 提升比（PI） | 结合力参数（CS） |
| --- | --- | --- | --- |
| 0.763 | 0.160 | 0.605 | 0.721 |

为了使用哥特曼量表进行数据分析，研究者要计算每个题目的和，并根据和的值对它们进行分类，从左边的最高到右边的最低，也就从最简单的题目到最困难的题目。在进行编码和分类之后，研究者计算出每个题目的两种类型的误差值，应该答对却答错的，标为 0；应该答错却答对的，标为 1。

有趣的是，虽然信度系数比临界值 0.90 要低，但是量表的结合力参数为 0.721，表明这些数据是可以使用且有效的。数据学家们将量表的结合力参数设定为大于 0.60，就是为了说明其可结合性。要说明数据真实有效且是一维的，研究者就需要考虑这一结合力参数。量表的结合力参数较高，就表明数据是有效的、一维的。

至于题目的边际值顺序，总体而言，由每个等级水平上的每个题目的边际值形成的曲线呈现出类似波动的趋势。

3）四个主要等级水平的方差分析

研究者利用经典的项目/测试分析法和哥特曼量表得出数据对每个等级

的平均分进行比较，发现从初级中等到优异等级，总体呈现上升的趋势。他们进行方差分析，就是为了验证初级、中级、高级和优异等级之间是否还存在更大的差别。

而每个题目的总分都已经通过哥特曼量表计算出来。题目会根据它们的总分被重新分类，而四个等级的平均分也会被计算出来。因为研究者想要进一步观察各等级之间的平均分差异，所以他们对等级的分数采取了单方差分析法。他们还进行了多重比较，以确定差异到底发生在哪个组别之间。

四个组别之间的平均分差异很显著，其 $F = 58.012(3, 44)$，$p < 0.05$。但是，因为有四个组别，所以必须要确定哪两组或者哪几组之间存在显著性差异，详见表 1 - 17 等级之间的多重比较。

**表 1 - 17 等级之间的多重比较**

| (I)级别 | (J)级别 | 平均差(I—J) | 标准误差 | 显著性水平 |
|---|---|---|---|---|
| 初 级 | 中级 | 173.65* | 41.727 | 0.002 |
| | 高级 | 479.28* | 45.731 | 0.000 |
| | 优异 | 551.41* | 52.634 | 0.000 |
| 中 级 | 初级 | −173.65* | 41.727 | 0.002 |
| | 高级 | 305.64* | 39.383 | 0.000 |
| | 优异 | 377.77* | 47.223 | 0.000 |
| 高 级 | 初级 | −479.28* | 45.731 | 0.000 |
| | 中级 | −305.64* | 39.383 | 0.000 |
| | 优异 | 72.13 | 50.796 | 0.574 |
| 优 异 | 初级 | −551.41* | 52.634 | 0.000 |
| | 中级 | −377.77* | 47.223 | 0.000 |
| | 高级 | −72.13 | 50.796 | 0.574 |

* 显著性水平门限值取 0.05。

如表 1 - 17 所示，显著性差异主要发生在初级、中级和高级三个层次之间。当然，优异和初级以及中级也分别存在显著性差异，但是优异和高级之间没有显著性差异。如果只考虑相邻等级之间的线性关系的话，那么显著性差异只发生在初级到中级和中级到高级之间，而不存在于高级到优异之间。这表明对高级和优异两个等级的说明还不足以去区分两者之间的区别。这一问题被称为天花板效应(即测验题目过于容易,致使大部分个体得分普遍较高的现象),随着二语学习者们水平的逐渐提高,他们的水平达到一定的高度后,就不容易再越过那个高度了。

4）研究讨论

美国外语教学委员会及其支持人员都表示,指导方针的主要目的就是为了为项目的研发和能力测试的构建提供可靠的标准。为了实现该目的,这一指导方针在语言能力的描述上必须合理。

研究人员运用基于《ACTFL阅读能力指导方针》而建立的研究手段,对两个研究问题进行交义检验,并给出了检验结果。他们运用几种研究方法,对数据进行分析,得到的分析结果让他们去调查研究阅读能力,在二语学习能力至少是英语学习中,是否属于一种逐步提高的线性发展过程。分析结果表明《ACTFL阅读能力指导方针》可以作为阅读能力测试构建的一个很好的标准。此外,指导方针会在阅读能力的说明上有效度。

研究者运用哥特曼量表对基于指导方针得出的数据的可结合性进行了分析检测。表1-16涉及了四种数据结果类型,其中两种是：重复性系数和量表的结合力参数,它们对于这个研究非常重要。因为重复性系数为0.76,低于哥特曼和其他数据学家建议的标准数据0.90,所以量表数据可能并不能接近于完美的量表。然而,量表的结合力参数为0.721,高于标准数据0.60。基于这一数值,对数据的可结合性做出的论断依然有效。同时,它还表明即使这些量表数据并不能构成完美的量表,数据的量图依然可以呈现出数据的真实分布。但是,这一信息只对运用研究用具得到的数据有效,即题目难度值不是通过比较根据题目的边际值得到的实际顺序与根据讲题目能力等级而得到的顺序来确定的。就量表数据和使用的研究用具而言,得到的可结合性数据说明研究用具也许可以用来测量可扩展的一维模式下的潜在特性。

但是,考虑到研究的目的,图1-5中呈现的题目顺序与其等级水平存在明显的不一致性。这就需要利用其他的检验模型对指导方针中等级的划分进行更深入的调查研究。研究者发现每个等级中都会有几个题目不适合。同一层次中的题目难度系数并不一致。而同一等级不同层次之间的题目难度又没有呈现连续变化的趋势。

然而,初级高等和优异等级与它们各自的题目的难度系数还是一致的,因为其中的很多题目都是初稿,没有经过修正。可是考虑到它们在指导方针中的位置通常都在最两端,所以地面效应或者天花板效应应是它们各自可以合理地处在那个位置的主要原因。

为了把研究的视角放大一点，关注初级、中级、高级和优异四个层次，研究者运用了单方差分析和多重平均值比较的方法。四个组别之间的平均分差异很显著，其 $F=58.012(3,\ 44)$，$p<0.05$。随后的多重平均值比较发现了高级和优异之间母语显著的差异(见表 1 - 17)。丹登诺利和亨宁(Dandonoli & Henning, 1990)在《ACTFL 外语能力指导方针》的效度研究中，发现中间等级——中级和高级之间的界限并不明显。但是当前的研究发现，真正差异不明显的界线在高级和优异之间。

他们设置问题(2)去检验问题(1)，后者被认定是阅读指导方针效度检验的另一种方法。这似乎表明问题(2)需要解决两个问题：信度和效度。

为了进行信度测试，研究者采取了几种数据分析方法。正如在研究实施部分介绍的那样，这一过程是非常耗时耗力的。他们为了检验试行研究和主要研究目的实施的信度系数，计算出克朗巴哈系数，分别为 0.81 和 0.87。就这两种实施过程的评估间一致性而言，可以说明它们都是相对可信的方法。而且需要指出的是，经过试行阶段，实施方法的信度得到了提升。简而言之，要构建一个既检验阅读能力，又在数据上可信的检验方法，是完全有可能的。

但是，建立有效的测试方法的可行性必须要有保证，这就要求研究者始终清楚研发测试的目的。因为这一研究已经公布了研究结果，所以在指导方针的基础上，建立一个检验阅读能力的可信的测试是完全可行的。从哥特曼量表的分析结果中可以看出，就某种程度上而言，美国外语教学委员会认为阅读能力是一种线性、发展的能力是有道理的。因此，研究者建议要从当前研究结果的角度对《ACTFL 阅读能力指导方针》的阅读能力测试的可行性进行重新评估。

#### 1.2.2.4 《报告》的总结与启示

本节对《ACTFL 阅读能力指导方针》的测试文本和能力进行了分析。从收集到的数据分析结果中可以看出，指导方针中的等级划分需要得到重新评估。虽然高级和优异之间的界限不明确，但是其他等级的划分还是比较清晰的。

该研究对完全基于指导方针的可信、有效的测试的可行性进行了研究。结果发现，至少从数据的角度来看，这种可信的测试是可行的。但是，有些地方还是存在等级划分不一致的情况，会产生一些问题。

总之，正如前人所说的那样，《ACTFL 阅读能力指导方针》还需要更进一步的理论事实研究以验证其效度。尤其是，对每个等级的划分说明还需要程序研究。而且，为了更加有效地解决每个等级上阅读能力的问题，需要不断地进行修正。

之前的一些研究存在一些数据上的问题，如参与人数偏少、测试题目不够、参与者的水平跨度不够广。但是，本节的研究就可以解决这些问题。研究者从各种能力的样本中收集数据，解决了从初级到优异的能力等级问题，并运用最恰当的研究方法去验证之前提出的实验目的。尽管研究中所采用的方法在实现研究目的方面有巨大优势，但这并不意味着它就没有局限性。

第一个局限性是在数据收集阶段。由于研究的时间有限，研究者不能给被试者充足的时间去完成所有的题目。大多数学校只会给 1.5 个小时的测试时间。但是，因为实验日期和学校安排之间存在冲突，在某些情况下部分学生只有 1 个小时的时间，这就会导致数据之间存在不一致性。由于许多数据分析都是依赖于相关系数分析的，这种不一致性就会有些问题，因此需要对数据的获取进行更加严密的调查研究。

第二个局限性是参与人员的水平跨度问题。这对试行研究阶段而言更是一个问题，因为试行研究阶段没有足够的高水平人员的参与，许多难题不是学生答对的，而完全是猜对的。这就会导致数据分析和结果存在问题，如点双列相关系数值较低，项目反应理论的卡方拟合统计值较低。这也就导致研究者必须要把优异水平排除在效度研究之外。要找到一些高水平的被试者并不现实，因为这些人本来就不多。

最后一个局限性就是题目数量问题。从逻辑上来说，题目越多，研究者实现研究目的的效度就越多。但是考虑到被试者和研究者需要投入的时间和精力，研究者必须要在现实考虑和研究理想状况之间实现平衡。值得一提的是，研究者非常清楚没有众多学术结构的合作，这种研究是根本不可能完成的。

虽然《ACTFL 阅读能力指导方针》存在一定的局限性，但是它对于我国阅读能力标准的制定仍然具有一定的借鉴和指导意义。一方面，我们需要尽可能地考虑多方面因素的影响，细化能力等级，明确等级的说明和要求；另一方面，我们需要在标准制定之后进行测试评估。在评估过程中，尽量地让更多来自不同地区、处在不同水平的英语学习者参与进来，为他们设置数量适中、难度适中但是很有区分度的题目。当然，我们还需要争取与更多的学校、教育机构、教育主管部门合作，希望他们在标准的制定和评估过程中能够提出更多更有建设性的建议。

### 1.2.3 口语能力

《ACTFL 口语能力指导方针》的效度主要通过口语能力面试来体现。口语能力面试是有效可信的互动式直接口语等级评估，它通过有资历的测评员跟被试者进行面对面或者电话联络的方式进行考试。测评员遵循标准化的程序，有目的性地挑选出语言样本，根据语言样本的功能和任务的完成情况、样本的数量和质量、文本类型、语境和内容对被试者进行评级。一场标准的口语能力面试大概需要 20—30 分钟。口语能力机测（Oral Proficiency Interview by computer，简称 OPIc）可以对功能性语言技巧进行个性化的评估。它具备以下特点：基于口语能力面试、通过互联网传输、具有半直接性（semi-direct）。两者内容基本相同，都是《ACTFL 口语能力指导方针》来记录和评估的，不同之处在于后者没有一个“活”的测评员，口语能力机测精心设计的电脑程序可以挑选出代表被试者水平的可评估语言样本。除此之外，两者联系密切，有同样高的可信度，而且机测和人测的等级结果高度一致。

口语能力面试考核的关键环节是寻找合适的测评员。美国外语教学委员会的口语能力面试专业人员会参加“转换”（conversion）专题研讨会。此外，还需要为新语言的美国外语教学委员会考核招聘测评员。美国外语教学委员会专业项目经理琳达·卡普兰（Linda Kaplan）指出，“这个项目最具挑战性，最重要的是寻找那些以关键语言为母语的专业测评员。大家可能觉得，世界很大，委员会能很轻松地招聘到相关人员。但招聘还没开始，他们就已经花了大量的时间去和学术界的语言专家进行交流，在全国寻找移民社区。当然，这只是一个开始，他们还需要评判这些潜在的测试员是否符合各项标准，包括是否具有大学文凭，以及是否愿意去学习新技能。他们通过坚持和创新，成功地制定了一个潜在专业测评员所要具备的考核条件。”

此外，口语能力面试本身的信度和效度也是至关重要的。纵观文献，对美国外语教学委员会的口语能力面试信度和效度的研究有不少，其中以 2012 年奥拉夫·巴伦芬格（Olaf Barenfanger）和埃尔文·奇尔纳（Erwin Tschirner）参照《欧框》对美国外语教学委员会的口语能力面试的信度和效度做的实证研究最有代表性。下文将详细论述该研究。

#### 1.2.3.1 口语标准信度效度的研究背景

《欧框》作为教学标准，以课程和课本的发展和评估为目的，在欧洲和世界其他地方得到广泛使用。欧洲主要考试的大纲编写者都遵循《欧框》来确定等级并根据这些等级为功能性语言技巧进行评级。由于《欧框》和《ACTFL 外语能力指导方针》都被用来描述和评估同一结构，即“功能语言等级能力”（functional language proficiency），且两者的等级是一致的，所以两者可以相互比较。建立测试（test）和量表（scale）的一致性标准也是必需的，只是需要经历一个过程。

欧洲委员会制订了一个全面的手册(Figueras et al., 2009),把测试和《欧框》等级连接起来。这个连接主要是根据《欧框》的能力等级将测试者分类,按照经验将个人语言样本同语言能力量表联系起来,其过程叫作标准设定或者基准设定。该设定首先对测评员进行培训,教会他们把量表体系和校准的具体语言样本对应起来,然后这些测评员便可把具体的测试项目和《欧框》量表对应起来。

六位来自德国莱比锡大学的《欧框》口语能力面试的测评员专家做了一个研究报告,该研究被用来评估德国语言样本《欧框》评级设定的有效性的证据,这些语言样本是根据美国外语教学委员会的口语能力面试和口语能力机测的协议来挑选和评级的。该研究根据欧洲委员会制订的基准协议将美国外语教学委员会的两种口语能力测试与《欧框》联系起来,于 2011 年 9 月 16—17 日在莱比锡大学开始实施,整个标准管理过程(benchmarking procedure),包括对标准的掌握(familiarization)、校正(calibration)和标准设定(benchmarking),持续了14.5小时。参与这次研究的评级员都是经验丰富的欧洲语言证书(The European Language Certificates,简称 TELC)测评员和测评员的培训员。欧洲语言证书是欧洲语言测试者协会(the Association of Language Tester in Europe)证书的一类,它根据《欧框》管理和评估 9 种欧洲语言的能力测试,包括德语、英语、西班牙语、法语、葡萄牙语、意大利语、俄语、捷克语和土耳其语。因为欧洲语言证书的测评员和培训员的评估者间信度较高,所以这个研究不仅对本节涉及的语言——德语有意义,也适用于欧洲语言证书中其他国家的语言。

#### 1.2.3.2 口语标准信度效度的研究方法

《报告》的研究方法主要包括筛选参与者、设置评估程序,以及统计分析。

1. 筛选参与者

参与者为六名测评员,五名男性和一名女性,他们的年龄在 33 岁至 66 岁之间,平均年龄是 46 岁(标准差 10.25)。所有测评员均拥有德语学士学位,在《欧框》的 A1 到 B2 等级里教学经验丰富,其中五人也教授 C1 等级学生。所有测评员都拥有丰富的评级测试经验,等级年限从 4 到 21 年不等,平均年限13.5 年(标准差为 7.66)。六名测评员中有四人参与《欧框》A1—C1 等级的测试并且经验丰富,另外两人在《欧框》A1—B2 等级经验丰富,其中四名测评员是测评员的培训员,另外两人是欧洲语言证书的测评员。有两名测评员参与基准设定的任务多达 15 次,一名测评员参加了 8 次,另外一人参加了 3 次,剩下的两名测评员是第一次参加基准设定的工作。

2. 设置评估程序

本节遵照《欧框》的相关语言考试手册中制定的权威基准设定程序。手册指出基准设定程序可以实现任何测试或者能力量表和《欧框》能力量表体系的对接。基准设定的过程包括三个阶段：① 熟悉阶段：测评员首先要基于刻度化的《欧框》等级的语言样本，熟悉《欧框》能力量表体系；② 校准阶段：每个测评员能否按照《欧框》等级的精准刻度来对语言样本进行精准评级，决定了测评员评级的可靠性(信度)；③ 确立基准阶段：狭义的标准/基准设定是指测评员在未知《欧框》等级的情况下对语言样本进行评级，之后再把这些评级结果和官方的《ACTFL 外语能力指导方针》的评价结果相比照。这样刻度数据和标准数据的可信度都可以被计算出来。

1) 熟悉阶段

在熟悉阶段中，测评员首先收到这个研究的目的和流程的背景信息，然后详细讨论了《欧框》口试的特征，之后测评员对官方欧洲语言证书口试中的六个语言样本进行评级，每个样本各代表一个《欧框》等级。在各自决定《欧框》等级后，测评员对评级结果展开讨论，直到他们得到一致的结果。所有测评员一致认同的评级结果与官方欧洲语言证书评级结果一致或者相近。

在熟悉阶段的最后，测评员要完成一份传记体式的问卷，需要填写他们的大学文凭、现在的职业、测试《欧框》的等级和之前设定基准的经验，他们也可以评论这个研究的任何方面。整个熟悉过程持续一个半小时。

2) 校对阶段

校对阶段是为了确定测评员评级结果的准确性和可信度。基于这个目的，研究者随机挑选了 12 个使用《欧框》全球口语量表和特定口语量表的语言样本，校对阶段包含四个标准：词汇、准确度、流畅度和一贯性。测评员需要回答如下问题：① 他们为语言样本评分是否容易；② 他们能在多大程度上理解讲话者；③ 他们对自己的评级是否自信。这些问题采用 4 分制李克特量表呈现，从 1(容易/高/自信)到 4(不容易/不高/不自信)表示不同等级。语言样本从 *Mundlich*①(Bolton et al., 2008)选出，该出版物包括语言样本和 28 个语言教学和测试专家制作的基准，已在歌德学院(the Goethe Institute)和欧洲语言证书领域广泛使用，后两者都是欧洲语言测试者协会的成员。通过比较权威评级结果和参与者个人评级结果，可以计算每个测评员的可信度。作为一个界限值，测评员的斯皮尔曼秩次相关系数要大于 0.85 才可以纳入该研究。

① 此处 *Mundlich* 无特定中文名称，故保留原名。

因为所有测评员都超过了这个系数，所以他们都可参与最后的基准数据分析。这个校正的过程持续两个小时。

3）确立基准阶段

在狭义上，每个测评员都评估了 54 个口语能力面试和机测语言样本，九个等级分别为：初级中等（NM）、初级高等（NH）、中级低等（IL）、中级中等（IM）、中级高等（IH）、高级低等（AL）、高级中等（AM）、高级高等（AH）和优秀级（S），各含 6 个样本。两种口语能力测试均包含考生“能做什么”和“不能做什么”的样本。“不能做”通常会导致语言崩溃，例如，候选人不能讨论自己某个等级的问题甚至完全不能讨论问题。语言崩溃通常和大量的语言错误有关系。因为基准设定的研究是为了确定被试者能达到的最高等级，该研究目的是只对被试者“能做什么”进行研究，并确定其等级。口语能力机测有 16 个问题，回答问题时会计时，在中级测试中，考生每题有 1 分钟的准备时间；高级有 2 分钟；优秀级有 2.5 分钟。根据等级水平和特定的考生对问题的回答情况，将有 4 到 6 个回答会被挑选出来。对于初级和中级，要选择 5 到 6 条考生的回答，共计 5 分钟的样本；在高级水平，要选择 4 到 6 条考生的回答，共计 8 分钟的样本。因为德语口语能力机测最近才投入使用，最高级别的考生比较少，没有得到足够的样本，所以研究者从口语能力面试中选取了 2 个高级高等和 6 个优秀级的语言样本，然后挑出最能代表性的语言样本，每个 8 分钟左右。

为了避免序列效应（serial effects），测评员被分为两组，随机选出每组的语言样本，并且随机排列。评级时，测评员使用与校正阶段相同的形式，这些形式包括整体评级、单项评级和关于测评员评级自信度相关的质性化问题等。对于每位被试者，试题既可以以书面形式也可以以口语能力面试测评员提问的方式进行。测评员通过耳机收听语言样本，并且每个语言样本只听一次。平均而言，他们会在每个样本上花 10 分钟时间。整个工作在两天内完成，用时共计 8 小时。在设立基准之后，测评员会进行一个专题小组讨论发表他们对这个评级流程的意见，并有一个研究助手在讨论时做记录。专题小组讨论会持续 30 分钟，全程录音。

3. 统计分析

为了证明《欧框》评级的可信度，笔者采用以下几种方法展开了分析。

1）拟合优度检验

拟合优度检验（Kolmogorov Smirnov Test）是对定序数据（ordinary data）的非参数测试，通常用于比较两个不同样本的评级情况。如果拟合优度检验对一个测评员产生一个显著的结果，即表示这个测评员对某个特定类别有偏好。相反,如果拟合优度检验没有显著的结果,即表示测评员对待这个类别一视同仁。因此,拟合优度为负值,是一个表示评级可靠的指标。

2) 斯皮尔曼 $\rho$ 系数

该方法可以测评两个变量的关系,即单调函数,它通常被用来分析定序数据。因为最后两个测试的最终等级不能被当作定距数据(interval data),所以这里使用斯皮尔曼系数是合适的,因为斯皮尔曼系数是通过等级排序,然后关联两个等级的顺序来计算的,它又被称作等级差数法。

3) 肯德尔相关系数

最终评价等级的关系也用肯德尔相关系数来分析,它是一种一致性计算方法。肯德尔的 $\tau$ 系数是根据等级顺序来计算的,而斯皮尔曼的 $\rho$ 系数是根据变化量的比例计算的。$\tau$ 是来计算一致性的,因此,$\tau$ 计算被试者按相同顺序评级的概率和被试者按不同顺序排列的评级的概率有所区别。和 $\rho$ 类似,$\tau$ 值为 1 的话代表两个测试完全吻合,值为 0 则代表不存在一致性。

4) 古德曼和克鲁斯卡尔 $\gamma$ 系数

古德曼和克鲁斯卡尔 $\gamma$ 系数也是一致性的一种计算方法。与肯德尔的 $\tau$ 系数不同的是,$\gamma$ 系数忽略绑定,两个被试者会被分配到相同的等级(如他们都得到 A2 评级)。鉴于最终的《欧框》等级只有六个值(A1、A2、B1、B2、C1、C2),《ACTFL 外语能力指导方针》却有九个等级,对绑定不敏感的计算方法更能提供建设性见解。因为计算方法的不同,$\gamma$ 系数的值通常比肯德尔 $\tau$ 系数高。

5) 肯德尔 W 系数

肯德尔 W 系数有时也被称为和谐系数。它是用来评定多个测评员之间对定序数据等级结果一致性的唯一计算方法。肯德尔 W 系数值为 1 的话表示所有测评员评级完全一致,值为 0 的话表示完全不一致。这个计算方法可以大致被解释为克朗巴哈系数。

为了确定《欧框》和《ACTFL 外语能力指导方针》一致性系数,两者一致性的原始百分比被交叉列表。如果已知考生的外语能力等级,那么可以通过确定一个序数回归模型来计算出其最接近的《欧框》等级。另外,上述预计的可靠性也可以被计算出来。

#### 1.2.3.3 研究数据分析

研究数据分析主要包括评级者的可靠性和数据校正的一致性、两大外语能力标准评级的一致性、测评员对评级过程的认知等。

1. 评级者的可靠性和数据校正的一致性

拟合优度检验用来确定评级者们是否偏爱某一特定类别。因为所有评级者都没有表现出明显的拟合优度，可以认为所有测评均没有特别偏好。对于每个测评员的评级，我们都采用了斯皮尔曼 ρ 系数，肯德尔 τ 系数，古德曼和克鲁斯卡尔 γ 系数来计算他们的评级结果和官方《欧框》校正样本评级结果的相关性，结果如下表所示。不难发现所有测评员评级可靠性和一致度都很高。

**表 1－18 测评员评级结果与《欧框》校正结果评级结果的相关性分析**

| | 斯皮尔曼 ρ 系数 | 肯德尔 τ 系数 | 古德曼和克鲁斯卡尔 γ 系数 |
|---|---|---|---|
| 测评员 1 | 0.879 | 0.794 | 0.920 |
| 测评员 2 | 0.883 | 0.791 | 0.882 |
| 测评员 3 | 0.906 | 0.814 | 0.889 |
| 测评员 4 | 0.971 | 0.933 | 0.966 |
| 测评员 5 | 0.961 | 0.908 | 1.0 |
| 测评员 6 | 0.968 | 0.923 | 1.0 |

注：所有相关性的值只有在 ρ 小于 0.01 才具有显著性。

从肯德尔 τ 系数看出，测评员的测评可信度极高。肯德尔 τ 系数用来计算多个测评员可信度，本研究中的肯德尔的一致性系数是 0.934 并且 $p<0.001$。所有可信度的测量方式都显示测评员的评级结果与《欧框》评级结果强烈相关。因为计算结果显示所有的测评员都超过了斯皮尔曼 ρ 系数0.85。所有六名评分者的数据都包含在最终的分析中。

2.《欧框》和 ACTFL 外语能力等级的一致性

表 1－19 展示了 ACTFL 外语能力和《欧框》等级的交叉列表。此次研究共有六个测评员和从初级中等到优异等级的 ACTFL 外语能力的六个语言样本，每个 ACTFL 等级都可能是 36 个《欧框》等级的其中一个。例如，所有的测评员测评了从初级中等到 A1 级别语言样本，共得出 35 个评级（有一个样本没有评级）；所有初级高等样本被评为 A1 等级 28 次，评为 A2 等级 8 次。中级低等样本评为 A1 等级 13 次，评为 A2 等级 21 次，B1 等级 2 次；中级中等样本评为 A2 等级 10 次；B1 等级 25 次；B2 等级 1 次。中级高等语言样本被评为 B1 等级 28 次；B2 等级 1 次。高级低等语言样本评为 B1 等级 13 次；B2 等级 21 次；C2 等级 4 次。高级中等语言样本评为 B2 等级 15 次；C1 等级 14 次；C2 等级 4 次。高级高等语言样本评为 B2 等级 3 次；C1 等级 11 次；C2 等级 19 次。

优秀级被评为 C1 等级 3 次;C2 等级 33 次。

**表 1－19　ACTFL 外语能力与《欧框》等级比较(所有等级)**

| | | 《欧框》等级 | | | | | | 总计 |
|---|---|---|---|---|---|---|---|---|
| | | A1 | A2 | B1 | B2 | C1 | C2 | |
| ACTFL 外语能力等级 | 初级中等 | 35 | | | | | | 35 |
| | 初级高等 | 28 | 8 | | | | | 36 |
| | 中级初等 | 13 | 21 | 2 | | | | 36 |
| | 中级中等 | | 10 | 25 | 1 | | | 36 |
| | 中级高等 | | | 28 | 1 | | | 35 |
| | 高级低等 | | | 13 | 21 | 2 | | 36 |
| | 高级中等 | | | | 15 | 14 | 5 | 34 |
| | 高级高等 | | | | 3 | 11 | 19 | 33 |
| | 优异 | | | | | 3 | 33 | 36 |
| 合计 | | 76 | 39 | 68 | 41 | 30 | 51 | 311 |

下表为 ACTFL 外语能力与《欧框》等级的交叉列表。基于这个目的,六个《欧框》字母等级被转化为如下数值: A1＝1,A2＝2,B1＝3,B2＝4,C1＝5,C2＝6。

**表 1－20　ACTFL 外语能力与《欧框》等级的等级比较(《欧框》等级的模式)**

| | | 《欧框》等级 | | | | | | 合计 |
|---|---|---|---|---|---|---|---|---|
| | | A1 | A2 | B1 | B2 | C1 | C2 | |
| ACTFL 外语能力等级 | 初级中等 | 6 | | | | | | 6 |
| | 初级高等 | 5 | 1 | | | | | 6 |
| | 中级低等 | 2 | 4 | | | | | 6 |
| | 中级中等 | | | 6 | | | | 6 |
| | 中级高等 | | | 6 | | | | 6 |
| | 高级低等 | | | 2 | 4 | | | 6 |
| | 高级中等 | | | | 3 | 3 | | 6 |
| | 高级高等 | | | | | 3 | 3 | 6 |
| | 优异 | | | | | 1 | 5 | 6 |
| 合计 | | 13 | 5 | 14 | 7 | 7 | 8 | 54 |

表 1－20 显示 ACTFL 外语能力等级中的初级中等和初级高等最常和《欧框》的 A1 等级相对应；中级低等通常和 A2 联系在一起；中级中等和中级高等和 B1 联系密切；高级高等与 C1 和 C2 相对应；优异等级与 C2 相对应。

如表 1－21 所示，ACTFL 外语能力等级和《欧框》等级联系密切。两者的相关度和一致性系数非常高。

**表 1－21 《欧框》与 ACTFL 外语能力等级的相关性和一致性测量**

| | 斯皮尔曼 ρ 系数 | 肯德尔 τ 系数 | 古德曼和克鲁斯卡尔 γ 系数 |
|---|---|---|---|
| 《欧框》与 ACTFL 外语能力等级 | 0.966 | 0.911 | 0.968 |

注：所有相关性和一致性只有在 $p<0.01$ 时才有意义。

肯德尔 τ 系数证实了测评员评级较高的可信度，它的值是 0.969 且 $p<0.001$。如果已知考生的 ACTFL 口语能力等级，为了确定他最接近的《欧框》等级，可以建立一个序数回归模型（分析方法参见 Agresti，2002）。比如有序最小二乘方回归，序数回归模式假定一个预测值，使用特定的指数（在本节是 ACTFL 口语能力等级）来最大化地预测结果（在本节是《欧框》的值）。计算结果显示 ACTFL 口语能力等级对《欧框》等级有显著的预测作用。与没有独立变量的模型相较而言（如 intercept 函数），有 ACTFL 口语能力等级这个独立变量的模型能更好地拟合数据（$x2=156.4$，$df=8$，$p<0.001$）。

研究者使用回归模型系数，计算了根据 ACTFL 口语能力等级观察出《欧框》的每个等级的可能性（见 Agresti，2002），基本模型的可能性参见表 1－22。

**表 1－22 ACTFL 口语能力等级展现的《欧框》各等级的可能性**

| | 根据有序回归模型预测的可能性 | | | | | |
|---|---|---|---|---|---|---|
| ACTFL 口语能力等级 | A1 | A2 | B1 | B2 | C1 | C2 |
| 初级中等 | 0.999 | 0.001 | | | | |
| 初级高等 | 0.833 | 0.166 | 0.001 | | | |
| 中级低等 | 0.333 | 0.662 | 0.005 | | | |
| 中级中等 | | 0.003 | 0.995 | 0.002 | | |
| 中级高等 | | 0.003 | 0.995 | 0.003 | | |

续表

| | 根据有序回归模型预测的可能性 | | | | | |
|---|---|---|---|---|---|---|
| ACTFL 口语能力等级 | A1 | A2 | B1 | B2 | C1 | C2 |
| 高级低等 | | | 0.334 | 0.662 | 0.004 | |
| 高级中等 | | | 0.002 | 0.498 | 0.498 | 0.002 |
| 高级高等 | | | | 0.002 | 0.498 | 0.500 |
| 优异 | | | | | 0.166 | 0.833 |

如表 1－22 所示，一个初级中等的考生被评为 A1 等级的可能性为 99.9%；评为初级高等的考生至少会被评为 A1 等级。中级低等水平的考生最低被评为 A2 的可能性是 66.7%；一个达到中级中等和中级高等的考生被评为 B1 以上等级的概率为 99.8%；一个达到高级低等的考生被评为 B2 以上等级的概率为 66.6%；获得高级中等的考生被评为 B2 以上的等级的概率为 99.8%，同等级的考生被评为 C1 等级的概率为 49.8%。高级高等水平的考生被评为 C1 以上的等级的可能性为 99.8%，其中 50% 会被评为 C2 等级。最后，评为优异等级的考生有 83.3% 的可能性会被评为 C2 等级。

3. 测评员对评级过程的认知

每次评级，测评员都用 4 分制李克特量表来测量他们评级是否轻松，他们能在多大程度上理解考生，以及他们对自己的评级是否自信。以下的语言描述被转化为数值：简单/很好/自信＝1；相对简单/相对好/相对自信＝2；不太简单/不太好/不太自信＝3；不简单/不好/不自信＝4。图 1－5 展示了所有测评员就评级过程的难易程度所作回答的出现频率。91.4% 的评级者认为完成评级简单或者相对简单，只有8.6% 测评者认为评级不太简单；没有测评者认为评级完全不简单。评级的简易程度也反映在图 1－6 的参与者对语言样本理解的难易程度上。

测评者能够很好地或者相对好地理解 94.8% 的语言样本；他们认为仅有 4.2% 的语言样本不太好理解，1.0% 的样本不好理解。如图 1－7 所示，评级的难易程度和对样本理解的难易程度也与测评员对他们测评的自信程度有关。测评员对他们评级样本的 97.6% 感到自信，2.4% 感到不太自信。

4. 小组讨论的启示

在小组专题讨论中，参与者可以讲述在测评过程中观察到的东西或者遇

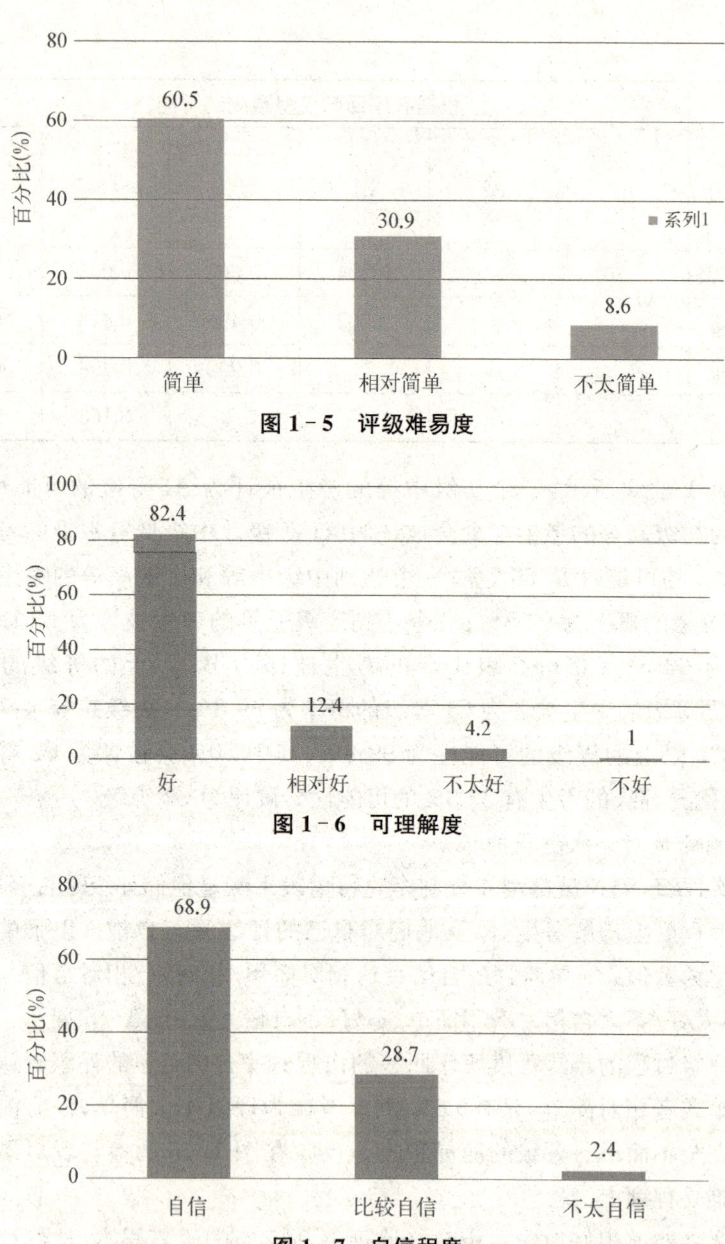


**图 1-5　评级难易度**

**图 1-6　可理解度**

**图 1-7　自信程度**

到的困难；或者给出对以后基准设定的建议。一些参与者提到，他们有时候难以清楚地区分等级 A1 和 A2、B1 和 B2、C1 和 C2。根据他们的建议，《欧框》中 C1 和 C2 等级的参数不太清楚。他们也建议需要设置更清晰的参数来区分 B1 和 B2 等级，并且建议 B2 等级需要让考生完成更多复杂的任务，因为 B2 等级的任务与日常生活联系紧密，一些参与者感觉他们没有足够的信息来划分B2的等级。

5. ACTFL口语能力测试与《欧框》的等级划定

这个研究显示经验丰富的《欧框》测评员能够根据ACTFL两种口语能力测试样本划定《欧框》等级，同时也表现了两者的等级有明显的一致性。如初级高等、中级中等、中级高等和优异等级在《欧框》中都有对应等级。其他的等级如高级中等和高级高等会跨越两个《欧框》等级。因为ACTFL两种口语能力测试最初用于选拔性测试，这表示对应等级设置得比较保守，如当ACTFL外语能力等级与两个相邻《欧框》等级相对应时，应选择两个等级中较低的《欧框》等级。例如，一个得到高级中等的考生被划为B2等级的概率为49.8%，被划为C1的概率也是49.8%。因此建议该等级对应更保守的等级至少要在B2以上(事实上，评为高级中等的人被评为B2的概率是99.6%)。只有当一个人达到某个等级的概率在66%以上才可以推荐测试邻近的更高的《欧框》等级。表1-23里列出了这个研究得出的各个对应等级。

**表1-23 ACTFL口语能力测试与《欧框》等级划定**

| ACTFL口语能力测试等级 | 《欧框》等级 |
| --- | --- |
| 初级高等 | A1 |
| 中级低等 | A2 |
| 中级中等 | B1 |
| 中级高等 | B1 |
| 高级低等 | B2 |
| 高级中等 | B2 |
| 高级高等 | C1 |
| 优异 | C2 |

尽管所有测评员都将初级高等的样本评为A1，但这个等级转化接受度却不高。大多数该等级的样本都不会被评为A1，而是更多地会被评为A1+。表1-24指出了初级高等为A1，中级低等被评为A2，B1对应中级中等和中级高等，B2对应高级低等和高级中等，C1对应高级高等，C2对应优异等级。为更好地区分A2、B1和B2等级，《欧框》做出了进一步的细化，将它们分别分为

A2.1 和 A2.2，B1.1 和 B1.2，还有 B2.1 和 B2.2。细分后的等级划定如下（见表 1－24）。

**表 1－24 ACTFL 口语能力测试等级与《欧框》等级细分划定**

| ACTFL 口语能力测试等级 | 《欧框》等级 |
|---|---|
| 初级高等 | A1 |
| 中级低等 | A2 |
| 中级中等 | B1.1 |
| 中级高等 | B1.2 |
| 高级低等 | B2.1 |
| 高级中等 | B2.2 |
| 高级高等 | C1 |
| 优异 | C2 |

#### 1.2.3.4 口语能力指导方针信度效度研究的总结与启示

经验丰富的《欧框》测评员能根据 ACTFL 口语能力测试样本正确地划定《欧框》等级。本节所使用的方法都显示出《欧框》和 ACTFL 外语能力等级有一致性。在初级高等、中级低等、中级中等、中级高等和优异等级上两个系统明显一致，在高级中等和高级高等，ACTFL 外语能力等级对应两个《欧框》等级。在高风险考试中，保守地设立对应等级并且使用两个对应的《欧框》等级中较低的那个更妥当。该研究得出的对应关系是：初级高等＝A1，中级低等＝A2，中级中等和中级高等＝B1，高级低等和高级中等＝B2，高级高等＝C1，优异＝C2。为了更好地划分，中级中等也可以划为 B1.1，中级高等为 B1.2，高级低等为 B2.1，高级中等为 B2.2。

因为参与研究的测评员都是经验丰富的欧洲语言证书测评员和测评员培训员，他们也是欧洲语言测试者协会的成员，这个研究不仅对德语（本节研究的语言）有参考意义，对欧洲的其他语言也有研究意义，包括英语、西班牙语、葡萄牙语、意大利语、俄语、捷克语和土耳其语。

## 1.3 《ACTFL 外语能力指导方针》的应用

本节将主要阐述《ACTFL 外语能力指导方针》口语能力测试以及一些附

属考核方法在评估及评判外语技巧方面的影响，尤其是对美国现行外语能力考核体系造成的影响。本节同时探索《ACTFL 外语能力指导方针》的发展历程，以及《跨部门语言圆桌量表》对美国口语能力成绩及考核研究造成的影响。最后，笔者将列举一些未来与《ACTFL 外语能力指导方针》相关的研究领域。

### 1.3.1 测试标准

在美国，美国外语教学委员会口语能力面试是最常用的口语能力考核。20 世纪 50 年代，美国外交学院（Foreign Srevice Institute，简称 FSI）对其进行了最初研发，口语能力面试考核与其附属量表——《口语能力等级表》（Skill Level Descriptions for Speaking）一起得到了发展。政府机构又对其进行了修改，用来考核口语能力等级，同时也作为一般考核标准的准则框架。修改后的口语能力量表便是目前的《跨部门语言圆桌量表》。

20 世纪七八十年代，教育测试研究所（Educational Testing Service，简称 ETS）和美国外语教学委员会对《跨部门语言圆桌量表》进行了修改并运用于美国教育模式中。作为该时期的"外语能力"运动，《ACTFL 外语能力指导方针》的研发不仅强调了对外语口语能力的教学和考核，还凸显了日常生活中使用外语进行交流的重要性。《ACTFL 外语能力指导方针》有四项测试：听力、阅读、口语及写作，并在学术语境方面对口语能力面试进行了修改。

1982 年，《ACTFL 外语能力指导方针》草案问世，外语相关部门对其进行审核，并收取反馈。1986 年，《ACTFL 外语能力指导方针》得到完善后就广泛应用于不同语言的考核中，例如阿拉伯语、汉语、俄语和日语。20 世纪 90 年代中期，美国外语教学委员会收到了大量有关量表的反馈，其中包括语内（within-language）或语际（cross-language）测试的信度效度反馈（Thompson，1995）。1999 年，美国外语教学委员会颁布了《ACTFL 口语能力指导方针》的修订版，2001 年又单独修改了写作方面的内容。修改后的能力指导方针进一步对"高能力等级"进行了细分。最初，高能力等级仅包括高级和高级高等①两个子等级；1999 年版有了高级低等、高级中等和高级高等的区分。美国外语教学委员会重新审核了现有的被试者和测评员，并发布了新的教材，其中就包括修改后的指导方针。为了更广泛地收取反馈，美国外语教学委员会发布了新的《ACTFL 外语能力指导方针》。这是自 1986 年来，委员会首次对阅读和听

① 具体的分级名称可以参照：邹鹏.基于口语能力测试（OPI）评价体系的汉语口语教学模式探究[J].四川师范大学国际教育学院，2016.02.13.

力量表进行大幅修改。口语和写作量表主要修改了比“优秀”能力等级更高一级的名称：“杰出”能力等级，该能力等级满足了专业交流的需求。“杰出”能力等级从最初到 2012 年修订版，一直是阅读和听力量表的最高级别。目前，美国外语教学委员会研发了与 2012 版指导方针配套的新教材，并且已经开始重新评估现有的被试者和测评员。

### 1.3.2 考核系统

《ACTFL 外语能力指导方针》拥有听、说、读、写四方面的考核系统，下文将一一展开论述。

#### 1.3.2.1 口语能力考核系统

20 世纪 80 年代早期，正值《ACTFL 外语能力指导方针》首次发行，另外两项相关且有重大意义的计划也开始实施。第一项是研制了《ACTFL 口语能力面试指导方针》，它为口语能力考核提供了依据。第二项是培养了一批受过训练的专业外语教师，他们会根据程序来进行不同语言的口语能力面试考核。这种综合性方法在早期推动了《ACTFL 外语能力指导方针》的传播，同时也引进了新的量表模型，包括总体框架、测试结构，以及配套的教材和认证体系。

《ACTFL 外语能力指导方针》的考核系统须建立在有官方参考标准的考核框架之上。所有考核都强调指导方针中几个关键等级所各自规定的语言功能。这些功能都以相关等级的额外标准进行考核，如语境/内容（context/content）、文本类型或语篇（text type or discourse），及对正确值的期望（accuracy expectations）等。从指导方针衍生出来的独立的《ACTFL 外语能力指导方针》模型规定：特定语言能力须与相应等级标准保持一致，该等级的考核才可进行。

口语能力面试比较依赖受过系统训练的测评员，这些人员根据口语指导方针的标准程序执行考核，该程序也为测评员判定被试者的外语口语能力提供参考。不同的口语能力面试都是为不同被试者量身定做的，即通过一系列的人性化问答，测评员可以同时判定被试者的基础等级（the floor）和上限等级（the ceiling）。

口语能力面试是一项为不同口语能力所制定的具有交互性和适应性的考核。口语能力面试的交互性表现在测评员和被试者之间的面试既可以通过电话交流也可以进行面对面交流；而适应性表现在考核的主题是根据被试者的兴趣和经历制定的，并与口语的两个等级相关，即基础等级和上限等级。口语能力面试不仅强调语言能力，同时也考虑到了语境、内容、文章题材，及正确率等其他因素。虽然口语能力面试考核的内容不尽相同,但评级草案(rating protocol)为口语能力面试规定了总体标准。为了使被试者和测试员按标准进行考核,所有官方口语能力面试要进行双盲评级,并且两个评级须一致才能得到官方的评级证书。截至 2012 年 6 月,已经有 55 位口语能力面试测评员和 535 位合格的被试者。美国外语教学委员会的口语能力测试现可评估 20 种语言(阿拉伯语、汉语、英语、法语、德语、希伯来语、印地语、印度尼西亚语、意大利语、日语、韩语、波斯语、波兰语、葡萄牙语、俄语、西班牙语、斯瓦希里语、泰语、土耳其语,以及乌尔都语)。

该面试的成功以及对大范围口语能力考核的需求,推动了 2007 年口语能力面试计算机版本的研发、审核和使用,最终成为口语能力机测。正如计算机可以自主选择指令一样,通过背景调查和自评等手段,口语能力机测保持了面试原有的适应性和特制性。计算机数据会给被试者提供语音提示,主题也与指导方针的几个关键等级相关联。被试者的口语试题会形成电子数据并保存到安全网站,测评员能在另一终端接收这份试题并给予评级。与口语能力面试考核一致,两份口语能力机测评级必须一致才能得到官方的评级证书。系统会判别两次评级的差异程度,然后决定是否颁发口语能力机测证书。口语能力机测现可评估 13 种语言(阿拉伯语、孟加拉语、中文、英语、法语、德语、印度尼西亚语、韩语、普什图语、波斯语、俄语、西班牙语和塔加拉族语)。

#### 1.3.2.2 写作能力考核系统

2001 年版的《ACTFL 写作能力指导方针》推动了写作能力测试(ACTFL Writing Proficiency Test,简称 WPT)的研发、审核和实施。写作能力测试是对自发性写作等能力的考核,例如在没有助手和编辑软件的帮助下进行写作。基于被试者的背景调查和自评,写作能力测试可以选择笔试或网络测试。根据写作能力指导方针,写作能力测试采取双盲评形式,两项评级一致时,会获得官方评级证书。写作能力测试现可评估 18 种语言(阿拉伯语、汉语、英语、法语、德语、希伯来语、印地语、意大利语、日语、韩语、普什图语、波斯语、葡萄牙语、俄语、塞尔维亚语、克罗地亚语、乌尔都语和越南语)。

美国外语教学委员会目前正在研发听力和阅读能力测试,之后会根据 2012 年修订的听力和阅读能力指导方针进行评级。

写作能力测试具有如下功能：① 教育功能,如入学、实习和毕业等;② 经济功能,如项目研究、项目估值、人员的雇佣和提拔等;③ 政治功能,如教师和语言专家的证书颁发等;④ 其他功能,如其他需要私人语言能力评级的情况。目前,由美国外语教学委员会国际语言测试中心(Language Testing

International，简称 LTI）进行安排、管理和发布的能力评级报告每年有二十万份。写作能力测试已经由美国教育委员会（the American Council on Education，简称 ACE）授权并引入大学校园。同时也出现在了政府总务管理局（the General Services Administration）的日程安排上。美国教育部（Department of Education）、外语支持计划（the Foreign Language Assistance Program）、星语（Star Talk）、国防语言学院（the Defense Language Institute）、国家语言服务团（National Language Service Corps）、北大西洋公约组织（the North Atlantic Treaty Organization，简称 NATO）、国防情报局（Defense Intelligence Agency）也分别和美国外语教学委员会签署协议并给予赞助，委员会将会给他们提供外语能力测试，并在测试的开发和研究方面给他们提供专业指导。与写作能力测试和测评员训练程序的相关信息可以在美国外语教学委员会官网（www.actfltraining.org）获得。

#### 1.3.2.3 基础教育中的外语考核系统

由于高能力等级（高级和高级高等）还未在中小学教育中普及，尤其是在输出型技能方面，因此美国外语教学委员会早在 1998 年就为中小学生开发了能力指导方针，帮助学校领导、老师、家长和学生了解校内第二外语的教学方法。《基础教育阶段学习者语言绩效指导方针（K－12）》以《ACTFL 外语能力指导方针》为基础，规定了中小学生语言能力的不同准入点和准出点。他们还确定了不同准入点的三个不同交流模式的学生可能获得的语言成绩。这三个交流模式分别是：交际型（对话者进行动态交流的方式）、解释型（将深层含义从书面或口头交流中提炼出来的方式）和展示型（可以通过口头或书信媒介进行交流的方式）交流模式。

该指导方针为学生规划了三个基本等级。具体范围会根据学生的等级和考核进行进一步划分，分别是：初级水平（K－4、5－8、9－10）、中等水平（K－8，7－12），以及高级水平（K－12）。另外还有六个考核标准如下所示：

（1）表述能力，如对话中学生能让对方理解多少；

（2）理解能力，如对话中学生能理解多少；

（3）语言控制能力，如学生所使用语言的准确度；

（4）词汇应用能力，如学生的语言延伸和应用能力；

（5）交流策略，如学生如何维持一个对话；

（6）文化意识，如对话中学生如何理解彼此的文化。

2006 年，美国外语教学委员会接受多方赞助研发的国家级外语能力考核体系称为 ACTFL 语言能力测试（ACTFL Assessment of Performance Toward

Proficiency in Language，简称 AAPPL）。该测试利用网络进行交互式听/说、创意写作、阅读理解和听力理解等考核。测试结果会使用新的 ACTFL 外语能力等级——四个初级能力等级和五个中级能力等级来表示。这项测试有 6 个语言版本，分别是：阿拉伯语、汉语、法语、德语、俄语和西班牙语。有关 ACTFL 语言能力测试的相关信息可以在其官网（www.aappl.org）上获得。

### 1.3.3 叙述性口语能力测试

除了口语能力的两种测试以及一直强调的口语能力测试外，其他与《ACTFL 外语能力指导方针》相关的考核已经发展了 35 年。1986 年，应用语言中心（Center for Applied Linguistics，简称 CAL）研发了模拟口语能力面试（Simulated Oral Proficiency Interview，简称 SOPI），刚开始这个测试还不是现场面试的形式，而是依靠试卷和录音带进行考核，其同样根据《ACTFL 外语能力指导方针》进行评级。模拟口语能力面试可考核 11 种语言，分别是：阿拉伯语、汉语、法语、德语、豪萨语、希伯来语、印度尼西亚语、日语、葡萄牙语、俄语和西班牙语。20 世纪 90 年代末，美国的计算机技术更加广泛地应用于教学之中，因此，基于《ACTFL 外语能力指导方针》的评级方式，应用语言中心的调查人员尝试用计算机进行考核和播放音频，以此代替旧的传统考核形式。在几个可行性研究中，电子口语能力工具（Computerized Oral Proficiency Instrument，简称 COPI）可以将其自身与口语能力面试和模拟口语能力面试之间存在的高度关联性完好地体现出来。电子口语能力工具是以西班牙语和阿拉伯语运行的，目前应用语言中心正在开发汉语版本的电子口语能力工具。模拟口语能力面试对应的 ACTFL 外语能力水平为初级高到优秀级，而电子口语能力工具则是从初级低到优秀级。

圣地亚哥州立大学、美国外语教学委员会、杨百翰大学和应用语言中心展开合作，共同研发了口语能力机测，其语种包括：阿拉伯语、西班牙语和其他语言。美国外语教学委员会评级员会借助计算机检查工具（Computer Assisted Screening Tool，简称 CST，该工具可快速准确地生成一份详细的检查报告）根据《ACTFL 外语能力指导方针》进行评级。这个考核的主要目的是鼓励老师对学生取得的成绩进行周期性考核，即以一年或者半年为期限，通过口语能力考核了解学生的进步情况。这个测试目前只在美国部分地区使用，将来有可能在整个美国境内得到普及。

另外，美国一些学校开始使用《ACTFL 外语能力指导方针》做一些随堂考核。例如，弗吉尼亚州（Virginia）费尔法克斯县（Fairfax County）根据《ACTFL

外语能力指导方针》创建了当地的口语能力评级标准，专门供随堂考核使用。另外，包括学生口语观察矩阵（Student Oral Language Observation Matrix，简称 SOLOM）在内的一些能力考核，也都以《跨部门语言能力量表》和《ACTFL 外语能力指导方针》为基础。在美国的一些地区，学生口语观察矩阵被用于随堂评估学生的英语语言能力。要注意的是，这些地方性口语考核仅存在于少数地区和国家，并且当地人参与修改后的这些考核并不适用于所有外语，及基于《跨部门语言能力量表》和《ACTFL 外语能力指导方针》的英语为第二语言学习者的能力考核。

### 1.3.4 影响和优势

经过多项相关测试后，《ACTFL 外语能力指导方针》显然已经对美国的外语能力考核产生了影响。虽然它更强调口语能力，但也有像写作能力测试和语言能力测试及其他一些适用于特定能力的考核，如印地语听力和阅读能力测试（University of Pennsylvania，1986）以及波兰语和汉语的听力和阅读能力测试（CAL，1986 & 1992）表明了《ACTFL 外语能力指导方针》在美国的外语考核方面拥有卓越性。然而，考核在不断发展，量表也在日益普及，这表明考核重点从学生成绩或课堂讲授转移到了能力和素养上来。因此，口语能力考核不仅鼓励外语教师要在教学过程中重视学生的口语能力，同时也提醒学生在外语学习过程中关注自身的口语能力。

《ACTFL 外语能力指导方针》的积极影响已经在教学和研究中慢慢显现，其口语能力面试已经成为一些调查研究的工具，如对口语能力面试的评分者间信度的研究；对不同形式口语能力面试考核的研究（Magnan，1987；Dandoloni & Henning，1990；Thompson，1995；Halleck，1992，1995 & 1996；Surface and Diedorff，2003）；对口语能力面试效度和测试的研究（Ke & Reed，1995；Berwick & Ross，1996；Alonso，1997；Chalhoub-deville，1997；Glisan，1998；Kenyon & Tschirner，2000；Kasper & Ross，2007）；对口语能力面试和相关考核中语篇的研究（Ross，1992 & 2007；Liskin-Gasparro，1996；Lazaraton，1997）。另外，许多研究已经开始将口语能力面试和其相关测试视为能力考核方法（Meredith，1990；Milleret，Stansfield & Kenyon，1991；Kuo & Jiang，1997；Norris，1997；Salaberry，2000；Mikhailova，2007）。

瑟非斯和迪尔多夫（Surface & Dierdorff，2006）测试了 19 种语言的5 881 位面试者，并对评估者间的一致性信息做了报告。总体而言，美国外语教学委员会的口语能力考核的评分者间信度在较高的 0.96 到 0.98 范围内（p<

0.05)，一致性程度为 80.79%。瑟非斯、迪尔多夫和庞切里(Surface，Dierdorff & Poncheri，2006)在写作能力测试方面得出了相同的测试结果。他们聘请专业美国外语教学委员会测评员根据《ACTFL 写作能力测试指导方针》对 509 份写作样品进行考核和评级。所有样本的评分者间信度为 0.94，仅西班牙语样本为 0.92，所有样本的一致性程度为 80%，西班牙语的一致性程度为 78%。此外，这项研究将样本进行分组(N = 460)，发现了写作能力面试和口语能力面试结果之间存在关联性，但是提供的效度证据是有限的。写作能力面试和口语能力面试的结果之间存在明显的关联性($r = 0.81$；$p < 0.001$)，这表明写作能力面试和口语能力面试互相关联，结构重叠。最终，瑟非斯、迪尔多夫和巴弗萨(Surface，Poncheri & Bhavsar，2008)通过评分者间信度、重测信度(test-retest reliability)和构建效度证明(construct validity evidence)，证明了口语能力机测具有高等级的信度和效度。2 934 位测评者的评分者间信度在 0.90 到 0.93 之间，并且一致性程度也达到了 85%—92%。

虽然已经有大量研究来证明《ACTFL 外语能力指导方针》及其相关考核的信度和效度，但却没有关于对学生产出方面影响考核的研究；事实上，美国并无语言学习现状的记录。即使一小部分研究已经对准高中和大学学生的能力等级(Kaplan，1984；Magnan，1986；Thompson，1996；Tschirner，1996，2007；Tschirner & Heilenman，1998)，但目前为止，四十年来研究的主要方向是衡量外语能力等级。在美国，卡罗尔(Carroll，1967)关注所有听力和阅读机构(N = 2 784)中法语、德语、意大利语、俄语和西班牙语专业大三学生的语言能力。卡罗尔的研究样本数量庞大，但只有一小部分学生(N = 127)完成了美国外交学院的口语面试，这表明了大多数被试者有着《跨部门语言圆桌量表》级的水平(或者 ACTFL 高能力等级水平)。报告(N = 501)显示：美国外语教学委员会使用口语能力面试指导方针，调查了外国语专业的不同语种(汉语、法语、德语、意大利语、日语、俄语和西班牙语)的大二或大三学生的外语能力水平(Swender，2003)。虽然这个报告在学生的语言能力上提供了有效信息，即大多数人的专业能力符合 ACTFL 外语能力的“中高级”到“高级”水平，但结果仍具有有限性和特殊性，具体体现为参与者数量太少，尤其在德语、汉语和俄语方面，同时也缺少随机取样。

### 1.3.5 小结与启示

本节笔者提出了两种对《ACTFL 外语能力指导方针》相关研究的建议：影响力研究(impact studies) 和学生产出研究(outcome studies)。

本节主要探讨了与《ACTFL外语能力指导方针》相关的测试（例如口语能力面试、口语能力机测、模拟口语能力面试、电子口语能力工具和写作能力测试），但现在仍无一项综合性研究对每年此类考核的参与人数、潜在影响，及在语言教学方面的产出进行调查。美国外语教学委员会的口语能力面试和写作能力测试及相关考核在美国小学、大学直至工作的外语教学领域的应用程度，说明了《ACTFL外语能力指导方针》所拥有的巨大影响力。此外，美国外语教师对指导方针的熟悉程度及他们接受相关培训的程度，也可以表明这种巨大的影响力。值得一提的是，基于地方性外语教学和大学课程的美国国家级调查表明：《ACTFL外语能力指导方针》已经为考核当地学生的语言能力提供了参考。

1967年以后，美国有关学生外语成绩的综合性调查便销声匿迹，因此，与高中和大学外语能力等级有关的研究将会有助于展现目前美国学生的语言能力情况，此类学生产出性研究可以通过不同语言的随机学生样本，或不同教学方法对学生能力所产生的效果得出测试结果。

虽然目前针对口语能力面试及其附属指导方针已有大量研究，但目前却少有关于“方针如何影响全球语言教学及学生能力等级”的研究。

# 第2章 《语言绩效描述语量表》的研究

语言学习是一个复杂的过程。有很多因素影响着语言学习者能在多大程度上获得沟通技巧，以及他们达到某个等级所需的时间。这些因素包括：① 语言学习环境，即语言教学环境还是语言或文化沉浸式的环境；② 语言学习方式，即通过语言课堂还是语言的实际使用；③ 语言学习者年龄和认知水平的发展，这两者会影响学习者达到不同语言绩效等级（the range of performance）的速度；④ 语言学习的动机，学习动机可以激发学习者语言学习的兴趣。这些动机分为外在因素（如成绩和学业要求等）和内在要求（如语言学习者的语言继承或使用这种语言的意愿）。基于此，2012 年美国外语教学委员会制定了《语言能力表现描述语量表》，也称为语言学习者的《语言绩效描述语量表》（The ACTFL Performance Descriptors）①。该量表基于工作小组 1998 年提出的《基础教育阶段学习者语言绩效指导方针》（The 1998 ACTFL Performance Guidelines for K－12 Learners）制定，工作小组为教育者执行课程标准打下了新的基础，为教学环境中的语言学习者如何在三种交流方式中展现语言表现能力提供了重要的描述。如 1998 年《ACTFL 外语能力指导方针》所示，工作小组设定了合适的学习目标，这对美国和其他地区语言课堂的教学和评估产生了一定的影响。新的《语言绩效描述语量表》（new ACTFL Performance Descriptors）也借鉴了语言教育者实施原先的指导方针的经验。

《语言绩效描述语量表》2012 年由美国外语教学委员会出版，2015 年再版。

---

① Performance 一词，有的学者翻译成语言能力、语言表现、语言表现能力或语言绩效。本研究中采用“语言绩效”和“语言能力表现”这两个翻译。这里的语言绩效也包含了语言表现能力的意思，除语言能力之外，它还突出了学校内对语言的考核成就的表现。

## 2.1 《语言绩效描述语量表》概述

美国外语教学委员会的《语言绩效描述语量表》旨在描述在语言教学环境下通过明确的教学获得的语言能力。《ACTFL外语能力标准指导方针》描述的是广义的、普遍的语言能力，不探究语言学习者是在何时何地以何种方式习得语言；而《语言绩效描述语量表》对语言学习者的描述则更为具体、细化。

《21世纪外语学习标准》(SFLL，1996，1999 & 2006)描述了学生在学习一门外语时需要学习的知识和掌握的能力，给"语言教育的内容"下了定义。《基础教育阶段学习者语言绩效指导方针》第一次描述了内容标准(content standards)对语言学习者的要求，即语言学习者需要学习的内容及其要达到的程度。《语言绩效描述语量表》是1998年《基础教育阶段学习者语言绩效指导方针》的升级和修订版。

《外语语言学习的当代标准》(The Current Standards for Foreign Language Learning)为16岁及以下的学生制订，包括有关初级(elementary)、中级(secondary)、高级(postsecondary)语言学习者语言学习进展的具体指标。同样，该标准也适用于跨越不同年龄和年级的语言学习者，该标准认为语言学习是一个连续的过程，因此各个学段教育的关联性和连贯性很重要。语言学习者从学前班到大学的学习是一个认知水平不断提升的过程，认知水平的提升对他们完成语言任务的能力有重要影响。学习目标的设定需要考虑语言学习者年龄的适宜性和认知能力的发展，完成不同的学习目标需要的学习时间也不同。

三种不同等级(初级、中级、高级)语言能力的描述可以为《语言绩效描述语量表》的使用者确定合适的学习目标，不论语言学习者在多大年龄或在哪个年级开始学习语言(学前班、小学、初中、高中、大学)都可以使用该标准。对于那些学习时间不固定，但是一直在进行外语学习的学习者也是适用的。

1998年《基础教育阶段学习者语言绩效指导方针》出版后，学习环境已经发生改变。2015年版的新语言表现描述语可以涵盖不同语言学习者的表现，无论他们是在课堂或线上学习，还是基于独立项目的学习，又或是在其他混合的学习环境，《语言绩效描述语量表》都为语言教学和学习提供了指南，帮助教师针对相应的语言能力等级创造语言表现任务，同时引导学习者使用更高等级的策略。

在教学的环境中，学习内容和任务都是可控的，因此相较于在非教学语言学习环境中，教学环境中的语言学习者语言能力被寄予的期望更高。例如，尽管还不是中级语言使用者，初级语言学习者在支持性的语言环境和已知的文本中仍能使用经常练习和记忆过的句子。

《语言绩效描述语量表》还帮助教育者在总结性测评中设立切实的目标和期望。通过比照目前语言能力所在等级和下一个等级的能力描述，教师可以设计相应的考试和测试。这既可以帮助学生明确目前等级内的语言水平要求，又可以预测学习者在更高一个等级的表现。

## 2.2 语言绩效和语言熟练度的比较

语言绩效和语言熟练度(proficiency)都显示了语言使用者驾驭语言的能力，因此它们都可以用来描述一个人的语言能力。关于语言绩效和语言熟练度在教学中可以采用相似的战略。同样，语言绩效和语言熟练度的评估都反映了目的性交流任务，映射语言在真实世界中的使用，但二者也存在显著的不同。

### 2.2.1 语言绩效

语言绩效是指在教学环境中使用已学过和操练过的语言的能力。这里的教学环境指的是受教师的教导，或是在教学材料的指引下进行语言学习的环境。这里的语言能力指在熟悉的文本和内容区域中经过练习后的语言能力。语言绩效的练习和评估应该反映现实中的真实语言应用，即便语言是在某种语言教学环境下练习和习得的。语言绩效评估的最佳做法是以语言学习、练习、演练等方式展现。

为了准备语言绩效的测评，语言学习者需要练习语言技能，准备结构和测评任务中需要用到的词汇，但不需要练习和记忆所有评估的内容。教育者应该给学习者提供和课程相关的各类任务的练习。通过这种方式，学习者会把新任务中的语境要素应用到他们的语言绩效测评中。为了帮助语言学习者转化语言技巧，教学需要注重真实世界的任务，以期语言学习者能在非教学环境中做好面对同样的语言任务的准备(正如语言熟练度的表现)。在语言绩效的测评中，对语言学习者的评价是根据某个等级内已学和操练过的语境和内容域中的特征来描述的。在某一特定的等级内，语言学习者的语言绩效为语言熟练度的评估提供信息并指向一个语言熟练度的等级，但语言绩效并不能与语言熟练度对等。一个学习者在所有语言绩效里产出的语言通常与他的语言熟练度等级相关联，即语言学习者语言绩效评估中的等级佐证了其语言熟练度的等级。

### 2.2.2 语言熟练度

语言熟练度指在现实生活中的自发交际和未排练语境中，以母语使用者可接受的方式来使用语言的能力。语言熟练度展示了语言使用者的语言能力（能做什么），无论他是在何时何地以何种方式习得这种语言。这个语言熟练度的展示与语言的习得方式，与是否熟悉语境无关；并且语言熟练度的评估（the evaluation of proficiency）不限于已教过的某一课程的内容。

语言熟练度的评估决定语言使用者是否参照《ACTFL 语言熟练度指导方针》的某一特定等级的评级标准提供了足够的证据。个体学习者必须以持续不断的方式完成某一等级规定的所有评判标准，才能达到那个等级。

### 2.2.3 语言绩效评估与语言熟练度评估

语言绩效评估和语言熟练度评估是两个不同的概念，它们之间的差异见下表。

表 2-1 语言绩效评估与语言熟练度评估

| 语言绩效评估 | 语言熟练度评估 |
|---|---|
| • 基于教学：基于已学的内容描述语言学习者展示的能力。 | • 独立于某种教学或课程：描述语言使用者的语言能力，无论他在何时何地或者以何种方式习得语言。 |
| • 已操练：任务考察的语言功能和词汇，是学习者在其他任务的熟悉的语境中已经练习过或者演练过的。 | • 自发性：任务是从未演练过的。 |
| • 熟悉的内容和语境：内容基于所学、所练，或者所演示过，所有内容都在相似的语境中出现过，但不一定一模一样。 | • 广泛的内容和语境：内容和语境是和既定等级相适应的。 |
| • 展示的语言绩效：能在一个等级内评估，必须展示在某个等级已学和练习过的语境和内容域的特点。 | • 同一等级中，所有的任务和语境都要保持在这一等级范围内：为了达到某一个等级水平，必须展示与该等级所有的评判标准一致的行为模式。 |

## 2.3 《语言绩效描述语量表》的组织架构

《语言绩效描述语量表》是根据语言的特质，描绘语言学习者在三种交流模式[交际型（interpersonal）、解释型（interpretive）、展示型（presentational）]和在三个语言绩效等级（初级、中级、高级）中如何使用语言的标准。

语言绩效表现等级（ranges of performance）的每个等级都有一系列特征定义，用于解释语言学习者能做什么、处在哪种语境和内容领域、能够产出或理解的语言的多少和种类、期望的准确度，以及语言学习者用来交流使用的策略。三个语言绩效等级都认为学习环境是可控并可以阐明的，当语言特征在一个熟悉的语境中已经练习过的时候，学习者能够更好地掌握某一等级的语言特征。当语言学习者一直或者在大部分时候都可以展示某个等级的大体特征时，那么我们就认为他达到了那个语言能力等级。对于语言熟练度而言，一个达到中级标准的语言使用者，如果他不能够完成一些自发的、未演练过的语言任务，他的语言能力只能被评为初级高等。

在《语言绩效描述语量表》中，语言学习者在达到中级时的情况会大致相同，因为大多数时间，对于那些已经学习和练习过的任务和内容区域，语言绩效就是在语言绩效域中被定义的中级水平（参见表 2-1）。同样，大体达到高级语言能力标准的语言学习者和根据语言熟练度量表被评为中级高等的学习者，也可能被认为达到了高级语言绩效。高级的语言绩效在语言表现度量表中没有过多描述，因为在高级或高级以上级别，语言绩效和语言熟练度趋向于融合。当学生的语言绩效达到高级以上的水平时，我们应该从广义和宏观视角定义语境和内容域。《ACTFL 语言熟练度指导方针》应该用来描述语言能力（language abilities）。

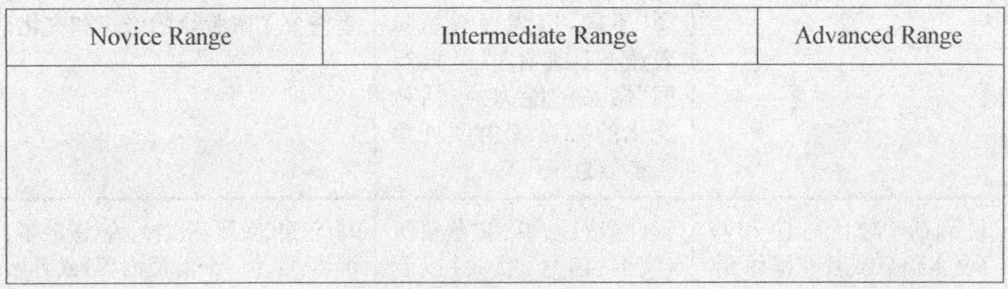

| Novice Range | Intermediate Range | Advanced Range |
|---|---|---|
| | | |

**图 2-1 语言能力发展区间**

随着时间的推移和实践，学习者的语言绩效会逐渐向更高等级的语言绩效特征靠近。

## 2.4 《语言绩效描述语量表》的交流模式

交流的三种模式给初、中、高三个等级的语言绩效的描述提供了组织原则。比语言标准更早，《ACTFL 语言熟练度指导方针》是针对四项语言能力（听、说、读、写）的测评发展过来的。2012 年修订版《ACTFL 语言熟练度指导方针》考虑了如何使用每种技巧，如说话的交际和陈述功能。《语言绩效描述语量表》包括三种交流模式下的交际性目的，描述语言学习者如何达到每个目的。

交际、解释和展示是交流的三种模式，沟通的三个目的。语言的功能恰好与交流的模式相匹配，例如在中级范围内，交际型一个标志性功能是提出、理解和回答问题的能力；解释型的一个关键功能是理解主要观点并确定一些支撑的细节；对于展示型，一个重要的功能是通过使用语言来陈述信息。我们可以观察到语言学习者在不同的模式中使用的交流策略有显著的不同。

**表 2－2　三种交流模式的定义**

| 交际型 | 解释型 | 展示型 |
|---|---|---|
| 个体就意义积极协商 | 对作者、讲话人或信息产出者想要接受者理解的信息进行解释 | 产出信息来通知、解释、说服或叙述 |
| 参与者互相观察和监控来观察他们的意义和目的如何进行交流 | 单向交流：不依赖作家、讲话人或产出者的意义协商 | 单向传播：当两种文化的成员之间没有直接机会进行意义协商时，旨在促进其他文化成员对异文化的理解 |
| 相应地做出调整和分类 | "解释"同"理解"或"翻译"不同，因为理解意味着读（听或看）"字里行间"意义的能力，包括从文化的心态或角度理解文本信息 | 为了确保听众理解陈述，叙述者需要了解听众的语言和文化 |
| 说和听（对话）；读和写（文本信息或社交媒体） | 读（网站、故事、文章）、听（演讲、信息、歌曲）或看（视频剪辑）真实资料 | 写（信息、文章、报告）、说（讲故事、演讲、复述一个海报内容）或者做可视的陈述（视频或者幻灯片） |

## 2.5 《语言绩效描述语量表》的应用领域

等级的总体描述区别了初级、中级和高级语言学习者的语言绩效。这些描述概述了在给定的交流模式(交际、解释或展示)中语言绩效的等级。前三个板块描绘了语言学习者在每个等级中的语言绩效的参数。

### 2.5.1 语言学习者语言绩效的参数

语言学习者语言绩效的参数详见表 2－3。

**表 2－3 语言学习者语言绩效的参数**

| | | |
|---|---|---|
| 功　能 | • 问公式化问题<br>• 开始、进行和结束对话<br>• 用语言创造<br>• 叙述和描绘<br>• 提出推测 | 学习者用语言完成的任务(the global tasks)。 |
| 语境和内容 | • 自身因素<br>• 周围环境<br>• 个人兴趣<br>• 工作相关 | 学习者能够发挥作用的情境,以及能够理解和讨论的话题。 |
| 文本类型 | • 词语<br>• 短语<br>• 句子<br>• 问题<br>• 句子串<br>• 关联句子<br>• 段落 | 学习者能够理解和产出的文本,并能实施该级别的功能。 |

表 2－4 中的四个板块描绘了在相应等级的语境和内容中,语言学习者如何表现该等级功能,如何使用合适的文本类型。这四个板块的语言绩效的总体描述是理解力和可理解性。这四个分类回答了"语言学习者如何和在多大程度上能够理解他人和被他人理解"的问题。

**表 2－4 语言学习者在交流中的理解与被理解程度**

| | 理 解 程 度 | 被理解程度 |
|---|---|---|
| 语言掌控力 | 语言学习者的语言有多准确 | 描述学习者对某种语言的特征或产生或理解语言策略的掌控力 |

续表

| | 理 解 程 度 | 被理解程度 |
|---|---|---|
| 词汇 | 语言学习者词汇的多少和是否能熟练应用语言 | 描述用来产出和理解语言的词汇的参数 |
| 沟通战略 | 语言学习者如何进行交流并产生意义 | 描述意义、理解文本和信息、表达想法的战略 |
| 文化意识 | 语言学习者的文化知识如何反映到语言使用中 | 描述文化产品、实践或者视角。视角指的是语言学习者为了在文化交流的情境下使交流更加顺利而采用的视角 |

### 2.5.2 在课堂教学和测评中的应用

《语言绩效描述语量表》可以为教学提供指导，因为它们符合语言学习的进程，可以给教学计划和教学内容顺序设计提供帮助。语言绩效的描述为确定教学成果提供了大纲，特别在逆向设计模型中，教育者可使用语言绩效的产出作为教学安排的起点。

在一个单元结束时，教师需要明确地了解该单元的产出表现标准，只有这样，教学和实践活动才会向这些产出标准推进。这些大纲广泛地描述了语言绩效的等级，对于任何年级的语言学习者，教师都可以采用这个大纲。然后，老师可以通过考虑学生学习活动的认知发展适宜度，采用多种语言技能的练习和各种测评的方式来指导语言学习。

在教学中，教学活动是一层一层搭建的。首先，指导老师通过预先教授重要内容(如关键词汇或一个新结构)进行语言功能的练习。以此为基础，可以帮助语言学习者通过学习使用更高等级的语言达到更高等级。如果没有这种基础，语言学习者需要经过长时间的学习才能逐渐展示他们的语言绩效。而通过老师的预先教学，语言学习者能很快到达他们当前等级的顶端，然后开始展示更高等级的语言使用特点。

教学应以让学生达到更高一级的语言等级(next level)为目标，同时测评应为语言学习者提供机会来展示他们的语言能力。这时我们不需要考虑语境和内容是否可控，有没有练习和准备，或者是否需要重新措辞和改述来增加理解等帮助。指导教师需要将教学目标设定为帮助学习者提升两个等级掌握，即在当前等级内，丰富学生的语言能力；并且致力于培养更高等级的一些能力。例如，初级学生需要教学和练习来提高他们在初级水平内的语言表现，同时也应不断地朝着中级的语言功能和语境前进。初级学生需要在可控的和支持性的课堂活动中体验中级语言，学习中级的知识和策略，逐渐地成为独立自信的中级语言使用者。教师应考虑循环使用展现更高等级功能的内容和语境，为学习者提供多种机会，使其扩展到下一个语言绩效等级，发展更强的语言控制、词汇掌握、沟通战略和文化意识。

### 2.5.3 在古典语言中的应用

《语言绩效描述语量表》也可以被应用在古典语言（拉丁语和希腊语）中。人们虽然经常错误地认为拉丁语和古典语的学生将他们所有的上课时间放在阅读和翻译上，但《语言绩效描述量表》进一步提供了一个视角更全面的语境，以便教师在这类课堂中找到教学组件。交流的三种模式作为古典语言学习的适用原则，在学习古典语言标准的交流标准方面的重要性是显而易见的：

(1) 学生能读、理解、解释拉丁语或希腊语；

(2) 学生听、说、写拉丁语或希腊语也是语言学习进程的一部分。

因此，在拉丁语和古典希腊语学习中阅读和理解古代世界的书面信息是交流的关键，而口语的使用让他们在必须听词组（几个有意义的单词或短语）的时候，避免逐字阅读或翻译，从而在口语交流中自发地做出反应。这种做法也培养了学生的兴趣，并加深了其对语言和文化的理解和欣赏。

### 2.5.4 在美国符号语言中的应用

《语言绩效描述语量表》也可用于美国符号语言学习，并根据每种交流方式略作调整。在人际模式（手语）中，这种可视的语言强调了面部表情和其他有意义的身体语言的交际重要性，而且手语学习者在每个语言绩效等级中采用的是和其他语言相同的交流策略。“解释型模式”在手语中需要特别的定义：它用来识别一种交流模式，是指接受语言或语言的理解，而不是充当手语翻译的行为。“文本”要么是现场的，要么是记录下来的，如符号信息、评论、讨论、歌曲或戏剧。在展示型模式中，手语的使用者使用跟其他语言相同的沟通策略；但是，教育工作者可以在语言的编辑和修改过程中作为教师协助手语学习者。展示型手语（ASL-American sign language）或产出性语言的例子包括信息、故事或音频。语言教育者和学习者需要记住《语言绩效描述语量表》中描述的文化意识的等级，在手语和失聪者体系中跟在其他语言和文化中一样重要。

## 2.6 时间对发展语言绩效能力的影响

当需要在较短的教学时间内完成不合理的语言成果目标时，语言教育者经常面临过大的压力，语言学习者也会被寄予不合理的期望。学生需要精心设计且合理有序的学习机会来提供语言的使用实践，以使语言能力内化。在学习任务上花费的时间是发展语言绩效的重要因素——这里的时间指的是教师和学习者使用目标语言，积极主动地参与技能的获取和使用技能的时间。美国外语教学委员会认为应该由教师和学生在课堂内外共同完成90%或更多目的语使用的目标。

图2-2直观地展示了任务时间对语言表现的影响，以及对于在K-16各个阶段开始语言学习的学生来说，合理的期望应该是什么。图中描述的结果反映了基于语言绩效测试的近似值，也展示了如果在基于标准的项目中（持续的教学、足够的任务时间和基于语言表现的学习），所有学生都可以达到的目标。

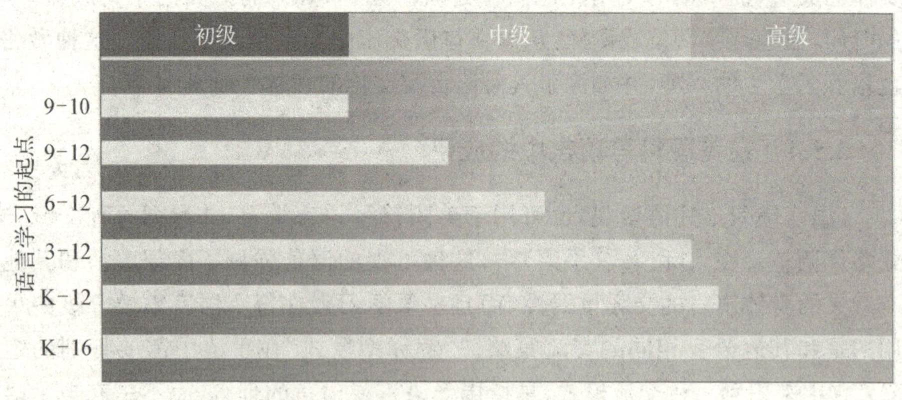


**图2-2 时间在发展语言绩效中的作用**

语言表现的产出会根据交流模式的不同而不同（详细内容参见附录2），其中的期望代表三种交流语言表现结果的复合。在美国，语言学习最普遍的项目就在中级的两年，但是这种模式限制了学生在初级水平的语言绩效。基于标准和语言绩效的项目越来越多，学习者的语言学习更加连贯，学习时间也更加充分（例如从小学开始，每周授课至少90分钟，并持续到中学阶段），能够接近高级语言绩效。越来越多的证据表明，初级沉浸式项目能够在初中培养出中级水平的学生，并且他们在高中毕业后可以达到高级水平。这些学生的语言能力水平有可能在接受高等教育之后接近甚至达到最高级。由于每个语言表现等级并不能简单地与学习的时间和年限对等，所以在做这种比较时要谨慎。语言学习者的年龄和认知水平也极大地影响着语言学习的效果。语言学习者母语的读写水平和语言表现等级也会影响其他语言读写能力和语言绩效的发展。

## 2.7 语言绩效结果的可变性

对于不同语言和不同交流模式，语言绩效的结果可能不一样。《语言绩效描述语量表》用来描述不同水准的学生在学习过程中的真实语言表现，但是语言学习者可能会因为他们的母语与新语言的相似程度，在不同的模式中经历不同的进展。母语为英语的学生会发现英语和其他字符语言（如法语、德语和西班牙语）有很多相似之处。这些相似点帮助学生习得一门新语言，因为许多同样的读写策略可以应用于对书面和口头交流的理解。尤其当两种语言很相似时，同源词会成为解开词汇意义和帮助记忆单词的一个很有用的工具。反而言之，当学生遇到一种跟母语差异极大的语言时，为了促进理解和被理解，他需要采用新的策略。美国学生学习阿拉伯语、汉语、印地语、日语、韩语、俄语、斯瓦希里语或乌尔都语时，会面临各种语言学习的挑战：陌生的语音、不同的书写体系和新的语法。这些语言特征通常与语言学习者所熟悉的母语毫无联系，无形中延长了语言习得过程。

根据交流模式的不同，学习的挑战也不同，但以语言绩效为目的教学（teaching for performance）这个重点不能改变。每一种语言都有较简单和较难学的部分。例如，当学生对所学语言的书写系统不熟悉时，就会在解释型阅读和展示型写作上遇到很大的困难，而交际性的听和说相则对容易。继承语使用者（heritage speakers）通过各种方式来学习使用他们的继承语，通常是通过与家人和群体的接触，有时在相对比较正式的教学环境下进行。这种交流模式为继承语使用者的教师提供了一个有用的分析工具来确定教学重点。交际型的交流和解释型的倾听可能是语言继承者的强项。同时，如果一些语言继承者先前的语言经验不是在教学环境中获得的，那么他们就会在学校的展示型写作和解释型阅读的教学中受益匪浅。

## 2.8 功能和使用范围

《语言绩效描述语量表》可以为教育工作者思考语言学习课程和评估成果提供指导。一个有用的方法是把学生在语言表现任务和测评中的表现与《语言绩效描述语量表》的对应区域做比较，进而反思学生的语言学习和使用情况。如：

(1) 学生达到的某个等级与他们投入的时间和精力一致吗？

(2) 学生在达到预定语言表现等级的正轨上吗？

或者，教育者可以用《语言绩效描述语量表》来判断学生花费的时间和精力与他们需要达到的等级是否一致，如果不一致，他们可以想办法调整课程来使学生达到语言绩效的目标等级。学生了解《语言绩效描述语量表》目标期望后也能从中受益。语言绩效的等级给学习者描述了记录其学习进步的路径，借此可以帮助学习者确定需要额外练习的领域，并对如何达到更高的等级有一个清晰的理解。通过收集和反思语言表现的证据，语言学习者能够设定自己的语言学习目标，激励自身提高语言绩效。

## 2.9 不同语言模式语言绩效的比较

通过对《语言绩效描述语量表》的研究，我们可以发现人际交往模式三个等级语言绩效量表的总体要求，即交际型模式注重表达自身的想法；解释型模式注重理解；展示型模式注重信息的沟通和表达。其对应的语言功能是：交际型模式注重交流功能；解释型模式注重理解功能；展示型模式注重信息陈述功能。该量表关注的语境/文本内容包含三种比较类似的模式，大致从自身熟悉的语境到个人直接环境的语境，最后到社区、国家、社会等大语境。量表中的文本类型有三种模式：初级、中级、高级，大致是从词汇到句子到段落再到文本。量表对语言掌控力的描述主要涉及交际型模式通过对模式化语言的掌握体现语言掌控力；解释型模式通过对词汇、两种语言结构性不同等的了解来体现语言掌控力；展示型模式通过对语言的理解和可被理解力来提高语言掌控力。量表对词汇表述的特点是：随着等级的升高三种模式的词汇量都变得更多，种类也更复杂。

量表的沟通策略方面，随着等级的升高，三种模式采用的沟通策略都更加丰富。

文化意识方面，三种模式都随着等级的提高，文化意识逐渐强化，从而加强了对文化差异的理解，并促进对语言和文化的正确理解和应用。

总之，时间是提高语言表现能力的重要因素，通常情况下学习年限越长等级越高，但学习年限不一定与行为能力同步，学习者的年龄和认知水平也会影响语言绩效。

# 第3章 《语言学习的世界标准》的研究

本章将围绕《语言学习的世界标准》及其前身《21 世纪外语学习标准》对美国语言能力标准的发展历程、作用及影响进行阐述。

## 3.1 《21 世纪外语学习标准》概述

《21 世纪外语学习标准》是《语言学习的世界标准》的前身,《语言学习的世界标准》正是在其基础上修订的。为了更好地理解《语言学习的世界标准》的作用和发展方向,本节我们将详细剖析《21 世纪外语学习标准》内容及其几十年来的作用和影响。

### 3.1.1 基本信息

《21 世纪外语学习标准》是美国于 1996 年颁布的首份国家标准。此后,这本仅有 109 页的简短国家标准很快为人所知,被看作是标准的"通用"版本,因为它解决了大部分第二语言学习中常见的问题,并包含许多语言的示例。这套标准的开发耗时三年,获得了专业语言协会的认可以及广泛领域的股东支持,包括教育工作者和政府、商业、工业领域的代表。它由《美国教育法案》(Goals 2000: Educate America Act)提供资助,目的是充分定义和描述"学生知道的和能够做到的"(what students know and are able to do)事情,以便美国各州和地区可以根据自己的优先事项和计划来设计标准。

随后,美国成立了标准协作委员会,其主要成员有:美国外语教学委员会、美国法语教师协会、美国德语教师协会、美国意大利语教师协会、美国西班牙语和葡萄牙语教师协会、美国俄语教师理事会、中小学汉语协会/汉语教师协会、日语教师全国委员会/日语教师协会。标准协作委员会的目的是为了通过提供咨询和管理国家标准出版的收入来促进标准未来的发展。标准协作委员会强调,每种语言标准的制定都应考虑到具体的过程指标、情境以及语言或文化背景问题。因此,在1999年,通用标准量扩大,出现了承认美国语言学习进入新世纪的新标准——《21世纪外语学习标准》(另外一个版本为阿拉伯语版,于2006年出版,由美国阿拉伯语教师协会参与编写)。

尽管这些书籍在国家和地区的教育机构、研讨会和会议、教学课程方法中被广泛使用,并且被各学段的教师购买,但国家标准的传播并不完全基于出版物。大部分参与制定外语标准的国家都是以美国国家标准为基础的:有的完全根据美国国家标准的目标和结果进行复制,有的则做了一些调整。相关文章甚至在标准制定之前就已经出现在专业文献中,大多数早期的文章是阐述性的,旨在达成专业共识。美国外语教学委员会和特定语言组织围绕"国家标准"设计并提供了专业发展机会,还特别针对国家标准的各个组成部分举办了多场会议。越来越多的特定语言组织对创建特定于其语言的标准表现出兴趣,并得到标准协作委员会的支持。

### 3.1.2 作用和影响①

《21世纪外语学习标准》又被称为国家标准,下文简称"《国家标准》"。

美国《国家标准》已存在二十余年,有专门的项目组对其在教学、学习、课程、测试和研究的影响及作用进行评估(2011年)。美国外语教学委员会提出进行审查的建议是由国际调查与研究项目资助完成的。三个工作组负责调查美国《国家标准》的影响,同时也尝试确定哪些美国《国家标准》没有被使用,哪些工作需要做,以更好地理解《国家标准》。每个工作组都对标准都有不同的侧重点,包括:① 专业文献;② 制度性的工作;③ 教师在职前和在职时的专业发展。

收集《国家标准》相关信息的中心活动包括:① 回顾1998—2009年的专业文献,找出提到国家标准的条目。基于数据库,这些条目可以被分为三类,一类是以《国家标准》为论述焦点的,一类是多次提及《国家标准》的,还有一类是对国家标准稍作提及的。前两个类别的条目被注释列入一个可搜索的数据库中,该数据库由美国外语教学委员会提供,并且是赠款提案中的产品之一。

① 该部分内容参考了美国国家标准2011年的报告(A Decade of Foreign Language Standards: Impact, Influence, and Future Directions)。

② 开发电子调查问卷并分发给外语教育工作者。该调查包括一个分支系统，以便获得来自各州和地区主管、课程研究者以及全体教师们有针对性的回应。③ 总被试者人数为 2 134 人，其中 1 801 人表示“熟悉标准”并填写问卷。详细的调查结果可在美国外语教学委员会网站上获得 http://actfl.org。④ 附加信息由工作组成员收集和分析，包括课程教学大纲、课程单元和地区主管资料、语言资源中心的标准等。

首先研究的是专业文献中的《国家标准》。文献调查专责小组的主要项目是：① 对文献、章节、探索标准的书籍进行文献检索，将创建可搜索的注释书目的具体目标领域作为该专业的参考来源（项目 1）。② 搜索从 2000 年起国家、地区和州议会的会议计划，估算基于《国家标准》的数量，希望可以使会议报告在某种情况下发表，可以成为教师们进行专业发展的重要机会，考虑到会议数量，尽可能以电子方式提供程序抽样（项目 2）。③ 调查商业材料以及非营利性材料，探索国家标准在其中是如何体现的。该专责小组通过对大量在线数据库进行查询搜索的方式开展这些调查。显而易见的是，在文献调查中没有列出会议报告，即使列出了，也没有足够的信息来判断《国家标准》的作用。同样明显的是，非营利性材料事实上是高度多样的（包括教科书、手册指南、政府文件、报纸文章和简报）。原始的数据库搜索出了 900 多个条目，项目 1 中数据是一致的、综合全面的，而在项目 2 和项目 3 中却出现了碰撞和非常多样化的情况。因此，专责小组与该项目的联合负责人协商，决定将注释资源数据库限制在项目 1 的材料中，使此数据库为这个专业提供可靠和全面的资源。重点将放在项目 1 和用其材料开发的可搜索的注释参考书目上，还将包括三次会议的调查结果，这些结果来自项目 2，即从 1997 年到 2009 年进行的手动调查。

就数量来说，调查发现学术文献中的 591 个参考文献都载入了数据库。专责小组审阅了每篇参考文献，并根据每篇文献对国家标准的提及程度和关注度进行了划分，共分成了三类：① 重要焦点型：文献通篇都是关于《国家标准》的，从标题或摘要中就可看出主题。② 大量提及型：文献中至少有两到三个详尽描述《国家标准》的段落。③ 简单提及型：前两类（重要焦点型、大量提及型）中提到的《国家标准》在这部分只有一个注释或形式上的一行话，它们只作为数据库的搜索引擎分配注释和关键字。

在 591 份参考文献中，有 167 份为重要焦点型文献，143 份为大量提及型文献，281 份为简单提及型文献。所有文献都证明了《国家标准》的出版对该专业发展有着重要作用。第一类和第二类中的 310 篇参考文献，包括 173 篇期刊文献、90 段书籍章节、16 本书籍和 31 篇论文。这样的分布被看作是学术传播的典型代表，同样也可以看出是对《国家标准》积极的学术反应。而各个杂志上的出版数量又揭示了这种传播是如何传达给教师和学者的。根据参考文献数量排名前七名的期刊是：

**表 3-1 排名前七的期刊**

| | |
|---|---|
| 《现代语言期刊》(*Modern Language Journal*) | 60 |
| 《西班牙》(*Hispania*) | 58 |
| 《外语年鉴》(*Foreign Language Annals*) | 37 |
| 《教学实践》(*Die Unterrichtspraxis/Teaching German*) | 31 |
| 《东北外语教学会议》(*NECTFL*) | 27 |
| 《外语系协会公告》(*ADFL Bulletin*) | 27 |
| 《法语》(*French*) | 15 |

常用的三种语言都有它们的代表期刊；相比之下，在排名前七的期刊中没有一本是专门代表某个小语种的。而在小语种杂志中，《意大利加》(*Italica*)有 6 篇参考文献；《斯拉夫与东欧杂志》(*Slavic and East European Journal*)有 2 篇。其他的，包括《TESOL 季刊》，仅有 1 篇。语言分布大多是类似的，国家标准文献中排名靠前的语言如下：

**表 3-2 国家标准文献中排名靠前的语言**

| | |
|---|---|
| 西班牙语 | 55 |
| 法语 | 40 |
| 德语 | 12 |
| 日语 | 10 |
| 俄语 | 6 |
| 不常用教学语言 | 3 |

这些分布证实了《国家标准》出版物在常用教学语言中的影响大于在不常用的教学语言中的影响，即使这个列表中的所有内容都是第一套特定语言标准的一部分。

一般认为国家标准对中小学(K-12)教育水平的影响比对高等教育水平的影响更大。在《外语系协会公告》中发现的 27 篇参考文献，几乎全部专门针对高等教育。另外还有排名靠前的《现代语言期刊》的60篇参考文献，其读者主要是高等教育的研究人员或主管，这些都会对后继同事产生相当大的影响，或至少引起对国家标准研究者的兴趣。直接看表3－3《国家标准》“教学等级”栏，我们发现尽管中小学（K－12）相关的文献超过了高等教育方面的文献，但是也有相当数量的文献涉及了高等教育。

**表3－3　国家标准“教学等级”栏**

| 中小学 | 121 |
|---|---|
| 小学中的外语 | 2 |
| 小学 | 31 |
| 中学 | 28 |
| 高中 | 60 |
| 高等教育 | 96 |
| 总计 | 117 |

这一发现鼓舞人心，表明国家标准项目不仅以中小学（K－12）倡议之名获得了资助，还被专业组织所采纳，并将进一步推广到高等教育阶段。衔接过渡阶段的出现，一方面是因为语言还没有推行连续的长序列，另一方面是因为许多学生在大学时开始学习外语（往往是一门新语言）。对于那些继续深造的高等教育学生，国家标准有助于帮他们建立一个连贯的语言序列。当然还有一些其他的因素：正在探究国家标准的高等教育教师比中小学教师发表文章的概率更高，拥有受教育程度较高的读者群的期刊，如《现代语言期刊》和《外语系协会公告》，话题多专注于国家标准。

作为为注释书目准备项目的一部分，工作组确定了每篇文章的主题字段。通过查看这些结果，可以深入了解已发布文章关注的领域。在“主题框架”这一栏目中，到目前为止，最大组别是“课程和课程发展”，参考文献有212篇；其次是“教师和教学”，共有148篇参考文献，这表明国家标准对课堂的影响较大，无论是与“政策/行政影响”（81篇参考文献）相比，还是与“研究影响”（“理论与方法”68篇；“学习者与学习”60篇；“研究”48篇）相比。主题栏目中的第二到最高类别中强调了这一发现：课堂实例有115个参考文献（第一个“国家标准”有136个例子，这个标签在报告中很难掩饰）。因此可以这样理解，国家标准的主要影响在课堂实践方面。

另外，还有针对5C标准展开的研究。5C即culture（文化）、communication（交流）、connection（联系）、comparison（比较）、community（社区）五大标准，下文统一简称为“5C标准”。处理每个5C标准的参考文献数量细分如下：

**表3-4 处理5C标准参考文献的数量**

| 5C区分 | 158 |
|---|---|
| 文化 | 58 |
| 交流 | 37 |
| 联系 | 27 |
| 比较 | 18 |
| 社区 | 18 |

很多文献是将5C标准一起处理的，并且认为在国家标准标识和国家标准文件中描述的5C标准的综合性特征是受到专业认可的；这或许是因为文章的读者大都比较熟悉国家标准。从专业发展领域和教学重点两个方面来分析5C标准的电子调查问卷可发现，交流标准被强调的程度高于文化标准。或许是由于研究者们想要探索那些避开新的交流模式框架的专业文献中不太流行的话题，并且他们认为对其他四种技能的研究已经十分充分了。另外值得注意的是，联系标准被提到的次数明显超过了比较和交流标准。这个结果可能与研究者希望研究其他学科中使用语言的文章有关，尽管提及这些用法的参考文献并不多，仅用于西班牙语言学习者（参考文献5篇）或特殊用途（参考文献2篇）。

社区标准往往被看作是“遗失的标准”，文献中就列举了许多社区标准教学的难点，同时该标准也被当作是学完基本语言知识后的应用任务，该项目中的其他工作小组还发现社区标准涉及了情感因素。这些研究结果表明社区标准和比较标准对专业的影响程度小于其他三个标准。

如果国家寻求制定“权威标准”，那么文献综述建议选择文化标准和社区标准。应该指出的是，调查中的所有文献都引用了教师、行政人员和学者的思想和工作，但都没有提到学生的观点。一项由教育部资助，由麦迪逊大学和威斯康星大学进行的研究（Magnan & Murphy，2011）与美国外语教学委员会联合发现，要实现个人语言学习目标，学生首先要符合社区标准，交际型和解释型交流能力要达标。

可找到会议综述的有三个会议：美国外语教学委员会会议、东北部外语教学会议(NECTFL)和美南外语教学年会(SCOLT)，从1997年到2009年每年都有会议报告。总的来看，这三个会议每年的报告数量是十分一致的，且年平均有62.3次报告是与《国家标准》相关的。有趣的是不常用教学语言在报告中也被称作是常用教学语言，这一现象在美国外语教学委员会会议中尤为明显。三个会议每年关于常用教学语言的报告数不胜数，但在2006年和2008年的美国外语教学委员会报告中还是个例。会议报告的抽样证明了熟悉教学语言的专业教师们仍不断参与《国家标准》的实施。

#### 3.1.2.1 《国家标准》在机构中的作用

《国家标准》对国家、州和地区各级的机构都有影响。该项目中将机构定义为州、地区、学校、高等院校、专业组织和资源中心。机构的范围很广泛，既涵盖教授外语的两种语境，又包括为教师提供专业发展，数据可以通过个人答复和网站收集。这些小组还研究了课程、项目标准、材料、评估和赞助者调查。

1.《国家标准》对州的影响

首先调查的是《国家标准》对州的影响。例如，考虑到因为《国家标准》的发展是《美国教育法案》的一部分，所以州教育部对其进行了资助。对于法案支持的所有学科，各学科的国家标准可都作为州标准的基础。《国家标准》十年项目进行的电子调查问卷中包含一系列针对州主管的问题。34名州监管人员中有19人回应(注意并非所有州都有指定的外语监督员)，但56%的回应并不乐观。因此，机构工作组的主席黛比·罗宾逊(Debbie Robinson)通过从教育部网站上收集证据来扩充数据。从这里收集到的信息表明，《国家标准》在州标准中确实显而易见。在40个州中，5C标准确实有很明显的影响。大多数州对5C标准都有明文规定；其余州虽无明文规定，但也有这五项标准，仅对部分标准进行了组合(例如，比较标准与文化标准结合)。推动《国家标准》中5C标准平等与相互依存的“联系圈”标识在所有州中都没有被提及，因此，他们以交流标准和文化标准作为主要目标比较传统的外语学习，其他几个标准也有涉及，但没有突出强调。只有8个州没有外语或世界语言标准，但其中一个州提出了具有一致性的“指导”。在两个没有标准的州中，州专业协会认为责任和推荐标准与国家标准一致。只有两个州使用自己独创的标准，没有与5C标准相一致。虽然这些数据很多样，但还是可以明显看出《国家标准》的突出影响。事实上，在5C标准提出之前，国家成果包括四种技能，有时会将文化作为第五种技能加在一起。今天，有40多个州围绕《国家标准》建立的交际、解释和展示模式来建构交流，从而丰富和拓展了交流情境以及教学和学习所带来的变化。国家开始从观察过程和实际体验以及对生活方式的评论三个角度来描述文化成果。

2.《国家标准》对地区和学校机构的影响

在调查中,64 名被试者的身份是地区主管或学校校长,主要学区的规模是 1 000—5 000 名学生(22%),但青少年入学百分比的范围从 5 000 人涨到了 10 万人。在学校方面,有 50%是小学项目,84%是中学项目,98%是高中项目。必须指出的是,这些数据高于入学数据,因为被试者很可能是一些对调查感兴趣的人。[最新的入学数据参见美国外语教学委员会的文章:中小学公立学校的外语教学:学生是否为全球化社会做好准备?]

在评估这些标准的影响时,地区主管们反映他们的专业发展基于《国家标准》和其所属州的标准。数据显示,地区主管们反映这些标准影响到了专业发展和课程开发与评估。有 72%的人在专业发展中使用这两个副本。此外,52%的地区主管表示,本地区支持学者参加非本地区的标准研讨会。61%的地区主管报告他们的地区课程"绝对"与国家标准保持一致,26%的主管反映他们的课程正在调整中,只有 2%的主管反映没有计划要与《国家标准》相统一。工作组成员大卫·贾纳(David Jahner),在后续寻求《国家标准》对地区影响的证据的调查中,发现为任课教师提供指导的课程单元和路径完全符合国家标准。绩效评估的发展似乎落后于课程开发。没有报告称绩效评估项目已经完成,而是说刚开始或正在进行中。下面将对每一个主题进行详述:

1) 地区/学校的专业发展

地区主管(61%—79%)称,他们通过阅读专业文献,参加州、地区和国家会议,以及与其他地区主管和同事会面交流来促进本地的专业发展。当然还有一些不太普遍但也值得一提的活动,包括参观其他地区(41%)和对接高等教育机构(31%)。地区主管为获得关于标准的知识和现行实践所做出的努力体现在他们对教师、课程和评估活动的专业发展上。

地区主管每年都会提供 2—6 天的报告,且他们在主题选择和预算分配方面有着"完全"(33%)或"某些"(63%)自由。理论上规划专业发展时应优先考虑标准,但事实上大多都将重点放在交流目标领域上,这点通过调查中其他地方教师的答复得到了确认。大多数的地区专业发展形式是研讨会,但不清楚的是研讨会是与总体主题还是独立主题相关。有 39%的大会提供夏令讲座,这个比重很高;目前尚不清楚这些主要是为了教师获得知识还是为了参与课程开发,或者两者兼而有之。地区主导的专业发展的最大限制是时间(68%)和预算(67%),这是在 2010 年大幅削减教育预算之前报告的。外语专业的一个内在问题是关于教师是否愿意改变或者从事有意义的专业发展的回应。在有关改变问题的九项开放式回应中，有七项与教师的顽固态度直接相关。

2）课程开发与评估

将课程与标准对齐是美国 2001—2011 年发展的重点。根据各州的报告，课程与标准对齐这一过程在地区中已多次被重新审视，且是一个连续的活动。主管会通过课堂观察(84%)和与教师的后续讨论(83%)来审视课程执行标准的证据：专业发展活动(75%)和教案(73%)。值得注意的是，评估实践(78%)没有完全按照课程计划标准进行评估，只有 43%的学校在实践操作中进行了符合标准的地区评估。此外，只有 62%的学校将学生的表现作为标准执行的证据，但学生如何完成测试和教师对测试的设计之间是有差距的。

3）地区的成功与挑战

主管们一边致力于将国家的标准和州标准贯彻到地区和机构中，一边总结实践的成功和挑战。

地区最大的成功：

- 课程编写：历时数年，教师参与，推进合作对话，制定实验计划，使教师能够掌握课程的主导权，协助教师进行衔接。
- 支持教学策略专业发展：通过对外咨询、研讨会、资源(新的教科书、技术)支持教学策略的专业发展和跨年级教师的参与。
- 通过地区或国家规划(如语言档案、能力测试)的资源和培训来连接教学和测试的评估项目。

地区最大的挑战：

- 在预算、时间、稳定的领导，教师人事变动，外语工作人员等方面给予行政支持。
- 有些教师比较保守，他们不愿意做出改变，仍以语法教学大纲为重，关注教科书的覆盖面，认为考虑那些标准是浪费时间，希望课堂是自己主导而不是合作，依赖分离性测试/笔试，将语言视为一种成果而不是用于沟通的工具。这些教师也关注对新手教师的培养和引导。研究数据显示有 56%的人认为师范教育毕业生熟悉标准；这些数据很重要，是判断美国外语教学委员会或全国教师教育认证委员会(National Council for Accredition of Teacher Education，简称 NCATE)制定的国家标准未来执行情况的重要依据。

- 由于缺乏资金和地区优势，对外语教育重视度不够。人们过分看重《有教无类法案》(No Child Left Behind Act of 2001)的重要性，这导致了对学生学习机遇的外语项目和教师专业发展资助方面的负面影响。

4) 国家语言资源中心

国家语言资源中心(National Language Resource Centers，简称LRCs)由联邦政府资助，他们的目标包括语言学习研究、专业发展研究(尤其是针对不常用的教学语言)、课程和教材开发。联邦政府对语言资源的资助和发展体现在国家标准扩展了语言种类，不再只是原始的9种语言。现行的阿拉伯语学习标准是印刷版的；国家标准同时还拓展了印地语、斯瓦希里语和韩语标准，并推进了美国手语(American Sign Language)、斯堪的纳维亚语和非洲语的发展阶段。直接支持来自标准协作委员会(Standards Collaborative Board)和语言资源中心，而国际政府组织(International Government Groups)为美国的民族语发展提供了指导。

语言资源中心董事会进行的一个调查和工作组成员乌苏拉·伦茨(Ursula Lentz)的网页调查展示了国家标准融入项目活动方式的证据。有11个中心提供了信息。国家标准主要专注于专业发展和评估课程与教材开发的领域。语言资源中心的官网主要用来发布宣传教学与评估相关的材料。教育电子调查问卷证实了中心举办的夏令讲座的影响。数据表明24%的教师反映在夏令讲座中得到了专业发展。

91%的语言资源中心反馈讲的是基于标准的发展中课程以及课程开发的专业发展。必须要提的是教材的开发，其中包括课程单元、教案和可网上下载的线上专业发展模块，线上下载大多免费且也为证实标准对语言资源中心的影响提供了证据。这些教材为教师展示了标准是如何在课堂中实施的。教材是为那些尚有争议的语言(不是有具体语言标准的阿拉伯语和汉语)而编写的，目的是提供成熟的指导，因为这些语言会应用在高等教育教学中。当然这些教材也需要在发布下一版标准之前进行修改。

语言资源中心开发的评估测试整体上集中于使用真实的文本和场景，而不是对话交谈的方式。评估的专业发展包括熟练程度和形成性评估。美国外语教学委员会制定的综合绩效评估模型(The Integrated Performance Assessment Mode)作为评估国家标准的框架，为评估中包含的所有标准提供了一个框架。语言资源中心在提供网上标准专业发展模块方面做了广泛的工作，并对评估标准的课程单元进行了抽样。调查结果文件中可查看更多国家语言资源中心的调查信息。

3.《国家标准》对教育机构的影响

除了各州在制定框架时使用《国家标准》之外，重要的多学科组织(multidisciplinary organizations)也将它们用于自己的成果建设中。全国教师教育认证委员会的课程评估中也包括评估教师如何准备特定学科课程。在国家标准提出之前，外语并没有作为一门学科参与课程制定。标准协作委员会为美国外语教学委员会提供资金，后被指定为外语教师候选人的专业人员协会(Specialized Professional Association，简称 SPA)。教师教育的标准与学生学习的《国家标准》是直接相关的；事实上，美国外语教学委员会和全国教师教育认证委员会合作的优势就在于该专业在绩效成果范式中有了新的标准，而许多其他学科还在努力摆脱原有标准的束缚。美国外语教学委员会的专业人员协会标准受到了高度赞扬，并成为其他专业人员协会的典范。部分大学成功通过外语教师教育计划将国家标准纳入其大纲，加强了与高等教育/中小学教师的联系(详情请参阅外语国家认可项目网站)。

3.1.2.2 《国家标准》和教学实践

《国家标准》对教学实践有一定的作用和影响。调查结果中教师回应主要有：

(1) 教师们致力于创建与标准相关的课堂活动，以及创建和教授基于标准重点的新课程/单元。教师们还将当前活动与标准相联系，后一种方式在近几年内占主导地位，实现了教学实践与标准的匹配。如今，越来越多的教师承认标准是他们的组织原则，也是活动基础。

(2) 教师们在教学实践中主要强调交流标准(79%)和文化标准(22%)；在交流标准(63%)中最关注解释性(31%)和展示性(24%)。然而，据开放性调查问卷显示，对这两个目标领域所呈现的新范式的理解程度还不明确(如交际三种模式、文化框架)。文化教学反映了教师对自身知识和经验的自信。那些有着丰富海外经验以及母语为本族语的教师表示教学很容易，尽管他们只是教授其最了解的文化；而很多语言(尤其是西班牙语)会忽略目标语言世界的广泛领域。没有经验的教师表示在目标与环境中教学很难，同时他们自己也找不到利用文化框架自学的方法。

(3) 地区主管设法验证标准实施的证据，包括课堂观察和与教师的讨论以及专业发展活动和课程计划。

(4) 教师对联系标准(11%)和社区标准(8%)的接受程度没有达到预期效果，忽略了标准的跨学科目的。尽管开放式回应证实了这一点，但定向选择式的题目可能影响了部分回应。教师将社区目标解释为要求他们将学生带到当地社区或国外，所以他们认为这个目标是模糊不清、不受控制的，而且是不可评估的。

(5) 鉴于在课堂上使用目标语言标准的重要性，教师表示，他们在大多数课堂上至少有90%或更多的时间是使用目标语言授课的。

(6) 国家标准没有在课堂上对学生们公开(如向学生讲解标准)。

(7) 标准最小的影响是，评估学生与目标语言社区互动的能力，并为学生提供通过技术与他人交流的机会。

(8) 专业文献调查显示，有18篇文章以社区目标为主题，尤其是近几年来学术界展现出了对高等教育更大的兴趣，并通过与校园服务学习活动相联系。国家标准并没有将目标的定义限制在实体社区；社交网络的兴起和其他技术的进步，推进了将学生与本族语者和全球社区联系的方式。

3.1.2.3 《国家标准》和专业发展

正规的专业发展(profession development，简称PD)机会越多，影响也随之越大。调查表明半数以上的人接受了正规的专业培训，而低于一半的人接受的是非正规的专业培训。

(1) 正式的专业培训主要集中在交流和文化目标领域，各占99%和56%，这就解释了为什么教师们在比较熟悉的领域进行同样的教学实践，却没能贯彻联系(37%)、比较(32%)和社区(25%)标准。国家标准下的正规教师专业培训大都是由只有一次的专题研讨会(79%)或是较短的会议/研讨会/演讲(56%)组成，是最近五年内才开始兴起的，有些则是在第一份国家标准出台后的八年后开展的。因此，教师了解国家标准是需要一段时间的。正式的专业培训没有对课堂实践产生更大影响的原因就是专题研讨会的无效性以及缺乏对专业培训的后续跟进。一份积极的数据显示，被调查的教师中有24%的人参加过夏令讲座，有12%的人之前曾参加过一系列的研讨会，这些范式应提供更多深刻的国家标准、课程和学案。

(2) 非正式专业培训似乎囊括了整个5C标准，意味着教师们已经在很全面的标准下获取信息了。关于标准的非正式专业培训比较流行的两种类型就是与同事交谈(76%)和阅读专业文献(59%)。交叉引用文献时发现，大部分的文献都是以整个5C标准为焦点(184)的，但当只取一个标准为焦点时，关于文化标准的文献最多(58)。

(3)《国家标准》对地区、部门和个别教师专业发展影响的证据非常广泛。调查显示，被试者同意并接受的国家标准专业发展有：规定了主管人员如何规划专业的发展；促进了外语教师间的交流及对标准相关文献的阅读；促使教师重新审视他们的语言教学理念以及他们的教学和评估实践；引导教师将当前课堂活动与标准进行匹配或联系起来，制定符合标准的课程/单元；促使教师更注重发展用于人际交流的口语、调整课本活动，使学生更擅长人际交流或给学生创造更多的与同学和老师沟通交流的机会。

(4) 经过关于标准的专业发展后，教师们开始更加注重发展交际模型，并为学生提供从事终身学习外语的工具。

#### 3.1.2.4 方法论课程中的国家标准

地区主管反映的证据表明，新手老师有56%是熟悉国家标准的，而剩下的44%则对国家标准并不熟悉。关于大学导师是否以国家标准为指导这个问题的调查，数据显示只有37%的教师完全遵照国家标准，58%的很少遵照，5%的完全不参照。这可能就是那些由非专业的教师来对学生进行教学督导的项目产生的结果。调查问卷的问题是针对那些外语方法论课程(methods course)教师的，他们是最了解标准且将标准应用于教学大纲的人。方法论课程信息的收集是通过一系列特定的调查问卷完成的，工作组成员内森·邦德(Nathan Bond)接着又进行了后续调查，他收集到了29个大纲，从中得到了一些更深入的信息。

在方法论课程中用来解决标准问题的使用最广泛的资源是《21世纪外语学习标准》(76%)。有超过50%的数据显示，教师会将其他基于标准的资源融合到自己的课程中，如专业文献、教科书、网站、国家标准和框架。还有几乎一半的人通过视频(49%)和基于标准的简单的主题单元(48%)进行课堂教学。方法论课程十分关注与标准相关的话题，比如交际语言教学、目标语的重要性、文化框架、情境语法教学，以及如何使输入更简单易懂、使内容更有意义。方法论课程中很少谈论的话题有：终身学习、基于标准的评估、课堂外使用目标语；其中有两个有关社区标准，再次证明这个标准受到了利益相关方甚至是学生的高度关注，但专业人士[课堂语言教师(classroom language teachers)、方法论课程教师(methods course teachers)、专业发展人员(professional development personnel)]对此关注的却不多。

有超过17项任务由学生完成，他们都是国家标准相关方法论课程专业的学生，任务得到了超过一半的教师的积极响应，并有超过80%的回应，包括：

- 设计口头、书面和/或多媒体展示任务。
- 选择真实的口头、书面和视觉文本作为课程和/或专题单元的基础。
- 设计整合三种交际模式的课程。

- 设计解释性的听、阅读和/或观看活动，制定解释性策略。

这些设计以及其他的任务表明，国家标准、交流模式框架、权威资料的使用以及主题单元构成了方法论课程中未来教师工作的重要核心。方法论课程中最少用的任务是对学习者与目标语言社区互动能力的评估（34%）和用评估来衡量学生对 3P 文化框架[Product（产品），Practice（实践），Perspective（视角）]的理解（41%）。虽然在方法论课程中技术的使用率很高，但主要用于搜索真实材料和演示，而不是解决社区标准。

调查反馈以基于标准内容的条目为依据。专业发展专责小组决定把课程大纲看作方法论课程中关注标准的进一步证据。内森·邦德联系了调查对象，并仔细研读了提交上来的 31 份教学大纲。他发现有 25 位专家将国家标准纳入了方法论课程。在评估完成的程度时，他认为上文第四项研究的范围很广泛，有超过一半的课堂会明确将国家标准作为课程主题的一部分。大约有一半的课程列出了 7 个教学大纲标准，其中上述 4 种课程提出了 12 个。这并不意味着在实际课堂中国家标准不被使用，只是在大纲引用时受限。目前教学大纲体现国家标准的信息都是通过课程配套的教材来实现的。国家标准中要求修 8 门课程，可选修，还另外推荐 5 门。《中小学外语教学课堂实践图书馆》在 5 个教学大纲中均被列为教材。

教学大纲确认了调查中关于学生在课程中所做任务的类型。从 5C 标准方面来说，这些教学大纲重点放在 15 门课程的所有目标领域；这部分与涵盖所有标准的教科书有关。在其他教学大纲中，重点是交流或文化标准。在 11 门课程中，以教案模板/版式/评分标准来评估教学计划，同时要求学生说明标准在他们的课程当中是如何有针对性地使用的。

#### 3.1.2.5 影响与启示

外语学习国家标准对众多专业领域都产生了影响。其中包括：

(1) 第三版《21 世纪外语学习标准》得到了广泛的阅读，并成为国家标准实施，作为调查论文与学术论文的基础。它经常得到专业文献的引用，作为国家标准发展的基础，成为研讨会与专业发展设计的参考依据，并影响了许多成功的评估标准，比如综合绩效评估（Integrated Performance Assessment，简称 IPA）。

(2) 越来越多的非常用教学语言在发展特定语言标准，而且这些工作受到了标准协作委员会的支持。美国手语、印地语、韩语、斯瓦希里语标准已经研发完成，而现代希腊语、斯堪的纳维亚语和约鲁巴语标准也在陆续研发。

(3) 大量描述国家标准的可靠文献已经建立和改善了课程、项目以及课堂教学。许多文献已关注中小学和学院/大学课程。标准的5C目标领域和特定领域问题都得到了很好的解决。

(4) 国家标准的制度一体化已经在大部分州与许多没有地方州立标准的地区达成。国家标准的内容在国家范围内实现了足够广泛、深远和灵活的预期作用，因此各州可以在国家范围内采用它们并适当将其改编为倡议与目标。同样，许多学校将一些具体内容加入到了州立标准和相关项目中。

(5) 国家标准为各州制定的教育倡议计划提供了一系列可用的结果，比如：21世纪能力(21st Century Skills)、共同核心(Common Core)课程标准。交流、文化、联系、比较以及社区五个目标促进了与更大倡议计划的联合，避免了只关注语言系统的缺憾。为获得全国教师教育认证委员会的项目认可而设立的高等教育教师培养项目也源于国家标准，并且在各大学努力获得认可。语言部门正在努力提高国家标准框架中语言能力与内容的知识水平。国家标准为高等教育的主修/辅修课程以及通识教育中的考核提供了指导。

## 3.2 《语言学习的世界标准》概述

### 3.2.1 基本信息

《语言学习的世界标准》(World-Readiness Standards for Learning Languages, 2012)前身是美国《21世纪外语能力标准》。《语言学习的世界标准》的主要内容可以参见下表：

**表3-5 《语言学习的世界标准》的主要内容**

| 目标领域 | 标准 | | |
|---|---|---|---|
| **交流**<br>为了应对多种情况和多种目的，学生需要进行多语种的有效交流。 | **交际型交流**<br>学生可以用口语、手势或书信的方式进行交流和互动，进行信息、观念、感受和观点的分享。 | **解释型交流**<br>学生可以理解、解释，并分析听到和读到的文本，并对多样性话题发表观点。 | **展示型交流**<br>学生可以使用信息、概念和观点，借助正当媒介，对多样性话题进行通知、解释、说服，并使不同受众能够理解交流内容，例如听者、读者或观看者。 |

续表

| 目标领域 | 标准 | |
|---|---|---|
| **文 化**<br>学生可以借助文化能力和理解进行交流。 | **将文化实践和观点结合**<br>在文化学习方面，学生使用语言对实践和观点之间的关系进行研究、解释和反思。 | **将文化产出与观点结合**<br>在文化学习方面，学生使用语言对文化产出和观点之间的关系进行研究、解释和反思。 |
| **联 系**<br>为了在学术和职业领域中有效使用语言，学生可以与其他学科进行联系来获取信息和多样化观点。 | **发生联系**<br>学生可以构建、加强和扩展其他领域的知识，通过使用语言来发展思辨和解决问题的能力。 | **获得信息和多样化观点**<br>学生可以获得信息，并对语言和相应文化中的信息和多样化观点进行评估。 |
| **对 比**<br>对于语言和文化的本质，学生掌握一定洞察力来加强文化能力。 | **语言对比**<br>学生通过对语言研究和语言自身进行对比，并对语言的本质进行研究、解释和反思。 | **文化对比**<br>学生通过对文化研究和文化自身进行对比，并对文化的概念进行研究、解释和反思。 |
| **社 区**<br>为了进入国内或国际的多语社区，使用文化能力进行交流和互动。 | **学校和国际社区**<br>在社区或全球化世界里，在教室范围内或范围外，学生可以使用语言进行互动和合作。 | **终身学习**<br>在使用语言进行娱乐、充实自己和取得进步时，学生要设立学习目标并对学习进行反思。 |

5C标准的目标领域强调在教学环境外对语言能力的应用，目的是为了学生能在语言能力应用和理解方面根据“标准”进行测试，使他们未来的职业和生活具备全球竞争力。

在对语言能力标准长达15年的学习研究中，语言学学者们遵循国家标准，不断对其进行升级改进、细分，使学生了解自己该如何提升外语语言能力。这个标准给学习者指明了在每一条指标中，如何一步一步地取得进步。

修改后的语言能力标准包括如下内容：共同核心州立标准、为大学和工作的准备(College and Career Readiness)和21世纪能力。

《语言学习的世界标准》包括如下应用领域：① 所有阶段的学生(从学龄前到高中阶段)；② 母语者、继承语者，包括英语为二语的学生；③ 美语手语；④ 古典语言(拉丁语和古希腊语)。

2011年的报告《外语标准十年：作用、影响和未来方向》(A Decade of Foreign Language Standards：Impact，Influence，and Future Directions)证明了以下几点：① 5C标准影响了从小学直至高中阶段的外语学习；② 5C标准已经受到学术界认可；③ 教育者需要知道在交往和交流的目标领域内，语言学习者应该学到哪些知识和应该做到哪些事情，以及这些知识和事情的具体表述和描述；④ 5C标准已经在40多个地区使用，并衍生出不同版本(细微差别)的考核模式；⑤ 通过观察和体验，一些地区性文件开始记录考核带来的文化产出；⑥ 许多地方性教学大纲也和5C标准的11个指标接轨。

各级学者达成共识，使得5C标准的目标域和11条指标得以延续下来。为了指导语言能力标准的使用，改进外语能力考核，调整教学大纲、课程安排和教学方法，《语言学习的世界标准》进一步对5C标准进行了诠释。

网上的调查反馈给予了5C标准很大的肯定。93.4%的用户反馈为：更新后的5C标准描述了学生外语学习准确的期望值(占39.1%)或非常准确的期望值(占54.3%)；94.9%的用户反馈为：更新后的5C标准为老师和学生提供了相对清晰(10.9%)、较为清晰(26.8%)，或非常清晰(57.2%)的教学方向。

根据调查反馈的一些附加建议，对现有等级(初级、中级、高级和优秀级)进行详细描述，并且2015版的标准着重强调每一个等级中表现性描述的学习指标(indicator of progress，也称能力提升指标)和学习方案(learning scenarios，也称学习情境和任务)。

### 3.2.2 "交流"标准的新解读

"交流"标准不仅限于传统的交流，在语言能力标准方面还有新解读。

#### 3.2.2.1 语言教学中融入"交流"元素

《21世纪外语学习标准》在1996年首次公开和出版时，明确将交流纳入其中，因为这是语言教育的一个目标领域。原标准工作组成员菲利普斯称："交流一直是语言教育的目的。"在过去约15年的时间里，国家标准已经帮助越来越多的教育工作者理解在教室里真正促进语言获取和鼓励人们进行真正交流的意义。菲利普斯还担任联邦政府资助的联合会主席以评估国家标准的影响。他在2017年指出，通过对2 100多人进行的调查显示，标准已经产生了影响，有助于改善许多语言教育者的教学方法，特别是在交流的目标领域。"我们可以更全面、更深入地理解这三种交流方式在交际行为本身中的表现，并且对促进这些行为的最佳教学方法有了更深入的了解。”教师特里尔（Terrill）认为，“在制定国家标准之前，教师倾向于按照教科书来做，标准最初提供了一个框架，看看如何设计更好的单元，找出教科书中的优点以及需要加强的方面。作为国家标准一部分，编制出的学习场景可以为质量单元提供一个模板。”

3.2.2.2 语言学习中的重构“交流”元素

与 20 世纪 80 年代和 90 年代初的熟练度运动相比，国家标准对交流方式提出了非常不同的看法。虽然教师传统上认为可以通过阅读、写作、口语和听力四种技能进行交流，但该标准还是提供了一种新的“交际框架”，包括三种模式，主要侧重于背景和目的沟通。这三种模式分别是：

1）交际型交流

- 通过人与人之间意义的积极协商来表征
- 涉及调整或澄清以便理解
- 谈话中最明显的是一个人不知道对方的反应是什么（即不是脚本对话）

2）解释型交流

- 重点关注对书面和口头形式的意义进行适当的文化解释，因为在这种解释中，不存在与作者/演讲者积极协商意义的问题
- 包括对文字、电影、电视广播和演讲的文化解读
- 不要与“理解”的概念混淆

3）展示型交流

- 以有利于其他文化成员进行解释的方式创建消息，而这种文化没有直接的机会进行积极意义上的谈判
- 例子包括撰写报告、文章或演讲稿

每种模式都涉及语言与随着时间逐渐发展的潜在文化之间的特定联系。这些模式的使用与单纯关注语法或研究，不用于交流的语言不兼容。该标准文件明确指出，“学生不学习语言系统的元素就不能获取交际能力”（即语法、孤立词汇词），并指出“先前强调在课堂上学习语言系统，而不注重有意义的互动活动已经导致学生感到沮丧和不满”。

交流目标包括基于交流模式框架的三个标准。第一个关注交际型模式，第二个关注解释型模式，第三个关注展示型模式。标准目标领域相互关联的性质意味着，即使重点关注语言的使用和交流能力的发展，学生也需要在其他目标领域（即其余 4C）获取经验，以便获得一些值得交流的东西。

罗伯特·哈雷尔（Robert Harrell）在加利福尼亚州加登格罗夫（Garden

Grove)的帕西非卡(Pacifica)高中教授德语 17 年，他认为："如果我要进行交流，我必须有内容；如果我要交流，我必须了解一些关于文化的内容；如果我要进行交流，就需要通过交流建立一个社区。我将需要交流的部分内容与语言以外的其他东西联系起来，这样在我们用世界语言交流的方式和我们用英语交流的方式之间进行比较就真的很容易。我认为交流确实包含了语言学习中的所有其他东西。"

3.2.2.3 "交流"的内涵

这里的交流指用英语以外的语言交流，有以下几点标准。

(1) 学生进行对话，提供和获取信息，表达感受和情绪，并交换意见。[交际型模式]

(2) 学生在各种主题上理解和解释书面语言和口语。[解释型模式]

(3) 学生向听众或读者提供各种主题的信息、概念和想法。[展示型模式]

什么是真正的交流？从思考技能到思考交际模式的一个重大转变是，老师如果只关注技能，就可能不会考虑课堂活动或方法背后的原因。然而，正是在了解了其背后的原因即交流的目的后，涉及实施的许多问题才能得到回答。

美国外语教学委员会专业发展副主任保罗·桑德罗克(Paul Sandrock)提供了这样一个例子：当教师专注于教学和练习写作技巧，然后试图思考"我应该让学生进行拼写检查吗"的时候，是在运用什么模式呢？如果文字是呈现模式的，那么观众就会期望它非常精致和准确，因为作者并不会在身边谈论意义并回答问题。但是如果作者正在给朋友发短信(交际型模式)，那么准确程度就可能会大大降低，因为如果你不明白某些事情，就会回过头去问"这是什么意思"。所以桑德罗克指出，任何任务或活动的规则都取决于你正在做的事情的模式或目的。这些模式应该会决定你如何设计评价一个任务，以及你会使用什么标准。菲利普斯说："保持一种技能而不考虑它处于哪种模式，对学习者或教学选择而言是无益的。……你所做的教学选择会因这些模式的不同而有所不同。"哈雷尔则认为任何老师都要回答"我希望我的学生能用语言来做什么"这个问题，问题的答案就是交流，那么必须拒绝那些无助于实现这一目标的方法，例如语法翻译法。

哈雷尔提供了一个来自科学界的类比："解剖动物和把动物看成一个生物是不同的。因为在我剖析动物时可以学到很多东西，但它已经死了，它也不能做其他的事情了。但是，如果我在它的栖息地观察它，甚至与它交流，那么我将它看作是一个活的有机体，它变得更加迷人，让人想要花时间与之相处。这也是我在教室呈现语言的方式，语言非常活跃，而我们如上所做。"考虑到这一点，课堂上的语言学习活动需要尽可能反映真实世界的真实沟通。例如，当一个人在现实生活中阅读一篇报纸文章时，他做的回应不是去翻译它，回答一系列详细问题，或者完成填空练习。相反，与现实生活更密切相关的交际活动会让读者告诉某人他或她刚才阅读的内容，在该主题上表达他或她自己的观点，或思考这篇文章与他或她昨天在同一主题上阅读的新闻故事有何异同。教师应该首先思考他们在接收到电子邮件、阅读维基百科、需要写信或听到天气预报时会做什么，这会对他们让学生完成什么类型的任务有所启发。

桑德罗克主持了许多利用基于标准的语言方法开设语言学习的讲习班、网络研讨会和线下研讨会。他指出："当教师尽力去实现交流标准的目标时，他们会说'我曾经这样做过，现在我想尝试做不同的事情，因为它越来越接近真实的东西，那就是人们在现实生活中真正做的事情。'由于时间的限制和其他的压力，越来越多的语言教育工作者意识到，相比于语法练习、活页练习题和记忆词汇，关注实际交流会让他们的教学'大打折扣'。""我只是没有足够的时间让学生把精力浪费在那些不能通过基于理解的教学方式提供真正人际交流的活动和策略上，"哈雷尔说，"我们必须让学生说话，因为课堂上的时间是他们的。"新泽西州阿伦达北部高地地区高中西班牙语老师萨拉·布赫鲍姆(Sara Buchbaum)说："如果将语言用在教科书上，或者用动词变形来衡量，那么学生们就不会使用这种语言，但是如果他们语言使用得越多，学习的效率就越高，所以教师需要给学生一个对其有意义的话题并让他们交谈。交谈是自发的，用他们已经知道的词汇与伙伴们讨论，到底朋友的哪些方面对自己来说是重要的。"

布赫鲍姆认为，对于学生而言，在语言和交流中做这么多工作可能是一个挑战，特别是在同学面前展示时，所以教师要创造一个舒适的环境并鼓励他们，而不是让学生感到尴尬或被过度纠正。"学生往往会感到紧张，但我们每天都在努力，防止他们半途而废。"哈雷尔说。交际型模式是他教学的核心元素，因为他的整个课堂基本上都是在与他的德语学生进行持续的对话。"一旦你真的做出这样的改变，你的学生就会明白发生了什么，他们就会全身心投入，这样上课时间对包括老师在内的每个人来说，都会变得更加有趣。"他继续说道，"这实际上是与你喜欢的人交谈，从长远来看，你的生活将不那么有压力，你不会紧张，认为'我今天必须把间接的对象代词教给他们'。不，你会和他们谈话，你会用很多间接的对象代词，你可能会不时地告诉他们正在发生的事情。因为他们正在学习语言而不是记忆语言，而你知道这需要时间，因此你会放松地教学。"

保持目标语言的重要性(或许不是全部)对于创造一种可以进行交流的环境至关重要，哈雷尔表示他正努力做到这一点。美国外语教学委员会的《目标语言使用的立场声明》(2010 年 5 月)提出了许多教师可以用来促进理解和支持意义制定的策略，包括提供针对交际目标的可理解输入；通过肢体语言、手势和视觉支持使意义变得清晰；与学生讨论意义，鼓励学生进行交流等。

3.2.2.4 用标准评估"交流"

> "评估在语言教育中起着至关重要的作用：帮助学生学习使用新的语言，帮助教师集中学习，使其效率最大化，并为公众提供所需的证据，以积极支持语言课程。"
>
> 保罗·桑德罗克(2011)

所有的教育工作者都知道他们需要以某种方式评估他们的学生。但是，如果这种评估没有适当的目标来证明学生实际达到的是什么水平，例如评估人际交谈技能的期末多选题考试，那么无论他们得到什么等级，这个考试的结果都是没有意义的。如果教师使用国家标准作为起点，那么清晰的学习目标从一开始就可被确定——事实上，这些目标已经被非常明确地表述出来了，避免了在单元末尾才提出的情况。因为这些目标已经被确立并且为人所知，所有的教学决策都可以从中得出。这种"反拨设计"(backward design)的方法首先由格兰特·威金斯(Grant Wiggins)和杰伊·麦克泰(Jay McTighe)在他们的《设计理解》(1998)一书中提出，它是准确评估学生掌握国家标准交流目标区中交流模式的重要环节。"一个反拨设计的单元将建立明确的目标，"特里尔表示，"一旦实现了这些目标，就有可能为该单位创建一个综合绩效评估，虽然这些评估可能需要更多时间，但它们确实旨在让学生能够在语言中表达他们的知识和能力，它们取代了关注正确与错误答案的评估，学生可以以此表明他们理解并能传达信息。准确性是评估的一部分，而理解和传达信息则是主要关注点。"

人们对实施这种评估有几种看法：① 太难了；② 只适合于在课堂上有多年的课堂教学经验的老师；③ 教师需要弄清楚自己该怎么做。黛西·劳恩(Daisy Laone)是康涅狄格州纽黑文贝琪·罗斯(Betsy Ross)艺术学校的中文普通话老师，她在美国第一年的教学中了解了这些看法。劳恩使用综合绩效评估她的中学生的三种交际模式，遵循"评估语言表现的关键"中的格式。"我首先设定目标，然后从那里设计单元，"劳恩说，"我设计了一些活动来帮助学生实现这个目标，我发现这个格式非常有用，所以我可以研究实际用来交流意义的方式。”劳恩曾参加在美国康涅狄格州格拉斯顿伯里举行的中国教师星语项目以及其他相关研讨会，她在美国的职业教学语言这个起点上采用了基于标准的方法（劳恩以前在中国台湾有英语教学经验）。她认为，专业发展对于语言教育工作者来说至关重要。无论是新手还是老手，都要坚持采用最新方法，真正探索和理解标准。例如，她的课堂上的教学方式将用于被社区的一个单元。她可能首先会为学生设定一个目标，创建能够描述他们社区的地图，并能够给予方向。“当我要求他们制作自己的迷你社区的地图时，他们可以通过交流意义把地点放在地图上，”她说，“他们也必须表演，分组制作地图，使用人际交往技巧，在过程中询问彼此问题。他们还要能够解释地图，并且必须能够提出并回答没有准备好的问题。”劳恩承认，由于汉字的复杂性，她发现口译模式是班上最具挑战性的。“我觉得让学生理解和解读他们所读的内容是非常困难的，而且，如果我让他们写一段话，这些汉字并不会完全正确，有时我会允许他们用拼音书写，只要他们能够表达他们想说的话就行。”她表示，要平衡交流与用汉字写作是很大的挑战。“我必须知道如何推动学生，才不会磨灭学生说中文的兴趣。”因为她知道她的学生非常想学习语言进行沟通，所以她的下一步就是与中国台湾的一所学校协调笔友计划，以建立她的学生和母语人士之间的关系，并帮助他们建立用汉字写作与人际交往的联系。“他们会发现如果只能写拼音，人们看不懂他们在说什么，那么交流就是失败的。因此我们不写拼音而学写字，我希望这也会激励我的学生，因为他们想要与其他学生交流。”劳恩所教的学生很像哈雷尔的德国学生或布赫鲍姆的西班牙语学生，以及几乎所有其他语言的学生——无论年龄、水平或语言——都表达出同样的渴望，希望能够学习和使用语言以实现真正的交流。《语言学习的世界标准》指出：“学习者在有意义的情况下使用目标语言越多，他们获得这种语言的能力的速度就越快。”作为语言教育者，我们应该为学生提供这些机会。

### 3.2.3 “文化”标准的新解读

“文化”标准不仅限于传统的文化，在语言能力标准方面还有新解读。

#### 3.2.3.1 在语言教学中融入“文化”元素

在当今最好的语言教育中，对另一种语言的研究与对另一种文化的研究是等同的。这两者之间有着千丝万缕的联系，如果不了解文化产品，不进行文化实践，不从本族语人士的视角看待问题，那么语言的教学也只能是集中在离散的语法点上。正如《21 世纪外语学习标准》文件所述：“因为语言是表达文化观点和参与社会实践的主要工具，所以对语言的研究为学生提供了发展文化见解的机会。那么在现实中，外语课程的真正意义不在于教授语言的语法和词汇，而在于通过该语言表达的文化。”这要求学习者去了解母语人士的行为方式，虽然他们可能只是想用该语言与其他人进行交流，这也是交流是最容易理解和最快接受国家标准目标领域的途径；但是任何人想要与不同背景的人交谈并被对方理解，没有文化知识的支撑是不行的。

“文化知识和文化、适当的沟通技巧在所有三种交流模式中都起着重要作用：在交际型模式方面意味着文化上恰当的互动；在解释型模式方面意味着足够的目标文化知识来理解特定文化意义；以及在展示型模式方面意味着选择适合文化的内容和风格，即有意识或有潜意识地理解在什么情况下，用什么样的方式，对母语人士说什么样的话”，雷纳特·舒尔茨(Renate Schulz)在她发表于《2007年春季外文年鉴》(第40卷，第1期)上的文章“论外语评论中评估文化理解的挑战”中说道。文化不仅与交流密切相关，而且与其他3C标准也密切相关。在语言课上融入强大的文化元素，学生可以将其更好地与其他学科联系，并形成必要的见解，以便与他们自己的母语和文化进行比较，更好地融入目标语文化。

《语言学习的世界标准》指出，“拥有的文化与所说的语言之间的精妙联系只能由那些了解这两者的人来发现……美国学生需要了解其他人的世界观，以及他们独特的生活方式和行为模式；其他文化对世界的贡献，以及他们为解决人类面临的共同问题提供的解决方案。”在国家标准中，文化是作为哲学视角、行为实践和社会产品呈现的。这种文化框架有时可以被称为3P，可以通过三角形的框架来体现：“视角”在顶端，“产出”和“实践”在底端，从构成一个文化群体的世界观的角度来看产出和实践是如何形成的。这幅图也表明了这三个文化元素密切相关的联系。

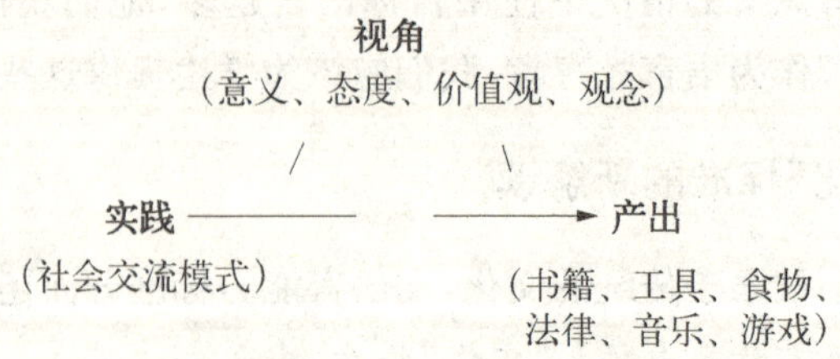


**图3-1 3P文化框架的三角形框架**

简而言之，3P是：

(1) 产出，它包括有形产出和无形产出，即这些文化的基本信念和价值，包括书籍、工艺品、工具、食品、法律、服饰、住宅类型、音乐、舞蹈和游戏。

(2) 实践，它指何时何地做什么，即一个社会接受的社会互动或行为模式，例如交往仪式、使用话语形式、社会等级(pecking order)，以及空间的使用。

(3) 视角，它代表该文化对世界的看法，包括意义、态度、价值观和观念。

文化目标区包括两个基于这个文化框架的标准。第一个侧重于理解文化习俗和透过这些习俗透露的观点；第二个侧重于理解文化的产品以及通过使用这些产品展现的视角。

3.2.3.2 "文化"的内涵

5C 标准中的"文化"一词，在这里指对其他文化的了解和理解，主要包含两大标准：

(1) 学生表现出对所研究文化的实践和视角之间关系的理解。

(2) 学生表现出对所研究文化的产品和视角之间关系的理解。

融入文化始于计划。教育工作者应该认识到，阅读教科书和阅读偶尔出现的边栏文化要点是不足以将文化知识传授给学生的，这一点很重要。当然，举办"文化星期五"活动，或者通过庆祝节日、学习一些舞蹈或者不时地品尝一些特色的食物来学习文化也是不够的。"我们应该每天教授文化，"唐纳·克莱门蒂(Donna Clementi)博士说。他是劳伦斯大学的外语教学指导员，曾任明尼苏达州肯考迪亚大学和阿普尔顿市(WI)学区的外语教学指导员。"当我们选择一个主题时，选择我们与学生分享的东西，必定会引发讨论和对话，最好的方式是通过语言交流进行。"

克莱门蒂鼓励教师运用 3P 文化框架计划他们的日常课程和语言单位。"教师应该始终考虑产出是什么，与产出相关的做法是什么，当我们谈论这两种产出时，更深入的理解是什么。如果我们从老师的角度去思考，它将反映我们设置课程和单元的方式。"例如，她提供了大多数初级班的标准主题：日常活动单位。然而，她并不是简单地让学生谈论他们每天做什么(例如早上起床、刷牙、步行或骑车上学)，而是建议通过这些活动深入探讨其对环境的影响、碳足迹等。"这就是如何通过嵌入文化来了解日常生活的方式。虽然教师仍然在用目标语言(此例中为法语)说简单的句子，但是教师会选择那些有趣的示例，并且真正吸引孩子们思考关于生活的话题。然后，教师会鼓励学生进一步思考他们如何更好地了解正在使用的水资源，以及他们可以做些什么——例如关掉水龙头，避免浪费水资源。如果他们把自己的生活与那些每天必须去取水的人的生活相比，他们将意识到塞内加尔人对水资源的利用非常谨慎。"

3.2.3.3 把"文化"和教学内容相结合

教师要了解教学内容。奥本大学的苏·巴里(Sue Barry)教授说："定期花时间在目标文化中对于语言教育工作者来说至关重要。目前最大的问题之一是太多的教师不出国，他们只是从教科书中阅读文化笔记。”她补充道，“教科书没有深度的当代文化，并可能导致我们形成思维定式，一些教师由于自己出国次数不多所以知识储备不够，例如他们可能在 15 年前去过国外，但今天的世界已经完全不同了。此外，他们很可能只去过一个地方。事实上，他们没有了解文化背景，所以也不了解文化，教给学生的都是刻板信息，这样后果更坏。”

对许多教育工作者来说，产出和实践的教学似乎更容易，也是更易接近 3P 教学模式的方式。有些教师可能不确定如何处理这部分内容，或者他们的学生是否具备语言处理能力。即使对那些理解将文化框架纳入教学的人来说，这也是一种挑战。对于老师来说，将文化以真实的方式带入课堂可能需要很长时间。乔治亚州洛根维尔市格雷森高中的西班牙语老师劳拉·卓姆斯(Laura Droms)说：“作为非母语者，我并不觉得自己非常专业，所以这一直是一个挑战。”“很多语言老师都没有充分理解文化与视角的关系，他们教给学生的都是产品和实践，”巴里还打了个比方：“我们看到的产品和实践只是表面上的东西，但内在的东西才是真正重要的……我们希望我们的学生努力看到表面背后的东西，依然有许多的文化价值观、文化信仰值得我们去探索。”

作为一名方法指导员，巴里负责培训计划成为语言教师的大学生。在研究生阶段，她试图给这些未来的教育工作者留下“发现学习”的想法，这是一种探究式教学的方法。她说，“与其告诉学生如何思考文化，我的建议是不如给他们工具和真实的文本，以便他们用来比较和对比。学生自己应该提出比较和文化见解，而不是由老师教他们。”巴里为她的研究生提供了一个专注于文化的全班课程，并且要求他们出国留学。然而，这些未来的教师不一定会出国留学，甚至不会成为语言学家或学者。相反，他们被巴里称为“民族志新手”——仔细研究并系统地将他们的文化活动记录在另一个国家的特定主题上。巴里认为应该教授和鼓励教师成为终身学习者，他们需要这些工具来成为民族志学者。“教师需要培养整体意识，应该问自己：‘如何看待另一种文化？想寻找什么样的东西？想学习什么？怎样才能把它带回自己的教室？怎样才能将它融入到自己的教学中？’”

#### 3.2.3.4 “文化”的即时性

文化是通向语言的门户，文化不能等待。有一种误解认为，一些教师(尤其是那些带初学者的教师)应该“保存”文化，直到他们的学生具有更高级的语言技能并且能够更好地欣赏文化时再推进。马里兰州贝塞斯达区兰登学校和弗吉尼亚北部社区学院的汉语讲师谭人力(音译 Dali Tan)认为,在学生具有较高水平的语言能力之前,教师也要坚持输入文化主题,文化不能等待。

她认为虽然不是所有的学生都会掌握第二语言,但了解其他文化将有助于开阔他们的视野,不管他们做什么。“世界变得越来越小,无论他们是否继续学习中文,总有一天能够在商业互动中使用到它。并且通过学习文化视角,他们仍然可以学习如何与来自世界各地的人交流。他们更容易从别人的角度去思考问题,”谭大力说。由于在中国的语言沉浸项目是教师教学项目的一部分,所以谭和学生在出国之前就都已经具备了文化意识。“对我而言,学生理解文化适宜的行为比识别语言的复杂性更重要,”她说,“语言错误可以得到原谅,但如果行为没有礼貌的话,这样的文化错误就不会得到原谅。”她鼓励她的学生在中国留下日记,并注意他们看到的任何特殊或不同的事物。她表示,他们将在后面提出这些问题,以便能够一起确定实践背后的观点。例如,在中国东道主赠送礼物时该如何反应,以及通过该行为可能表达哪些文化价值观。

来自乔治亚州士麦那坎贝尔高中的西班牙语老师梅林·罗伯森(Melyn Roberson)认为,师生之间就为什么选择学习外语以及为什么后来不再学习外语的原因存在不同的看法。她以自己的学校进行的一项行动研究项目为基础,利用这一观察结果采访了当前和以前的语言学生及其老师。“大多数老师们认为学生正在学习一门语言来完成要求,并且他们在完成时要停止使用该语言,但是学生们表示他们想要学习一门语言来理解文化和表达思想,”罗伯森说,“经过大约两年的语言课学习,学生们觉得他们没有学到自己想要的东西,所以会停止……我们发现学生们会根据他们先前有目标但后来没有实现的这一事实做出该决定,而其中一个目标就是理解文化。”

3.2.3.5 “文化”融入的工具

“在语言学习的每个阶段,学生自己的本国文化和其他文化之间的相似点和差异点都应该被提出来,”《国家标准》提到,“与其他文化代表的交流和各种文化表达方式的体验(个人轶事、诗歌、头条新闻、社论、法律、音乐、博物馆、火车和宠物等)能够帮助学习者塑造自己的意识。”

谭告诫教师不要脱离具体情境谈论文化,“这可能是肤浅的,它通常对快速观察差异并继续下去没有帮助,且存在形成思维定式的危险;我们最终可能会加强刻板印象,而不是改变它们。”谭认为,一种摆脱先入为主的刻板印象的方式是让学生将采访母语人士作为项目的一部分,她经常与她的学生这么做,来评估学生对文化的理解。她指出:“当学生知道他们要进行访谈并与真正的中文讲师交流时，他们会变得更加热衷于观察文化差异。"克莱门蒂也指出："当我们能够与来自所教授语言国家的母语人士联系时，就能让学生真正感受到文化的真实性，使他们可以提出问题并得到答案，帮助他们理解为什么事情是这样的。"通过 Skype 等即时在线聊天软件，这种语言课堂上的实时连接就变得越来越普遍，学生能够与世界各地不同年龄的人直接沟通。

使用真实的材料对帮助学生欣赏其他文化视角也非常重要。作为巴里博士的研究生之一，卓姆斯研究了她的民族志项目。她收集了房屋的照片，在美国和墨西哥广泛地采访了项目组成员的家人，并对这些原创采访进行了重新编写，现在她可以在自己班级的各种文化活动中使用这些材料。尽管她没有为研究的每个讲西班牙语的文化提供深层次的真实材料，但卓姆斯仍利用互联网填补了空白。她推荐了几个优秀的网站，例如来自得克萨斯大学奥斯汀分校的优秀网站，该网站提供了拉丁美洲和西班牙各地的西班牙语视频剪辑。但教师应始终认真筛选它们，以保持文化和课堂的适宜性。

一旦弄清楚如何挖掘教学文化的丰富性，就会出现评估文化知识或敏感度的问题。舒尔茨在其 2007 年的文章中提出了评估组合方法，用以评估学生的新兴意识，文章指出诸如多项选择题、短回答或甚至传统的短文测试常常迫使学生进入广泛的概括或刻板印象中。罗伯森让她的学生创建了一个课外工作的文化研究组合。这一方法受到了她与巴里博士合作研究人种学的启发。罗伯森说："我现在总是从民俗的角度来看事物。我让学生们创作这些作品，并根据他们的独立文化研究得出结论——这些作品都是基于自我发现的，他们首先考察自己的本土文化，然后转向目标文化。第一级只是全球性、国际性的，不一定是西班牙语所特有的，第二级都是针对于特定语言的，而第三级更具体，他们将把重点放在'哥斯达黎加的国家公园'而不是'说西班牙语的国家'，但孩子们可以选择他们的活动，并且追随他们感兴趣的东西。"罗伯森认为教师可能并不总是对学生的结论有相同的看法，但这些是学生的观点，它们都有价值，因为这对他们如何理解以及如何与其他国家的人进行联系起了关键作用。

3.2.3.6 把"文化"融入列为优先事项

在将文化融入教学的过程中，语言教育工作者必须面对任何挑战，并将文化融入列为优先事项。克莱门蒂建议："一个起点可以从清晰的地点开始。当我们计划一个教学单元时，需要仔细考虑想与学生分享的部分，例如，帮助学生理解'法国/西班牙/德国等国家的文化'，如果学生曾经去过某个国家的某个城市，教师要确保学生不要用某个城市的文化代替某个国家的文化，要知道所有的事情都是不一样的——纽约不是阿普尔顿，巴黎不是阿维尼翁，如果他们停留在一个地方就会有刻板印象，然后说'所有的法国人都是这样的。'但相反，他们应该说他们对阿维尼翁的工作非常了解，当前往另一个地区时，他们可以看到一些差异，并将其与他们自己的地区进行比较。"

克莱门蒂对教师的建议是从教师擅长的领域开始，即教师最了解的文化（与目标语言有关）："但这并不意味着这是该教师唯一可以教的东西。当你谈到你还没有去过的其他国家时，你可以使用你所知道的信息（例如法国南部）来考虑如何介绍喀麦隆。我们想知道什么？我们如何找到更多的信息？我们发现的信息是否准确？这些都是我们需要给学生提供的工具。"

### 3.2.4 "联系"标准的新解读

"联系"标准不仅限于传统的联系，在语言能力标准方面还有新解读。

#### 3.2.4.1 在语言教学中融入"联系"元素

根据2011年完成的为期三年的标准影响调查，前两个目标计划似乎是整个领域中最受重视的计划。该调查发现教育工作者倾向于"接受交流和文化标准并将其作为首要使命"。其他有时被误解或边缘化的标准是什么？答案是联系。谈到联系时，教师经常会忽视这个领域，但事实上，语言教育专家认为，与其他学科和信息建立联系能够吸引学生，这在每个层面、每个学习环境中都至关重要。"我认为联系是学习者学习语言的奖励，"内布拉斯加大学林肯分校的外语教育教授阿里·默勒（Ali Moeller）说，"真正引发学生兴趣的是学习的动力，因为他们可以突然在真实生活中看到语言的目的。当他们能够通过与其他学科的联系学到新东西时，他们就会感到满足。如果老师们说'等到我的学生学会更多的语言，我们再建立联系'，那么联系就永远不会发生，动机不存在，学生也不会继续下去。"

20世纪90年代中期编写《国家标准》的原始工作小组成员汤姆·威尔奇（Tom Welch）指出联系标准被设计为语言教师帮助学生成为终身语言用户的一种方式。我们当中有一种真正的理解，即需要将语言学习变为语言使用，这样就能够与母语人士相联系，搞清楚目标语言之外的语言和文化。联系目标区域包括两个标准。第一个标准是针对其他学科内容的目标语言支持。正如标准文件所述，"今天的学习不再局限于一个特定的问题，它已成为跨学科的问题，正如阅读不能局限于某一特定的学习时段，而是学校课程各个方面的核心，外语学习也可以建立在学生在其他学科领域获得的知识的基础上。"第二个标准侧重于通过目标语言向学习者提供信息。"通过学习另一种语言并获得独特的沟通方式和思维方式，学生们就获得了新的信息和观点，”该文件还提到，“作为外语学习者，他们拓宽了自己掌握的信息来源，他们有一个‘世界新窗口’。”

3.2.4.2 “联系”的内涵

联系指连接，即与其他学科联系并获取信息，主要包括两大标准：

(1) 学生通过外语加强并进一步了解其他学科。

(2) 学生获取信息并识别只有通过外语和文化才能获得的独特观点。

黛比·罗宾逊是K-12语言旗舰计划的顾问和策划者，她认为在语言教育领域实施联系，有一些很好的模式。除了数学、科学和艺术之外，罗宾逊还说：“如果我们想让学生为他们将要生活和工作的社区做好准备，那么新兴的内容领域就显得至关重要。该专业最近通过像‘21世纪语言技能地图’这样的尝试扩大了对这些领域的理解，其中包括对于在新千年取得成功至关重要的主题，如全球意识等。”教育工作者可能会采取一些我们在传统的高中班已经关注的措施，然后通过这个新视角来审视它，比如从金融、经济、商业和企业家的视角来看，罗宾逊认为我们对联系标准有了新的目标意识，使我们能够在这些新兴的内容领域更加有力且系统地进行研究。

罗宾逊指出进阶课程(Advanced Placement，简称AP)框架是这一新方法最显著领域之一。进阶课程框架于2011—2012年用某些语言(法语语言和文化、德语语言和文化、意大利语语言和文化)进行了更新；于2012—2013又以(拉丁语语言和文化)进行了更新；并在2013—2014年以另一种语言(西班牙语语言和文化)进行修订，现更新了为新的时代主题，包括全球挑战、美容和美学、科学技术、家庭和社区、个人和公共身份以及当代生活。根据法语语言和文化进阶课程框架，教师应该通过历史、当代和未来视角让学生参与各种主题，设计与主题相关的一种教学方式可确定总体基本问题，旨在引发学生好奇心，让他们参与现实生活中的问题解决任务，调查和表达对现实世界的不同观点，与其他学科建立联系，并将目标文化的各个方面与他们自己的问题进行比较。基本问题也适用于跨学科研究，要求学生在跨越内容领域应用技能和观点，同时使用语言、文学和法语世界的文化。

德国大学理事会顾问默勒指出，进阶课程为不同语言的在线课程提供了完整的课程表，并且有许多优秀的例子可供教育工作者自由访问。她说：“任何人都很难看到的如何教授符合标准和这些主题的语言，可以在那里找到许多课程计划。”她自己的维基“评估路线图”还为教师提供了许多额外的资源。

#### 3.2.4.3 “联系”的作用方式

语言沉浸模式是教育者在考虑基于内容的教学或跨学科语言学习时最常见的模式，因为沉浸式课程一直处于把语言作为教授其他核心内容的教学媒介的最前沿。“在沉浸模式中，语言是工具，并且始终从主题出发，”明尼苏达大学语言习得研究高级中心（CARLA）沉浸式研究和专业发展项目协调员塔拉·福尔蒂诺（Tara Fortune）说：“当谈到沉浸式教师和课程时，我强烈鼓励采用跨学科的方法，课程首先不只是一个主题——如数学、科学或社会研究——而是想一个可以与一些话题实现有意义连接的主题。”

犹他州的第一个初级西班牙语沉浸式课程始于20世纪80年代，但直到2008年该州制定了犹他州双向沉浸式课程，学习人数才有了显著增长。在该课程中，K-6（K-6是从幼儿园到小学6年级）学生将用半天时间与英语教师联系，再用半天时间与另一位语言教师（如汉语、法语或西班牙语）联系（即50/50教学模式），他们可以一起给学生提供熟练掌握第二种语言并提高文化能力的机会。犹他州的学校都开设了单向沉浸式课程和双向沉浸式课程，而它的目标是在2014—2015学年之前采用5种不同语言开设100门不同的课程。犹他州中英双语沉浸式课程项目总监桑德拉·塔尔伯特（Sandra Talbot）表示，她课程中的学生现在已升到四年级。在学生三年级时，大部分核心学习内容都由汉语老师提供，而英语老师则专注于开发强大的英语语言技能和素养。大约在四年级时，教学概念开始变得越来越抽象，但沉浸式模型包含有助于使事物更具体的策略，例如使用手势、视觉效果、手部动作等。

“内容和语言教学之间的联系是必不可少的，”塔尔伯特说，“因为这些孩子正在用汉语获得他们的知识，所以老师必须用汉语教授科学、数学、社会研究等课程，因为这是这些科目中唯一的教学语言。”犹他州的学生在小学期间继续学习沉浸式课程，当他们升入中学时，他们将选择语言选修课程和另一门核心内容课程。塔尔伯特表示，在九年级时，他们将接受进阶课程考试，而在高中时期，他们将学习犹他州各大学合作开设的语言课程。

和默勒一样，塔尔伯特也认为学生的学习动机是基于内容的学习的一个重要因素，她在沉浸式课堂和更传统的语言课堂中观察到了这一点。塔尔伯特说：“如果你不向学生展示语言和学科之间的联系，那么有些学生会停止学习，因为他们没有看到学习的必要。沉浸式学习的学生当然有获得语言的真正动机，因为他们必须学习数学、科学等等，不管它是用汉语、西班牙语还是法语教授的。……孩子们被教导说，语言不仅仅是‘语言’，还是将他们与内容联系起来的工具，因此他们学会了利用语言独立生活，也可以为他们在未来开展任何兴趣爱好打基础。”

在全国范围内还有许多其他优秀的沉浸式项目，其中包括俄勒冈州的波特兰公立学校，它被认为是50/50模式的最佳例子之一，影响了许多今天的新项目(包括犹他州)。多年来，沉浸式教育的规模一直在扩大。1971年美国仅有三个沉浸式项目，随后便得到持续的显著增长。根据美国学校应用语言中心的外语沉浸式课程目录，2011年有448所外语沉浸式学校(2006年有263所)，其中337所为小学。截至2012年5月，应用语言中心在31个州列出415项双向双语沉浸式项目，其中还包括华盛顿特区。

虽然会使得联系标准生动起来，但沉浸式教育绝不是唯一能够证明基于内容的结构的模型。事实上，今天教育工作者正在考虑如何将联系纳入他们自己的教学中，他们的这些努力令人期待，其中包括与STEM(Science, Technology Engineering, Mathematics，科学—技术—工程—数学)和语言教学的合作，以及将职业技术教育与语言和文化相结合的其他努力。《财富》杂志提到了语言习得研究高级中心最近与波士顿科学博物馆合作开发的一个“大型项目”，旨在创建与STEM协调的汉语沉浸式课程。这个环境教育项目研究可持续发展和绿色生态问题，最初由外语协会项目(Foreign Language Association Program，简称FLAP)资助，现已接近完成，可以与语言教育机构共享。

“像这样的项目可以让我们拓宽解决问题的思路，比如社交研究，因为这也与地理和科学、资源管理以及类似的事情有关，”福尔蒂诺说。“除了将语言与人文科学联系起来以外，让人们更广泛地思考是很重要的。不要排除这些话题，要扩大我们的观点，将他人的观点也吸收进来。”罗宾逊指出，俄亥俄州富兰克林县16个学区之间的另一项成功合作表明了STEM学校和语言的跨课程方法的有效性。作为其中的一部分，哥伦布市都市先修高中以美国汉语授课的高中级化学课程为特色，该课程完美补充了学校的STEM课程。在佐治亚州，州一级有两种著名的联系方式：① 通过外联与职业技术教育(Career and Technical Education，简称CTE)课程相联系，② 通过谅解备忘录与法国和德国等国联系。

佐治亚州教育部项目专家乔恩·瓦伦丁(Jon Valentine)表示：“第一个想法是，未来几年佐治亚州的每个学生都将确定所谓的“职业途径”，这些途径将位于我们拥有的17个不同的职业技术教育集群中。我们现在正在与职业技术教育合作，确保学生未来能够进入的各个行业都具有全球化特征，并且我们鼓励学生和教师都认识到这一点。举个例子，我问七年级的学生一个问题：

‘你为什么学习法语?’如果那个学生如上所做的话,他就能够具体回答法语知识如何在他选择的职业道路中为他提供竞争优势。”语言不是自己的目的,语言是可以帮助学习者扩大其他学习领域的东西。

3.2.4.4 各层面的“联系”

所有正规学科和学校科目、新兴的全球主题和当代问题、实现目标语言和文化中可用的任何信息之间都可以建立联系。它们可以在沉浸式环境中被轻松识别,但也可能当教育工作者在自己课堂中将注意力集中在使用语言作为媒介,而不是目的本身的内容上时出现。

在各级语言教育中也可以找到联系——包括最早的联系。一位教育工作者通过与每个级别的课堂教师密切协调,并设计她的课程以完全强化他们在课堂上所做的事情,使得联系标准在俄亥俄州托莱多的格罗夫·帕特森(Grove Patterson)一个小学中的外语项目中诞生。“我与其他老师一起创造了额外的课程。他们恰好用西班牙语或德语处理他们在该年级已经关注的话题,”最近刚刚退休的洛里·温(Lori Winne)说。当六年级的老师来找她说孩子们学习概率感到很困难时,温就会在德国开设一些概率的课程,有时她还会做科学实验,处理地理问题,讲授数学课程。无论什么都是必要的,这样孩子们可以用不同的语言处理相同的题材。例如,当温用行为情境教学法教授词汇或编写故事时,她将专注于学生需要拿来描述他们的科学实验的动词。课堂教师对她的方法表示赞赏,并且逐渐变成了真正的合作:“老师们和我们的学生一起上课,我可以在现场与他们互动以弄清材料并获得更多想法。因为我们一起工作,他们明白我在做什么,然后我就能够更好地了解每个年级的情况。”温于2007年获得了托莱多大学博士学位,她的论文聚焦学校外语学习与阅读和数学方面的考试成绩之间的关系。她的研究很清楚地表明,那些具有初级外语水平的学生的考试成绩更高。

很显然,联系可以由任何年龄的学习者完成,所以小学中的外语学习连续体的另一端是语言旗舰,这是由22个高等院校的26个旗舰计划和10个海外旗舰计划组成的网络中心。虽然每个旗舰的中心都是独一无二的,但它们都有共同的目标,即教育学生掌握世界其他国家的语言和文化,而且它们都非常重视将联系纳入语言学习的理念。旗舰主要专注于本科和研究生课程,还包括密歇根州、俄勒冈州和犹他州的K-12试点项目。

“语言旗舰强调与专业相关的特定课程的语言能力,”罗宾逊说,“这绝对是一个可供模仿的模式,即使对于没有很高水平和熟练程度的学生,他们也会遵循这个严格的程序,并发现自己的语言存在于课程内容中,所以它本质上就像一个双重专业，虽然他们实际上是环境研究或新闻学专业，但他们恰好正在用汉语、阿拉伯语或印地语学习他们的课程……最终的体验是让学生出国并直接在那里读大学，并以当地的语言讲授课程内容。”

3.2.4.5 “联系”教师与学生

教师在标准影响力调查中没有关注他们在教学中的联系因素，其中的一个原因是，他们通常不觉得自己对另一个内容领域的知识足够多，可以准确地涵盖他们教授的语言结构之外的信息。默勒认为，一些教育工作者难于处理联系标准，是因为如何教授它的方法仍然模糊不清，而且教育工作者不确定如何开展与同事的合作。她说，专注于在学校或机构中创建社区将有助于促进这些类型的联系。“接触一位与你有良好关系的老师，并提问他们现在在课堂上正在做什么，这样你就可以找到一些共同的基础，”她说，“当孩子们意识到他们所做的事情值得花时间和精力时，他们真的会受到激励，所以我们努力创造这些类型的作业，因为这些作业确实可以拓宽他们的视野。”

虽然建立联系的一种方式是与同事进行这种合作，但它并不是唯一的方式。罗宾逊建议教师应该集中精力做知识的促进者而不是专家，要鼓励学生自己寻找并获得专业知识。她建议教师在计划中要更加慎重地考虑目前在联系上做的所有事情。可以问自己如下问题：“怎么能把这个提升到一个新的水平？我怎样才能让这个项目实现联系？”她认为这种方法的好处在于，老师不必把握所有问题的答案，但可以通过给学生合适的作业以找出信息。

罗宾逊提出的一个例子对于许多高中二三级西班牙语或法语教师来说很熟悉：制作关于目标文化的旅行小册子。然而，她建议教育工作者考虑通过纳入国家标准和一些前面提到的新兴主题和内容领域（即 21 世纪的技能）来扩充这个项目。“我们可以将这项任务修改为：学生成立小组作为一个旅行社工作，他们必须为来自目标文化的访问代表团计划一次旅行，他们希望与你的城市建立姐妹城市关系。这个代表团中每个人都有特殊需求：一个是有进口业务喜欢购物的女性，她还需要出入当地的健身房；一个是喜欢早晨慢跑的娱乐总监，要吃高蛋白饮食；还有一个是文化遗产学学生，要学习艺术并寻找伟大建筑；最后一个是素食主义者。该项目将创建一个满足他们所有需求的行程，包括地图、预算和时间表，可能还需要多媒体介绍。小组成员将列出详细的计划，并且需要跟踪他们的工作时间，这样他们也可以为旅行社开具工作单。”

罗宾逊指出，新的任务可能包括 5C 标准的目标域——即不同的交流模式、文化与比较，以及明确的联系与社区。此外，她表示该任务涵盖了 21 世纪的主题，如全球意识、金融和商业知识、健康与保健，以及技术和多媒体技能。教师可以轻松地分配任何特殊的要求或需求以适应代表团的需要，也可让学生在研究和演示的各个方面都使用这些技术。与文化和社区等其他领域一样，技术进步显著促进了联系的目标领域。威尔奇回忆说。当时制定标准时，因为技术，在世界联系和全球发展的互联性方面，我们可以看到未来的发展趋势。”他认为在所有的标准中，联系将学生带到课堂之外，甚至超出老师的指导：“语言学习变得非常个性化，因此你可以让学生在世界不同地区‘流浪’，让你的学生联系到对他们有意义的话题和兴趣，而不是仅局限于课程范围。”

正如《语言学习的世界标准》所述，学生不会把语言课堂当作“空船”，后者带来的是“周围世界丰富的经验和知识”。因此，威尔奇建议教师要求学生选择他们生活中的五个主要兴趣或主要方面，然后找出自己最喜欢的话题，如说唱音乐、视频游戏、漫画书，以及更多的个人经历，这样就可以在目标文化或语言中建立起自己与材料的联系。为了支持这种方法，威尔奇提到了丹尼尔·品克的作品，后者在论文中讨论了自主学习的重要性。

威尔奇说：“联系能够让学生更自主地支配时间、任务和技术。……这真的可以为学生们开创一个巨大的个性化学习机会……我非常强烈地感觉到这些标准为学生提供了继续成为终身语言用户所需要的东西。只要老师一直告诉学生什么与语言有关（即学习这个词汇表、阅读这段课文），那么假设当老师不在时，学生就不会继续对他或她自己的语言做任何事情。只有当我们鼓励他们为自己建立联系时，我们才能期望学生成为自主学习者。”

曾为其他教育工作者举办过许多研讨会的塔尔伯特说：“我发现，我越能让教师相信语言课程是衔接课程的重中之重，他们在课堂上获得的成功就会越多，这是因为他们如果以更传统的方式教授学科知识，学生可能找不到学习的动机。一个最初可能对语言没有热情的学生通过学校辅导员说服他们选择一种语言，在建立联系后将找到学习的激情。”

### 3.2.5 “比较”标准的新解读

“比较”标准不仅限于传统的比较，在语言能力标准方面还有新解读。

#### 3.2.5.1 在语言教学中融入“比较”元素

“当学生学习另一种语言并参与交际互动时，实际的体验维度让这种理解更加真实，”《21 世纪外语学习标准》提到，“通过努力学习如何用第二种语言表达特殊含义，如何在语言上对其进行编码，以及如何对另一种文化中的礼貌准则更加敏感，学生就能够意识到语言本身的特质。”虽然比较与联系和社区一道，都是目标领域，但是在许多语言课堂上，它并没有得到很好地理解和关注，实际上它是语言教育一个非常重要的领域，并且与其他所有目标密切相关。

“我相信比较标准应该与所有的教学和学习密切相关，”肯塔基州教育部世界语言和国际教育顾问杰奎琳·波特·范侯登(Jacqueline Bott Van Houten)说，“但是我认为自从标准出台以来，这一点已经发生了变化，因为它们帮助我们从注重语法转向关注交流和语言功能。在早期，我认为语言的比较都是被清晰教授，并且基于语法的，因为语言交际在课堂上已经更容易实现了，所以教师试图让学生发现他们不仅仅是一个被教育的对象。”“这个目标领域是一个十分复杂的领域，”亚利桑那大学教授雷娜特·舒尔茨说，“我认为这个问题实际上并没有得到足够的重视，比较非常重要。比较语言和文化可以为语言教育者提供共同的内容，即方法的共同点，这是我们专业难以捉摸的东西，但可能是非常有价值的。”

这两个标准中，第一个标准侧重于“学习新语言中的语言元素对学生检查自己的语言能力的影响，以及对语言结构与运用的影响”。它表明“活动可以被系统地整合到教学中，帮助学生理解语言的作用”。

该文件涉及的第二个标准提到，“随着学生通过语言学习扩展他们的文化知识，他们不断发现与他们自己文化中相似或者不同的视角、实践和产品，形成理解文化系统的能力。”它还指出，虽然“有些学生可以自然而然地进行这些比较，但其他人可以通过学习做到比较”。最后，它表明该标准“通过鼓励将这个过程从最早的学习层次整合到教学中，帮助所有学生集中反思这个过程”。

佐治亚州格威内特县公立学校英语语言学习课程主任伊丽莎白·韦布(Elizabeth Webb)说，“认识到这两个标准并不意味着教育工作者必须是所有语言和文化的专家，这一点很重要。……我认为教师不会深入研究比较标准的一个原因是因为他们担心会出错或比较不准确，我认为他们本希望对事物有一个开放的视角，但想要比较时却总是觉得自己没有足够的知识。”

#### 3.2.5.2 “比较”的内涵

“比较”指开拓语言文化本质，包含以下两大标准：

(1) 学生通过比较所研究的语言和他们自己的语言来证明对语言本质的理解。

(2) 学生通过比较所研究的文化来展示对文化概念的理解。

比较可以联系语言和文化。从最早的语言学习经验来看，学生可以比较和对比两种语言，因为预先设定了不同的元素。大多数教师，特别是在基础教育阶段的教师，都会这样做。明确地向学生指出语言之间的相似性和差异性，如同源词的使用、词序、女性/男性词的结尾、标点符号和大写字母的区别、文章的使用以及其他语法点。

琳恩·甘特(Lynne Gant)在佐治亚州格雷森库奇中学教西班牙语和剑桥大学外语考试(ESOL)课程，她发现必须教会初学语言的学习者一些明确的西班牙语和英语区别，例如向他们解释同源词，因为这些毫无经验的学生不会直观地观察这些关于语言的细节。随后，当他们做一项活动时，学生可以自主发现同类词，进而习得目标语言，并开始熟练掌握。甘特和其他老师也表示，进行语言比较是可以在整个课程中完成的。他们认为语言比较不必是一个独立的课程，但可以是解决课堂上出现的“简单的小事”，并回应学生自己注意到的事情的工具。有时教师可以在几分钟内做到这一点，然后继续为学生反复示范。韦布也同意这一观点，教师通常有必要突出诸如词序或男性/女性代词之类的东西，但她认为考虑如何超越那些明显的比较，以支持更广泛的角度也很重要。她说：“教师可以更全面地比较语言。”例如，如果一个德语班正在学习诗歌，看到歌德的诗歌，那么他们也可能想看看其他诗人(如梭罗或惠特曼)用英语写的诗歌。韦布表示学生可以了解不同文化对语言的影响，比如德国作家试图通过德语的真实声音创造身处森林的感觉，然后教师可以说“让我们听听英语中的词语如何做到类似的事情”。那么我们就可以对不同文化和语言的声音对感觉的影响进行评估。如果学生来自其他文化背景说着其他的语言，教师甚至可以问他们：“你知道你的母语也有类似的诗吗？你可以和你的父母谈一谈吗?”如果学生能够代入某些东西，只要让他们倾听并谈论文本，就可以帮助他们发现由此产生的不同感受，无论是适应还是感受不同文化差异。通过这种方式，当学生探索不同诗歌语言风格背后的观点时，语言比较在逻辑上就与文化比较相关。因此，韦布认为比较语言不仅要比较语言的细节，还要从产品本身的角度来探讨，比如诗歌的风格。

此外，根据韦布的观点，教师们不仅可以比较两种语言/文化，还可以扩大他们比较语言标准的概念。“假设我正在学习法语，英语是我的母语，现在我想比较这两种语言。我们正在使用西方文化概念来比较 A 和 B 两样东西。这很容易被看作是比较‘标准’与‘非标准’或‘主要’与‘次要’，而不是看待同等价值的东西。”

另一种方法是在许多文化甚至许多不同的语言中进行比较。比较不仅仅是二维的，还可以是多维的。这可以包括比较目标语言文化和学生自己的文化，或者可以引入其他语言和文化(可能是学生通过熟悉的背景)来添加这个附加维度。

吉尔伯特·弗斯滕贝格(Gilberte Furstenberg)是马萨诸塞技术研究院文化项目的创始人。他发现，当学生与目标文化中的其他人互动时，语言本身可以成为文化对象。在这些基于网络的互动中，美国学生正在用英语写文化问题，而法国学生则是用法语写作。当我们比较学生关于文化观念的写作方式时，这是完全不同的。美国学生倾向于用“我认为这……”或“我觉得这个……”来表达他们的观点。换句话说，他们以自己为参照点；而法国学生则不倾向于用“我”这个词来表达他们的想法，他们更多地从抽象中表达自己的想法，并将自己置于话语之外。这种语言使用上的差异揭示了更深层次的文化视角。弗斯滕贝格还注意到，她的学生通过与法国学生的互动，采用目标语言写作的能力有了显著提升。通过阅读目标语言其他学生的评论，学生的语言能力得到了极大提升。学生开始模仿法国作家的真实风格，他们的词汇量大大增加。

3.2.5.3 “比较”随文化的进一步发展

进行文化比较不仅可以快速地画出维恩图，还可以通过讨论假日传统来缓解压力。虽然这些可能只是教师在文化教育方面的一小部分工作，但为了避免创造或强化固有观念，教师不能只做表面工作。甘特说：“希望有一个真正深入的课程，让学生了解现有的基本视角。……如果课程过于简短，教师只是在梳理表面上看起来很像文化方面的东西，就会造成刻板印象，无法做到尊重不同的东西，更不能理解为什么它是不同的……为了成功进行比较，教师必须确保学生先看到他们自己的文化视角并确定这一点，如果能让他们这样做，并可以花费足够的时间，那么这对他们的理解确实会有所帮助。”舒尔茨则认为：“事实是，你必须要在家庭文化和家庭语言中有一席之地，我对此感觉非常强烈，因为有些人甚至都不认可他们自己的文化，当你提出一个话题时，他们会提出不同的解释，甚至不同的事实。”人们普遍会有刻板印象，所以如果学生有那样的表现，教师不应该感到惊讶。“你无法避免这些，但你可以让你的学生看到他们在做什么……另外，如果你的观点有足够的支持性数据，那么你可以将泛化作为一种保守的概括，即‘德国人比美国人更倾向于 xyz’，但要注意文化会因年龄、地区、性别和信仰等诸多因素而有所不同，在大多数情况下，我们能够看到多样性而不是依赖刻板印象，利用数据有助于消除许多刻板印象。”

范侯登认为，教师有必要为他们的学生示范对待目标语言和文化的积极方法，从开放的角度来看，积极的态度是倾听学生的意见，总是以宽容、欣赏的语气说话,这样学生们就会开始采取同样的方式进行文化活动。有时一个微妙的方法可以比明确的比较更能帮助防止学生采取负面的、有偏见的方法,例如思考一个论点:“我们在自己的文化中不这样做,所以这种文化肯定是怪异的或错误的”。她提到了肯塔基州路易斯维尔肯塔基乡村学校的一位法国老师让·阿米克(Jean Amick),他已经完成了与目标文化相比较的整个课程。“这个理念是让学生在全世界与说出同样目标语言的人都可以自由交流,”阿米克说(他在中学、高中和大学用这种方法教授法语和西班牙语)。作为初学语言的学生,他们可能没有意识到会有这么多拥有共同语言的人和文化。在阿米克课堂的第一天,学生们在听到“法国”或“西班牙/墨西哥”的时候就会进行头脑风暴,并在纸板上列出一张名单。然后,他要求他们设计一个活页夹封面,以表达他们对这些词的反应和想法。接下来的一天,每个人都必须从一顶帽子中划出一个目标语言国家的名字。“这个国家将成为他们一年中剩余时间里的新的论题,”阿米克说。每个学生将成为他们所在国家的课堂专家,并且每次在课堂上讨论一个主题时(例如我们住的地方、国家和数据、天气、时区、学生生活、体育、住房、假期的数字、音乐),学生必须说出这些与他们所选择的国家之间有什么样的关系。结尾有两个关键问题:“今天我的目标语言国家发生了什么事情? 现在世界对我来说是什么样的?”根据范侯登的说法,肯塔基州教育部对阿米克的方法印象深刻,他们已经将其作为官方网站上的示范课程。一年中,学生以对他们所选择国家的情感态度培养了一个特定的人格,而且他们在课堂上不断地将他们自己的国家与其他国家进行比较,培养一种全球化视角。

3.2.5.4 协作与批判性思维

“这些标准并非旨在定义绝对知识,或是提供确切日期;这不是我们试图获得的知识类型,我们试图对不同的文化观点和不同的事物有一个非常严谨的理解,”韦布说,“如果我们通过利用其他人对语言和文化的了解以及我们自己的理解来解决这个问题,可能会更愿意进行探索。”

教育工作者可能会从与其他同事的合作中受益,以更好地进行语言和文化之间的比较。与学校或部门的其他人一起就特殊项目开展工作,可让教师更多地了解他们的专业知识,并可相互分享自己的专业知识。或者,教师可以考虑将他们的课程结合起来,让学生分享自己对一种目标语言/文化的了解,并与那些研究过不同语言/文化的人分享。另外,还可以让教师更好地了解哪些文化更倾向于个人主义,哪些文化更倾向于社区,或者了解面向产品的文化和面向过程的文化。如果我们努力更好地理解这种差异,而不是专注于表面,那么学生和我们自身都可以取得长足的进步。

舒尔茨说："比较的方法——特别是让学生进行研究，并假设自己的差异——可以形成我们鼓励的批判性思维。无论学生是否长期学习语言，他们都通过比较获得了有关自己和他人的文化知识，从而有助于塑造他们对世界的看法。"韦布对此表示赞同，他认为比较具有很多现实世界的价值，无疑有助于提高学生的学习和职业准备能力。当他们走出教室进入更广阔的世界时，他们很可能走进了工作场所，或至少是与他们的家庭、学校一样多样化，甚至可能更加多样化的大学校园。如果我们可以思考，接受探索，并发展学生的技能，理解和友好地接受目标语的语言和文化，那么学生到国际合作组织中工作时的职业定位就会更加清晰。

### 3.2.6 "社区"标准的新解读

#### 3.2.6.1 在语言教学中融入"社区"元素

2010 年在波士顿举行的美国外语教学委员会年会上有 7 100 多位语言教育者聚集在一起，他们中的许多人出席了全体会议，会上语言专家讨论了语言教育界的一个重要话题："'失落的 C'：社区目标区域"。许多教师认为社区是教学中最具挑战性的领域之一，并且在语言课程和教师教育方面受到的关注往往最少。标准影响调查包括 2 100 多份问卷调查结果以及以 5C 标准为重点的综合文献回顾，这指出与其他人相比，教师更有可能忽略这一目标领域。

社区经常被称为"失落的 C"，2011 年 10 月发布的《对外语言标准的十年：影响和未来方向》报告指出："文献表明，社区在标准教学中存在难度，而且在学习基本语言之后可以考虑将其作为应用任务。"菲利普斯和韦伯州立大学的埃梅里塔教授共同指导调查，他们指出："我们发现一些教师将社区目标区域解释为需要他们将学生带到当地社区或国外，他们发现这个目标区域变得模糊不清，不受控制，而且不能评估。"这个消息对语言教育界而言是不利的，不仅因为 5 个目标领域和 11 个标准彼此是完全整合的，还因为参与目标语言和目标文化社区活动几乎是所有语言学习者的终极目标。密尔沃基地区技术学院西班牙语和教师教育指导教师巴勃罗·缪尔海德(Pablo Muirhead)说："教师们常常把交流作为标准中最重要的领域。"肯塔基州托马斯堡高地高中的德语教师琳达·津斯·亚当斯(Linda Zins Adams)认为，这是一个至关重要但又被忽视了的语言教育领域。"一般来说，如果你是一名语言老师，就处在接触交流、联系和比较之中，而文化和社区却没有得到足够的关注。我们必须接触目标语言社区，这是 21 世纪教师的一份职责。让我们的学生有机会在课堂外使用这种课上学习的至关重要”。

根据《语言学习的世界标准》，社区结合了来自其他各个目标领域的要素：这个目标中的标准不仅取决于语言的运用，还取决于运用知识视角、产品和实践文化的能力、联系其他学科领域的能力以及发展对自己的语言和文化的洞察力。社区目标包括两个标准：第一个强调应用性学习，并将重点放在语言上，将其作为与语言使用者在学校、社区和国外进行交流的工具；第二个侧重于个人提升，并将语言看作信息交流和人际关系的一个途径。

3.2.6.2 “社区”的内涵

“社区”指国内和世界各地的多语种社区，包含两大标准：

(1) 学生在校内和校外使用该语言。

(2) 学生通过使用该语言进行个人享受和提升，显示其成为终身学习者的证据。

将重点放在课堂上实施的所有标准，(包括每个标准)，社区将会成为一个挑战，我们需要把所有标准都包括在内，其中就包括标准(2)显示其成为“终身学习者的证据”。社区标准可以通过学校内外的许多活动来实现，包括出国旅行和留学；服务学习项目；与母语人士的正式和非正式互动；参观餐馆、民族节日活动，或者参观讲述目标语言或庆祝目标文化的地方；阅读书籍和期刊，或听目标语言的音乐；参与目标文化的运动或比赛等。学生学习第二语言的最终目的还是为了在自然语境中使用该语言。社区是工作的重点，文化和交流可在社区中发挥积极作用，联系和比较有助于增强语言学习的深度和广度。

缪尔海德认为，教师可能会忽视这一标准，因为他们认为自己的工作只是给学生使用该语言的“机械和工具”：“我们中的许多人都错误地认为，给学生提供社区经验并不是我们的工作，但语言学习不能在孤立地课堂上进行，语言和文化是活的，是不断发展变化的。”“社区”被认为是‘失落的 C’，部分原因是有一些障碍，纽约道尔顿学校世界和古典语言与全球语言行动中心主任洛里·郎格·德拉米雷斯(Lori Langer De Ramirez)观察后说：“很显然，老师们有许多事情要做，如果解决社区问题不顺利，那么他们很可能说‘我无法做到’。”

出国旅行通常是一种非常令人愉快和有意义的语言学习方式，符合社区标准中的一个或两个标准。《语言学习的世界标准》中写道：“有些学生可能有机会前往广泛使用该语言的社区和国家，并通过这些经验进一步发展他们的语言技能，提高对文化的理解。”德拉米雷斯认为，当旅游不只是为了到达旅游观光点时，它是最有成效的："在我现在和以前的学校(位于纽约州赫里克)，我们都推出了有服务项目的旅游，这是一种真正的语言之旅，学生可以亲自接触该国的语言。”她提到道尔顿学校一位中国老师最近在暑假期间带着她的学生去了北京，花了很多时间在当地的小学教学，并与当地的学生互动。不过，德拉米雷斯也指出，这时没有必要特地去找一个社区。

“我知道教师，尤其是初级教师会将这个目标视为一个挑战，他们一看到‘世界各地的多语言社区’这一词时，就会想：我们无法将学生带到国外，那么我们该怎样实现这一目标呢？因此与自己周边的社区建立联系是十分重要的，但是教师有时可能会忘记这一点，”德拉米雷斯说，“在纽约市，我们非常幸运地可以参加实地考察，并考察到几乎每一个语言社区，中国学生可以访问唐人街，我们也已经把法国学生带到了哈莱姆的塞内加尔社区。当这些活动不仅仅是教室外的一日旅行时，学生们的收获才最大。而当它们成为一个服务项目时，学生才有可能去使用语言，深入探索当地的文化。”

一些教师为学生提供想法，甚至创造特定的机会让学生参加当地语言社区活动以获取额外学分，或者在每学期的目标语言中加入一定数量的课外互动作为课程的一部分。其他教师可能只会向学生提供几种选择，并让他们去追求自己觉得最有趣的东西。“通常学生必须完成社区服务时间才能毕业，并且这可能是寻找志愿者活动的绝佳机会，在那他们可以使用自己的语言技能，”日语教师兼威斯康星州默纳沙联合学区 K－5 世界语言协调员琳恩·塞斯勒(Lynn Sessler)说。她建议教师不仅可以在课堂上，还可以通过班级网站、维基网络或通讯介绍服务学习的机会。“如果你可以为这种沟通方式设置一种工具，并让他们知道想法可通过工具获得，那么学生可以考虑这些想法。提供这些机会是我们工作的一部分，所有学生都会利用它吗？答案可能不是，但你永远不知道谁会，”塞斯勒说，“教师可以自行决定是否让这些活动成为可选课程或必修课程的一部分。”当学生向德拉米雷斯报告说自己在社区与母语人士进行了交流互动，她就会给予学生额外的学分奖励。缪尔海德要求他的学生选择每学期完成五项社区活动，包括辅导移民英语、参加萨尔萨舞课程、参与拉丁裔相关事务的活动——这些活动很大程度上与他们的总体成绩息息相关。他和他的学生使用 MiVoz.com 网站，该网站列出了密尔沃基和芝加哥地区西班牙语社区的服务学习机会。缪尔海德认为其他城市可能也有非常相似的在线资源。

与目标语言社区联系并不总是意味着学生要脱离学校。亚当斯指出，有时候社区与学习者的联系，就像她今年初秋在德国贝尔诺的姐妹学校接待交换学生一样。这19名学生参加了课程，在高中进行了演讲，并参观了小学和中学。“交换生到了以后，我们让他们参加我们的课程，突出介绍我们城镇之外的世界，”她说，“如果我们的学生有机会参与这种互动，我们希望能利用这个机会并做一些不同的事情。”亚当斯要求德国游客为她的课程准备6个进阶课程主题（如美容和神秘学、全球挑战、家庭和社区等）。“这些讨论在德国的高层中是完全可以进行的，之后还包括问答环节，学生们还从家乡带来了物品与我们分享，”她说。

尽管可以通过出国旅行或自愿参与当地社区活动来满足社区标准，但当学生从目标文化中发现并欣赏音乐或艺术时，它也可能变得很简单。塞斯勒说，教师可以帮助他们的学生鉴赏音乐艺术，这将有助于他们开始“使用语言实现个人的享受和提升”。“你可以从他们的兴趣开始，并以此为基础建立联系，”她说。例如，她的许多年轻学生都是口袋妖怪角色的粉丝，所以她将其与日本流行文化联系起来，让学生从事语言学习。其他教师可能会寻找西班牙流行音乐或德国嘻哈音乐，以便让学生接触不同的音乐风格和艺术家。她告诫教师不要仅考虑自己的兴趣，要更多地考虑对学生有吸引力的内容。“这可能与吸引你学习目标语言和文化的内容完全不同，但同样有效，”缪尔海德回忆说。她曾经鼓励一名学生去墨西哥留学，但是因为他不想放弃自己的滑板，便拒绝了这个建议，穆尔海德继续鼓励道：“我告诉他可以把滑板带出去，在那里的滑板社区结交新朋友，与同伴用目标语言交流，并以这种方式融入当地文化。”

社区标准根本没有教师想象得那样困难。有时候人们认为，追求这些标准一定要进行一个巨大的长期服务项目，让学生走出课堂进入社区。但是，教育者可以通过很多不同的方式将社区纳入他们的语言课程。“这可能就像对西班牙语学生说的那样简单：‘你的社区中有一些餐厅，里面的人会说目标语言，你去那里听，然后告诉我你的经历。’有时候他们首先需要明白，社区中使用的语言确实存在，”塞斯勒说。除了较大的社区之外，亚当斯让她的学生在学校社区互动。例如，在德国十月的国庆节期间，她的学生四处走访其他教师，问他们这样的问题：“你学过德语了吗？你有德国人的祖先吗？”，然后选择一位教师，称其为“德语之友”。谈到社区时，亚当斯说，“最主要的是让学生摆脱他们的舒适区，无论什么时候，都可以让他们用社区中的语言做一些事情，一旦他们这样做了，他们就会喜欢上语言并逐渐掌握语言之外的其他技能，比如领导力和技术技能。”

3.2.6.3 “社区”与技术

在1996年国家标准首次出台时，有人预测技术将对5C标准特别是社区标准的实施产生重大影响。其中，学生会通过信件、电子邮件、音频和录像带在个人层面上与语言使用者进行交流。特雷维诺说，她的学区大约12年前设置了多媒体语言实验室，并且使用计算机“为教师提供了课外教学的机会”。到了2012年，又出现了一些新的工具——Skype、博客、播客、Voice Thread、Facebook、Twitter、维基百科，以及无数其他促进互动和交流的Web 2.0工具。德拉米雷斯说：“教师们真的不能抱怨让孩子们到校外去联系社区是件麻烦事了，因为互联网口语提供了很多令人难以置信的机会，而几年前我们是没有这样的条件的。”今天许多教师发现，将学生联系到其他社区的最简单和最有效的方式就是采用Skype等电子工具，这种软件应用程序允许用户通过互联网进行语音通话（包括视频通话）。原来只能到社区中进行的事情如今通过虚拟渠道就可以实现。

缪尔海德提供了一个例子，向我们展示了像Skype这样的技术如何让学生更加直接、真实地接触到其他社区和文化：“几年前，我们班级通过Skype同智利圣地亚哥的一个朋友进行了视频通话，通话开始不久，那里就发生了大地震。当我们和他谈话时，他开始大喊他必须离开，因为他们经历了严重的余震，”他说。学生们对这些戏剧性事件非常关心，并且非常投入，他们问老师：“这是真的吗？”然后，课上缪尔海德就访问了朋友的Facebook和Twitter账号，发现他发布了余震的动态，他正试图寻找避难所和家人。“这一切都是用目标语言完成的，”他指出，“它使语言变得鲜活，我们没有离开教室，只需要互联网就可以联系社区。”

亚当斯与学生用Facebook等社交媒体保持联系，她现在的学生看到她用德语在线与其他人互动。“我试图让学生们与尽可能多的人用德语交流，我也是这样做的，因为他们看到我用德语与很多不同的人联系，”亚当斯说道。她以前的学生经常分享他们的语言技能在职业生涯中的作用：“它可以帮助我的学生看到这门语言学习的未来，即当他们离开这个社区时将会去哪些大型社区，如何使用德语以及在我的课上学过的其他技能。”

缪尔海德了解用Skype进行实时联络的好处。但她指出，当美国学生与目标语言社区的学生之间存在显著时差时（比如与中国有12小时的时差），许多其他简单的在线工具（如维基百科、博客和播客）也可实现异步通信。“有了博客或维基百科这样的东西，”她说，“你现在可以发布一个即时的动态，然后你的合作学校的学生可以对此作出回应，这样当你的孩子第二天上课时，他们就会很高兴能够找到答案。”相比几年前，如今协作性工作已经发生了巨大的变化。例如，提到维基百科时，她说：“你的学生可以合作撰写一篇文章，选择一个主题并开始添加他们的想法，合作学校的学生可以稍后检查并进行编辑，然后你的学生可以回头看看他们做了什么编辑并继续写下去。这些工具有巨大的使用潜力，事实上，这正是成人工作世界现在正在做的事情——在线协作，所以这不仅仅是语言的实践和社区标准，更是21世纪学生需要的真实世界的工作技能。”

德拉米雷斯指出，在使用网络工具的诸多优点中，有一个是你可以让教师之外的人当你的读者。“当你发布信息到网上时，你不仅有教师和同学做你的读者，还有学校其他的学生、你的父母都可以做你的读者，这对提升语言能力，支持你的项目非常重要——如果你愿意的话，你可以拥有全球的观众。”正是在这一点上，许多教师和管理人员担心网络安全问题。德拉米雷斯也承认这一点，并表示每所学校都必须确定他们感到舒适的访问级别。如果你有一个完整的开放页面，那么全世界的人都可以查看你发布的内容，这可能是件好事。她举了一个高中西班牙语老师的例子，这位老师让学生写诗并展示在开放的网站上。有一天，一位秘鲁的诗人对学生的诗发表了评论“继续努力吧，你有很多潜力”等。此后，受到鼓舞的学生开始不断地写诗。

德拉米雷斯承认，评论者可能轻易地说不友善或不恰当的话，但尽管有那种可能，她多年来仍在使用博客，并且很少遇到问题。“我们不会在网上提供很多关于我们孩子的个人信息，原因很明显，”她说，“但是，每个人都会对如何访问全球社区感到满意，在某些方面，网络上可以隐藏信息，还可以指导朋友和同事查看网页并为学生提供一些评论。”

尽管今天的技术令人惊叹，并且仍在以指数级的速度增长，但考虑正在尝试交流的内容以及关注自己的行为方式更为重要。一些发现Skype等类似工具的老师可能会陷入与其他班级或团体的介绍性谈话模式或简单的聊天模式，但从未超越这个话语级别。正如前面提到的，一种将过去的事情转移到更加实质性事情的方法是开始一个合作项目。学生可以选择一个问题并共同制定计划或建议来解决问题。这些问题可以是世界上不同地区的社区都可能涉及的实际问题，例如水资源问题，或未来没有足够的水资源的问题。它甚至可以是成对的孩子——其中一个来自这里，另一个来自合作学校——然后他们可以通过Skype共同呈现他们的想法。

塞斯勒喜欢和她的学生一起使用免费的E-Pals全球社区网站，她说虽然它提供了很多不同的机会，但自己只是使用了一小部分。去年，她所在的威斯康星州初级日语学习班与日本的三年级学生联系，他们一起在一个非营利动物保护协会的网站上"认养"了一条虎鲸。学生将虎鲸命名为鲸鱼，在线追踪其迁徙轨迹，并研究和讨论鲸鱼吃什么和其他类似的话题。"你可以和另一个班级建立长期关系，或者只是找人参加快速调查或项目，"塞斯勒说。"这可以让学生谈论过去，特别是当孩子们有足够的语言表达能力时。"塞斯勒重点介绍了另一个在线项目"跨文化课堂连接"，它将来自威斯康星大学麦迪逊分校的学生与正在海外留学的学生在麦迪逊地区的K－8教室中联系在一起。这种网络笔友关系对于大学生来说是一项学分课程，他们需要通过博客联系目标语国家的文化以及自己的经历印象。

3.2.6.4 "社区"与评估

"当我和老师讨论社区问题时，我认为他们最大的恐慌在于认为自己无法评估它，因为无法评估，也就不需要这样做了。"塞斯勒说。德拉米雷斯也认为社区的评估是一个挑战。"人们对终身学习有种不安感，比如如何评估这种情况？我认为，当教师开始这样说的时候，就不能确定如何评估，我不知道该怎么做或如何鼓励这种终身学习。"缪尔海德说。事实上，他的确评估了社区标准，"这是我学生在一个学期的评分中相当高的一部分。"在他的学生参加了五次社区活动后，他们写了一篇论文，反映他们通过这些经历获得的文化成长。"这与我们在课堂上学习的跨文化能力紧密相连，"他说，"因此，学生们在写反思文章时有这样一种交际模式。我不是评估他们在这种情况下的语言能力，而是他们在社区中的文化成长。让他们给我一个对自己所做事情的总结，反思并看看他们获得的一些文化视角。"

塞斯勒建议使用记录档案，即某种形式的自我评价。这可以帮助学生看到他们如何在课堂以外使用该语言，并帮助教师更好地衡量学生在这些标准中的进步。她说："这不必作为额外的学分，但必须要有价值。大学更看重你在高中生涯中做了什么。"塞斯勒还指出，让学生更多地进入社区的一个好处是，这可以成为提倡语言课程的一种方式。"这对你的计划有推广作用，让孩子成为你的倡导者，家长可以看看孩子们能用语言做什么。"让学生收集他人的想法和观点的信息，找出问题并共同合作，以小组形式解决问题，这是语言学习者之间建立社区的一种方式。"当你的教室里发生什么事情时，你必须公布它，"她建议道，"把项目放在那里让其他人看到，让学生离开座位，不断地拍摄他们积极参与社区活动、志愿服务等的视频。"

根据《语言学习的世界标准》所述："当学生们看到自己所学技能能够用得

上时，他们再学习第二种语言时就会非常有动力。”社区标准提供了这种证据，并且可以激励学生继续在课堂内外学习和练习语言。由于语言教育者致力于将这一目标领域融入他们的教学中，因此他们可帮助学生发现身边以及全球各地的多语言社区，使其运用自己学习的语言和文化打开新的世界。

# 第4章 NCSSFL－ACTFL 全球语言能力“能做”绩效指标体系的研究

本章将围绕 NCSSFL－ACTFL 全球语言能力“能做”绩效指标体系的内容、理论框架、应用及优势方面展开论述。

## 4.1 NCSSFL－ACTFL 全球语言能力“能做”绩效指标体系概述

本节笔者将对 NCSSFL－ACTFL 全球语言能力“能做”绩效指标体系的基本信息、创立和发展作一概述。

### 4.1.1 基本信息

NCSSFL－ACTFL 全球语言能力“能做”绩效指标体系[NCSSFL－ACTFL Global Can-Do Statements: Performance Indicators for Language Learners (2013 年第一版，2015 年第二版，2017 年第三版)，以下简称“能做”指标体系]是一种自我评价工具，语言学习者可以用其评估自己在人际交往中有关解释型和展示型交流模式的能力。

2017 年版 NCSSFL－ACTFL“能做”指标体系，是美国外语督学协会(National Council of State Supervisors of Foreign Languages，简称 NCSSFL)和美国外语教学委员会合作的成果，其内容主要包括：① 语言学习者须识别和设定学习目标，并绘制语言和跨文化熟练度的进展情况；② 教育者须为课程、单元和教案编写交际学习目标；③ 利益相关方须明确不同阶段的学习者如何进行交流。

NCSSFL－ACTFL“能做”指标体系是依据《语言学习的世界标准》中提出

的三种交流模式来制定的，分别是：① 解释型交流模式：学习者能够听懂、读懂，学会解释和分析，并能够表达自己的见解；② 交际型交流模式：学习者在口头、手势或书面交谈中互动和谈判意义，能够分享信息，能够表达感受和意见；③ 展示型交流模式：学习者能够通过选择恰当的媒介和根据面对的不同受众（听众、读者或是批评家）来展现信息、解释概念和表述观点想法，最终达到让观众知晓信息，理解概念和被劝服的目的。

NCSSFL - ACTFL“能做”指标体系与 2012 年版《ACTFL 外语能力指导方针》和《语言绩效描述语量表》相一致，后者反映了初级到杰出等级的连续性，并为不同能力的考核提供了普遍评判准则。这种国家和国际认可的能力量表使得学生和老师可以有效监督学习过程并进行记录。NCSSFL - ACTFL“能做”指标体系反映的是沟通技巧的不断提升，即从初级经过中级、高级、超高级到卓越。

《语言学习的世界标准》的前身《21 世纪语言学习国家标准》确定了五个交流模式，分别为：交际型（双向）交流；展示型口语（口语产出）；展示型写作（写作产出）；解释型听力以及解释型阅读。从个人角度来说，语言学习者是为了掌握另一种语言的功能型能力，而“能做”指标体系为其提供了两个学习方向：对于考核本身，“能做”指标体系为教学和课程的目标设定提供了展示型指标；对于语言学习者来说，通过分步提升型的考核安排，“能做”指标体系可以有效监督学术的进步。学生和老师也可以将“能做”指标体系作为整个反思型学习过程的一部分：① 设立目标；② 选择战略；③ 自我考核；④ 提供证据；⑤ 在设立新目标之前进行反思。

“能做”指标体系的修订工作耗时一年时间，由俄亥俄州的教育主管凯西・谢尔顿（Kathy Shelton）和弗吉尼亚州的教育主管丽莎・哈里斯（Lisa Harris）以及美国外语教学委员会教育总监保罗・桑德洛克（Paul Sandrock）领导的一个写作团队完成。每修订完一遍，就会有 470 多名专业人员通过在线调查和焦点小组提供反馈意见。

新的跨文化交际“能做”描述语指标（Can-Do Statements for Intercultural Communication）是由 2016—2017 年特别工作组制定的。

### 4.1.2　创立和发展

2003 年，为了了解新的欧洲语言实践活动，推动语言教育政策发展，美国外语督学协会成员参加了歌德学院主办的信息交流游学项目，其中包括会见德国欧洲理事会（the Council of Europe in Germany）成员。美国外语督学协会成员不仅了解了《欧框》（欧洲委员会，2001），也了解了《欧洲语言档案》（European

Language Portfolio，简称 ELP)内“能做”描述语在不同语言学习和发展阶段的作用。全球与语言相关的项目都想被纳入《欧洲语言档案》，因为他们看重这种自我考核工具在美国的语言教学和学习中的巨大潜力和影响力（Van Houten，2004，2007）。美国外语督学协会努力发展美国版《语言档案》（LinguaFolio USA)，先在几个州进行试点，包括肯塔基州、内布拉斯加州、弗吉尼亚州、印第安纳州、北卡罗来纳州，南卡罗来纳州和其他一些州。美国研发并采用了与中小学和高等教育相关的《语言档案》版本和几个线上版本。“能做”指标体系中所有《语言档案》版本与《ACTFL 外语能力指导方针》一致，旨在考核学生的语言能力(ACTFL，1998)，即记录学生在教学和现实中使用外语的情况。2010 年，为了进一步考核学生在课余的语言运用能力，美国外语督学协会与美国外语教学委员会合作，令《语言档案》（NCSSFL，n.d.）与《ACTFL 外语能力指导方针》契合(1986，1999，2001)，来考核学生在自发性语境和陌生语境中对能力的掌握情况。通过《语言档案》与《ACTFL 外语能力指导方针》的整合，“能做”指标体系的考核重点从语言表现能力转移到语言应用能力，无论任何地点、时间或途径，学生都可以在真实情境下使用语言。2012 年，在通盘了解《ACTFL 外语能力指导方针》和《语言绩效描述语量表》使用情况的基础上，美国外语督学协会与美国外语教学委员会一方面对“能做”指标体系作了修改，以便使其更紧密地与新指导方针相契合，将其归入《语言学习的世界标准》，即原来的《21 世纪外语学习标准》(NSFLEP，2006)，另一方面，它们加强了“课堂活动和各级标准之间及终生学习能力产出之间的联系”(ACTFL，2013a：3 页)。因此，目前的“能做”指标体系反映了语言学习从初级能力等级到杰出能力等级的连续性，为不同交流模式下的语言能力考核提供了全球性普遍参考标准，这给国家或国际量表的“让学生规划自己的进度和导师记录学生的成长”提供了途径。

NCSSFL - ACTFL“能做”指标体系是美国外语督学委员会和美国外语教学委员会双方共同努力的产物。这两个国家组织的配合为语言教学和学术界传达了更加统一的考核定位。“能做”描述语将课堂活动、阶段性目标、国家标准和学生的终身学习无缝衔接起来。

## 4.2 NCSSFL - ACTFL 全球语言能力“能做”绩效指标体系的基本内容

NCSSFL - ACTFL“能做”指标体系描述了“跨文化交际”和“学习者反思工

具”这两个方面，为学习者如何使用目标语和文化知识来展现自身的跨文化交际能力(Intercultural Communicative Competence，简称 ICC)提供了很多例证和模拟场景。正如 NCSSFL - ACTFL“能做”指标体系重新厘清世界通用标准中的交流标准一样，这个工具正是致力于厘清和支持文化标准(使用语言来调查、解释和反思文化实践活动或文化产品与文化视角之间的关系)，并引导学习者发展跨文化交际能力。跨文化交际能力指的是能够与其他语言和文化背景的人进行有效交流的能力。它的发展是围绕语言和文化进行有意识的目标设定和自我反思过程的结果，同时涉及对自己和其他文化态度的转变。跨文化交际能力对于建立跨文化间有效、积极的关系是至关重要的，也是当今全球化社会所要求的能力。

### 4.2.1　跨文化交际“能做”描述语指标

本小节主要围绕跨文化描述语“能做”描述语指标的目标、内容及其在相关体系的应用展开论述。

#### 4.2.1.1　目标和描述

跨文化交际“能做”描述语指标的目标是培养学习者的文化能力和理解力。其依据的标准有两条：第一，学习者用语言来调查、解释和反思文化实践活动与文化研究视角间的关系。第二，学习者用语言调查、解释和反思文化产品与文化研究视角间的关系。

跨文化交际“能做”描述语指标包括三点：① 提供例子。关于学习者如何通过他们正在学习的语言，来发展和展现他们的跨文化交际能力。人们能够充分理解和参与文化的程度与语言水平有关。② 适用于多种学习和生活环境，如小学、沉浸式课堂、高中或大学课程、独立学习、出国留学或工作场所等。③ 作为框架而不是一门课程，将目标语言的使用和跨文化能力融入教学中，明确语言与文化之间不可分割的联系。

#### 4.2.1.2　跨文化交际能力在该指标体系中的诠释

跨文化交际是一个复合的活动，结合了跨文化的知识和语言技能。跨文化交际活动是需要对所交流的内容进行理解和回应的活动，并且是在特定的情境使用恰当的文化语言和采取适当的文化行为。就本文而言，跨文化交际这一术语仅指利用合适的文化语言和非语言技能与有着不同文化背景的人建立关系。

拜勒姆(Byram，1997，2002)、贝内特(J. M. Bennett，2003)、迪尔多夫(Deardorff，2006)和范特尼(Fantini，2006)等研究人员一致认为，发展跨文化

交际能力是一个复杂的非线性过程，需要长期积累，包括文化知识、文化实践和在切实的文化情景中的社会体验。一个恰当的比喻就像是一幅马赛克画，其整体就是由一个个小而独特的方块组成的。每种跨文化体验都为解释、发现、互动和反思提供了机会，从而激发学习者的好奇心，并引导他们认识自我和他人。

由于跨文化的发展涉及情感领域的元素，因此教育者对学习者的进步进行评估是种挑战，有时甚至是不能进行评估的。然而，教育者可以评估学习者在语言使用时是如何体现跨文化能力的，因为人们能够充分理解和参与文化的程度与语言水平有关。NCSSFL－ACTFL 跨文化交际"能做"描述语指标提出了一些允许和支持跨文化交流的例子，它显示了语言能力与文化能力之间的交叉，但二者并不总是同步的。有的人可能拥有较强的文化能力，但语言水平却较低（如图 4－1 所示）。有的人则可能表现出高水平的语言能力，但文化能力却较低（如图 4－2 所示）。

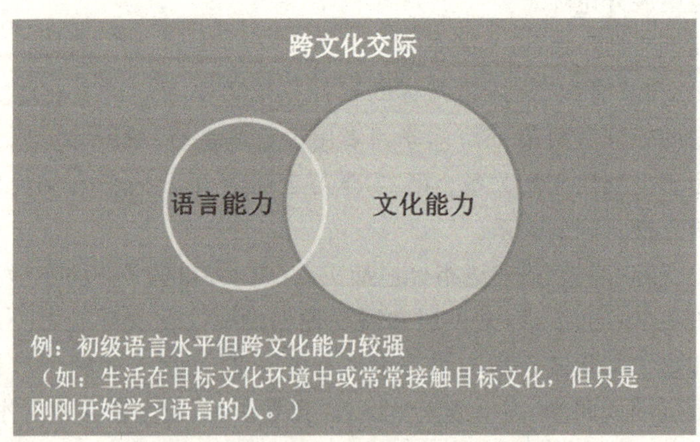


**图 4－1　文化能力与语言能力的关系 1**

NCSSFL－ACTFL 跨文化交际"能做"描述语指标侧重于学习者通过口头和非口头交流来展示自身的跨文化能力的水平。跨文化"能做"描述语与语言能力描述是保持一致的，以确保与《ACTFL 外语能力指导方针》的一致性。这些描述目的是描述出在各种交流模式中，从初级水平跨越到卓越水平过程中的语言能力。

### 4.2.2　学习者反思的工具

学习者往往被视为评估主体，而不是评估的使用者。要成为评估的主要

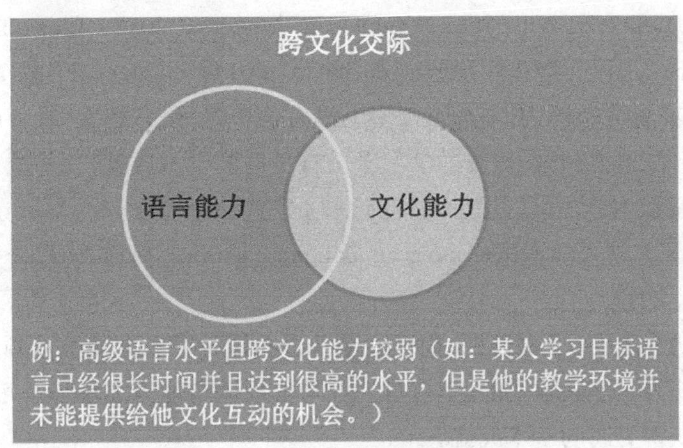


图 4 - 2 文化能力与语言能力的关系 2

使用者，学习者必须使所学的东西成为自己的一部分。让学习者参与自己学习过程的一个重要手段是让他们参与目标设定过程，以此监控自己的进度，并确定完成学习目标的程度。在教学中，学习目标是激励学生的基石，学生可以自我定位，自我激励。“动机是学习的关键，因为没有足够的动机，即使最强的学习者也不可能坚持很久，久到足以完全掌握一门语言”（Dörnyei, 2010: 74）。了解学习动机对于促进学习者的自主性是至关重要的，学习者的自主性也是学生自主进行课外学习的关键。

学习目标以“能做”描述语的形式展现，其为设定学习目标提供了一个重要参照。它可以帮助语言学习者建立积极的短期和长期学习目标，实现自我学习并监督自己的学习。SMART① 目标，如“能做”描述语，为学习者的语言学习提供了明确的方向，帮助他们实现这些目标。这种建构主义或社会文化的世界观将学习视为一个持续的过程，学习者会不断地参与自我评价和自我反省，最终发展自我调节能力和自我效能。

对学习者的影响及“能做”描述语的成果，已被如实地记录在了《语言档案》中，并被大量应用到了对其前身——《欧洲语言档案》调查研究中。《语言档案》旨在帮助语言教育者培养学习者自主学习和自我激励的能力。在课堂上进行的研究表明，《语言档案》和《欧洲语言档案》的核心目标是促进自主学习、提高语言和学习成绩、增强动机、提升任务价值，以及定期且经常在实施过后进行自我反思。（Little, 2003; Little, 2009; Little, Goullier & Hughes, 2011;

① SMART 是 specific（具体性）、measurable（显著性）、achievable（可实现性）、realistic（现实性）、time-bound（时限性）几个特性的简称。

Moeller，Theiler & Wu，2012；Ziegler & Moeller，2012；Ciesielkiewicz & Coca，2013；Clarke，2013；Burton & Swain，2014；Ziegler，2014；Moeller & Yu，2015）在世界范围内，与语言课堂上没有经历过《语言档案》教育的学习者相比，经历过《语言档案》教育的学习者会有更高的学术成就，这些成就是由数学、科学、阅读和英语这几门科目的平均分数（Grade-Point Average，简称GPA）和美国大学入学考试（American College Testing，简称ACT）分数来衡量的（Clarke，2013）。

这些研究表明，设定目标、记录进度和自我评价对于发展学习者自主性和自我调节能力是至关重要的，学习自主性与自我调节能力能增加学习动机，有助于学生获得更高的学术成就。

当学生可以更多地参与到自己的学习过程中，他们能从本质上变得更加主动。调查显示，语言学习者设定目标的能力会随着动机、成绩和能力的发展而发展（Moeller，2012）。

NCSSFL - ACTFL"能做"指标体系是2009年版《语言档案》自评清单[①]的版本之一，学生可以单独使用，也可以作为《语言档案》的摘要的一部分。

"能做"描述语为不同能力水平等级量表制定了语言学习任务。它包括了不同语言能力考核，使得学生可以对不同语言能力进行等级评测。并且"能做"描述语中的许多术语都与《ACTFL外语能力指导方针》[②]一致，例如，在高级低等的人际交往考核中，学生可以学到关于人物、地点和事件的口头表述方法及细节表达。同样，在优秀等级，学生能通过设立论点和假设提出论据，就意味着他们达到了讨论复杂问题的水平。

### 4.2.3 "能做"标准检查程序

此外，"能做"指标体系还有配套的"能做"标准检查程序（NCSSFL - ACTFL Global Can-do Benchmarks），后者为学习语言的学生提供了总体目标，并体现在不同等级中。为了适应课程内容，"能做"指标被进一步划分为进度指标（progress indicators）、样本学习目标（sample learning targets）和个性化目标（personalized targets）。

参见下表，详见附录。

---

① 《语言档案》自评清单的内容详见：http://www.ncss .org/LinguaFolio/index.php? linguafolio_index.

② ACTFL外语能力指导方针术语表的内容详见：ACTFL Proficiency Guidelines 2012 — Glossary. http://act pro ciencyguidelines2012.org/glossary.

表 4－1　NCSSFL－ACTFL“能做”标准检查程序框架

| | 初级低等 | 初级中等 | 初级高等 | 中级低等 | 中级低等 | 中级高等 | 高级低等 | 高级中等 | 高级高等 | 优秀级 | 杰出级 |
|---|---|---|---|---|---|---|---|---|---|---|---|
| 交际型交流 | | | | | | | | | | | |
| 展示型口语 | | | | | | | | | | | |
| 展示型写作 | | | | | | | | | | | |
| 解释型听力 | | | | | | | | | | | |
| 解释型阅读 | | | | | | | | | | | |

## 4.3　NCSSFL－ACTFL 全球语言能力“能做”绩效指标体系的理论框架

根据应用语言学和教育心理学的研究，设立目标(goal setting)是语言教学中促进学生自主性的重要方法之一(Locke, Shaw, Saari, Latham, 1981; Yang, 1998)，“能做”指标体系便应运而生，该体系通过设立有效的短期目标和长期目标，监控学习进程保证目标达成，使学生形成自主学习习惯。这种教学方法反映了一种社会文化或建构主义①，强调学生通过反思分析自身经验来建构自己对世界的理解(Kelly, 1970)。该理论将学习看作是一个主动过程，知识来源于学生的个人经验。具体而言，建构主义就是鼓励学生积极参与到学习中去，顺利完成学习目标，考核学习成绩，积累学习经验，并了解自身与其他同学的差距，以进一步提高学习效率的理论。教师作为传授者，要创造良好的学习环境和有趣的学习活动，使学生积极参与教师精心安排的学习考核，确保他们能够实现学习目标。因此，建构主义的学习观以哲学理论为基础、学生为中心，这与“能做”指标体系相一致(Barraket, 2005)。维果斯基的社会文化理论(Sociocultural Theory)中关于最近发展区(Zone of Proximal Development，简称 ZPD)的概念为建构主义提供了理论框架。最近发展区指的是学生(新手)由成绩优秀的同伴或教师专家辅助学习的区域，如果离开了老师或同伴的帮助，他们便无法获得完成考核所必需的技能或知识。教师通过精心安排的学习考核、引导性问题和积极的互动，旨在帮助学生获得技能，训练学生独立完成考核的能力。最近发展区就是用以区

① 建构主义：是一种关于知识和学习的理论，强调学生的主动性，认为学习是学生基于原有的知识经验生成意义、建构理解的过程，而这一过程常常是在社会文化互动中完成的。建构主义的提出有着深刻的思想渊源，它具有迥异于传统的学习理论和教学思想，对教学设计具有重要指导价值。

分学生在得到帮助的情况下和没有得到帮助的情况下的不同表现。维果斯基(Vygotsky，1978)将最近发展区定义为：能独立解决问题的实际能力水平与在指导或合作下的潜在能力水平之间的差距。和最近发展区理论相吻合，“能做”指标体系反映了教学互动过程，不仅强调学生和教师之间的互动，还促进学生的自我评价和自我反思，最终形成自我调节能力和自我效能(self-efficacy)。“能做”指标体系帮助学生了解他们自身已经具备的能力(即“成熟功能”，matured functions)和他们的不足或潜在能力(即“未成熟功能”，embryonic functions)，反过来，这有助于学生制定计划来弥补自身的不足之处。通常情况下，当教师逐渐减少帮助时，学生也可以逐渐形成自主学习的习惯(Monereo，1995)。因此，“能做”指标体系不仅提供考核能力的方法，还帮助学生了解自身当前语言能力水平及通过协助和努力可到达的潜在能力水平。建构主义世界观把学习看作是一个建设性的、可持续的过程，学生可以进行自我评价和自我反思，这也是“能做”指标体系的一个组成部分。此外，从理论上，“能做”描述语政策与维果斯基的社会文化理论有着清晰的关联(1978)：学习就像最近发展区所述，是一个需要探索的区域，学生需要外界帮助来达到目标，这有助于确定学生的自身能力和潜在能力。学生会构建目标计划，并向专业人员等可用资源寻求帮助，以达成能力描述的目标。

依照此理论，NCSSFL－ACTFL“能做”指标体系的架构如下图所示：

**能力基准（proficiency benchmarks）**

明确语言表现的首要特点，即语境、文本类型和功能，三种交流模式对学习者学习进度的描述都是根据 ACTFL 外语能力（proficiency）描述进行的。能力基准可以支持学习者设定长期目标和指导教育项目及课程产出。

**绩效指标（performance indicators）**

通过聚焦语言能力具体方面，即情景、文本类型和功能的方式来解构能力基准。指标就是描述达到首要基准目标的步骤。指标主要是指导学习者制定实现语言学习目标的学习进度表并为单元设计提供指导。

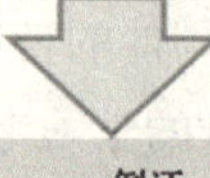

**例证**

用多种多样的学习情景来阐释语言能力（例如社会型、学术型、沉浸型、成人型），指导课堂教学和学习活动。

图 4－3 NCSSFL－ACTFL 全球语言能力“能做”绩效指标体系的架构

## 4.4 NCSSFL-ACTFL“能做”绩效指标体系的目的、功能和影响

“能做”指标体系在语言学习过程中可以有效地指导教师和学生。语言教师的主要目标是研究教学大纲和学生考核，这可以促进并记录学生语言和文化能力的进步。那么每个语言能力层面都应该注重什么样的主题、背景和功能，才能保证语言学习的可持续发展呢？正是为了解答这个问题，美国外语教学委员会开发了以用户为导向的“能做”指标体系，以帮助利益相关方(尤其是学生)用目的语进行交流，并考核他们对目的语的掌握情况。“能做”指标体系具有具体性、显著性、可完成性、现实性和时限性(即前文提到的SMART)(Doran, 1981; Miller & Cuningham, 1981)，并努力帮助学生达成自身想要达到的能力目标。在“能做”标准检查程序中，目标设定过程的第一步是明确学生当前的语言能力水平。学生自己可以使用“能做”指标体系来了解他们现有的交际能力水平，并确定他们想要达到的能力目标(时限为：期末、年末或计划结束时)。例如，在一个学期的学习过程中，学生可能会在人际交往方式方面(Interpersonal Mode of Communication)达到初级高等的水平。学生可以根据学习进度，选择相应的“能做”描述语来设定目标，也可以通过自我评价来确定是否完成了这些要求，例如：一个初级中等水平的学生可以做到：和老师或辅导员说你好和再见；初级高等水平的学生可以做到询问并谈论关于朋友、同学、老师，或是同事的事情；初级中等水平的学生可以做到说清去过的地点；初级高等水平的学生可以做到告诉别人如何从一个地方到另一个地方，如直行、左转、右转；初级中等水平的同学可以做到口述或记录一些关于家庭成员的事情并询问某人的家庭情况；初级高等水平的学生可以做到邀请某人并计划与某人做一些事情或去某些地方。通过对自身生活相关的主题来制定这些考核题目。例如，我打算邀请我最好的朋友去看电影，要安排见面的时间和地点，并为她安排乘车。学生必须思考如何才能将这一目标实现，这可能涉及手机的通话记录、Skype会话记录，甚至需要模拟当时的情景。当学生必须执行考核时，他们就能很快识别出需要掌握的语句、语体风格和语法结构方面的知识；更重要的是，他们可以自行发现自身外语能力的不足之处。当学生注意到自己的不足，便会主动弥补知识空白，以便进一步完成目标考核。

## 4.5 NCSSFL－ACTFL“能做”绩效指标体系的实际应用及注意事项

“能做”指标体系是语言教育中语言档案(如《欧洲语言档案》和《语言档案》)的基础。正如我们所看到的,该体系不仅帮助学生设立学习目标,还为学生自我评价和自我反思提供了依据。语言教学中的“‘能做’指标体系”通过整合考题,帮助学生提高学习成绩,激励学生自主学习,终身学习。尽管出发点很好,但是它缺少如何将“能做”指标体系与教学融合,提高学习成绩的研究。因为大多数学生才刚开始考核自己的语言能力,所以这一过程具有挑战性。在传统的语言课堂中,教师在学习过程中进行形成性评价(formative assessment),或在特定学习阶段结束时进行总结性考核。在欧洲的《欧框》和《欧洲语言档案》及美国的《语言档案》还未引入之时,学生很少在语言课堂中进行自我评价。佐藤(Sato, 2010)发现,由于缺乏自我评价的经验和准确的自我认识,许多学生感到这个考核具有挑战性,从而导致他们的考核结果是不准确的。范侯登(Van Houten, 2007)指出,学生错误的自我考核,会让教师在教授正确自我评价方法时感到吃力。东京特别兴趣组(Special Interest Group in Tokyo,简称 SIG)在研究如何应用《欧框》和《欧洲语言档案》及其可行性的过程中,指出教师缺乏在课上有效使用该体系的意识(O'Dwyer et al., 2010)。为了克服这一挑战,有必要对教师进行培训,让他们了解在语言课堂上如何正确使用“能做”指标体系。

### 4.5.1 在语言课堂的使用

根据美国外语教学委员会(ACTFL,2013a)研究,反思性教学包括“设定目标(setting goals)、选择策略(selecting strategies)、提供证明(providing evidence)、自我考核(self-assessing),并在设定新的目标之前进行反思(reflecting before setting new goals)”而作为反思性教学的一部分,NCSSFL－ACTFL“能做”指标体系可以发挥最优效果。本节对反思性教学过程(见图4－4)进行了介绍,并解释了 NCSSFL－ACTFL“能做”指标体系的运作模式:在学习过程不同阶段,列出相应考核目标,使学生具备独立设置目标和习得语言的能力,并最终成为自主、自律的终身学习者。

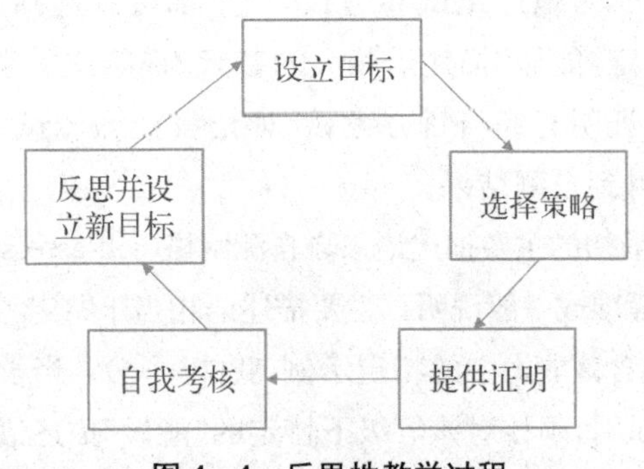


图 4-4 反思性教学过程

### 4.5.2 教师对“能做”描述语的使用

使用“能做”标准检查程序和主要指标(main indicators)来设立长期的学习目标,教师应反问自己:作为教师,对学生在一学期之后,一年之后或几年之后语言习得能力的期望是什么?在对学生进行考核后重新评估自己的目标并选择更具体的“能做”描述语,或定制全新描述语来为主题单元和课程设立学习目标。这些目标可以使教学更加趋向成绩导向型,并使学生有更多机会使用外语。

教师应使用指标为学生设立模型目标。将教师设立的“能做”描述语课程目标与学生进行分享,并讲解这些目标是如何与单元目标相联系的。教师还应鼓励学生设立自己的目标,并提供指导和课堂时间给学生进行考核和反思。当进行能力考核时,使用“能做”描述语中的语句作为标题让学生清楚地知道教师的目的是什么。例如,进行初级交互型考核时,标题可以包含“询问和回复简单的问题”;对于中级展示型考核,标题可以包含“使用连接语句”。

最终,教师应帮助学生理解自身的语言能力,并使他们知道自己是否达到“能做”描述语目标要求。这样教师就可以帮助他们成为更自立的学生,他们也更有能力去设立自己的学习目标,并进行自我考核。教师在此过程中可以逐渐意识到使用“能做”描述语可以使学生成为自立的终身学习者。

### 4.5.3 学生对“能做”描述语的使用

使用列表可考核学生自身的语言能力。学生可能意识到自己在不同能力方面取得的进步并不完全相同,例如:交际型、解释型或展示型能力。这是完全可以理解的。例如,学生可能在解释型写作方面比交际型交流方面要成长更快。通过不同考核模式,学生能够在“能力阶梯”(proficiency ladder)上给自己定位。不管是电子考核还是试卷考核，学生都可以选择适合自己的自测方式。通过上传与特定“能做”描述语相关的音频、视频或文字文档，便可获得有关自身语言能力的证明。经与官方考核（如语言能力测试、口语能力面试）进行对比，学生可以得到自测结果。

不同能力等级最初的主要描述语来自自测网格(self-assessment grid)中对能力等级的全球“能做”标准或一般说明。主要描述语相当于特定考核模式和能力等级中的主要指标，并包含该能力中的特定示例(我能……)。当学生确定自己可以参加某等级的特定考试时，须核对该等级下特定的“能做”描述语。学生没有必要去参加每一个测试，因为在核对主要“能做”描述语时，学生会发现一些与个人目标相关的示例并不符合自己的目标要求。学生可以在一些空白位置设立自己的目标，例如“我能……”，这会鼓励学生去进一步规划符合自身目标的语言能力考核。

### 4.5.4 各利益相关方的使用指南

NCSSFL－ACTFL“能做”指标体系的利益相关方一共有六个，分别是学习者、国家、地区和学校、大学、学校和教师，我们对“能做”指标体系的使用指南详见图 4－5。

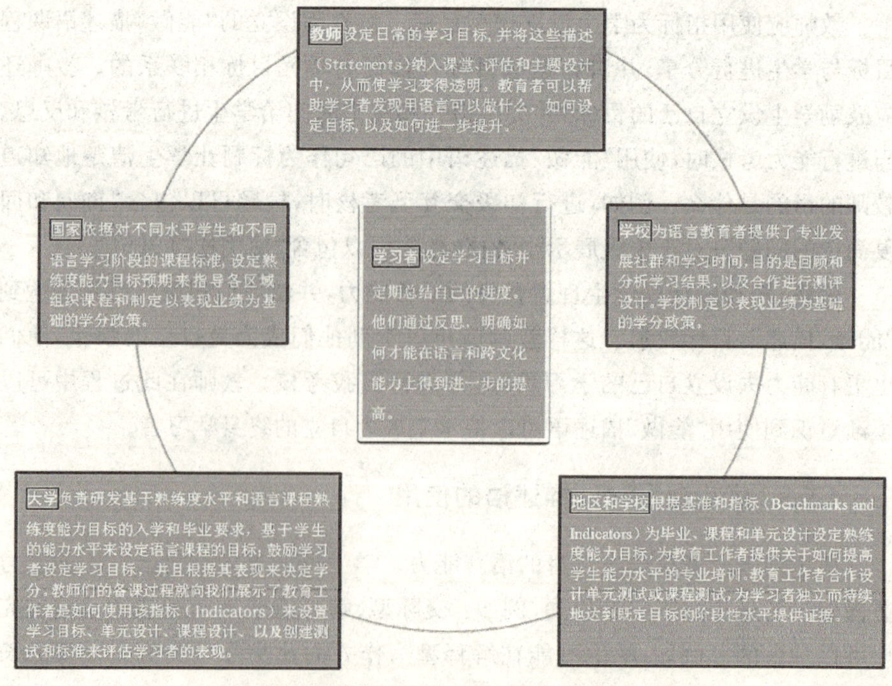


**图 4－5 各利益相关方对“能做”指标体系的应用**

### 4.5.5　对“能做”绩效指标体系使用情况的限定

NCSSFL - ACTFL“能做”描述语并非放之四海皆可，也有不能使用的情况，详见表 4 - 2。

表 4 - 2　对“能做”描述语使用情况的限定

| 能够使用“能做”描述语的情况 | 不能使用“能做”描述语的情况 |
| --- | --- |
| **“能做”描述语描述的是学习者随着时间而变化的能力**<br>学习者展示了在每一种模式、每一阶段和学习过程中不同情况下的能力。学习者处于不同模式(解释型、交际型、展示型)或技能(读、听、写、说、手势)的不同阶段。 | **“能做”描述语不是一个关于哪些任务需要被检验的清单**<br>仅看学习者在某一特定情况下能力表现的证据是不够的；不同阶段的老师都是通过广泛且多种多样的证据来看学习者在每一种交流模式中是如何展现技能的。 |
| **“能做”描述语帮助学习者设定目标**<br>“能做”描述语描述的是学习者在低水平时可以独立完成的事情，并帮助他们走向更高的层次。需要在低水平中引入并建立更高水平的技能和功能[例如使用时间框架(timeframes)、理解复杂文本]，以便后期达到更高水平时能够独立使用这些技能和功能。 | **“能做”描述语不是对学与教的限制**<br>“能做”描述语并不是描述显示出每个水平阶段学什么和教什么，而是描述在这一水平上可以完全掌握的技能和功能。学习者无论处于哪一水平，都要使用真实文本和现实生活中的情景，都要为进入更高水平制定目标。 |
| **这些例子可以适用于学校、地区或高等教育课程以及独立的学习目标**<br>例子从熟悉的(日常生活、个人经历、课堂或研究课题)到具体的再到抽象的，范围很广泛。但鼓励教育工作者定制像“我能……”的类似例子，以适应学习的内容和背景以及目标水平。 | **这些例子不是指定的课程**<br>“能做”描述语中交际能力的例子可以适应或修改地方课程大纲；这些例子并不是为了提供现成的课程。量表中所提供的例子并不是专门针对学校教育中的某一具体层级。 |
| **“能做”描述语是自我评价、目标设定和创建基于绩效的评分指标的起点**<br>学习者和教育者使用“能做”描述语来进行自我评估，从而更加了解他们已经学习到了哪些知识，可以运用这些知识做的事情，并确定下一步的目标。该指标体系可以帮助教育工作者更加轻松地创建学习者学习进度的评判标准。可以帮助学生更好地了解自己的学习进程。 | **“能做”描述语不是用来确定成绩等级或是分数的工具**<br>当任务和表现性评价整合，并能用《ACTFL 外语能力指导方针》进行评价时，语言能力的提升就会随着时间的推移不断被衡量。 |

## 4.6 NCSSFL－ACTFL“能做”绩效指标体系的优势

整合型“能做”指标体系有很多优点。20世纪七八十年代，马特·奥斯卡森(Mat Oscarson)对《欧洲语言框架》进行相关研究后，“能做”指标体系便用于自我考核评估(North, 2010)。为了促进学生自主规划、反思和考核自身的学习成果，“能做”指标体系长期以来一直是语言考核过程中不可或缺的一部分。NCSSFL－ACTFL“能做”指标体系出台以后，作为独立考核，研究人员和教育工作者已经开始把注意力转向这个新的考核工具。通过课堂实践，“能做”指标体系已被证明是一种有效的考核工具，它可以增加学生的学习动机、提高其语言能力和学业成绩(Collett & Sullivan, 2010; Moeller, Theiler & Wu, 2012; O'Dwyer et al., 2008)。

### 4.6.1 增强真实性

“能做”指标体系明确描述了学生在不同等级可以做的不同事情，使得教师、学生等可以了解整个学习过程。具体来说，学生可以选择适合他们自身背景和目的的考题(ACTFL, 2013a)。采用交际教学法，“能做”指标体系将语言学习作为一种实践过程，鼓励学生去考核自身的语言能力，包括语言课堂内外所学的、有关语言和文化方面的信息和经验(Gonzalez, 2009)。语言学习不再是单纯的词汇和语法学习，而是作为一种交流方式，培养文化社交能力，强调语言与文化之间的紧密联系。此外，“能做”指标体系意味着语言学习是以行动为导向的过程，即“语言使用者或学生必须利用各种语言和非语言能力去完成目标”(O'Dwyer & Runnels, 2014)，这有利于考核型教学的建设(Little, 2006)。具体来说，在语言教育中，一项考核如果被定义为课堂活动或是学习练习，参与者之间就必须进行互动，所以需要建立互动机制，并对其进行排序，从而进行有意义的交流(Lee, 2000)。通过真实且有意义的考核，学生可以“参与到以目标为导向的交流中，解决问题，完成目标最终做出决定”，这类似于现实生活中的人际交流互动(Pica, 2008: 71)。以考核为基础的“能做”指标体系，其目的是在课堂内外使学生可以通过设立“能做”指标体系中具体的、功能性的学习目标，真正学会使用目标语言。考核型教学和“能做”指标体系督促学生设立目标，并定期检查学习进度，旨在实现真正的终身学习。

### 4.6.2 以学生为中心

在“能做”指标中，学生是整个学习过程的中心。具体来说，“能做”指标体系可以帮助学生掌握自身的学习进度，从而影响教学过程。如上所述，为了适应特定的学习环境和课程，NCSSFL－ACTFL“能做”指标体系不仅包括《语言学习的世界标准》中的普遍交际目标（NSFLEP，2014），还可以根据具体的学习内容和考核来使这些目标有个性化特征。有人强调，虽然相同能力等级的学生可以共享“能做”标准，但这种情况微乎其微，因为每个人的学习进程、学习方式和学习目的都不完全相同。也就是说，在老师、同辈、父母和其他专业人员的指导下，每一个学生都可以将他的目标进行个性化设置。个性化“能做”指标体系可以与普通“能做”指标体系相互配合，直到学生在特定能力等级上完成了大多数“能做”指标。个性化“能做”描述语能使学生与学习联系更加紧密地，并具有意义。研究表明，除了个性化“能做”描述语之外，普通“能做”描述语可以更直接地将学习目标与教学联系起来。利特尔和普克洛娃（Little & Perclova，2001）以及利特尔（Little，2002）指出，当教师看到学生对“能做”描述语呈消极态度时，便需要调整自己的教学方法，例如：进行更多以交际为目的的语言活动，将评价与教学紧密联系。

### 4.6.3 考核动机优势

“能做”描述语以专业的语言使用方法定义学习目标，即学生的语言能力所在。遵循参考标准，可以将学生的语言能力与相应的“能做”描述语相关联。特别需要注意的一点是，这种语言考核方法可以考核学生对“能做”描述语中语言技巧的掌握程度，并确保初级学生能在考核中获得进步，例如他们可能只是符合部分标准，有一定程度上的成功。相比传统的常规模态参照方法，即假设语言成绩“按钟形曲线统计图……（会有）少数的优等生、较多的优秀生、许多普通生、一部分后进生和一些非常弱的学生（a small number of very good learners，a rather larger number of good learners，a lot of average learners，some weak learners，and a few very weak learners）”（Little & Perclova，2001：54），“能做”描述语的标准参考法则有助于“鼓励积极向上的学生”。进一步来说，它的重点是学生的可提升能力，而不是他们的不足之处，这能使学生产生成就感，也是激励学生持续学习的重要因素（Van Houten，2007；Faez Majhanovich，Taylor，Smith & Crowley，2011）。此外，“能做”描述语可以通过帮助学生设定短期目标和长期目标使其达到指定学习目标，这样可以减轻学生的学习焦虑。通过把一个看似遥不可及的目标（长期“能做”描述语）划分为在特定时间段内可以实现的分目标（短期“能做”描述语），对于学生，尤其是那些缺乏自信的学生，会产生更多的激励效果。

### 4.6.4 增强学生自主学习能力

自主学习的含义是：一个人为他自身的学习负责任的能力（Benson，2001；Dickinson，1987；Holec，1981），这是语言学习中最重要的因素（Spratt，Humphreys & Chan，2002）。因此，学生在学习上的自主性是主要的《欧洲语言档案》教学功能（Little & Perclova，2001）。特别是，“能做”描述语是使用《欧洲语言档案》帮助培养学生的反思和自我评价能力，使他们逐步承担起学习规划、学习考核和监控自己学习的责任。在欧洲，《语言档案》也采用了“能做”描述语来培养学生的自主学习能力。“能做”指标体系督促学生形成学习独立性和自我监控力，这是21世纪的学生所需要的两个重要品质。通过探讨《语言档案》“能做”指标体系和自主学习之间的关系，齐格勒和默勒（Ziegler & Moeller，2012）研究了《语言档案》“能做”描述语对学生的学习动机、学习过程、学习成绩和学习自主性方面的影响。他们对中西部大学的一年级法语和西班牙语学生进行了为期一个学期的模拟实验定量研究，共有168名被试者参加。研究发现，《语言档案》提高了学生的内在动机和考核价值，也使学生自评更加精准。同样，齐格勒（Ziegler，2014）调查了575德国中学生和19德国教师，探究《欧洲语言档案》“能做”描述语政策是否具有增强学生学习自主性的效果。克雷斯韦尔等人（Creswell & Plano，2011）研究了《欧洲语言档案》对学生的影响，包括使用《欧洲语言档案》后，学生是否增强了学习自主性，学会自主学习；半结构化面试（semi-structured interviews）有目的地挑选了被试者小组，进一步探讨他们对《欧洲语言档案》的理解，并用三角测量法测量定性数据（triangulate the qualitative data），得出定量结果，并且“更加了解了欧洲语言考核对学生产生的影响”（Ziegler，2014：922）。研究的结果更加表明《欧洲语言档案》是培养学生自主学习的有效手段，特别是《欧洲语言档案》“能做”描述语的学习方面有助于学生进行目标设置、自我评价和自我反思。关于《欧洲语言档案》和《语言档案》对学生自主性影响的研究结果证实了“能做”描述语的一些潜在功能。根据美国外语教学委员会（ACTFL，2013a）所述，“能做”指标体系可以帮助学生通过渐进式的步骤规划自己的学习进度，这正好与《语言档案》的教学功能一样，使学习过程简单易懂，帮助学生取得进步，让他们可以承担更多的自我责任，掌握自主学习能力。因此，作为《语言档案》和《欧洲语言档案》的重要组成部分，“能做”指标体系在促进学生自主性方面具有无可争辩的地位。

### 4.6.5　提高学习成就

《语言档案》表明，“能做”指标体系对学生的能力目标设置产生了积极影响(Edwins，1995；Griffee & Templin，1997；Moriarity，Pavelonis，Pellouchoud & Wilson，2001)。为了检验“能做”描述语的目标设置功能和学生成绩之间的关系，默勒、泰勒和吴(Moeller，Theiler & Wu，2012)聚集了23所西班牙中学共1 273位学生，进行了一个为期五年的有关《语言档案》的纵向模拟实验研究：将“能做”指标体系与个人学习环境联系在一起，建立短期目标和长期目标，教会学生如何提高语言能力、进行自我考核和对学习反思。通过相关分析，研究发现在目标设定的过程中，西班牙语写作和口语能力的语言能力得分之间具有正相关性，即“写作能力和写作目的、写作计划和反思之间存在正相关关系，这使得学生在设定目标与学习成绩上会表现得更加优秀”。克拉克(Clarke，2013)对高中生外语学习进行了研究，研究包括通过“能做”指标体系设立《语言档案》目标，这些参与研究的学生，与未受《语言档案》干预的学生相比，他们的成绩更优，表现更好。该研究强调将目标设置技能转向其他学科学习。具体地说，在使用《语言档案》的学生(N＝454的实验组)和未使用《语言档案》的学生(N＝164的对照组)之间做了对照实验，使用美国大学入学考试衡量了学生的英语、数学、科学和阅读成绩，用发展中的平均绩点衡量了总成绩。研究发现，受《语言档案》干预的学生在数学、科学、英语、阅读方面有更高的平均绩点和大学入学考试成绩，而且，学生平均绩点和大学入学考试毕业分数在《语言档案》干预下逐年提高。要确定“能做”指标体系效果，关键是要确定学生学习能力是否能够通过这些短期学习目标而得到改善。几乎没有专门针对“能做”指标体系影响学生学习的研究，但关于《语言档案》“能做”描述语影响目标设置的研究表明《语言档案》可以提高学生的成绩(Moeller et al.，2012；Clarke，2013)。此外，目标设定和自我考核可以提高各年龄段学生的学习动机、考核价值、自我约束力和学习自主性(Ziegler & Moeller，2012；Ziegler，2014)。

“能做”指标体系使语言学习过程对所有参与者来说都是可见和透明的。以课堂为基础的研究证实，采用“能做”指标体系进行自我考核和目标设定可以使学生通过短期目标或长期目标来记录自己的学习进度，培养学生的自主学习能力，成为终身学习者。如本节所提供的范例所示，“能做”指标体系可以用来推动反思性学习过程与目标设定、方法选择、说明文件(evidence documentation)和自我考核之间的联系。同时实例中的示范性考核也可以作为参考，帮助教师和学生更好地理解如何在课堂上使用“能做”指标体系，需要注意的是，“能做”指标体系必须根据学生与学习环境进行相应调整。

NCSSFL－ACTFL语言学习者的学习进度指标(ACTFL，2013a)，即“能做”指标体系，目的是为了提高目的语的使用功能，让学生可以同时体验语言和文化。这些“用户导向型”(Alderson，1991：74)“能做”指标体系作为学习指标，为语言教师和学生提供了指导，即不同的学生会拥有不同的语言能力，并对能力进步做出了规定，也为鉴定语言能力提供了指导。教师可以使用“能做”指标体系来衡量学生能力的进步，并规划学习目标和每个单元的学习活动。总之，“能做”描述语可以作为开发课程、创建学习考核和语言考核的指南。

## 4.7 美国外语能力标准四个语言能力文件的关系

正如前面提到的，NCSSFL－ACTFL“能做”指标体系是美国外语督学协会和美国外语教学委员会合作研发的。该体系基于美国外语督学协会的《语言档案》(NCSSFL，n.d.)和《欧框》(Council of Europe，2001)，与2012年版《ACTFL外语能力指导方针》及其语言能力表现描述语指标相符，“反映从初级能力等级到杰出能力等级的连续与统一，给不同的语言能力提供普遍评判准则”(ACTFL，2013a：3)。其中包括语言能力的11个等级(初级低/中/高、中级低/中/高、高级低/中/高、优秀级和杰出级)。同时“能做”描述语将指标体系的具体指标按照《语言学习的世界标准》(NSFLEP，2014)强调的5C标准模式进行归类，“能做”描述体系中定义了五类能力模式类型，分别是解释型听力、解释型阅读、交际型交流、展示型写作和展示型口语(ACTFL，2013b)。这些指标也可以作为学生的自我评价量表，以确定他们所能掌握的语言能力(ACTFL，2013a)。“能做”指标体系关注的是不同等级的能力，而不是学生整体的能力。它加强了课堂活动和各级标准之间及终身学习能力产出之间的联系。

此外NCSSFL－ACTFL“能做”指标体系和《共同核心州立标准》的关系也非常密切。

NCSSFL-ACTFL"能做"指标体系与《共同核心州立标准》中的英语语言艺术学科(English Language Arts,简称ELA)保持一致。学习外语就像学习一方母语,包括:阅读、写作、口语、听力、理解、交流,及使用语言习俗等语言能力。《共同核心州立标准》(Common Core State Standards,简称CCSS)中的英语语言艺术和文学学科(ELA and Literacy)标准主要是为准备高考和就职的人群提供考核依据。同样,与高考和就职相关的能力在"能做"描述语中的高能力等级和优秀能力等级中也有相关描述。《共同核心州立标准》的英语语言艺术和文学学科体现了年级等级结构,但NCSSFL-ACTFL"能做"指标体系具有能力等级结构,为学生提供不同准入点,让他们可以在学校内外学习一门语言,并证实不同的语言需要达到同一水平时,其需要花费的时间也不同①。而且《共同核心州立标准》的英语语言艺术和文学学科和NCSSFL-ACTFL"能做"指标体系都是基于一种综合型文学学科的内容考核,重点强调学生的语言能力和学生对文化的多元理解。

① 原文: Discrepancy between the expectations for ELA first and second literacy development is not unexpected, given the limited time on task that most world language learners experience, compared to the amount of time and opportunities for language use in English, the learner's language of daily and academic life.

# 第5章
# 《世界各种语言教学实用指南》的研究

学习语言不等同于认识语言。学习语言意味着学习者可以通过该语言理解、交流并且思考，与使用母语相同。语言教学意味着教学者要引导学生在学习过程中，通过所教的语言进行理解、交流和思考。二者都需要以语言能力标准为基础进行。

2014年，美国国家首都语言资源中心发布了《世界各种语言教学实用指南》(Teaching World Languages：A Practical Guide，2nd Edition，以下简称《指南》)。该指南的依据是《21世纪外语学习标准》(2009)以及美国外语督学协会和美国外语教学委员会共同设计的“能做”描述语(Can-Do Statements，2013)。此二准则将焦点集中于学习者的交流与文化能力，所有的以标准为本的教学目的在于协助学生以外语有效地沟通交际，并且培养对该语言蕴涵的文化较深的了解与赏析能力。该指南的内容由希拉 W. 科基(Sheila W. Cockey)、多拉·约翰逊(Dora Johnson)与凯瑟琳 W. 基特利(Catharine W. Keatley)三位学者共同撰写。

该指南主要为幼儿园至高中阶段的语言教师提供世界各种语言教学的精辟见解，大学的语言教师亦可受益。《指南》为在实际的教学过程中执行外语能力标准提供了详细的指导，是外语教学的操作手册。接下来本章将深入分析该指南在语言教学与语言学习中的实践指导作用。

## 5.1 依据《指南》设计课程与教学方案

《21世纪外语学习标准》是由美国教育部门以及多个外语教学协会共同开发的国家外语标准，于1996年正式出版，1999年增加了几种语言的学习目标，

2006 年 7 月经修订完成第三版。提升交流与文化能力是其学习目标，目前该标准中的交流与文化能力的学习目标是课程与教案设计时的核心，它们描述了外语教师希望学生知道并且能够使用目标语处理的事情，此套标准有五个部分：

(1) 交流(以外语进行交流)；

(2) 文化(包含了解文化产物、惯例与不同文化背景的人的观感)；

(3) 联系(与其他学科产生联系，触类旁通)；

(4) 比较(比较目标语与其他语言文化，培养对文化与语言的洞察力)；

(5) 社区(参与目标语言及文化的社区)。

交流能力的标准有三种模式：交际型(书面和口语交流)，解释型(阅读、听力理解、浏览)，以及展示型(口头报告或者书面文字)。虽然此套标准是为在美国教授英语以外的教师所编写，但是世界上许多教授不同语言的教师，包括以英语为外语的语言老师也使用此概念。

《21 世纪外语学习标准》的学习目标有两种，一是内容目标(content objectives)，描述学生应该知道的事情(what)；二是表现目标(performance objectives)，描述学生能够运用目标语完成任务的熟练度(how well)，或学生能够应用所学做到的水平。以标准为本的内容目标与传统语言学习目标的不同在于这些内容目标描述的是语言功能，是学生能以目标语做什么，而不是特定的语法点或者词汇。语言功能与情境相关，而情境为一课或者一单元的主题所铺设。《21 世纪外语学习标准》为不同水平的学生提供了进度指标范例(sample progress indicators)，这些进度指标都是语言功能，能引导教师决定可行的教学目标。

### 5.1.1 交流标准及其在教学中的应用

交流标准包括以下三种能力：

(1) 学生能够参与对话，从中提供并且得到信息、表达情感以及交换意见。

(2) 学生能够了解并且诠释各种话题的书面及口语用法。

(3) 学生向观众或者听众就不同话题传达信息、概念及想法。

在标准订立以前，无论输入型的听与读还是输出型的说与写方面，语言教学都只注重学生参与活动的形式(form)，而这种只注重听说读写四种技能领域的教学观并不见得会将在不同情境下交流的目的列入考量。在标准订立之后，语言教学注重的是功能(function)，或者学生从事活动的目的。该标准考量了情境与交流的话题、交谈者的身份与彼此之间的关系，以及交流进行时的文化与社会情况，分为交流型、解释型和展示型三种交流模式。

交际型交流是不间断的、采用目的语的语义协商。每一次的交流来回都对下一轮的回应有所影响，而交谈也通过意见的交换而持续演进。人际关系的交流可以在涉及听与说的交谈，或者涉及读与写的书面文件来往中进行。

解释型交流是聆听、阅读或者浏览的活动，如收听一个公共广播系统的通告，看一部电影，或者读一封信。这样的听众、观众或阅读者，是无法通过任何渠道去向发布信息的人提出疑问、请求重复或者进行语义协商的。

展示型交流是学习者单向地向视听者说话或者写作，学生需要策略性地运用最佳目的语水平表达意见、概念及信息以使对方了解自己的意思。展示型交流有许多形式，如：演讲、口头报告、说故事、写作、背诵诗词、小品表演、写报告、做小手册、写论文，以及创作各种其他形式的口语和书面的作品。

#### 5.1.1.1 交际型交流模式及其在教学中的应用

本节将从交际型交流模式的内涵及其在教学中的应用展开论述。

##### 1. 交际型交流模式的内涵

交际型交流模式的目标在于使学生在早期语言学习阶段能直接参与和其他人的对话交流。该模式可以通过语言持续地进行语义协商，协商可以通过对话形式（听与说）和书面形式（写与读）进行。对话可以通过直接面对面、电话、Skype视频，甚至通过多重录音（如电话留言等）进行；书面的沟通可以通过信件、电子邮件或者短信（SMS），或者在线上聊天进行。在上述的所有情况中，每一则信息都对下一则信息有所影响，对话也在信息交换中演进。

在交流标准当中，交际型交流模式有别于展示型交流模式：第一，交际型交流是交谈式，在较非正式的信息交换中进行，不用事先排练。第二，展示型交流模式主要是单向的交流：说话者向听众发言，无论听众在场与否，他们都只负责听，并不进行双向的信息交换，场景和话题一般也较正式，这种交流模式可以在事先练习或者彩排。

基于该项能力标准还衍生出来相应的教学活动和教学标准。两种基本的交际型交流教学活动是交流活动（communicative activities）和结构性输出活动（structured output activities）。交流活动的目标在于让学生能够以不同方式就不同话题表达意思；结构性输出活动的目标则在于使用形式聚焦（focus on form）的语言教学实践，让学生注意对自身较为困难而产生沟通障碍的语法形式或者用语的练习。

##### 2. 交际型交流模式教学活动的标准

依照上文所述，相应的交际型交流模式教学活动的标准应该是：

(1) 与教学目标相关。所有的学习活动都应该与课程和单元的目标相关。教师常因活动“好玩”而选择某些活动，但学生参与活动忙得团团转却没有真正提高语言知识。因此，教师的挑战在于如何选择既使学生愿意参与又能帮助学生学习语言的活动。

(2) 与其他教学活动相关。在一课或者一单元中，每个教学活动都有一个功能：可能是演示、练习、评估或者拓展阶段的一部分。在一课或者一单元内，每个教学活动都是在先前的教学活动基础上建构起来的，并且也为接下来的教学活动做了准备。

(3) 真实可信。每一轮信息的交换必须依赖上一轮的信息交换，语义通过协商而产生并且会经常性地获得澄清。信息交换应该包含真实生活沟通中不可预测的部分，这对于上述组织性的输出和沟通性的输出活动都适用。

(4) 具有意义。学习活动应该包括分享新信息和意见，或者计划或思考共同的建构。教师通常将教学活动囊括在情境（即教师创造的场景）当中，提供真实或者模拟真实的情境。

(5) 可供评估。学生需要知道教师对他们学习的期望值，学习成功的定义和所需的进步为何。许多教学活动的标准可通过使用评估表确定并与学生分享，这些针对交际型交流模式的特定评分表可供教师在多数的教学活动中自行选用或者改编。

3. 交际型交流模式的评分表范例

表 5－1 为第一年学习汉语的九年级学生评分表样本，依照饮食主题单元设计，改编自美国外语教师学会《整合表现评估量规表》（加入了采自《幼儿园至 K－12 学习者表现指导原则》中的文化意识）。

**表 5－1 交际型交流模式的评分表范例**

| 标　　准 | 超 出 预 期<br>3 | 达 到 预 期<br>2 | 未达到预期<br>1 |
|---|---|---|---|
| 语言功能—意见交流的种类 | • 能够使用并且了解在进餐时常用口语的用语<br>• 能够以句子形式询问并且回答关于饮食的简易问题<br>• 能够以句子形式描述中式饮食并且结合已学习的语言产生不同的意义进行沟通 | • 能够使用并且了解在进餐时常用口语的用语<br>• 能够以短语或者句子的形式询问并且回答简易问题<br>• 可以使用背诵式的语言对中式饮食进行简单的基本描述，有时候能够结合语言组织新句子 | • 能够使用并且了解很有限的在进餐时常用的口语用语<br>• 能够以单字询问并且回答问题。描述食物的语言长度常常为单词或者背诵式的短句短语 |

续表

| 标　　准 | 超 出 预 期<br>3 | 达 到 预 期<br>2 | 未达到预期<br>1 |
|---|---|---|---|
| 语言类型—语言长度 | • 能够说/写关于饮食的简单句和简短段落 | • 能够说/写关于饮食的简单句 | • 仅能使用单字词或者短语讨论饮食 |
| 沟通策略—参与对谈 | • 能够进行关于饮食的简短对谈，主要的形式基于问答 | • 能够回应问题并且询问一些问题 | • 只能回应问题 |
| 可理解性 | • 能够被一般同学和教师理解 | • 能够在有时候有困难的情况下为同学和教师所理解 | • 对同学和教师而言，理解学生的语言很困难 |
| 语言控制<br>语法<br>词汇<br>发音 | • 能够使用关于饮食和餐点的正确形式、词汇、发音和拼写，简单句和句群 | • 能够使用正确的形式、词汇和发音，以及背诵式的语言，如单词或者不连贯的单句 | • 能够正确使用单词。使用短语时正确度便下降 |
| 文化意识 | • 行为和语言选择能够良好地反映关于饮食和进餐时的文化观点<br>• 学生能够展现在中式餐桌上的礼仪 | • 行为和语言选择能够反映部分关于饮食和进餐时的文化态度和观点<br>• 学生能够展现在中式餐桌上的礼仪 | • 行为和语言选择未能反映关于饮食和进餐时的文化态度和观点<br>• 不能展现在中式餐桌上的礼仪 |

#### 5.1.1.2　解释型交流模式及其在教学中的应用

解释型交流模式包括阅读或者聆听浏览文件，如看电影、看报纸、在公共广播系统中听公告等等。听者、读者或者浏览者无法询问文本的作者或者要求对方重复、进行语义协商等等。这种交流形式被称为单向交流（one-way communication）。

谈及解释型交流模式时，不管形式如何，语言输入的内容都是由使用者聆听、阅读或者浏览的“文本”。不是所有的解释型交流模式都一样，如在机场听广播需要不同于听电台故事广播的听力能力，而看报纸中的广告和看一则新闻需要的能力也不相同；另外，聆听、阅读和浏览每一种能力都代表独特的学习挑战：① 聆听与浏览过程包含传送者(即某人或者广播电台、电视台等)、信息与接收者(即听众)。即使在听者或者阅览者仍在处理刚听到的信息，未回过头检查或者往前看时，仍必须在接收信息时同时处理信息。此外，听者也必须应付传送者词汇、语言结构与传送速度的选择。② 阅读是在读者阅读文本时与文本之间产生理解的互动过程，其中文本呈现文字、词、句子和段落解读时意义，读者使用知识、技巧和策略决定文本的意义，读者必须处理作者建构阅读材料。

解释型交流模式总是包含对文本的理解，理解通常包括字面上的或者推论性的理解。字面理解(literal comprehension)是接收者对于所听、读、浏览的文本中明确陈述的理解，如：食谱是一系列关于食材、数量和准备步骤的明确陈述。推论性理解(inferential comprehension)是衍生自基于文本字面上诠释的推论、预测和阐述的想法或者事实的理解。如果学生读了"一个人在外面走时正在打开雨伞"，即使文本并未包含特定的信息，也可以推论出外面"正在下雨"。

解释型交流模式的例子主要有：听火车站的广播，听演讲，听歌，观看房屋内部简介，观看电视广告，观看电视节目，读菜单，读方向指南，读故事，读墙上、公车或者火车上的广告。

相应的教学材料可以分为两类。一类是解释型交流练习所用的真实的教材，包括母语者所做，以及为母语者所做的仅涵盖单向交流的任何书面或者口语材料：广播和电视节目、公共宣传的公告(机场、火车/公车站、商店)、演讲和讲座、电话客服录音、广告、诗与歌、模型车组装/水电工的说明指南、收据、菜单、新闻文章、短篇漫画或者漫画书、标识和海报、商标、书籍、童书、杂志和报纸、网上新闻、文章、故事等。另一类是半真实的教材，即根据真实材料由语言学习者进行编辑、简化或编写的文本，可能包含：外语课本的阅读文本，或者由教师编写的基于真实材料的文章；由教师研究、改编自真实材料以供学生使用的阅读文章；基于真实文本而为语言学习者所改编的录音文本，如：新闻广播、录像或者针对语言学习者所设计的视频。

#### 5.1.1.3 展示型交流模式及其在教学中的应用

1. 展示型交流模式的内涵

展示型交流是学生向听众或者读者单向说或者写，需要学生有策略地组织自己的想法，让听众或者读者了解自己的所思所想，并在语言水平范围内尽其可能地表达自己的意见、想法或者信息。展示型交流模式以下列形式呈现：进行演讲和口头报告、讲笑话或者故事、写作或者吟诵诗词、表演小品或者进行独白、写报告、写评价(如书评、餐厅评价和电动玩具游戏的评价等)、写广告和小手册、写短篇论文(如工作需要的文章、赞词、挽歌)、制作网页的内容、制作幻灯片报告、推广促销候选人或产品、表达争议性话题的某一个立场观点、写菜单或者食谱、制作录像等。在这些所列的活动中共同的成分是它们都包含单向的交流，听众、阅览者或者读者没有任何质问信息传送者的方式，也不能要求重述或者进行语义协商。学生在展示型交流模式中扮演信息的传递者，必须确定信息本身清楚且在传送之前完成所设定的任务。

2. 展示型交流模式的两种目标

展示型交流模式有两种目标，一为内容目标，二为表现目标。内容目标(content objectives)，即学生应当学习的内容，比如说明学生应该知道的事的5C的目标领域(交流、文化、联系、比较和社区)。

以标准为本的内容目标说明学生能够以目的语在真实生活情境中所做的事，这些被称为"功能"。譬如，以标准为本的内容目标可以是"学生能够阅读食谱"，而不是"学生能够正确地使用与烹调相关的词汇"。

以"饮食"主题为例，按照该标准，学生需要达成以下学习目标：以电视烹饪节目的形式，展现并且描述餐点的准备方式；研发以外文呈现的简易餐点食谱书籍；制作单页杂志广告，试图说服读者购买该广告的食物或者某种食材；书写短篇段落，描述如何品尝西方传统餐点；编写并且表演短剧，展示在正式场合中进餐时合宜的餐桌礼仪。

表现目标(performance objectives)，即学生展现所知的程度或者说所学能做的程度(how well students should be able to do what they learn)。

在形成性(持续的)评估或者总结性评估期间，每个学生的表现都可以通过评分表评估，评分表给予学生各个方面表现的文字描述，引导学生和老师清楚知道好的、尚可的和仍须加强的表现的具体内容。教师可以自行研发评分表或者使用现成的或前测已有的评分表[如美国外语教学委员会在2003年开发的整合式表现评估(Integrated Performance Assessment，简称IPA)]①。

整合式表现评估包含展示型交流模式的评分表，其中有初级、中级和优级预科(pre-advanced)学习者的评分表，适用于口头报告和写作。教师可以就每一项标准评估学生的表现，如"超出预期""达到预期"和"未达到预期"。展示型交流模式有六项标准：语言功能、文本种类、影响、词汇(列于影响的次类)、

① "整合式表现评估"是基于美国外语教师委员会在1998年针对K-12学习者表现的指南，在特定的教学活动时间后，提供学生能够表现三种不同的交流模式(交际型、解释型、展示型)的程度。

理解度和语言控制。整合式表现评估是基于对美国日常第二语言学习者大量的研究和实证而来的，它们代表在一定的目标语学习时间内，对学生进步幅度合理的期望值。

3. 展示型交流模式的评分表范例

表5-2为展示型交流模式的评分表范例。

**表5-2 展示型交流模式的评分表范例**

| 标 准 | 超 出 预 期<br>3 | 达 到 预 期<br>2 | 未达到预期<br>1 |
|---|---|---|---|
| 语言功能—意见交流的种类 | 学生能够在写好的演讲和写作中叙述、描述动作、评论和提问——依录像中所扮演的角色而定。剧本或者写好的演说揭示语言使用中学习者的创意。 | 学生能够以合适的时貌(或时态)书写和简单地描述、进行简单的动作述叙、和给予恰当的评论和提问——视录像中所扮演的角色而定。 | 学生的口语或者书面，抑或两者皆未能有真实语言功能的信息交换。 |
| 文本种类—学生能写/说的文本/发言的长度 | 书面或者口头报告使用简单句和组合了所学的关于烹调的材料，书写或者使用更多句子以组织成段落。 | 书面和口头报告使用关于饮食综合所学用语和结果的简短句子，使用句子组合。 | 书面和口头报告包括短语和单词，但是鲜少包括关于烹饪的全句。 |
| 影响(Impact) | 书面的剧本和口头报告包括烹调展示的兴趣和关注；视觉效果、手势、语言选择以及和其他报告者的互动有组织且有吸引力。学生的表现显示了与观众交流的成果。 | 书面的剧本和口头报告包括烹调展示的兴趣和关注；视觉效果、手势、语言选择以及和其他报告者的互动对观众来说既清楚又有趣。 | 书面的剧本和口头报告未经组织，报告呈现的目的对观众不清楚。视觉效果、手势、语言选择以及和其他报告者的互动不清楚且无法引起观众兴趣。 |
| 词汇 | 掌握传达饮食和烹调意义的词汇并且在罗列清单和指示以外拓展词汇。 | 有足够的关于饮食和烹调的词汇进行清单式的罗列名称和烹饪指示，有时也会评论食物。 | 没有具体的词汇表达想法。 |
| 理解度 | 教师和其他学生很容易了解所写或者所做的口头报告。 | 教师和其他学生可以了解大部分所写或者所做的口头报告。 | 教师和其他学生对了解大部分所写或者所做的口头报告有很大的困难。 |

续表

| 标　准 | 超 出 预 期<br>3 | 达 到 预 期<br>2 | 未达到预期<br>1 |
|---|---|---|---|
| 语言控制<br>语法<br>词汇<br>发音 | 能够写出书面剧本和使用精确的语法、词汇和发音，以简单的句子做口头报告。能够在没有教师协助的情况下书写句子。 | 抄写或者背诵剧本时大多正确；教师提供的协助越少，书面和口头报告的错误越多。 | 抄写和背诵的单词多为正确。 |
| 文化意识 | 语言上的表达、手势和非语言的行为与反映文化模式的行为贴近，不只是纯粹地模仿，学生可以很自然地呈现。 | 语言上的表达、手势和非语言的行为模仿教师或者其他观察的材料（如录像）。 | 语言上的表达、手势和非语言的行为与学生自身文化无异，未能反映中国文化的模式。 |

教师可以在活动进行前给学生如上的评分表，并且和学生讨论这些期望，此评分表可以是教学活动的一部分，不必在活动最后的时候才给学生。教师也可以问学生是否想在该学习活动中添加任何标准，并且针对如何做好展示型报告进行讨论。教学活动可以在保有这些标准的基础上进行选择和设计，以提高学生使用目标语的质量。

4. 展示型交流模式的教学标准

展示型交流模式的教学标准应该：

(1) 与教学目标相关。所有学习活动都应该与课程或者单元的目标相关，教师常常想选择“好玩”的活动，让学生参与并且忙于其中，但是并没有真正地让语言学习得到拓展。教师的挑战在于选择能让学生参与同时也能促进学生学习语言的活动。

(2) 在课程或者单元中与其他教学活动相关（related to the other activities）。单课中每一个活动都有其功能：它是展示型交流模式的一部分、练习和延伸（详见“教案规划”部分）。在课程和单元当中，每一个教学活动都建构在学生先前准备的基础上，并且也同时为之后的教学活动做铺垫。

(3) 真实且具有意义。真实的任务赋予报告意义；对书面的报告而言，真实的目的和延伸可显化为发表，所谓的发表可能是贴在班级博客中的段落、将学生的故事展示在书籍内页成册、为当地城市制作小手册，或者编制班级期刊或新闻等等。口头报告可以在社区、其他班级或者家长面前进行。

(4) 可供评估。学生需要知道教师的期望、所谓的成功学习是什么、如何达成等等。许多教学活动的标准是在使用评分表的过程中与学生共同研发并且分享的。

### 5.1.2 文化标准及其在教学中的应用

文化标准包括以下两项：

(1) 学生能够展示其了解所学习的语言文化实践和观点之间的关系。

(2) 学生能够展示其了解所学习的语言文化的产物和观点之间的关系。

文化标准反映了语言和文化紧密相关，互不可分。语言在一定的文化内容中存在，因此文化知识是语言水平的一个内部成分。语言给予学生获得目标语文化的世界观或者观点的渠道，包含价值观、想法以及态度。语言也赋予学生洞悉观点之间的关联、文化实践和产物的能力。

何谓“文化”？过去，“文化”指的只是某一国家的知识和艺术产物，如万里长城、指南针、纸、火药、书法、中医和传统音乐。今日，“文化”的概念包含文化产物、实践和日常生活的观点：食物、打招呼、衣着、游戏等等。另外，今天的文化也包含了“流行文化”，如电影、流行音乐和电视节目，重要的是这些生活中的不同方面都是外语学习中的文化，学习另一种文化的生活是构成语言学习的要件。

2006 年出版的《21 世纪外语学习标准》对外语学习中文化所扮演的角色描述如下：“学习另一种语言让学生能够了解针对自身的事物的不同文化：已存文化和所使用的语言之间联系的精妙之处只能通过对两者都有所了解的人实现……。实际上，真正外语课程的内容不是该语言的语法或者词汇，而是通过语言所表达的文化。对学生而言，成为熟练的文化观察者和分析家很重要。”

文化实践是指某一族群人的行为方式。例如在某些文化中，年轻人对年长的人使用某种称谓，而对平辈使用另一种称谓。这种在某一种语言中的文化实践，它的存在或者不存在都反映了该文化与年龄相关的价值观，以及对长者表示尊敬的态度。学习外语的时候，学习者不但需要学习称呼的形式，还应该学习何时、如何使用合适的称谓，这可以让学生透过文化的角度去领悟长幼有序的价值观。文化实践可以被理解为享有该文化的人们所做的事。

文化产物是指某一族群人使用、生产或者建造的物品。例如每一个文化都对女性、男性以及孩童的服装是否合适有自己的见解，这些见解反映了该文化对于女性、男性和孩子角色的认知，以及彼此之间关系的态度。学习外语的时候，学习者不但需要学习不同种类服饰的词汇，还需要学习谁穿什么、什么时候穿、为什么穿这样的服饰，这可以让学生从文化的角度去看待区分不同的性别角色。总而言之，文化产物可以被理解为具有该文化特点的观点、信仰、态度和设想。

#### 5.1.2.1 文化标准的三个方面

《21世纪外语学习标准》设定了明确的文化框架，主要有三个方面：

(1) 文化观点(cultural perspectives)，即"传统想法、态度和文化价值"。

(2) 文化实践(cultural practices)，即"在某一个社会中受到普遍认可的行为"，它规范了人与人之间互动的方式，也代表因时、因地、因事制宜的知识。

(3) 文化产物(cultural products)是文化的缩影，包含反映文化观点和在文化实践中使用的具体(如万里长城、书法、汉字)和抽象(如神话、伦理观、宗教)的事物。

一般而言，文化产物和文化实践体现文化观点，文化实践揭示文化观点(如打招呼的形式可能说明人与人之间关系的态度)，文化产物也可以说明文化观点(有益健康的饮食观可以决定人们的饮食习惯)。产物和实践常常并行发展；人们实践某一文化习俗时也塑造了在该环境中生活所使用的物件，反之亦然。同样的，产物和习俗也会因观点而不同，结果最终也会改变观点。

一个美国学生应该了解的文化实践和文化观点范例为：在美国，学生会跟朋友说"你怎么样"或者"你好"来打招呼；然而，学生可能会向校长说"您好"或者"早上好/早安"。这些用语告诉了读者关于美国观点的什么事情？它们告诉了读者美国文化对于对较高地位的人使用较正式的语言以表示尊敬，而同辈之间使用相对非正式的语言，这个现象在大多数语言中普遍存在，学生可能会自动这么做，也可能对于该行为反映的态度不敏锐。

#### 5.1.2.2 文化标准的能力目标

文化的能力目标和评估不能与交流的能力目标和评估分开，文化产物、实践和观点常常(但不总是)通过语言交流，学生对于文化产物的理解、实践和观点通常通过语言表达。教师可在学习中订立抽象的文化意识学习目标，如"学生能够了解中国文化中的家庭角色"，可是实际上需要学生做出反映该理解的行为总是包括使用目标语。

尽管文化意识的广泛学习目标可以用抽象的术语表示，但是明确的内容目标和评估应该在沟通活动的情境中制定。

学习目标驱动所有的教学，其中内容目标(content objectives)，如标准所描述，说明学生应该知道的事情；表现目标(performance objectives)说明学生应该能够表现的程度。

5.1.2.3 文化能力的内容目标——学生应该知道的事

以标准为本的内容目标与传统语言学习目标不同,《21 世纪外语学习标准》提供了每一个标准在不同语言水平的进度指标范例(sample progress indicators)。它提供了学生需要知道和应该能以目的语在不同语言水平能进行的任务的建议,教师可以运用进度指标范例作为制定针对学生的语言水平在每一个标准实际可行的学习目标。

进度指标假定学生从小学一年级便开始学习外语,一共有四种语言水平(级别):四年级、八年级、十二年级(高中三年级)和十六年级(大学四年级)。因为一些学生并不是从小学一年级就开始学习外语的,所以教师可以通过调整学习外语的时间,选择对学生合适和有趣的语言功能,以此评估何种进度指标范例对学生较合适。

《21 世纪外语学习标准》为不同水平的学生提供了进度指标范例,这些进度指标都具备语言功能,能引导教师决定对学生可行的教学目标。

四年级的进度指标适用于从幼儿园至四年级、五年级至八年级,或者九年级至十年级学习外语的学生。

八年级的进度指标适用于从幼儿园至八年级、七年级至十二年级,或者九年级至十二年级学习外语的学生。

十二年级的进度指标适用于从幼儿园至十二年级学习外语的学生。

十六年级的进度指标适用于优秀级学习者。

在标准中的文化部分有两套进度指标,一个为文化实践,另一个为文化产物。

5.1.2.4 文化能力指标——内容学习目标进度指标范例

“饮食”主题的单元的交际型交流学习目标①要求学生能够:

(1) 阅读传统餐点的食谱;

(2) 在目标语国家用餐时(文化实践)使用恰当的餐桌礼仪、客套礼貌用语,以及其他语言上和非语言的行为举止;

(3) 观察、找出并且讨论在家庭用餐时的行为举止;

(4) 找出特定餐点、特定国家或者地区的传统饮食。

在 ACTFL 整合式表现评估中并没有文化意识的评分表,但是运用该指导原则以及从《21 世纪外语学习标准》衍生的进度指标,教师是可以研发出针对特定教学任务的表现标准的,教师和学生可参照评分表样本,一起来描述文化

① 关于全部进度指标的范例,请见美国外语教师学会在 2006 年出版的《21 世纪外语学习标准》。

意识的学习进度。

例如，表 5－3 是第一年学习中文的九年级学生评分表样本，依照饮食单元设计，改编自美国外语教学委员会的《K－12 学习者表现指导原则》整合表现评估量规表（注意：此评分表不是基于整合表现评估的评分表，也未经测试）。

表 5－3 第一年学习中文的九年级学生评分表样本

| 标 准 | 超出预期<br>3 | 达到预期<br>2 | 未达到预期<br>1 |
|---|---|---|---|
| 关于文化产物的知识 | 能够找出和叫出多数学习过的食物的名称，而且能叫出所有餐点的名称。能够找出并且叫出一个国家以上的一些传统饮食的名称。 | 能够找出和叫出一些学习过的食物的名称，而且能叫出所有餐点的名称。能够找出并且叫出至少一个国家的一些传统饮食的名称。 | 能够找出和叫出少数学习过的食物的名称，而且能叫出所有餐点的名称。 |
| 文化实践的知识 | 能够运用正确的餐桌礼仪、手势和语言描述享用（真实或者在角色扮演中）的一餐，并且展开诸如讨论饮食、提供饮食、赞美饮食和感谢主人等等的交流。言行举止在中国家庭中很让人满意。 | 能够运用多半正确的餐桌礼仪、手势和语言描述享用（真实或者在角色扮演中）的一餐，并且可能会展开一些诸如讨论饮食、提供饮食、赞美饮食和感谢主人等等的交流。言行举止以一个外国人的标准而言，在中国家庭中可以被接受。 | 能够运用很有限的言行举止描述享用（真实或者在角色扮演中）的一餐，或者展现多半不合适的言行举止。 |
| 从文化产物和实践推论观点的能力 | 能够从文化产物和实践中独立习得该文化关于饮食的观点。 | 能够在协助之下从文化产物和实践中习得一些关于该文化饮食的观点。 | 即使在协助之下，也未能从文化产物和实践中推论得出该文化的观点。 |

教师可以在活动进行前给学生如上的评分表，并且和学生讨论这些期望。此评分表可以是教学活动的一部分，而不只是在活动最后才给学生的资料。

### 5.1.3 联系标准及其在教学中的应用

联系标准包括以下两项：

（1）学生能够通过目标语强化并且加深其他学科的知识。

(2) 学生能够通过目标语和文化获得信息，并且洞察只能通过该语言才能了解的特殊观点。

联系标准代表着外语教育学习与教学目标的重要改变，主张学生应该通过外语学习语言内容，而不是只学习语言形式和词汇。它反映了语言学习给予学生无法从其他方式得到知识的途径。学习语言有助于学生使用在目的语产生的资源的知识内容。例如，学习者能在网上读用目的语所写的新闻事件。通过语言学习，学习者也能够清楚目标语母语者的观感，以此拓展自己的世界观。

人们普遍认为，学生在进行对他们很重要，或有意义的事的情境下运用外语的时候，外语学得最好。当学生学习语言的时候，他们能够有取得真实材料的途径，这些途径不是没有该语言知识的学生所能取得的。以标准为本的教学鼓励学生追寻自己的兴趣并且获得知识，不是只学习外语（in the foreign language），而是通过外语学习（through the foreign language）。联系标准意味着用多学科的学习方法将所有事情与外语联系起来。为了学习外语，学习者需要有恰当的情境，因为学习者无法在无事可谈、无物可写的情况下展现外语的技能。内容可在任何情境下出现，常常是学习者有兴趣的事物。情境也可能是学生时间表内的其他学科、课外活动或者外在的兴趣。

#### 5.1.3.1 联系的表现标准

联系的表现标准，即学生应该能够应用所学做到的水平。虽然《ACTFL 整合式表现评估指南》包括对三种交流模式以及对文化意识的期望，但是并没有学生在外语表现中整合联系的水平标准。《ACTFL 整合式表现评估指南》并没有联系的评分表，但是使用指导原则和《21 世纪外语学习标准》的进度指标，教师是可以研发出帮助学生和教师拥有联系外语和其他知识的具体期望的能力的。在学生实际表现中，任何包含联系的特定教学活动，教师都需要有交流模式的评分表；另外，教师也可以增加一些描述学生使用外文时能运用和扩展内容知识的程度。

#### 5.1.3.2 联系标准的评分表案例

表 5-4 是九年级初级水平的中文学生针对联系标准的评分表样本，依照主题进行了单元设计，包含“阅读中文食谱并且烹调所描述的菜肴”教学活动作为评分表的一部分，用来评估特定的学习目标：“认识、应用并且以中文讨论公制度量衡然后阅读食谱烹制饮食”。该食谱包含以公制度量衡表示的数量。

表 5-4 九年级初级水平的中文学生针对联系标准的评分表样本

| 标准 | 超出预期<br>3 | 达到预期<br>2 | 未达到预期<br>1 |
|---|---|---|---|
| 能够使用中文词汇指出在其他学科学来的物件或者概念 | 学生能够阅读并相对流利地说出中文数字、数量和度量衡的所有词汇。 | 学生能够阅读并且相对流利地说出中文数字、数量和度量衡的多数词汇。 | 学生对于能够阅读并且相对流利地说出中文数字、数量和度量衡的词汇感到困难。 |
| 能够使用中文数字和度量衡 | 学生能够持续正确地使用在食谱中以中文书写的数字和用公制度量衡烹饪食物。学生也能够掌控测量以改变数量。 | 学生多半时间都能够正确地使用在食谱中以中文书写的数字和用公制度量衡烹饪食物。 | 学生在使用食谱中以中文书写的数字和用公制度量衡烹饪食物上有相当的困难。 |
| 能够讨论在其他学科介绍过的主题 | 学生能够以中文讨论公制度量衡的数学概念，并且对比美国使用的度量衡。 | 学生能够以中文讨论公制度量衡的数学概念。 | 学生未能够以中文讨论公制度量衡的数学概念。 |

5.1.3.3 联系标准的教学材料

教师选择教学材料时应该考量下列条件：

(1) 是否有大量非语言的线索、图像、地图或图表等材料给学生提供帮助理解意思的上下文；

(2) 是否包含学生较熟悉的材料，可以提高学生的理解力。如果学生已经在数学课或者科学课学过公制系统，掌握外文度量衡会容易得多。

(3) 是否有熟悉形式的材料让学生较易理解，如果学生已经通过图表或者太阳和行星的图像学过太阳系，对学生而言，看到另一个类似的外文图表就会较容易延展并且应用。

关于联系标准教学材料，笔者认为可以分以下几个学科进行选择：

科学学科宜采用：

- 有许多关于熟悉主题图片的简易流行文章
- 照片、图表、表格
- 录像或动物、地震、沙漠等主题的电视节目
- 科学海报
- 不同国家动植物的海报
- 与特定科学主题有关的教具

数学学科宜采用：

- 数字海报、公制度量衡及其工具的海报
- 数学问题或从外语文本选取/以外文惯例书写的范例
- 简易的文字问题
- 关于有名的外国数学家的文章和海报

在社会学科中，地理学科宜采用：

- 外文的世界地图
- 目标语国家的地图
- 国家或者区域的地图、照片和海报
- 关于世界不同国家照片的简短文章
- 图表和表格(降雨量、气候等)、关于目的语国家地理特征的文章
- 国家和区域重要的地理特征(如沙漠、高山、海洋、江河湖泊)的录像

历史学科宜采用：

- 外国历史人物的海报
- 历史纪念碑、地点和人工制品的海报和图片
- 带有图片、关于特定历史事件的简短文章
- 历史地图
- 时代表
- 历史性人物重要的名言

#### 5.1.3.4 与联系标准相关的教学活动案例

本小节将介绍几个与联系标准相关的教学活动案例。

[案例 1] 数学

数学学科包括五个内容标准和五个过程标准①。

内容标准为：

- 数字和运算
- 代数
- 几何
- 测量
- 数据分析与概率

过程标准为：

---

① 数学课程的教学是由美国国家数学教师协会(National Council of Teachers of Mathematics; NCTM)在 2000 年出版的《学校数学课程的标准与原则》(Principles and Standards for School Mathematics)的基础上制定的。

- 解决问题——是学习数学的目标和方法
- 理解与证明——培养与表达见解的方法
- 交流——分享想法、澄清理解
- 联系——联系数学的想法与其他情境
- 代表——代表数学想法的不同方式

这些目标当中每一个都可以在外语课堂中呈现，产生联系的重要部分在于学生需要用外语思考与谈论和数学概念相关的学术语言（academic language）。

[案例 2] 社会科学

社会科学课程的教学是在美国社会科学全国委员会（National Council for the Social Studies，简称 NCSS）2010 年编写的《社会学科国家课程标准》（National Curriculum Standards for Social Studies）的基础上开展的。这些标准基于一年级至十二年级的十个主题设计，主题提供的内容可以联系和延展到社会科学学科。

十个社会科学主题包括：

- 文化
- 时代、永续性与更迭（历史）
- 人物、地点与环境（地理）
- 个人发展与身份认同（心理学、社会学、人类学）
- 个人、群体与机构（政治、公民）
- 权力、主权和管理（政治、法律、政府）
- 生产、分配与消费（经济）
- 科学、科技与社会
- 全球联系（全球化、国际研究）
- 公民理念与实践

[案例 3] 文学艺术

1998 年至 2011 年的《英语语言艺术标准》（The Standards for English Language Arts）是由美国全国英语教师委员会（National Council of Teachers of English，简称 NCTE），以及国际阅读协会（International Reading Association，简称 IRA）研发的。标准的清单可以在美国全国英语教师委员会的官方网站中找到。

文学艺术学科中的十二个标准代表不同方向的英文，也代表下列领域：

- 开展广泛阅读
- 文学阅读

- 运用理解策略
- 在写作或者演说报告表达时为观众或者读者调整自己的风格
- 运用写作策略
- 运用惯例知识，如拼字、语法、沟通上的语体
- 进行研究、询问
- 使用科技
- 了解并尊重多元化
- 英文非母语者运用自己的母语培养英文能力
- 参与社群
- 非英语为母语学生运用语言完成自己的目标

这些标准中许多都与 2006 年出版的《21 世纪外语学习标准》相似，而且也容易与外文学习目标并列。外语学习对语言艺术的重要贡献在于学习如何运用阅读、听力、浏览、理解的学习策略，这样的联系不只是内容上的，也是一种技能。

#### 5.1.3.5 联系标准涉及的学科领域

联系标准涉及的学科领域可分为数学、科学以及语言和文学方向。

数学学科领域的内容有：

- 计算距离、重量和使用英制系统的度量衡
- 计算汇率
- 计算居住空间的面积(两百平方公尺跟两百平方英尺相比，哪个大?)
- 估算买一次菜所需的费用
- 配置合适的热量、纤维到平衡的饮食中
- 使用外国的尺寸单位设计衣橱

科学学科领域的内容有：

- 生态
- 野生动物
- 野生动物分布、气候模式等等
- 地质活动和地理以及生活方式和饮食的影响
- 水资源及其使用方法
- 工业对环境造成的影响(化学废物等)

语言和文学学科领域的内容有：

- 语法是什么以及如何运作，中文和英文语法的比较
- 字母发展史

• 英语文学形式(如诗词、故事、俗语、歌曲)

• 文学角色、主题、西方文化的写作风格，以及该风格对东方文学的影响

### 5.1.4 比较标准及其在教学中的应用

比较标准包括以下两点：

(1) 学生能够通过比较展现目标语和自己的母语，了解二者语言的特性。

(2) 学生能够通过比较展现目标语和自己的母语，了解二者文化的特性。

比较标准强调比较学生自身语言和文化与后天习得的语言和文化的重要性。比较、交流与文化紧密相连，三者皆基于学习和比较特定的语言和文化，学习者能够了解广义而抽象的语言和文化概念。学习者也因学习认识到语言和文化是人类生活的一部分，从而深化自身对于人性共通点和相异点的了解，这让他们认识到虽然每一种语言和文化都反映一种价值系统，但其在本质上并没有优劣之分。

学生进行比较时，激活/启动(activate)了已有知识并且将其与新知识并列考虑、对比不同做(或者表达)事情的办法，并且最后获得对不同文化的人们所作所为的原因的见解。这两种见解的入口都是通过语言和文化打开的。学生通过比较，可以保证在其他文化中的言行举止和理解上不犯大错。另外，学习另一种语言也可为学生厘清母语运作的方式，整合比较标准融入日常学习和教学中的目标即是为学生介绍外语文化，给他们直接接触外语文化的途径。在真实情景中比较异同之处能够帮助学生为日后的外语学习巩固基础。

#### 5.1.4.1 比较的表现标准

《ACTFL 整合式表现评估指南》包括三种交流模式以及对文化意识的期望，但是并没有学生在外语表现中整合比较的水平标准。该指南并没有比较的评分准则，但是按照指导原则和《21 世纪外语学习标准》的进度指标，由教师自行研发。在学生实际表现中，任何包含比较的特定教学活动，教师都需要有文化标准的评分准则。

表 5 - 5 是中国台湾学者研发的第一年学习中文的外籍九年级学生针对比较标准的评分表样本，依照饮食主题的单元设计，其中包含学生学习中文与饮食相关的惯用语和定式用语，并且与英文形成对照。

表5-5 第一年学习中文的九年级学生针对比较标准的评分表样本

| 标　准 | 超出预期<br>3 | 达到预期<br>2 | 未达到预期<br>1 |
| --- | --- | --- | --- |
| 能够运用中文关于饮食的惯用语和定式用语 | 能够正确使用大多数学过的惯用语和固定用语，并且能延展至未学过的情境当中(不同的菜肴或者体验)。 | 能够正确使用大多数学过的惯用语和定式用语。 | 未能使用与中式饮食相关的惯用语和固定用语。 |
| 能够找出与英文类似的惯用语和固定用语 | 能够找出一些相似的英文惯用语和定式用语，并且能够谈论惯用语和定式用语使用的通则。 | 能够找出一些相似的英文惯用语和固定用语。 | 未能找出相似的英文惯用语和固定用语，可能不了解"惯用语"的意思是什么。 |
| 能够找出惯用语和固定用语的相同与相异之处 | 不论有没有协助，都能找出一些普遍存在于不同语言之间的相同和相异之处；可以预测差异透露的观点为何。 | 能够在协助之下找出一些普遍存在于不同语言之间的相同和相异之处。 | 即使在协助之下也未能找出一些普遍存在于不同语言之间的相同和相异之处。 |

5.1.4.2 比较标准的教学活动

比较标准的教学活动应该讨论语言的习性、想法表达的方式，以及想法在文化合宜的情境下的表达。学生可以探索使用正式和口语的社会情境，即使只是体现在问候上。学生可以运用惯用语和定式说法探索文化观点。学生比较特定的词类(parts of speech)，如跨语言的间接宾语代名词，对比分析这两种语言如何对待相同的语言议题。

5.1.4.3 比较标准的学习策略

学生对不同语言和文化进行比较时，特别有用的学习策略之一便是使用背景知识，如运用母语的知识学习外语的结构；将已知跨语言和文化地转至其他不同语言和文化或内容(即转移)；发掘或者运用规则(找寻/应用规则)。个人化/对个人产生意义也是进行比较的重要学习策略，因为运用比较表示学生不但会做知识上的比较，也会将新文化的概念与自己的感受、信仰和经验联系起来，四个策略的具体内容如下所示：

(1) 使用背景知识(use background knowledge)是语言学习者运用所知找出外语意思的学习策略，也可以更广泛地指转移特定知识或技能。

(2) 转移(transfer)是学生将在别的情境或者学科所学来的知识应用到另一个情境或者学科的行为，可以包含内容或者语言知识或者技能。

(3) 找寻/应用规则(find/apply patterns)是学生寻找重复性的规则时所使用的学习策略旨在尝试归纳出原则，此学习策略在发掘与记忆语法规则时尤其有用。

(4) 个人化/对个人产生意义(personalize)是帮助学生了解其他文化观点的重要学习策略。为了对个人产生意义，学生需要将自己的生活、经验、信仰和感受与中国文化联系起来，这也引导学生体验并且了解中国观点。

5.1.4.4　比较标准的教学策略

教师要给学生提供广泛多样的机会拓展自身文化与新文化的不同之处、解决这些差异，并成功地在与新文化的接触时找出正确的方向。

一些教导学生达成教学目标的普遍指导原则如下：

1) 取得两种语言真实的信息

教师找寻并且向学生提供多重包含有关两种语言和文化比较的材料的途径，确认包含印制品、录音、视觉和触觉的材料。

2) 比较两种语言表达相同想法的方式

学生看词汇、短语和结构，找寻不同语言表达相同想法的方式。例如：英语人们说 I broke the glass，而中文人们说“我把玻璃杯打破了”。

3) 比较两种语言的结构

学生看语言组织了解语法结构，例如：英语说 word of the day，中文说“每日一字”。英语使用者可能觉得中文的名词比形容词更重要。

4) 仔细寻找解决类似问题或需要的多种方法

这些问题或者需要是两种文化生活形式的要素，比如：中国人/美国人如何安排生活？服饰如何不同？饮食如何不同？原因何在？

5) 使用多学科与跨学科的教材

网络具备寻找比较物件和概念的丰富资源，包括广告、歌曲、海报、书籍或者其他物品。

### 5.1.5　社区标准及其在教学中的应用

社区标准包括以下内容：

(1) 学生在校内外皆能使用目标语。

(2) 成为终身学习者的学生通过使用目标语得到了个人满足感与成就感。

社区标准反映了学习语言给予学生无法以其他方式接触的不同社群的渠道。学生成为在课堂外，在较大的社区中为了自己或者工作的原因而使用目标语的国际人。

每一个人都生活在不同的社区之中;每一个人都与其他人互动交流,包括家人、在邻近地区的人、校工、同事、社团的人与归属组织的人等等。另外,我们也有通过阅读,看电影、电视或者上网所参与的社区。通过外语学习,学生探索新社区并且运用新语言与个人交流,语言学习打开新文化的大门,让人们以个人的方式与新社区的个人、机构产生联系。

网络的发达使社区与外语学习发生改变。学生有网友,接触许多真实的材料,并且在线上参与全球外文社区。教师可以为学生提供在真实情境与环境中获得测试的机会,而这些机会也会刺激学生继续寻找自己拓展知识的机会,以及与外国语言和文化的接触。

#### 5.1.5.1 社区标准的内容学习目标案例——饮食主题单元

在不同文化中,人们的日常生活都有相同和相异之处,在饮食和如何用餐方面,不同文化的人们也有相同和相异之处。

在饮食主题单元的社区学习目标中,学生应能够:

- 去外国餐厅(实地或者只是虚拟的),阅读(部分)菜单、点菜,与服务员就点的菜与账单进行对话。
- 给社区的成员准备西式餐点,如为家庭、学生和其他班级的老师、朋友提供餐点,并且说明(以英语)用餐的地点、如何用餐、餐点原料为何与如何制作。
- 以英语解释如何烹饪餐点,包括烹饪的用量。
- 在实地或虚拟的西方家庭参加聚餐,并且知道合宜的言行举止是什么。
- 逛西方杂货店或者超市(如果找得到的话,也可用虚拟的),认识并且可以叫出一些典型饮食的原料,可以购买或者协助教师采买一些物品。
- 以外语进行访谈,通过电子邮件或者亲自进行皆可,就西方饮食对美国的某人进行访问。

#### 5.1.5.2 社区标准的表现评估

虽然《指导原则》和《ACTFL 整合式表现评估指南》都没有包含评估学生如何符合社群目标领域标准的方式,但是使用《指导原则》和《21 世纪外语学习标准》的进度指标,教师可以自行研发标准。在学生实际表现中,对任何包含社区的特定教学活动,教师都需要有交流模式标准的评分表;另外,教师也可以增加一些描述学生进行教学活动、参与社区活动时的标准。

社区的进度指标描述下列三个种类:

(1) 学生找出、讨论和拓展个人喜欢或者有兴趣的目标语文化,如休闲活动和职业生涯。

(2) 学生积极与西方社区展开讨论，如与西方社区的成员讨论生涯规划。

(3) 学生以报告的形式呈现关于西方语言的信息，如给学校或者社区团体作报告。

5.1.5.3 社区标准的评分表范例

表 5-6 为社区标准的评分表范例。

**表 5-6 社区标准的评分表范例**

| 标 准 | 超出预期<br>3 | 达到预期<br>2 | 未达到预期<br>1 |
| --- | --- | --- | --- |
| 学生因个人兴趣或者喜好而讨论/探索中国饮食 | 提供达到以及超过标准的证据 | 提供达到标准的证据 | 未能提供达到标准的证据 |
| 学生通过去餐馆、商店、市场，就饮食的主题参与中国社区，与中国社区的成员开展个人对谈或电子邮件往来，为刚从中国来的人翻译学校菜单或者以其他方式进行沟通。 | 提供达到以及超过标准的证据 | 提供达到标准的证据 | 未能提供达到标准的证据 |
| 学生通过报告、制作海报并烹调，在上菜的同时介绍中国饮食，积极参与并告知当地非中国的社区、家庭或者学校关于中国饮食的信息，或者以其他方式进行沟通。 | 提供达到以及超过标准的证据 | 提供达到标准的证据 | 未能提供达到标准的证据 |

教师可以鼓励学生参与这类的活动作为课程以及课外活动的一部分。期望学生参与所有主题单元的所有活动是不合理的，因此，教师可以针对每个学生一学年的社区活动保有持续的记录，或者要求学生持续记录自己参与的社区活动。此外，教师应设定一些对学年的期望，在该学年开始给学生评分表时可以与学生交流讨论这些目标。

## 5.2 基于标准的语言教学的关键概念

从 20 世纪 90 年代开始，美国的语言教学专业就采用了一套以标准为本的语言教学法，以标准为本的语言教育重视学生的语言水平，即学生对语言的所知以及使用目标语的能力。本小节讨论的关键概念包括：交流能力、文化能力（cultural competence）、重视理解的课程设计（understanding by design）、学生表现评估（performance assessment），和语言学习的迁移。

### 5.2.1 关键概念

本节的关键概念包括沟通能力、文化能力、重视理解的课程设计、学生表现评估、语言学习的迁移几大方面，下文将一一展开论述。

#### 5.2.1.1 交流能力

交流能力是世界语言教学的目标，它代表理解目标语并且通过该语言产生有意义的信息的能力。有意义的信息体现为对知识以及合适的语法和词汇的使用，也体现在综合文化、社会规范或行为常规和在文化上恰当的沟通策略上。掌握一门新的语言即能够如同使用母语一般通过该语言去理解、交流并且思考，语言的教学即是引导学习者培养其新语言的沟通交际能力的活动。

#### 5.2.1.2 文化能力

文化能力是交流能力所需要的知识与技巧的集合，它包含对不同文化差异的认知，熟悉不同文化的观点、惯例和产物，以及与具有不同文化背景的人互动时所需要的知识和技巧。文化能力能增加学习者与不同文化背景的人交流时的自信心。

语言与文化是不可分割的。外语各项标准的教学目标是息息相关的；一次课堂的教学通常涵盖了不止一个标准，对于教学计划与评估而言，了解语言与文化的不可分割性至关重要。学习者通过使用目标语言，在养成了解一个地区的人的观点、习性与相关产物的同时，对于该文化的知识也开始影响学习者使用目标语的方式。交流能力源于学习者使用对目标语的语言与文化所知，以及用该语言沟通的能力。

#### 5.2.1.3 重视理解的课程设计

在各种语言课堂中，日渐受到重视的交流与文化能力培养与另一个通识教育领域的趋势并行，即具有目的性的课程框架设计。先前人称的反向课程设计（backward design）展现了注重教学目标的课程设计模式：教师首先决定教学目标，接着依据设定的教学目标设计过程的评估方式，最终设计出能让学生成功完成评估的教学顺序和教学活动。在这套课程设计的理念下，评估目标影响课程的内容，重视理解的课程设计强调教师教导学生如何通过批判思维（critical thinking）探索宏观的概念（big idea）来理解课程，这些理念整合了外语标准内五大模块的领域：交流、文化、联系、比较与社区。

5.2.1.4 学生表现评估

学生表现评估就是学生通过直接或活动式的教学任务展现所学的能力与知识的评估方式，因为语言学习的目标为沟通与提升文化能力，因此评估必须能反映学生的交流能力，体现学生具备理解目标语文化的能力。重视理解的课程设计中一个主要的成分即是评估与教学目标紧密联系的重要性。

5.2.1.5 语言学习的迁移

学习中的“迁移”意指能够将在一个情境中所学的知识和技巧套用在另一个新情境中。新的情境可能与原来学生习得的情境有不同的场景或者情况，给学习者的线索或提示也极少甚至不存在。迁移的发生需要学习者进行推断和语义协商(negotiate meaning)，它也使学习者离开熟悉可预料的情境，在较无法预测的情况中进一步地使用语言。在一个特定的文化中合宜地使用语言需要良好的适应能力，对于新情况的包容度、处理不完整信息的能力，在缺乏线索的情况下解决问题的能力，以及在课堂外使用语言以回应所面对的挑战的能力。沟通能力要求学习者能够将课堂所学的知识转移至真实生活的情境当中。

### 5.2.2 交流能力及其三种技能

沟通能力是学习者成功传达、接收不同种类信息的能力(SFLL，2006)。学习者为了多样的学习目的使用和学习语言，理想的语言学习结果是成为能满足在不同目的、不同情境和不同方式下无碍沟通的能力。在语言学习的所有阶段当中，教师与学习者都希望能够用目标语进行有效沟通(efficient communication)。用目标语进行有效沟通即学习者在现有的语言能力所及的范围内试着了解他人，并且通过目标语让他人了解自己。为了达成此目标，学习者应能够使用正确的标点符号、语法与词汇并尽可能清楚地表达自己的想法；注意在目标语社会与文化中所学与观察到的，灵活地使用在社交上和文化上合宜的语言和行为；运用了解与处理沟通障碍(communication breakdown)的策略，如请求重述或者澄清问题，使用合适的肢体动作加强沟通，以及在词穷时用其他词汇代替表达意思。沟通能力视学习者的三种主要技能领域而定，分为语言(linguistic)技能、社会语言(sociolinguistic)技能，与策略(strategic)技能。

(1) 语言技能是指学习者能掌握如何使用目标语的语法、句法及词汇。

(2) 社会语言技能是指学习者在特定的场合、话题和社会人际关系结构中，能合宜地使用并回应目标语。社会语言技能是了解信息的语境，了解合适的语言风格及体裁，为了成功沟通使用合适语言的方式。例如，在正式演讲中使用的语体和一般随意非正式的交谈语体是不同的，就中文而言，合乎社会与文化规范的语言和行为意味着学习者清楚并且能依照所需灵活使用中文口语和较书面/文言的中文。

(3) 策略技能是指学习者能通过化解沟通障碍来持续交谈，处理自己对目标语的语言知识的落差，并学习更多目标语的知识与语境。例如，学习者如何察觉自己错误理解了一段话，或者他人误解了自己的意思？学习者该如何处理这个情况？在不知道使用什么词汇或语句才正确的情况下，学生如何使语言交流更传情达意？

### 5.2.3 语言学习策略和能力

学习策略是为了帮助学习者学习所采用的想法或者行为，包括计划和监控自己的学习和行为，如记笔记、画图记忆等。学习策略也包含诸如与他人合作学习的社会行为。效率高的语言学习者较效率低的语言学习者更能运用广泛的学习策略(Chamot, 2009)。参考"用学习策略驾驭 5C"(Sailing the 5 C's with Learning Strategies)①一文，其中整理并列出了 20 种学习策略。

#### 20 种学习策略及其解释

(1) 整理/规划：安排任务或内容的顺序，设定目标并规划如何完成任务。

(2) 管理自己的学习：确定对自己最佳的学习方法；确保能帮助你学习的条件；寻求练习的机会；专注于任务。

(3) 监控：在任务进行过程中检查你的进度，检查你的理解程度，确认自己是否真的懂了；检查你的语言运用，确认别人是否懂得你的意思。

(4) 评估：在任务完成后：评估你这项学习任务完成得好坏，评估你策略运用得好坏，决定这些策略对帮助你完成这项任务的效益有多大。

(5) 利用背景知识：思考并运用你的现有知识来帮你完成这项任务，运用联想的方法。

(6) 推论：利用上下文及已知知识推出含义，琢磨言外之意。

(7) 预测：预期将至之信息，对于将要发生的事做逻辑性的猜测。

(8) 个性化：把新观念与日常生活(经验、知识、信仰和感觉)联系起来。

(9) 转换/利用同源语：将你对其他语言的知识(包括母语知识)运用到目标语上，辨识同源语词汇。

① 详见 http://www.nclrc.org/sialing/index.html.

(10) 替换/转述：遇到目标语中你所不认识的词，想一个相近的词或用其他方式描述。

(11) 利用图像：运用图像或影像去理解或表示信息。

(12) 利用实物/角色扮演：用目标语实际演练或想象把自己置身于不同的角色之中，在使用目标语时利用实物。

(13) 找出/应用模式：运用一个规则/制定一个规则。

(14) 分类/归类：根据其属性，将字或想法串联起来或将之分类。

(15) 用图表做整理/做笔记：把观念间的重要关系用视觉的方式表现出来（例如：图解、时间线和图表），将重要的词和概念记录下来。

(16) 概述：在心里，或用口头和笔记的形式做摘要。

(17) 选择注意：把注意力集中在特定的信息、结构、关键词、用语或者概念之上。

(18) 接触信息的来源：使用字典、因特网与其他参考资料，寻找并利用信息的来源，遵循模范，提出问题。

(19) 合作：与他人合作，以完成任务、建立自信并相互帮助。

(20) 告诉自己可以做得到（自我鼓励）：利用内在资源，提醒自己所取得的进步、可获得的资源及目标，从而降低焦虑。

教师能利用学生关于语言如何运作和学习方法的知识——后设认知(metacognition)来协助学生以下列两种方式管理与监控自己学习语言的历程：

(1) 鼓励学生了解自己的思考过程。培养能帮助自我学习的自知能力，赋予学习者掌控学习的能力，如规划如何进行一个学习任务，一直监测自己的表现，以及在学习任务完成时评估自己的学习情况。

(2) 描述特定的学习策略，给学生演示学习策略如何应用在指定的学习任务中，并且让学生练习学习策略。为了能一直保持成功完成学习任务，学习者必须清楚帮助他们学习成功的学习策略价值何在。通过在课堂时间教学这些学习策略，教师重申学习策略的重要性和价值。

## 5.3 能力标准在教学大纲中的延伸

《21 世纪外语学习标准》指导着美国的语言教育，教师们更加关注自己如何通过日常教学培养学生的五大能力。在 2005 年和 2010 年，格兰特·威金斯(Grant Wiggins)和杰·麦克泰(Jay McTighe)两位学者撰写了和美国《21世纪外语学习标准》相适应的教学大纲《重视理解的课程设计》(*Understanding by Design*)。这个课程设计的框架在美国教育界广为使用,并且也在外语教学界得到采纳,它有助于教师针对沟通能力和文化能力设计有效的教学,它强调教学目标、评估和教学三者的结合,尤其是评估驱动教学的部分。

威金斯和麦克泰在《重视理解的课程设计》中提出"反向课程设计"理念,这是课程设计的一个常用方法,该框架已经在众多学科中得到采用,并且也在外语教学界中被采纳,同时也与外语教学标准相符(Eddy, 2007a)。

重视理解的课程设计的关键是它将概念学习视为语言教学的中心。语言教学由概念的拓展驱使,教师使用反向课程设计来规划教学时,针对希望学生在课程结束后仍能长期记住的概念、主要的想法来决定课程。这些概念即为持续性的了解。

在规划教学时,教师必须首先考量标准是否包含一般的目标领域,如比较。一个概论性的陈述如下:"比较标准要求学生能够展示通过比较目标语文化和自身文化以了解文化的概念"。在这些标准的基础之上,教师培养学生一个持续性的了解以加深学生在标准中对所说明概念的理解,持续性的了解一般来说是在学年度和以主题为单元层次培养出来的,也与关于某一主题的单元有所联系。一学年的持续性了解范例如:"美国和中国文化背景的人们在日常生活中有相同与相异之处"。以主题为单元的范例,如饮食主题:"美国和中国人在饮食以及如何准备餐点的文化中有相同和相异之处。"持续性的了解是教师一般教学目标的部分,学生能运用目标语进行的特定任务以展现对于目标语的了解是评估的部分。

除标准外还须跟进与标准相对应的课程设计与教学任务。反向课程设计认为教学评估引导教学;有异于传统的教学设计先从教学活动开始,教师先从学习行为发生的证明、评估开始,颠倒传统的教学设计顺序,逆向思考教学活动。教师的教学为学生能够顺利通过最后评估做铺垫,即教师必须考虑学生在单元结束时可能运用目标语达成什么任务。

重视理解的课程设计主张课程应该按照三个阶段的过程设计。此三阶段依照一种理念编排,即教学目标决定教学评估,后两者相结合决定教学活动与学生的学习经验。阶段一:找出所预期的教学结果。以主题为主的单元中预期的教学结果包含持续性的了解和以标准为本的单元教学目标。阶段二:决定学习成果的依据和教学评估。这些依据和教学评估可以展现学生是否已经达到教学目标。阶段三:规划教学策略,从真实生活中取得而未经修改的教材和资源、学习经验。这些规划可以推进学生朝能够在教学评估中实际展现目标语能力的方向前进，从而达成教学目标。总之反向课程设计可以应用于校际不同层次的课程框架，细微至一课教案，庞大到各级水平的教学规划。

接下来笔者将以“单课教案”为例，解释在制定标准后的实际操作阶段中如何跟进详细的“单课教案”的具体标准。以饮食主题单元为例：

阶段一：制定出能够达到的预期教学效果的某一节课程的具体标准。

(1) 学生能够以外语参与和制作餐点有关的对谈，并且使用上菜、接受餐点和评论餐点时的常用客套表达。

(2) 学生能够了解并且诠释展现文化恰当的餐桌礼仪和语言表达的录像或者报告，并且据此完成关于餐桌礼仪的讲义。

(3) 学生能够展现恰当的西方餐桌礼仪，并在角色扮演中表达关于餐点和礼貌观点之间的关系。

(4) 学生能够在讨论和完成讲义时比较中美之间关于礼貌行为和餐点的观点。

阶段二：制定出相应的可以评判学习成果或教学评估的标准。笔者认为这是“外语能力标准”的延伸。

**表 5-7 可以评判学习成果或教学评估的标准**

| | 超出预期 | 达到预期 | 未达到预期 |
|---|---|---|---|
| 文化意识 | 学生的语言选择和行为良好地反映关于饮食文化的意识。<br>学生可以在中式餐馆用餐时展现礼貌的言行举止。 | 学生的行为和语言选择反映部分关于饮食的文化意识。<br>学生可以在中式餐馆用餐时展现礼貌的言行举止。 | 学生的行为和语言选择缺乏关于饮食的文化意识。<br>学生未能在中式餐馆用餐时展现礼貌的言行举止。 |
| 使用礼貌的常用客套表达 | 学生在合适的时机场合使用正确的礼貌表达用语。 | 学生在合适的时机场合回应他人时使用正确的礼貌表达用语。 | 学生在合适的时机场合未能适时使用礼貌的常用客套表达用语。 |

阶段三：规划教学策略，使用真实而未修改的教材和资源、活动和学习经验。

关于饮食一课，教师需要寻找一至两个清楚展现餐桌礼仪的录像，也需要自行制作包括餐具和食物的介绍，同时还需要准备引导学生在观看录像时需要注意哪些部分的讲义，让学生对比中美之间的餐桌礼仪。

## 5.4 教学评估概述

本节主要围绕教学评估的含义、以标准为本的教学评估、学生表现评估、整合表现评估和标准化评估，对以标准为本的教学评估展开论述。

### 5.4.1 教学评估的含义

教学评估是收集学生学习成效的过程，包括正式和非正式的评估。教学评估也包括由测验专家研发的标准化语言考试以及由教师自行研发的课堂评估。

教学评估循环（the assessment cycle）以实用的方式说明了评估在课堂中扮演的角色，图 5－1 描述了教学评估过程，包括评估规划、收集记录资料、分析诠释结果、告知学生和其他评估过程中的相关人士评估结果及任何相关的决策。

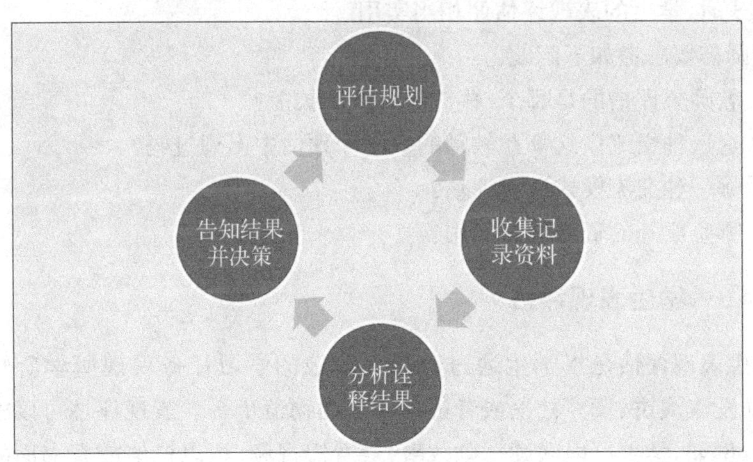


图 5－1 教学评估循环

如图 5－1 显示，教学评估不是独立于其他教学顺序的一个最终程序，它实际上是教师找出学生学习成效的持续过程，评估结果亦可作为决定学生、教学、课程或者其他整体语言项目的考量基础。

有效的教学评估有两个前提条件：① 教师需要知道哪些数据？② 教师如何运用这些数据？

区分成绩和水平在计划评估时至关重要，它分为两种情况：

- 学生的成绩评估与某一课或者某个语言项目涵盖的特定内容紧密相关。
- 学生的水平评估测试一般语言水平，而非学生在某一特定课程或语言项目中学到的内容。

外语沟通式教学注重以水平为本的教学（Omaggio，2001：118），在外语课堂中使用的教学评估应该反映教学目标和在课程中涵盖的内容。

### 5.4.2 以标准为本的教学评估

在以标准为本的教学评估（standards-based assessment）中，标准提供了外语教学和评估的准则，教学和评估相辅相成，确保学生的学习反映了这些标准。虽然这五个标准（交流、文化、联系、比较和社区）并不是针对提供课程准则所设计，但是它们仍针对在不同课堂中采用何种教学评估较为合适提出建议。此五种标准在评估中都有不同的启示，而交流标准尤其重要，交流标准包括三个模式：交流型模式、解释型模式和展示型模式。按照交流标准评估学生的表现包含下列三种横跨听说读写四种技能的沟通，需要不同种类的评估方式和实践，包括使用学生表现评估。教师在比较自己的评估实务与交流标准和模式时，学生的表现评估便相当实用。

教师需要思考如下问题：

- 教师想评估的是哪个/些交流模式和技能？
- 这三种交流模式都在教师的教学和评估中出现过吗？
- 哪一种交流模式最难评估？
- 哪些额外的资源最为实用？

### 5.4.3 学生表现评估

学生表现评估是指学生通过直接而积极的学习任务展现所学所知的评估，例如发表演讲、撰写社论或者记录一个购物清单等。表现评估可以整合多重技能，例如，学生可以阅读一则故事、观看短视频，再以口语或者书面的形式提出自己对教材内容的回应。整合式的表现评估需要综合多重技能，同时也反映了真实生活中的语言使用。

学生表现评估需要以标准为本，如此才可以反映标准中强调的技能和交流模式。我们以往的评估基本是选择题式的考试，这种考试有明确的正误答案。表现评估不同于我们之前所熟悉的教学测评，它包含了关于学生表现的决策，需要教师不断研发。

评估表是表现评估的关键，因为评估表提供评分的级别，可以帮助教师评价学生表现的各个方面。研发新的或者使用现存的评估表都有助于教师更有效地在课堂中使用表现评估法。

评估表有如下功能：① 为评价学生的表现提供了标准化的方式；② 使评分标准清楚明确；③ 告诉学生应该努力的方向；④ 帮助确保评分时的一致性。

使用或者改编现存的评估表，如：整合式表现评估量规表（Integrated Performance Assessment Rubrics）可以增加评估的效度，因为这些评估表是依据已有并已试验过的标准而设立的。

评估表一般以表格的形式呈现，说明学生表现中实际、可观察行为的不同方面，如可理解性（comprehensibility）指的是学生使用目标语时，让人能够理解的程度、目的语使用的准确度和词汇使用的精确程度如何。学生学习表现的不同方面就是特质（traits），表现的水平指出学生呈现每个特质的成效也被包含在评估表内，而这些特质和不同表现水平的描述就是学生表现的标准（criteria）。评估表的使用又被称作基于标准的测评模式（criterion-based assessment）。

教师在研究表现评估时，参考现有的评估表较省时省力。

### 5.4.4 整合表现评估

整合表现评估是能力标准在外语教学中的具体应用，能力标准在外语教学评估中具体表现为整合表现评估。

整合表现评估是由美国外语教学委员会在2003年按照三种交流模式的标准和一些评估表所研发的表现评估。整合表现评估量表的使用对教学和评估有很大的影响，学习某单元时，教师使用的整合表现评估表可以决定学生在单元结束时的学习情况。所有的教学活动和教材都以学生完成评估表中所描述任务的能力的形式表现出来。

整合表现评估的框架包括三种任务，反映标准的三种交流模式。教师给学生一个主题单元，学生的任务即是：搜集组织关于该主题的资讯（解释型交流模式）、讨论计划方案或者做出成品（交际型交流模式）、准备一个书面或者口头的成品以反映自己的学习成果（展示型交流模式）。这些任务都建构在学生已有的知识和技能，以及先前学习任务的成品之上。设计这三种任务是为了引导学生在不同任务中转移目标语中的知识和技能。

解释型交流模式任务可以联系现有知识和新信息，注重关键要点、词汇或者概念。该模式的任务整合了理解、分类和组织技巧，如在手册中选择正确的样品或者在电视、广播中听取公车日程的信息等。

交际型交流模式任务是为了活化语义协商而设计的，包括使用不同技巧以目标语在未经练习、未经改编过的自然语言交换中听说读写，从解释型交流沟通模式任务中应用信息，学生可以分享资讯、填补信息差、讨论不同的观点、测试假设、建构理解的知识，完成教师布置的任务。该模式注重的是内容和智能的扩展。

展示型交流模式涵盖了口语或者书面语呈现的事先计划好的、加工过、排练过的任务，如报道、书信、手册、诗词、歌曲、投影片和戏剧等。展示型交流模式任务体现了学生的思考与学习，反映了指派学习任务的成效和使用所学知识展现语言的能力。

在完成以上三种任务时，如果学生审慎地参与所学并且思考自己学习的方式（即学生自我评价），他们就可以学得更好。

### 5.4.5 标准化评估

标准化评估是学校外部制作的，通常为了总结性的目的而实施，包括以标准为本的评估、电脑测验，以及传统的纸笔测验。

在外语项目中，标准化评估一般被用作测验语言水平而非测验成就。评估的内容不与任何课程有紧密关联，而评估的结果通常被用作展示学生目标语语言水平的信息。虽然标准化评估和教学的关系不如教学和以课堂为本的评估的关系来得直接密切，但是考量测试对学生学习与教学的影响时，它们仍是重要的因素，此影响被称作考试反拨影响。考试反拨影响指的是考试对学生和教师的影响，该影响可能是正面的，也可能是负面的。正面的考试反拨作用应该是选择标准化评估的一个主要考量因素。

一些现有的外语评估虽然因语种和水平有所不同，但许多评估工具都基于美国外语教学委员会的水平测试指南，下表提供了一些现有的评估工具。

**表 5-8 外语评估工具**

| 评　估 | 说　明 | 被试者族群与现有的语种 |
| --- | --- | --- |
| 美国外语教学委员会的口语能力面试<br>http://www. actfl. org/i4a/pages/index.cfm? pageid=3348 | 被试者通过美国外语教学委员会资格考试的测试人员现场或者电话访谈，根据美国外语教学委员会的标准而测试的口语水平，也有口语能力机测。 | 十一至十二年级、大学生和成人；多种语种可供选择。 |
| 口语能力机测<br>http://www. cal. org/topics/ta/copi.html | 基于美国外语教学委员会的标准，电脑化、半适性的表现口语评估。 | 十一至十二年级、大学学生和成人；阿拉伯语和西班牙语可供选择。 |

续表

| 评　估 | 说　明 | 被试者族群与现有的语种 |
| --- | --- | --- |
| 《语言档案》<br>https：linguafolio.uoregon.edu/ | 免费、以电脑为本的档案式评价工具，包括学生自我评价和检查清单。 | 多种族群，任何语种皆适用。 |
| 模拟式口语水平测验<br>http://www. cal. org/topics/ta/sopi.html | 中级至优级水平，基于美国外语教学委员会的标准，录音式的表现评估。 | 九至十二年级、大学生和成人；汉语、阿拉伯语、法语、德语、豪萨语、希伯来语、印尼语、葡萄牙语、俄语和西班牙语等语种可供选择。 |
| 以标准为本的水平评估<br>http://avantassessment.com/products/about stamp.html | 初级至中级，基于美国外语教学委员会的标准，以网络为本的阅读、写作和口语水平评估。 | 七至十二年级、大学生和成人；西班牙语、法语、德语、日语、意大利语和汉语等语种可供选择。 |
| 明尼苏达语言水平评估<br>http://www.carla.umn.edu/assessment/MLPA.html | 中级低、中级中和中级高等水平，基于美国外语教学委员会的标准，以网络为本的听说读写四种能力的水平评估。 | 七至十二年级、大学生和成人；西班牙语、法语和德语可供选择。 |

此表是评估工具的代表清单；而其他评估工具也由个别州、特定语种的机构和其他组织所研发，可以在外语评估目录（Foreign Language Assessment Directory）找到。

外语评估目录是评估资讯可查询的线上资料库①，使用者可以使用不同的参数，包括语种、水平级别和测量目的等查询资料库。

教师在选择标准化评估或者学校外部研发的评估时，需要注意：① 该评估是否适合学生群体；② 该评估所测量的目的是否与教师的评估目的相符；③ 教师是否有足够的资源施测及评分。

总之，美国对能力标准的研究不局限于标准框架和细则的研发，还进一步探索出标准在实际课堂教学的具体应用指南和操作步骤以及应用实例。这一

① 请见：http://www.cal.org/flad。

点是我国应该学习的，我国的标准大多处于政策层面，与之对应的配套资源基本上只有教科书，教师的具体操作尚缺乏科学的标准化的指引。

## 5.5 进度指标范例与表现标准

本节主要介绍进度指标范例与表现标准，并通过示例展开论述。

### 5.5.1 进度指标范例

在《21 世纪外语学习标准》中有非常明确的语言能力进度指标范例①。

进度指标范例是在不同程度、不同标准下，学生能够使用目标语执行任务能力的例子，是对学生能使用目标语所做事情的描述，它们能引导教师研发对学生而言实际可行的学习目标。这些范例不是为了告诉教师教什么或者怎么教，而是为了帮助学校和教师"建立可以接受的学生表现水平"（SFLL，2006：28）。

这些例子都是一般性的进度指标范例，可以应用在任何语种上；另外，也有针对每一种语言研发出来的一套标准的进度指标范例。每个标准都附上四年级、八年级和十二年级学生的进度指标范例，因为该标准假定学生自幼儿园至十二年级皆学习该语言。许多语种也延伸至大学一至四年级的进度指标范例，这样的范例等于指出从小学开始，一直到大学四年级都学习该语言的学生应该有的水平。标准指学生能够参与对话，从中提取并且得到信息、表达情感以及交换意见。每一个标准都包含数个进度指标范例，下列有同一标准要求下的三组学生：

四年级学生：学生能够在面对面的情况下，或者通过书信、电子邮件、录音和录像等方式，进行提问并且回答关于家庭、学校、特定事件的问题。

八年级学生：学生能够对个人事件、值得纪念的经验和其他学校的学科与同侪或者目标语文化的成员进行信息的交换。

十二年级学生：学生能够和同侪或者目标语使用者，就关于当代和历史性的广泛议题进行意见交换、支持并且讨论个人观点。

进度指标可以因未从幼儿园开始学习的学生进行调整。教师必须确定实

---

① National Standards in Foreign Language Education Project. Standards for Foreign Language Learning in the 21st Century[M]. 2006. Lawrence, KS: Allen Press, Inc.

际的内容适用于适龄学生，同时进度指标的一般描述也可以视年纪较长的学生而调整。如果学习时长只是短短几年，教师可能只用四年级的指标作为根本。如果学生学习时间较长，教师也可以采用八年级的进度指标，为年纪较长的学生制定教学目标。

### 5.5.2 表现标准

除了外语学习标准以外，美国外语教学委员会在 1998 年至 2001 年研发出版了一套表现评估指南（performance guidelines），即《K－12 年级学习者的表现评估指南》①；2003 年又出版了《美国外语教学委员会整合式表现评估指南》。后者是基于美国外语教学委员会在 1998 年针对基础教育阶段学习者的表现指南，在特定的教学活动时间后，向学生提供能够表现三种不同的交流模式（交际型、解释型、展示型）的程度。

两个指南皆以研究为本，并且已经有大量实证（含研究和实验）。这代表在一定的目标语学习时间内对学生进步幅度合理的期望值，因此这些指南可以较准确地描述学生在一定的语言学习时间内达到的某一水平。这些指南是评估学生表现的标准，它们说明了学生应该按照标准展示其目标语的熟练水平的表现。

在外语课堂中，如果可以明确“教师期望学生所能做的”和“学生能做到的水平”的标准，将大有裨益。教师的期望描述得越清楚具体，学生便越能更好地了解教师希望学生达成的任务和所能做的任务。

《基础教育阶段学习者的表现评估指南》主要关注的标准为交流标准。这些标准通过以下述六个条件描述学生在交际型、解释型和展示型交流模式三方面的能力：

- 可理解性：学生用目标语表达可以让人理解多少？
- 理解：学生理解多少目标语的内容？
- 语言控制：学生用目标语表达有多清楚？
- 词汇使用：学生的词汇量有多广泛实用？
- 沟通策略：学生如何持续交谈？
- 文化意识：学生的文化意识如何反映在沟通当中？

针对此六种条件，以上指南列出了学生三个水平的标准：

---

① American Council on the Teaching of Foreign Languages. Performance Guidelines for K－12 Learners. 1998. Yonkers, NY: American Council on the Teaching of Foreign Languages.

- 初级学习者范围：从幼儿园至四年级学习某一外语的学生，或者从五年级至八、九、十年级学习某一外语的学生，针对这些学生而定的预期能力范围。
- 中级学习者范围：从幼儿园至八年级，或者从七年级至十二年级，或者从九年级至十二年级学习某一外语的学生，针对这些学生而定的预期能力范围。
- 准高级学习者范围：针对从幼儿园至十二年级学习某一外语的学生的预期能力范围。

这些标准是语言教师在评估学生表现的时候可以参考的点，每一个标准都描述了学生在某一水平能使用目标语达成的任务。例如在展示型交流模式的理解条件中，下列的“能力等级描述”代表了学生可以使用目标语达成的任务：

- 初级：将简短、背诵下来的短语或者句子应用在口头或者书面的报告当中。
- 中级：表达自己的想法、描述与说明，在口头或者书面的报告当中使用句子和一连串的句组。
- 准高级：做报告、陈述与说明，在口头与书面上使用连贯的句子、以段落为主的较长形式的篇章。

这些表现评价非常有用。第一，它们对于教师找到实际可行的学生表现标准很有助益，通过与内容标准合并，使用这些标准，教师可以在学生能接受的语言教学范围中，决定学生能够使用目标语做到的任务，以及做得多好的标准。

第二，通过检测学生依照这些标准的学习进度，教师可以决定所采用的课程是否在合适的水平赋予学生合适的语言能力。此套学生表现指南是为了配合以标准为本的课程设计，注重学生应该知道的知识，以及能运用目标语所做的事情。如果学生自五年级至八年级学习某一外语，却未达到初级的标准，教师便需要找出在上的课程中哪一个部分出了问题需要修正，找出未能达到的标准有助于教师针对问题找到解决办法。同样，找出学生能展现何种优势的标准也能让教师清楚所教授的课程中最为有效、成功之处。

### 5.5.3 评估表范例

以交际型交流模式为例，表 5－9 是第一年学习中文的九年级学生评分表样本，依照饮食主题单元设计，改编自《ACTFL 整合式表现评估指南》(加入了采自《基础教育阶段学习者表现指导原则》中的文化意识）。

**表 5－9 第一年学习中文的九年级学生评分表样本**

| 标 准 | 超 出 预 期<br>3 | 达 到 预 期<br>2 | 未达到预期<br>1 |
| --- | --- | --- | --- |
| 语言功能—意见交流的种类 | 能够使用并且了解在进餐时常用口语用语。<br>能够以句子形式询问并且回答关于饮食的简易问题。<br>能够以句子形式描述中式饮食并且结合已学习的语言产生不同的意义进行沟通。 | 能够使用并且了解在进餐时常用口语用语。<br>能够以短语或者句子的形式询问并且回答简易问题。<br>可以使用背诵式的语言对中式饮食进行简短、基本的描述，有时候能够结合语言组织新句子。 | 能够使用并且了解很有限的在进餐时常用的口语用语。<br>能够以单词询问并且回答问题。描述食物的语言长度常常为单词或者背诵式的短句短语。 |
| 语言类型—语言长度<br>学生能说/写 | 能够说/写关于饮食的简单句和简短段落。 | 能够说/写关于饮食的简单句。 | 仅能使用单词或者短语讨论饮食。 |
| 沟通策略—参与对谈 | 能够进行关于饮食的简短对谈，主要的形式基于问答。 | 能够回应问题并且询问一些问题。 | 只能回应问题。 |
| 可理解性 | 一般能够为同学和教师所理解。 | 能够在有时候有困难的情况下为同学和教师所理解。 | 对同学和教师而言，理解学生的语言很困难。 |
| 语言控制<br>语法<br>词汇<br>发音 | 能够使用关于饮食和餐点的正确词汇、形式、发音和拼写、简单句和句群。 | 能够使用正确的形式、词汇和发音，以及背诵式的语言，如单词或者不连贯的单句。 | 能够正确使用单词。使用短语时正确度便下降。 |
| 文化意识 | 行为和语言选择能够良好地反映关于饮食和进餐时的文化态度和观点。<br>学生能够展现中式餐桌上的礼仪。 | 行为和语言选择能够反映部分关于饮食和进餐时的文化态度和观点。<br>学生能够展现中式餐桌上的礼仪。 | 行为和语言选择未能反映关于饮食和进餐时的文化态度和观点。<br>学生不能展现中式餐桌上的礼仪。 |

# 澳大利亚篇

# 第1章 澳大利亚外语能力标准的研究背景

本章将从澳大利亚外语能力标准研究的必要性、研究目的和研究意义出发，介绍其研究背景。

## 1.1 研究的必要性

语言能力标准，又称语言能力量表，是对语言使用者运用某种语言能力的一系列描述，旨在通过不同的级别描述语言能力发展的不同阶段（North，2000）。世界范围内对外语能力标准的研究已有近60年的历史。无论是《美国外交学院量表》《ACTFL外语能力指导方针》《国际第二语言能力标准》《欧洲语言测试者协会标准》还是《加拿大语言能力标准》，它们的主要目的无外乎是描述学生的语言学习目标，作为考试级别划分或定级尺度，或是评定不同人员的语言水平。经过大量地搜集资料文献，笔者发现国内对国外语言能力量表的研究已逾十年。国内最早将澳大利亚外语能力标准纳入国际语言能力标准比较研究的学者是韩宝成（2006）。他从研制背景、级别划分以及描述特点等方面对包括澳大利亚在内的多个国家的语言能力标准进行了比较，对每个量表的优缺点进行了评述。在此基础上，他进一步将中国与这些国家的语言能力标准从研制背景、研制方法、理论基础、语言能力表述指标和表述形式几个方面进行了比较研究（韩宝成、常海潮，2011）。但是比较的内容过于表面，没有对具体某一量表的制定与发展进行深入研究。一些学者则从培养目标，如是否将文化因素作为衡量语言能力标准和研制方法的角度对中外的语言能力标准进行了比较。两者虽然都是对中外语言能力标准的对比研究，但侧重点各不相同，前者将各个国家的语言能力标准分别进行了对比，而后者则是将国外语言能力标准作为一个整体与中国的标准进行对比。与此同时，另外一些学者则从语言能力表述、交际能力描述、交际能力划分、培养目标和培养途径等方面将欧、美、澳的标准和《国际汉语语言标准》进行了比较。在这些研究中，对美国、加拿大、欧洲语言能力标准的比较研究较多，而对澳大利亚外语能力标准进行深入透彻的研究较少，但随着澳大利亚外语能力标准的逐渐发展，其科学性逐渐得到证实，因此对澳大利亚外语能力标准进行深入的研究极为必要。澳大利亚的《国际第二语言能力标准》不仅可用于评估第二语言学习者的语言能力，还可应用于外语教育科研和语言政策的制定，同时为语言课程的开发提供参考框架(Wylie & Ingram, 1999)。

我国外语教育历程虽长，但针对外语能力标准的相关研究主要反映在1949年以来的英语教学大纲、课程标准或教学要求之中。但是，我国英语教学各个阶段的教学大纲、课程标准及教学要求对学生英语能力的描述缺乏内容上的衔接，衡量整个外语教育体系中学生英语能力水平的依据只有几个彼此无法进行匹配的英语测试，虽然目前《中国英语能力等级量表》已经公布，但是和该量表匹配的测试体系并未建立。而澳大利亚外语能力标准的制定既考虑到了日常生活的交际能力，又考虑到了相关专业的语言运用能力，具有很强的适用性，《国际第二语言能力标准》是在美国的《美国外交学院量表》的基础上制定的，并经过了大量的信度和效度的检测，其科学性得到了有效的验证，并且在世界范围内受到了广泛的认可，因此对《国际第二语言能力标准》的研究可以对我国外语能力量表的发展和完善带来一定的启示。鉴于它对国内外语能力标准模型的发展具有很好的借鉴作用，对其进行系统深入的研究，可以为完善我国统一的外语能力标准提供借鉴。

## 1.2 研究目的及意义

外语能力量表在语言教学与测试中的作用越来越重要，目前我国大学生的英语能力主要依靠大学英语四六级考试来评定，测试的结果并不能完全反映学生真实的英语水平。因此从国家层面完善现有的《中国英语能力等级量表》，对健全我国外语测评体系意义重大。本篇选择《国际第二语言能力标准》作为研究对象，对其进行全面的研究，研究意义主要有：① 帮助读者更好地了解一个量表制定的整个过程；② 对我国英语语言能力标准的完善提供一定的借鉴；③ 通过探究《国际第二语言能力标准》在制定过程中存在的问题及缺陷，为我国量表的发展提供一定的警示。

本篇主要的研究问题有：① 制定《国际第二语言能力标准》的理论基础是什么？②《国际第二语言能力标准》的制定过程中采用了那些方法？③《国际第二语言能力标准》制定者是如何对量表的信度和效度进行验证的？④《国际第二语言能力标准》的制定与发展，对我国英语能力标准的发展有何启示？

# 第2章 澳大利亚外语能力标准的相关研究

本章笔者将综合国内外研究动态对澳大利亚外语能力标准展开述评。

## 2.1 国内研究动态

国内研究主要围绕对澳大利亚外语教育政策和对《国际第二语言能力标准》的研究展开。

### 2.1.1 对澳大利亚外语教育政策的研究

澳大利亚是世界上第一个制定和实施多语和多元文化政策的英语国家，澳大利亚的外语教育和语言政策得到了国际上的语言学家和政治家们的高度评价，因此对澳大利亚外语教育政策的研究对我国外语教育政策的发展和完善具有实际的指导意义。国内对澳大利亚外语教育政策的研究主要是对外语政策演变历程的研究（张沉香，2009；王辉，2010；孙燕；2013）。张沉香研究了澳大利亚外语教育政策的发展演变历史和实施过程及策略，通过比较以期能够立足于本国实践，借鉴澳大利亚的外语教育规划经验，客观地审视我国外语教育政策存在的不足，有利于我国外语教育的规划、政策的制定和外语教育的健康发展。王辉研究了从20世纪90年代开始澳大利亚外语教育政策的转变历程。孙燕从澳大利亚外语教育政策的历史演变入手，探讨了各个时期的政策特点并分析了其演变的主要特征，最后阐述了我国外语教育政策应如何借鉴澳大利亚的语言文化政策，以推进自身外语教育事业的健康和谐发展。另一方面是对澳大利亚外语语言政策和语言规划的研究（金志茹，2007；秦涛，2011）。金志茹借鉴澳大利亚的语言政策和语言规划，结合1949年以来外语教育政策的变革，分析我国目前外语教育中存在的问题，并提出了相应的解决办法。秦涛从语言政策和语言规划的角度研究了澳大利亚外语教育政策的现状，通过研究澳大利亚外语政策的目的、意义、制定原则、外语教学的内容和方法以及教育现状，给中国的外语教育政策的制定提供了一些启示。但是以上研究都没有将外语能力标准与外语教育政策联系起来进行研究。

### 2.1.2　对《国际第二语言能力标准》的研究

我国学者对于澳大利亚外语能力量表的研究最早是从韩宝成(2006)开始的。通过对国内相关文献的整理分析，笔者发现国内对《国际第二语言能力标准》的研究从广度上可以分为三类：

第一类是澳大利亚外语能力标准模型对我国专门用途英语(English for Specific Purpeses，简称ESP)教育及课程的启示类研究。随着我国经济的不断发展，以英语为主要外语的专门用途英语课程也在不断开设(如商务英语、英语职业教育)，然而我国专门用途英语教育的发展仍然面临着诸多问题，如何科学有效地授课以及评估学生专门用途英语的能力，仍然需要进一步探索。国内已有一些学者开始研究《国际第二语言能力标准》对我国专门用途英语教育的启示(韦鸿发，2011；候文瑜，2015)。其中，候文瑜对《国际第二语言能力标准》及澳大利亚职业英语考试进行了量化分析，分析并指出两者的优点可以为我国商务英语课程的设置带来的启示。韦鸿发指出《国际第二语言能力标准》及其测试是基于交际能力理论基础上的测试体系，它为语言能力测试提供了专门用途模式，其具备的真实性和职业性符合职业英语能力测试的要求。通过研究《国际第二语言能力标准》的设计原理和具体的测试设计，构建了适合职业英语课程的测试模式。

第二类是澳大利亚外语能力标准模型对我国商务英语能力量表的启示。商务英语作为我国英语教育的一个分支，逐渐成为我国高等教育中的一门独立的学科，旨在培养商务英语人才。然而如何对学生商务英语能力进行科学的评价，成为国内一些学者研究的重点，其中构建商务英语能力量表是研究的热点。一些学者针对不同的商务英语能力，分别从阅读(王建娜，2016)、口语(王淙、杨妍，2015)、翻译(王淙、张国建，2016)等方面研究了商务英语能力量表的制定。

第三类是多个国家外语能力标准的比较研究(韩宝成，2011；郭宝仙，2014；刘建达，2015)。该类研究通过对国外主要外语能力标准的综合比较，从研制背景、研究现状、研究模型等方面全面介绍了不同的外语能力标准。从语言能力二维模型和交际语言能力模型两方面出发，剖析了国外外语能力标准研制的理论框架，从理论基础及描述指标、研制方法、描述能力的范围及特点、描述语的特点等四个方面对《ACTFL外语能力指导方针》《欧框》《国际第二语言能力标准》和《加拿大语言能力标准》进行了比较分析，提出了英语能力等级量表制定的原则和基本思路，制定了方法和步骤。但是上述研究仅仅从理论上对量表进行了介绍，并没有针对某一具体量表进行全面深入的剖析，国内学者对国外量表的研究仅限于理论层面，针对量表的制定方法、制定过程、信度和效度的研究却不多见。

## 2.2 国外研究动态

不同的时代背景对外语能力标准有着不同的需求，国外许多学者对《国际第二语言能力标准》进行了研究，主要可以分为三类。

### 2.2.1 量表描述语的研究

与《ACTFL外语能力指导方针》一样，《国际第二语言能力标准》将本族语者[尤其是受过教育的本族语者（the educated native speaker）]作为外语能力的最高标准。亚当斯和费尔斯（Adams and Frith，1979：vi）认为《美国外交学院量表》中的描述语没有外部的标准，因此没有办法评估。但是量表的等级之间都有紧密的逻辑联系，量表等级上有一个最高的标准，即受过良好教育的母语者水平——“受过良好教育的母语者”就是《美国外交学院量表》制定的起点。1968年，佩伦指出，母语水平或类似母语的语言能力成为量表中最高的语言能力水平。他对此感到困惑，认为母语水平范围太广，不好定义。佩伦提倡通过观察第二外语熟练的学习者来制定量表，而不是根据一些诸如“母语水平”的概念，但这种做法只有在制定量表时通过数据分析的方法才能得以实现。对于以经验为依据的语言量表制定，研究引入了母语者这个概念。威尔兹（Wilds，1975：36）认为一个受过良好教育的母语者对应的是一个完美的语言能力标准，《美国外交学院量表》就是以母语者语言水平最为最高的能力水平。利斯金-加斯帕罗（Liskin-Gasparro，1984a）认为那些有机会住在目标语国家的语言学习者才会有可能达到《美国外交学院量表》或《国际第二语言能力标准》的最高语言水平。引入受过良好教育的母语者这个概念制定语言量表受到了一些质疑。最大的问题是母语者的语言能力水平也因人而异

(Bachman and Savignon，1986：383)。他们认为《美国外交学院量表》的定义前提是我们能够清楚地辨别母语者以及母语者的语言行为，很显然这是不现实的。

从量表的描述语中(如“能够像母语者一样进行对话”)可以看出，巴赫曼和萨维尼翁(Bachman & Savignon)认为量表是将母语者的概念统一化了。兰托夫和弗劳利(Lantolf & Frawley，1985：343)也认为这些量表其实包含了一个隐藏的概念，那就是母语学习者语言行为。他们的看法和巴赫曼和萨维尼翁类似：受过教育的母语者概念不清楚。兰托夫和弗劳利认为，当使用“受过良好教育母语者”为量表标准的时候，量表制定者只考虑到了“母语者”，然而现实生活中母语者也有不同分类。他们将其分为四类：① 个人习语的，或消费提供者(idiolectal，or informants)；② 统计的，或典型发言者(statistical，or typical speakers)；③ 规范的，或专家发言者(normative，or expert speakers)；④ 前者的，或历史记录中的发言者(former，or speakers from historical records)。

《国际第二语言能力标准》试图在经验的基础上将统计和规范发言者联系起来。然而真正的“专家母语者”也仅限于某一领域罢了。贾维斯(Jarvis，1986：20)举了一个例子：一个教授，他的语言能力在不同场合会有所差别，如在讨论他的专业领域时和在参加派对或开银行账户时的语言能力会不一样。巴恩维尔(Barnwell，1987：39)认为应该将“理想的母语者”定为量表的最高水平级别，以此代替真实的母语学习者。戴维斯(Davies，1990：52；1991)认为“母语者”并不是一个统一的概念，并且也没有专家对“母语者”进行过准确定义。

面对这些质疑，洛威(Lowe，1985a：47，1987)认为，一个“母语者”的语言能力表现反映在语言能力量表(如《美国外交学院量表》《ACTFL 外语能力指标》《国际第二语言能力标准》)中有可能只是第三等级或者高级水平。将第五等级或最高级水平等同于受过良好教育的母语者水平的做法并不可取，因为大多数母语者并不能达到这一水平。然而面对这些质疑英格拉姆(Ingram)认为，对英语能力的判断是一个自然的过程，这个过程就是英语母语者对非英语母语者语言能力水平的判断，因此将母语者作为量表的最高标准不无道理。

### 2.2.2 信度效度的研究

对《国际第二语言能力标准》信度效度的研究多见于国外，国内的研究少之又少。在英格拉姆(Ingram，1984b，1990)该标准评估者间信度和评估者内信度的实验中，两者之间的相关性达到了0.9。实验结果证实，无论是对英语母语者还是非英语母语者来说，该标准都反映着学习者语言能力的准确性和有效性均能够得到保证。在一项关于该标准都与职业教育课程相关性的研究当中，凯利特和卡明（Kellett & Cumming，1995）发现两者之间具有高度的相关性。在建构效度的研究方面李（Lee，1995）经过研究总结到：① 该标准每个层级的特征都已建立；② 该标准的四项宏观技能特征已经确定；③ 该标准和其次量表可以揭示不同母语背景下英语为二语的学习者的发展路径。

然而仍然有些学者对《国际第二语言能力标准》的有效性提出质疑。弗里德认为，英格拉姆在对《国际第二语言能力标准》建构有效性的研究过程中采用将《国际第二语言能力标准》测试结果与其他测试结果相比较的做法是不可取的，虽然测试结果相关性很高，但都是基于较少的实验对象的结果，研究对象的数量会对结果产生影响。另一些学者认为《国际第二语言能力标准》是基于直接测试（direct test）的一种量表，其信度和效度会受到主观性的影响，然而英格拉姆认为，所有的测试都会或多或少的受到主观性的影响，包括在非直接和半直接的测试中，主观性本身也是测试不可避免的一部分。

### 2.2.3 理论基础的研究

20世纪上半叶是结构主义语言学和行为主义心理学的鼎盛时期。无论是早期的《跨部门语言圆桌量表》（即《美国外交学院量表》），后期的《ACTFL外语能力指导方针》，还是在两者基础之上形成的《国际第二语言能力标准》，都是以交际能力理论、结构主义语言学和行为主义心理学作为自己的理论基础的。

英格拉姆认为以交际能力为理论基础的语言量表忽略了被试者智力以外的因素，如性格、测试环境等，因为个体的交流能力受多种因素的影响，既包括语言能力又包括交际能力，这些能力会受到如个体经历、对测试的接受度、智力、教育背景、社会规范等的影响。也有许多学者将交际能力与交际行为进行了系统的比较（Kelly，1981：169）。

凯利认为在对外语能力标准的研究中，交际能力和交际行为这两个概念的不同之处并没有引起学者们的足够重视，两个概念经常被混为一谈。

莫罗（Morrow，1979）主张外语能力水平评估应该在直接、基于生活情境的测试环境下进行，他和英格拉姆的观点一致，认为外语能力标准既要考虑到对被试者交际能力的测试也要考虑到对交际行为的测试。

# 第3章 澳大利亚外语能力标准的相关理论

无论早期的《跨部门语言圆桌量表》和后期的《ACTFL 外语能力指导方针》，还是在两者基础之上形成的《国际第二语言能力标准》，均以结构主义语言学和行为主义心理学作为自己的理论基础（韩宝成，2011）。此外，在制定量表时，量表制定者对交际能力与交际行为理论的区分也对量表的制定奠定了重要的理论基础。

## 3.1 交际能力与交际行为理论

从《国际第二语言能力标准》的性质来看，该量表的测试属于直接的整体性（integrative）测试，也属于交际型测试，交际型测试的最大特点是基于行为的表现。

因此，在对《国际第二语言能力标准》理论基础进行详述之前，有两个基本的概念需要事先做一下区分——交际能力和交际行为。

表现型测试是指在测试中通过在目的语中设置相应的会话情境，使被测试者的外语能力直接最大限度地启发出来，《国际第二语言能力标准》就是表现型测试的一种。对语言能力的描述源于语言学习者的实际语言行为，并与此密切相关。而直接测试方法不仅测试语言知识，而且还描述语言学习者在处理不同沟通任务时所表现的语言能力水平（Ingram，1984a：5）。

英格拉姆认为《国际第二语言能力标准》测试的是语言的一般能力，即日常生活中非特定情境中的语言使用。语言能力在实际使用中并不能充分解释语言被使用时的方式和形式，基于这样一个事实，交际能力的概念应运而生（cf. Hymes，1972）。他进一步区分了语言能力与交际能力，指出交际能力取决于智力、性格、一般常识等非语言因素，而这些因素在实际测试中可能很难得到恰当的评估。语言学习者的交流能力是大部分语言测试的兴趣所在。然而，交流能力需要的不仅仅是语言能力和交际能力，更需要包括性格、智力、经历、教育背景，以及交流意愿甚至社会习俗等因素。因此以交际能力的概念设计的语言能力测试并不足以测试学生交流的能力。

如果将交流能力等同于交际能力的话，那么要设计出可靠的能够评估交际能力的测试就是不切实际的，因为许多非语言因素会牵涉其中，对于语言测试者来说并不适合将这些因素进行合理评估(Alderson, 1981b: 62)。相反，奥德尔森关注学生运用语言的能力及以此处理不同的交流任务的能力。他对交际能力中的语言能力和交流能力概念做了区分：

> 人的所谓的语言能力，尽管在技术层面上是一个相对准确的术语，然而在实际交流中却显得并不那么有效。有些情况下，甚至会让人们更易误解。比如，有些人话说得很流利，但却没有实际意义；另一方面，也有一些人虽然说话口音很重或者词汇有限，语言能力评分很低，但不能否认的是这些人仍然是高效的语言交流者。

交际能力的测试与对个体交流能力的测试并不一样，一个人可以有很好的语言交际能力，但在日常生活中不一定有很好的交流能力或交际行为。因此一些学者如凯利(Kelly, 1981: 169)开始对交际能力和交际行为做进一步区分，但是这种区分并没有得到广泛的重视，从而造成了交际能力的概念被应用到不同的方面，并且经常与交流能力混为一谈。

卡纳尔和斯温(Canale and Swain, 1980)对语言交际能力的相关概念进行了定义和分类。他们认为语言交际能力包括语法能力(对语言语法结构的掌握)、社会语言学能力(对会话的规则及其使用的掌握)以及策略能力(对口头或非口头交流策略的掌握)。在莫罗的文章中，进一步对两者做了区分，强调了交际能力和交际行为的区别。最显著的一个区别是交际行为是卡纳尔和斯温所说的这三种能力的综合体现，即在对交际行为独特的一般心理制约下，在实际的交流和理解中。

莫罗同意卡纳尔和斯温的主张，他认为交际语言测试既要关注语言学习者对语言形式的认识，又要关注在特定使用情景下如何使用它们，更要考虑到在特定交际情境下，语言学习者能够运用知识的程度，例如，可以使用语言做些什么，正如雷(Rea)所指的，在特定社会心理情境下轻松高效交流的能力。

因此交际能力，交际行为与交流能力三者之间的关系可以用图 3－1 表述。

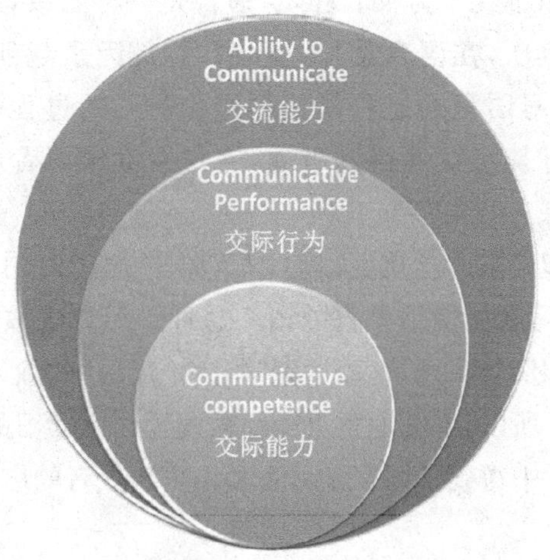


**图 3－1　交际能力、交际行为与交流能力之间的关系**

## 3.2　行为主义心理学理论

行为主义是 20 世纪初起源于美国的心理学流派，主张心理学应该研究“可以被观察和直接测量”的行为，反对研究没有科学根据的意识，而主张对人的意识进行研究的观点。行为主义是唯物主义的一种形式，否定一切关于精神的重要性，其代表人物是华生和斯金纳。他们认为，具体的行为反应取决于具体的刺激强度，因此，他们把“刺激—反应”(S－R)作为解释人的一切行为的公式。他们认为，心理学的任务在于发现刺激与反应之间的规律性联系，这样就能根据刺激而推知反应，反过来又可通过反应推知刺激，从而达到预测和控制行为的目的。行为主义心理学派的主体思想是对 19 世纪末美国的机能主义学派的心理理论观点的进一步发展，它在 20 世纪 20 年代发展到高峰，并发展成以后几十年间美国甚至世界心理学研究中一直处于统治位置的一大学派。行为主义学习理论认为任何复杂的学习行为都可以分解成最基本的单元：“刺激—反应”的联结。学习实际上就是建立“刺激—反应”联结的过程，20 世纪 50 年代新行为主义的代表斯金纳提出该联结是通过强化(reinforcement)实现的。他把学习过程归纳为“刺激—反应—强化”(S－R－S)。行为主义者(以斯金纳为代表)认为人的学习过程为刺激—反应—巩固(S－R－C)，语言是一套习惯，学习语言即形成语言习惯。根据以上理论基础，行为主义学习理论基本观点可以概括为以下几个方面：首先，语言是一种习惯，是在外界条件的作用下逐步形成的。其次，在语言学习过程中，外部因素起到很大的影响作用。另外，语言学习者学习语言的过程是按照操作制约的过程进行的。并且语言行为需要正向强化才能形成并得到巩固，它是帮助学习者形成语言学习习惯的外部影响因素。

行为主义学习理论被广泛接受以后，人们创造出了以句型操练为主体的教学模式，以便帮助学习者更快地掌握外语。这种学习方法重在使语言学习者对外语不断地行重复和反复实践，进而达到“刺激—反应”的效果，最终帮助他们形成良好的语言习惯。所以，不断地重复操练被视为语言学习的一个重要的手段。这一手段在外语教学中得到了语言学习者和语言传授者的广泛的应用。

## 3.3 结构主义语言学理论

受行为主义心理学影响，结构主义语言学家认为，语言是一套由音素、词素、词、词组、句子等成分构成的结构系统，可以用直接成分分析法对语言进行描述，把语言分离成不同层次的单位。它把语言看作是一种工具和手段，通过刺激—反应来获得，强调各种语言之间的差别，着重研究和描写不同的语言系统及其结构形式。由此理论产生了注重口语并以句型结构操练和模仿为特色的听说法和视听法。与此同时，分析法测试理论也得到了推广。该理论认为，语言由听、说、读、写技能和语音、词汇、语法等语言成分组成，语言能力具有可分性，通过抽样检查这些分离成分即可得知考生的语言水平。根据这一思想，分析法主要采用离散式题目(discrete items)逐项测试学生是否掌握了语言中已经分解了的成分或技能。此外，由于刺激—反应论的影响，分析法认为学习语言就是要通过反复训练才能获得正确使用语言符号系统的知识和技能。逐项考察和反复操练的观念使多项选择题在这一时期备受重视。

到了20世纪40年代，人们发现关于语言规则知识的学习并不等于语言学习。如在第二次世界大战期间，美国军方迫切需要在短时间内培养出大量会说外语的人才，他们因此发现了传统的语法翻译法等教学方法的局限性。以布龙姆菲尔德为首的美国结构主义语言学家第一次提出语言是一套形式结构，是一套习惯（a set of habits）。以斯金纳为首的美国行为主义心理学家认为：语言行为是一连串的刺激—反应过程。因而，语言就是要获得操作这套符号系统的技能，训练对刺激作出正确反应的一套语言习惯，于是，结构主义教学法（如听说法）应运而生。在语言测试方法上，结构主义语言学家汲取了心理语言学领域的心理测量学（psychometrics）方法，形成了所谓的心理测量—结构主义语言测试。结构主义语言学家认为语言是由语音、词汇、语法构成的一个系统，这一系统是可以分解的。语言中的语音、词汇、语法是一个有限的集合，而这些有限集合的成分却可以构成无限集合的句子。所谓掌握一门语言就是掌握语言中的这些元素并用来生成和理解无限数量的句子的能力。20 世纪 60 年代，著名的语言测试权威拉多（Lado）在其经典著作《语言测试》（*Language Testing*）中就把语言能力分为语音、句法、词汇和文化，他认为语言考试可通过说听读写四种方式测试语音、句法、词汇和文化。由于语言是可以分解成元素的，因此可以设计出离散的题目来逐项测验学生是否掌握了这些元素。这一测试方法被称为分离式测试（discrete-point test），又被称为元素法（atomistic approach）。分离式测试通常把语言测试按照语言技能分成若干部分，例如听、说、读、写四个部分，分别进行测试。由于语言构成在不同方面有层次之分，语言测试也分方面和层次。例如语言测试可以分成语音、词汇、句子、短文等，或者分成识记、理解、应用、分析、综合和评估。命题人可以根据需要来确定怎么分，考什么。

较早提到语言能力的是 1959 年卡罗尔（Carroll）和萨彭（Sapon）设计的现代语言能力测试（Modern Language Aptitude Test）。这是学能考试，包括几部分：语言编码能力、语法意识、语言敏感性、语言学习演绎和概括能力、记忆力。而真正对第二语言教学产生了影响的，是 1961 年为开发托福考试在华盛顿举行的会议上，卡罗尔提出的一个两维语言模型：一个是语言技能维度，包含听力理解（auditory comprehension）、口语表达（oral production）、阅读（reading）、写作（writing）四个元素；另一个是语言成分维度，包含音位拼写（phonology orthography）、形态学（morphology）、句法（syntax）、词汇（lexicon）四个元素。这个两维模型是以结构主义语言学为理论框架的，把语言视为一套形式系统，语言知识和语言技能都可以被分解，语音、词汇、语法等语言成分可以被单独描写但又不独立存在，而是被运用在听、说、读、写技能中。基于结构主义体系，第二语言教学培养二语学习者将语言知识转化为听、说、读、写技能；语言测试依据两维模型设计出双向细目表，一般是横标目分成听、说、读、写，纵标目标注广泛分布的语音、词汇、语法等语言知识点，由此形成四个分测验，分别考查被试者操作语言知识的听、说、读、写技能。基于对语言模型的重新认识，无论是当时的《美国外交学院量表》，还是在其基础之上发展的《国际第二语言能力标准》都遵循了上述理论，从听、说、读、写四个宏观技能出发对语言能力进行描述。

# 第4章 《国际第二语言能力标准》的研究

本章笔者将从《国际第二语言能力标准》的基本内容、研发背景、研制目的及用途、能力框架分析、编排表达模式，以及研制过程及方法六大方面，对该标准进行论述。

## 4.1 《国际第二语言能力标准》概述

本节将围绕语言能力量表的发展及《国际第二语言能力标准》的基本信息介绍展开。

### 4.1.1 语言能力量表的发展

语言能力量表的发展经历了不同的历史时期，无论是美国的《美国外交学院量表》还是澳大利亚的《国际第二语言能力标准》，两者的性质都属于基于"行为表现"的语言量表。这种语言量表的研制方法发展经历了不同的时期。主要可分为三个时期：图形评定量表时期(graphic rating scales)、行为锚定量表时期(behaviorlly anchored rating scales)，以及行为观察量表(behaviorlly observation scales)和行为总结量表(behavior summary scales)时期。

#### 4.1.1.1 图形评定量表时期

使评估量表的使用群体成为量表制定的一个环节的方法由史密斯和肯德尔率先采用，他们在《美国外交学院量表》之外开发了第一个明确定义的评估量表(Smith & Kendall, 1963)。

他们反对由心理学家在直觉或因素分析的基础上确定的量表抽象类别(特征)。史密斯和肯德尔认为这样的评级结果具有不可靠性，于是他们首次开发了基于行为的评级量表。这种特殊的量表形式被称为行为预期量表(behavioural expectation scales)，或者更通常地被称为行为锚定量表，因为评级量表具有期望观察到的预期表现行为的“锚点”。

用于工作评估的行为量表与用于语言教学的量表具有一致性，他们都用数字来定义个人的语言能力，赋予数字一定的意义。图4-1和图4-2是两种典型的数字评定量表。图4-1中包含了对相关“维度”“特质”和“技能”的简短定义，并且量表两端有诸如用有效(effective)与无效(ineffective)显示行为质量的词。图4-2仅仅标明了“维度”，量表中并没有相关的定义。这两种量表都曾被用来作为语言测试的标准，1970年，美国外交学院的口试测试就用到了这样的简单量表，以检测学习者口音、语法、词汇、流畅度、理解能力等方面的能力。(Wilds, 1975: 38)

第一次世界大战之后，在数字量表出现之前，人们只能使用权重计分(weighted marks)来反映不明确的语言行为特征或思维，这种方法至今仍然在许多外语测试中沿用，如法语语言初级文凭的语言测试。两种经典的数字量表形式如下图所示：

**Administrative Skills**

Planning ahead; organizing time efficiently; completing paperwork accurately and on time; keeping track of appointment; not wasting time.

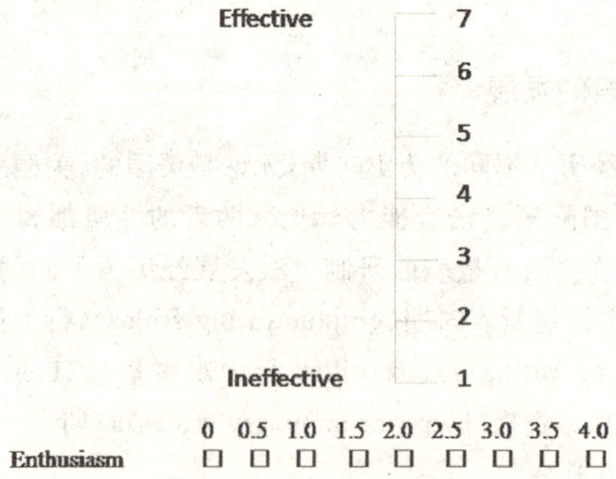


Source: W.C Borman, "Behavior-based Rating Scales", in Performance Assessment: Methods and Applications, ed.R.Berk (Baltimore: Johns Hopkins University Press,1986), p.102.

**图4-1 管理技能权重计分表**

这两种量表并没有为每个等级水平附上对应的定义。两者均在语言测试中得到过运用，如1970年的美国外交学院口试就用到了这种方法来评估学习

**Salesmanship Skills**

**Skillfully persuading prospects to join the navy; using navy benefits and opportunity effectively to sell the navy; closing skills; adapting selling techniques appropriately to different prospects; effectively overcoming objections to join the navy.**

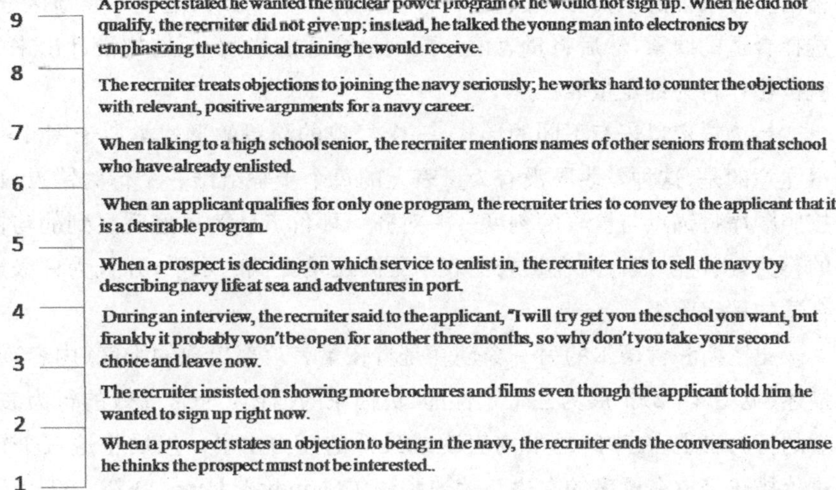


Source: W.C Borman, "Behavior-based Rating Scales", in Performance Assessment: Methods and Applications, ed.R.Berk (Baltimore: Johns Hopkins University Press,1986), p.102.

**图 4－2 销售技能权重计分表**

者的口音、语法、词汇、流畅度及理解力等。图形评定量表第一次提供关于与量表所代表的连续体的不同部分相关的行为的细节。最初的图形评定量表是两点之间的连续线。评估的维度在量表顶部进行一般的定义，对与不同连续体相关的行为则进行简短的定义。

4.1.1.2 行为锚定量表时期

此后量表重大的发展是由水平到纵深的变化，这种改变使得量表有了更大的空间，也就有了更精确的线索(Champney, 1941: 132)。确定精确的量表描述语面临着诸多困难，描述语潜在的模糊性风险受到了质疑。

奥尔德森(Alderson, 1991)认为一个线索(cue)必须不仅限于几个词的描述，应该尽可能具体生动地描述语言行为，就像给出一个定义一样。如果量表的量表值(scale value)不取决于“几乎没有”“经常”“很少”“很多”等词，那么这些词也可以出现在量表中(Champney, 1941: 144)。钱普尼的另一个创新点在于促使量表的每个维度都拥有多维度模型。所有被试者(比如 5 到 6 人)小组在下一个维度测试之前都会在相同的维度上进行测试。然而图形评定量表的缺点在于确定量表中的维度，选择和设计线索以及确定每个维度上的量表值。为了确定量表值，钱普尼采用了一种等级排序或等级一致任务(rank-ordering rater-agreement task)，这种方法仍然适用于量表的研制过程。为了确定测量维度，并且让量表使用者能够接受，史密斯和肯德尔设计出了一种严格的多方求证的项目分析法，这种方法可以在一个数据池中不断地区分线索，选择合适的线索，然后将量表值分配到最合适的线索上，这样设计出来的量表就被称作行为锚定量表。

行为锚定量表有不同的形式，一个经典的简单的形式类似于图 4-2。值得注意的是，这种量表既没有为量表上的每个步骤给出一个行为锚点，也没有按照顺序将锚点与量表的刻度一一对齐。评价者认为已经观察到的与锚相关的行为，决定了该行为在量表上表示更高还是更低的水平，并且为评级选择最合适的评定等级。

史密斯和肯德尔的另一个创新是将在量表顶部出现的维度(内容)的定性描述(见图 4-2)扩展为三个定性的、更抽象的描述：非常高效的行为表现、低效的行为表现、在中间的平均表现或最低的能力水平。然后将这三个较长的段落描述符放在量表的左边。兰迪和法尔(Landy & Farr, 1983: 62-65)将史密斯和肯德尔的方法在定性描述符的基础上设计出了一种量表变体。在该量表变体中，连续体被分为三个部分或宽范围的水平，定性总结陈述覆盖每个范围，而不是两端和中间的点；行为锚点也被分组到这三个广泛的层面。

行为锚定量表将任务信息写入行为线索或锚点中，对每个等级的能力水平进行更加详细的描述，提高了量表的透明度，通过量表可以观察测试者的行为表现。

行为锚定量表的一个主要优点是，行为锚点非常具体，是具体的行为例子，即这个级别的人可能期望做什么样的事情。事实上，史密斯和肯德尔发明的量表原始名称是"行为预期量表"。"运用这种方法制定的语言能力量表相当于一个任务锚点的数字量表，其中锚点是学生可以在每个维度上的每个级别执行的任务。一个标准语句表达如：可以写一系列主题，并撰写个人和直接的正式信件，尽管有一些错误和格式问题，但读者可以理解。"欧洲中心证书写作 6 级中这样写道。

可能形成一个锚的基础如下："如果该学生要通过写信跟一个说英语的朋友保持联系，并且想表达自己的一些安排等重要信息，那么他信的内容除了有些错误或格式问题，应使说英语的朋友几乎无理解障碍"。

行为锚定量表的优点是锚点的具体性。该方法的主要缺点在于评估者必须判断行为发生的情境与量表中的是否一致。为了做到这一点，他们必须推断一个人在特定情境下的行为，这一点会给评估者带来困难。值得注意的是行为锚定量表关注每一个具体的行为，以便确定表现行为的等级，但这样的方法可能意味着量表中某一等级的一些更加概括的描述（能够以不同主题写作）和其他更加详细的描述（能够写一篇语义明确的正式的信件）会从量表中被省略。这揭示了该量表的一个主要问题：例子太过详细，很难进行概括。

4.1.1.3 行为观察量表和行为总结量表时期

尽管行为锚定量表仍在广泛使用，但为了解决上述问题，又发展出两种类似的量表，这两种量表的思想与行为锚定量表类似，分别是：行为观察量表和行为总结量表。

行为观察量表提供在具体领域一系列的测试任务，每一个任务分别对应着一个计分量表，量值通常是从 0 到 5。另一个是改进的标准量表，0 代表一般，－1代表较低，＋1 代表较好，这是在等级目标设置（graded-objectives movement）中使用的一种量性的方法。它与非语言职业教育中的行为目标密切相关，被称作基于能力的方法，是对标准参考测试（criterion-referenced assessment）的掌握学习的解读。它的一个缺点是没有把学生放在一个语言框架的连续体上，当学生表现出量表中没有的行为时，评估者很难对其语言能力进行概括。

在行为总结量表中，每个水平中会列出锚段（anchor paragraph），这些锚段的内容包括对一系列常见且具有代表性的行为、事件、技能的描述，以及相关的评论。

这些评论起初出现在一些行为锚定量表中评价学习者的行为表现，通常包括一些具体且具有代表性的行为表现举例。基于不同种类的行为表现，这种量表可能具有三或四个分量表，并且会对较低水平进行范围更加详细的定义（Landy & Farr，1983：104－109）。以行为总结量表为基础的标准参考测试并不是为了解释个体对某一领域某一内容的掌握情况，而是为了反映个体在量表中的语言能力发展阶段（Hambleton，1988；Berk，1988）。ELT 公司和 IBM 法国公司的专门用途量表就是运用了行为总结量表，它们会对特定情境下的语言活动进行等级评估。ELT 公司有 26 个相应的分量表，两者都没有国际量表。行为总结量表的另一个用途是评估所需技能行为表现的不同方面（Carroll，1980；Carroll & Hall，1985；Carroll & West，1989）。

行为观察量表和行为总结量表在表现形式上有所差别。但三种量表都是在史密斯和肯德尔设计的量表基础之上进行简化的结果，因此三者有着相似的制定技巧，测试的结果也大同小异。20 世纪 70 年代，出现了一系列对这三种量表形式的研究比较，结果各不相同。除了研究方法导致了比较结果的差异以外，也可能因为研究标准的不同而产生差异。因此兰迪和法尔（Landy & Farr，1983）以及鲍曼（Borman，1986）呼吁暂停对三者的比较研究，将研究的重点放在量表锚点的选择上，他们认为锚点的选择应该基于心理测量理论，而很多和行为测量量表相关的问题都是由于锚点的选择不是基于该理论造成的。《美国外交学院量表》和《国际第二语言能力标准》就是从这几种量表发展而来的。

### 4.1.2 基本信息

《国际第二语言能力标准》是澳大利亚政府主要针对来自不同语言背景的成年移民依据英语学习课程和材料的需求而开发的。后来因为受到国际社会的普遍欢迎并为显示量表适用于各种语言，更名为“国际第二语言能力标准”。该标准的不同版本主要有 1984 年版、1997 年版、2006 年版以及 2010 年版，本次研究的对象是最新版本，即 2010 年版的《国际第二语言能力标准》。

《国际第二语言能力标准》（2010）将学习者的语言能力分成从零到熟练不断发展的九个等级（详见表 4－1），额外的三个等级＋2，＋3，＋4 也可以用于量表的使用，但在量表中并没有给出详细描述。量表对每个宏观技能（macro skill）进行了分别的表述，每个等级在概念上都相互联系。量表中不同的概述对应着学生不同的语言能力，并用如 S：1＋，L：2，R：1，W：1 表示，［S 代表 Speaking（说）；L 代表 Listening（听）；R 代表 Reading（读）；W 代表 Writing（写）］。这种计分是一种简单的数字评价，伴随着简短的描述性标题和行为描述。在非直接或半直接的测试中，有许多不易观察到的行为或任务导向的结果，与此不同的是，《国际第二语言能力标准》这种直接测试的结果是对学生处理的交际任务以及方式的一段描述。很显然，对于学生得分的解释可以直接地了解学生在某种语言下能够做的事，以及如何使用该种语言。因此，对分数直接清晰的解读是以评级量表为基础的直接测试的主要优点所在。

《国际第二语言能力标准》使用范围的迅速扩大，反映了澳大利亚和其他地方长期以来对这种语言评测标准的需求及认同。其用途包括：① 评估实际语言能力（其基本用途）；② 将学习者按照语言等级水平分配到不同的移民英语课堂；③ 评估非母语者在某一领域的语言能力；④ 评估非英语母语申请者的英语教育水平；⑤ 进行教师注册，评估申请人在高等教育机构注册时的语言能力水平；⑥ 开展社会语言学调查等。

英格拉姆和伊莱恩·怀利开发的《国际第二语言能力标准》，是在美国外交学院开发的口语能力面试的基础之上，基于面试程序而设计的。《国际第二语言能力标准》中的主要创新是量表的范围扩展。它提供在听、读、写和说方面的成就水平的描述，同时丰富了在较低语言水平下对语言能力水平的描述。

《国际第 语言能力标准》是一个描述青少年和成人学习者第二语言能力或外语能力发展的量表。更准确地说，它由四个分量表(听、说、读、写)组成。这些分量表描绘了目标语言从 0(在目标语中没有沟通能力)到 5(与同一社会文化背景的母语者语言水平类似)的发展，有中级“+”或“-”级别，在每个分量表中共有 12 个级别。级别的名称和其描述语句见下表：

**表 4-1 《国际第二语言能力标准》的级别和描述语**

| 0 | 零 水 平 | 无法用该语言交流 |
|---|---|---|
| 0+ | 公式化水平 | 在非常有限的能力范围内，主要使用公式化语言满足最直接最可预见的领域的需要 |
| 1- | 最低“创造性”水平 | 能够主要使用公式化语言满足直接、可预见的需要 |
| 1 | 完成基本事务处理的水平 | 只能够满足日常事务处理的需要 |
| 1+ | 完成事务处理的水平 | 能够满足日常事务处理和有限的社交需要 |
| 2 | 完成基本社交的水平 | 能够满足基本社交、日常商务和语言要求不高的“职业”领域的常规需要 |
| 2+ | 完成社交活动的水平 | 同上 |
| 3 | 基本职业水平 | 能够有效地完成社会、社区生活和日常商务与休闲娱乐的正式和非正式的场合的语言任务和自己职业领域语言要求不高的场合的语言任务 |
| 3+ | 基本职业能力加水平 | 同上 |
| 4 | 职业水平 | 能够非常有效地完成社会、社区生活、日常商务、休闲娱乐，和与自己职业领域的绝大多数场合的语言任务 |
| 4+ | 高级职业水平 | 同上 |
| 5 | 母语使用者水平 | 相当于同样的社会文化多样性的母语使用者的水平 |

完整版的量表包括介绍性说明和词汇表，共有 50 页。大多数等级都有详细描述(每个宏观技能的每个等级都有一页的详细描述)。描述内容包括该级别的人可以执行的任务的类型(以及他们可以执行任务的情境)和他们在执行

这些任务时使用的语言形式的种类(关于准确性、范围、流畅性、适当性的细节等)。描述内容以现实生活中的交际语言使用作为假设。例如 S3：能够满足在正式或非正式场景下日常社交、生活、购物和娱乐等活动。

《国际第二语言能力标准》有多个版本，可以分为两类：一般能力版本和指定用途版本。一般能力版本以学习者为中心，也就是说，关注的焦点与个体学习者自己的语言领域相关，这取决于个人在现实生活情境和/或正式研究中的个人语言体验。量表有不同目标语言的通用版本，一个通用的“主要”版本，可用于任何语言。

指定用途版本以角色为中心，即测试焦点与特定角色和语言使用的特定领域相关。这种版本适用于测试来自某一特定领域并对该领域有兴趣的参与者的语言能力水平。迄今为止开发的指定用途版本均出于学术目的和一系列专业目的。所有版本的页面格式相同。

下面将从量表描述语、评级程序、测试任务材料及测试过程四个方面对量表进行概括介绍。

#### 4.1.2.1 量表描述语

《国际第二语言能力标准》将语言水平分为 12 个不同等级并分别定义，以此来描述语言行为的表现及发展(0,0+,1-,1,1+,2,2+,3,4,4+,5)，每个级别的描述彼此相关。不同于一些定义语言表现的不同方面的量表，《国际第二语言能力标准》将语言表现的一系列特征(如语法、词汇、发音等)包含在单个级别的描述中(Ingram, 1981：112)。

#### 4.1.2.2 评级程序

被试者语言能力水平的评定是基于被试者与一个或多个母语者交流时的表现情况而评定的。评估者需要将被试者的行为与最接近量表上可观察到的行为的水平描述相匹配。阅读任务通常作为面试以外的独立部分来进行考察。一些评估者使用书面的评级标准对被试者的行为进行评定，而另一些评估者则将基于与被试者会话交流的基础之上进行评定，后者是最常见的做法。写作任务评测通常独立进行。

#### 4.1.2.3 测试任务和材料

《国际第二语言能力标准》没有提供标准化的评估材料或推荐的评估任务或活动。这是因为“语言明显依赖于语言情境，所以有必要在与学习者相关的情景下引出语言行为，或者至少确保学习者的测试结果并不是因对测试情景的不熟悉而导致的”(Ingram, 1990：52)。

任务和文本由评估者选择，评估者根据被试者的语言能力水平和需求决定使用哪种引导材料，这些材料是在《国际第二语言能力标准》培训课程中设计的。《国际第二语言能力标准》"内容库"包含一系列文本，并且成人移民教育计划(Adult Migrant English Program，简称 AMEP)的许多教学中心也开发了用于访谈的任务。评估口语、听力和阅读的时间适合定在 30 分钟，而写作则需要一个小时，在测试较低级别学习者的情况下可使用更短的测试时间(Wylie & Ingram，1992：1)。麦金泰尔(McIntyre，1995)发现，在实践中，面试时间从 10 到 30 分钟不等，取决于被试者的感知水平。

#### 4.1.2.4 测试过程

《国际第二语言能力标准》面试由三个阶段组成：使被试者熟悉测试环境；与被试者进行交流；在交流过程中关注其语言能力。为使被试者的语言能力最大化地展现出来，评估者通常采用一系列诱导式技巧，包括对话、提问策略、视觉刺激和主题发展策略(Wylie & Ingram，1992)。"是/否"问题可能在面试的前期阶段使用，开放性的 Wh-问题在后期阶段使用，因为后者能够最大限度地引出语言，并使被试者更加注意评估者的问题(Manidis & Prescott，1994：33)。

## 4.2 《国际第二语言能力标准》的研发背景

澳大利亚是一个移民国家，20 世纪 70 年代，其 20%的人口来自境外。第二次世界大战之后，每年移民到澳大利亚的人数在 5.4 万到 18.5 万之间，其中很大比例主要来自以白人为主的非英语国家。移民中大部分人的英语水平不能够满足在澳大利亚的日常生活，因此二语为英语的学习在澳大利亚的需求大幅度上升。

为此澳大利亚移民教育计划署在当时启动了新移民英语课程项目(On-Arrival Program，简称 OAP)开展英语作为第二语言的教育培训，目的是在听力、口语、阅读和写作的四个宏观技能中提供最低限度的英语能力，以便新来的非英语母语者能够执行这些基本的日常语言任务，在澳大利亚社区更好地生活。除了语言，新移民需要了解关于澳大利亚海关、服务、机构和生活方式的信息。换句话说，成人移民教育计划的目的是使学习者从零基础(或他们进入的任何水平)达到类似母语水平，或者至少达到使他们能够"生存"的水平——能够使用英语进行基本沟通，以便在澳大利亚安居乐业。

为了确保语言项目的一致性，让学习者系统地沿着他们所学第二语言水平的路径发展，需要对语言能力发展路径有一些整体的看法。在新移民英语课程项目中，这种需求导致了《国际第二语言能力标准》的发展。

1978年，当时的成人移民教育计划委员会启动了《国际第二语言能力标准》的制定。他们需要一份政策和课程开发的评估工具以反映普遍的英语学习、语言和第二语言学习的理论。时任委员会学术顾问英格拉姆提议利用美国外交学院语言研究学院开发的语言能力评分量表，制定澳大利亚语言能力量表。《美国外交学院量表》包括两个分量表（用于说和读），每个分量表具有五个描述的级别。英格拉姆的建议被采纳，他领导一个昆士兰工作小组，《美国外交学院量表》为起点，在其基础上作出了必要的改进。这些改变包括增添两个额外的分量表（用于听力和写作）和在量表较低端的更详细的定义，以此反映当时大多数非英语母语者移民的语言能力。20世纪70年代末，受澳大利亚成人移民教育计划委员会委托，《国际第二语言能力标准》的制定称为对移民英语计划进行重大升级的一部分。英格拉姆（Ingram，1989：109）这样说道："显然，需要有一个明确的发展第二语言能力的路径的概念，可以作为计划课程的框架。这个框架不仅需要考虑学习者对句法和词汇的掌握，还要考虑他们可以在语言中执行的任务，特别是那些与他们作为澳大利亚居民的需求相关的任务。"

第一版《国际第二语言能力标准》于1979年发布，用于教师的试用。量表有效性和可靠性的正式试验于1980年1月进行。修订后的量表包括了试验后的改进内容，于1984年出版（Ingram & Wylie，1984）。

《国际第二语言能力标准》的1995年版和后修订版本是英格拉姆和怀利及其同事在对数千名学习者对描述语的不断修改和观察后修订的，该版本尽可能接近地反映了第二语言外语学习者的语言发展路径。

## 4.3 《国际第二语言能力标准》的研制目的及用途

研制《国际第二语言能力标准》的目的有三点，其中最主要的一点就是为了解决语言测试与语言实际使用之间存在着的鸿沟。20世纪70年代中期，量表制定者在对经过五年中学学习之后进入大学的澳大利亚学生的外语语言能力的调查中发现，学生的入学考试成绩与学生的实际外语语言能力并没有直接的联系，也就是说，学生的入学成绩与学生的外语语言能力之间存在着鸿沟。与此同时英格拉姆与其同事参与了澳大利亚为二语为英语的新移民开设的课程项目，他们希望对进入英语作为第二语言课程的新移民的语言能力进行调查，根据语言能力进行相应的课程开发，他们需要一个能够反映语言能力水平系统发展的框架。英格拉姆当时还是昆士兰中学外语项目的咨询委员。基于以上的目的和需求，英格拉姆和怀利制定了《国际第二语言能力标准》，该标准的制定旨在解决传统测试成绩与实际语言能力之间的鸿沟，它致力于测试学生真实生活中的语言能力。20 世纪 70 年代，澳大利业的移民人数急剧增加，针对新移民的英语教育问题也随之而来。为了对新移民的英语语言能力进行准确、科学、有效的评估，澳大利亚政府意识到应当制定另一个国家层面的语言量表反映当时大多数非英语背景移民的语言能力，于是澳大利亚当时的移民和宗教局启动了《国际第二语言能力标准》制定的计划。

《国际第二语言能力标准》主要有三个方面的用途：① 评估个体语言学习者的能力水平(assessing the proficiency of individual learners)；② 供外语教育科研或语言政策制定使用；③ 为语言课程的开发和设计提供语言能力参考框架。

### 4.3.1 评估个体语言学习者的能力水平

对语言学习者的评估或评级的过程是一个直接且互为整体的过程，旨在通过观察将学习者在测试过程中的行为表现与量表的表述进行匹配比较。该标准既包含可测试的方法也包含了非测试的方法。

#### 4.3.1.1 通过考试评估语言能力

评估个体语言学习者的能力水平，可以对以语言学习者为中心的测试方法中的测试内容进行不断调整以适应交际需求、兴趣以及语言能力水平(测试内容随着测试的进行由评估者不断地重设)。听力和阅读以及口语都面对面进行测试，该测试方法的动态性质与听觉和阅读的交互理论一致。面试通常是一对一的，并且在高度情境化的情况下进行，如果被试者的听力水平等级达到了 1+ 上，则可以允许另一个评估者参与。写作部分是不同评估者在同一地点同时进行(但内容有可能不一样)。评估者如果对写作任务不是特别理解，则可寻求帮助。例如，针对海外受训的教师来说，阅读任务为在教室里模仿并大声朗读一篇文章(如一篇学校公告、一本书中的节选)。以角色为中心的测试已经经过了量表专家在不同领域的大量测试。例如，在一个诈骗案件中，一名被告被要求测试他的阅读和写作能力，测试的主要目的是检测这个人是否理解了在建项目中的建筑规格。测试的重点集中在技术和法律的相关语言。另一个测试考察的是在一个造船厂密闭环境下作业的电焊工，重点放在了有关工业安全的口语和写作方面。

另一种测试的形式是被试者陈述测试的原因，如为了入学，但之前并没有相关的学科经验，那么这时评估者选择测试文本和任务时就需要考虑到学生对该学科的兴趣点，并确保这些兴趣点不需要专业的语言知识。例如，对一个想学习工商管理的被试者，评估者就需要从日常报纸中选取一部分和管理有关的文本。评估者须决定是否删减文本的主题和重点（例如对商业报纸报进行必要的编辑）或者选择能够反映被试者在（比如）工程或政治科学背景的文本。后者的做法可能会和以学习者为中心的测试方法有交集。

4.3.1.2　通过非考试手段评估语言能力

语言学习者可以通过最近基于生活的语言使用情况，找出主题性语言，与简化版的《国际第二语言能力标准》进行比照，对语言能力进行自测（如 Wylie，1997）。自我评价量表已被翻译成许多学习者的第一语言，便于使用。有一个版本（如对于没有使用语言进行交际经历的日语学习者来说）增添了具有“回答关键词”的示例任务，以帮助学习者更好地了解自己的表现。

对于评估者来说，对学习者语言能力的评估需要在自然的场景下进行。在高度语境化和角色化的场景下，引出学习者的相关语言能力是非常困难的，这种情况下要基于非打扰式的观察，对学生的语言能力做出评估。英格拉姆曾经评估了非英语背景的学习者和英语为母语学习者的语言能力，他通过对基于真实生活情境的观察，评估了这两类人的语言能力，生活场景包括法庭、监狱、呼叫中心、学校等。

《国际第二语言能力标准》评级结果报告是以资料的形式呈现给学习者的，听、说、读、写的结果会分别标注（如 L：2+ S：2+ R：3 W：2）。给学生一个整体的语言能力结果是不恰当的。对于关键能力水平（如进入某个大学的最低能力水平）等级的决定一般需要评估者咨询过提供语言行为样本的专家以后做出。

### 4.3.2　供外语教育科研或制定语言政策使用

当《国际第二语言能力标准》用于与研究或决策有关的目的时，个体学习者的评分结果通常会被整理并汇总起来。例如，加里亚诺（Gariano，1997）将 32 735 个个体《国际第二语言能力标准》评分结果用于成人移民教育计划制定与英语语言条款相关的准入政策中，并对英语在移民安置中的作用进行了大规模的研究。李等人（Lee et al.，1998）对昆士兰州的 8 094 个成人移民教育计划客户进行了研究。汇总的《国际第二语言能力标准》个体得分数据已被用于印度尼西亚（Phillips et al.，1985）、澳大利亚（Ingram et al.，1996）和东帝汶语言计划的评估。一些基于社区的调查也使用了该量表。这些研究包括对移民到澳大利亚的英语需求的研究（Smith & Baldauf，1982；Manton et al.，1983）和澳大利亚英语以外语言技能的调查（Ingram & Lee，1993）。此外《国际第二语言能力标准》已被用于澳大利亚汽车制造业的语言资源和需求分析审计(Sefton & O'Hara, 1992)以及澳大利亚在印度尼西亚拥有的矿业产业当中(Singh et al., 1999)。

2009 年,它被用于澳大利亚国际开发署资助的基里巴斯共和国教育工作者英语水平的审计。它对教育部、基里巴斯师范学院和基里巴斯理工学院讲师、教师和实习教师约 1 500 名行政人员和课程干事进行了测试,并在实行干预方案(intervention programs)后重新测试。

在澳大利亚州和联邦政府委托的一些报告,以及关于语言和语言教育的政策声明中,该量表也已被用作衡量标准。它是联合国国际民用航空组织对非英语背景飞行员和空中交通管制员的语言能力要求之一,用于验证格里菲斯大学的国际航空英语测试(Aviation Language International Test of English,简称 ALITE),后者是根据国际民用航空组织的要求制定的。

2009 年,澳大利亚洲和地方的运输监管当局认识到需要为非英语母语出租车司机建立英语的最低标准,并选择《国际第二语言能力标准》作为使用的工具。为了准确辨别驾驶员执行的任务,《国际第二语言能力标准》语言服务的研究人员听取了驾驶员—乘客交互的记录;采访了出租车公司和部门的司机、管理人员和培训员;观察来自无线电控制室的驾驶员—操作员交互情况;并仔细阅读官方文件和媒体报道。最终推荐出了出租车司机最低英语水平,即 S:2+,L:3,R:2,W:1+(Ingram, 2010; Ingram & Wylie, 2010)。

### 4.3.3 为语言课程的开发和设计提供语言能力参考框架

《国际第二语言能力标准》为语言课程提供了参考框架,指导教育管理者、课程开发人员和教师在第二语言和外语学习过程中英语课程和课程计划(Wylie, 2000)。除英语以外,该量表也适用于大学中的其他语言。许多语言教师教育课程都是围绕《国际第二语言能力标准》制定的,如塔斯马尼亚教育联盟以及格里菲斯大学的一些语言教师教育课程。由于该量表适用于不同种类的语言,对跨语言比较研究也有着促进作用。

该量表还为课程开发者和教师提供了教学/学习任务和材料,把每个宏观技能中学习者实际水平之上的水平设置为学习目标。教学/学习计划侧重于学习者在较高(目标)水平可以完成的任务类型,并选择相应活动和材料,以便优化学习者向更高级别语言能力水平发展的进度。为了使学习者能够执行更高级别的任务,考虑到个人在语言能力水平或熟悉程度方面的差异,教学的活动和材料可以根据情况选择。这种发展方法非常类似于维果斯基(Vygotsky,

1978)提出的方法。

《国际第二语言能力标准》在成人移民教育计划中有着多种功能和作用。《国际第二语言能力标准》会将其他因素，如年龄、教育背景、第一语言和以前的语言学习等因素考虑在内，作为确定成人移民教育计划的基础。此外，学习者测试出的语言能力结果会报告给供资机构，用于不同的认证目的。如前所述，《国际第二语言能力标准》能力水平还作为确定学生进入成人移民教育计划项目班级、政府资助的项目计划以及学位学习的标准。除了这些用途外，英格拉姆(Ingram, 1990: 53)指出，《国际第二语言能力标准》已被用于评估语言技能或职业注册；评估被告在法庭上的法律责任；规定教师最低外语水平等用途。近年来《国际第二语言能力标准》在工作环境中越来越多地被用于就业选择，以及用于法律目的的语言能力认证。

## 4.4 《国际第二语言能力标准》的能力框架分析

《国际第二语言能力标准》制定的目的是对学生的交际语言能力进行评估。交际语言能力框架反映了当今对语言能力的认识。20 世纪 60 至 70 年代，乔姆斯基(Chomsky, 1965)提出了语言能力概念，海姆斯(Hymes, 1967, 1972)提出了交际能力概念。20 世纪 80 年代，卡纳尔和斯温(Canale & Swain, 1980)在《应用语言学》创刊号首篇提出了交际能力模型，对外语教学产生了深刻影响。20 世纪 90 年代，巴赫曼(Bachman, 1990: 84 - 109)结合实证研究，对 C - S 模型进行了完善，提出自己的交际语言能力模型。他认为，交际语言能力是把语言知识和语言使用的场景特征结合起来，创造并解释意义的能力。它由语言能力、策略能力(运用语言知识实现交际目的的心理能力)、心理生理机制(语言交际时牵涉到的神经和心理过程)构成。语言能力包括语言组织能力和语用能力。语言组织能力包括语法能力和语篇能力，语用能力包括语义能力、功能能力和社会语言能力。

### 4.4.1 语言能力框架

语言能力部分由一组特定的知识构成，这些知识在通过语言进行的交际中使用。策略能力是一种智力上的能力，它的作用是在情境化的语言交际中运用语言知识的各种成分。因此，策略能力能够提供一些手段，使语言知识的各个成分和语言应用的情境联系起来，这些手段还可以使语言知识和语言使用者的知识结构联系起来。心理生理机制指的是一些神经和心理过程，这些过程在语言使用过程中表现为一些物理现象（声和光）。

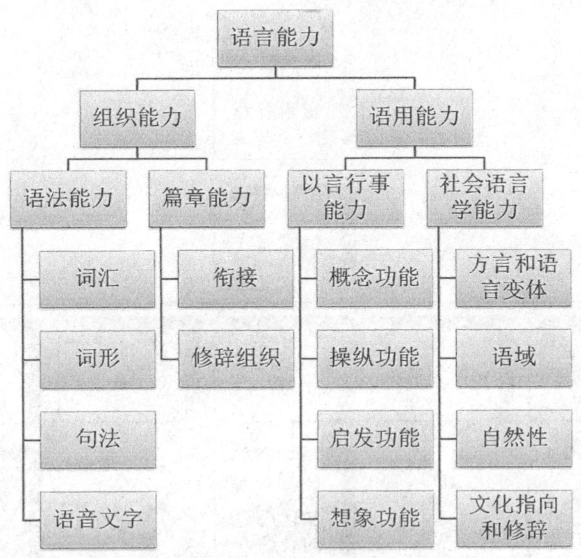


图 4－3 语言能力框架

巴赫曼所指称的语言能力是比较系统全面的，既包含了拉多和卡罗尔所指的语言成分，也包含了奥斯汀（Austin，1962）提出的言语行为理论和韩礼德（Halliday，1976）提出的语言功能以及社会语言学的知识。

### 4.4.2 交际能力框架

巴赫曼和帕尔默（Bachman & Palmer，1996）发展和细化了巴赫曼（Bachman，1990）的交际能力模型，并且把它和语言测验的实践紧密联系起来。他们认为，如果人们要使用测验分数对被试者作出某种评价或判断的话，就必须首先说明测验表现和真实环境中的语言使用之间有多大的一致性。因而如果以语言测验为目的，就应该把语言能力放到语言使用的互动模型中去讨论。这个模型包括了语言使用者或被试者的各项特质：个体风格（personal characteristics）、话题知识（topical knowledge）、情感图示（affective schemata）和语言能力（language ability）；另一方面，也包括这些特质和语言使用的情境或测验任务之间的相互作用。这里所指的语言能力包括语言知识和策略能力两部分，这一点和 1990 年的模型是一致的。

为了证明针对交际能力的测试具有可行性，范霍文和弗米尔（Verhoeven & Vermeer，1992）做了一个数据实验。通过实验，并且在前人对交际能力框架研究的基础之上，他们提出了一个多维度的、内部独立的描述交际能力的框架。该框架如图 4－4 所示。

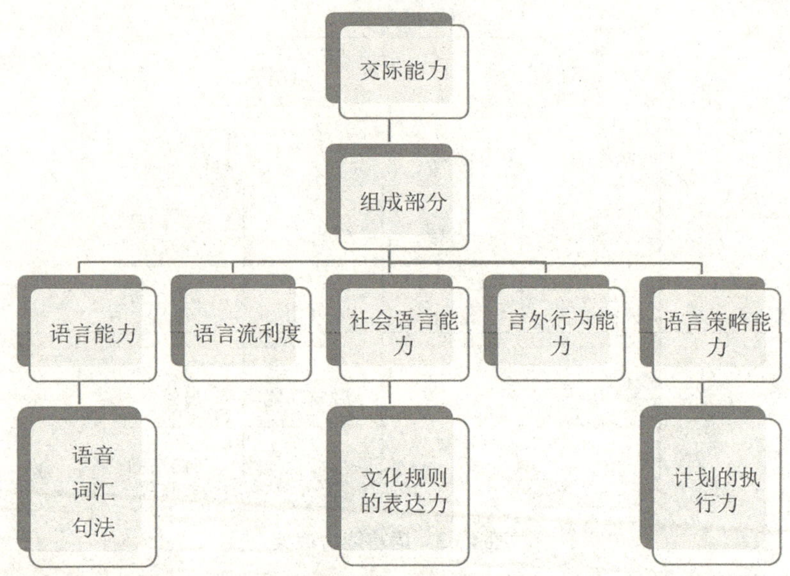


**图 4－4　范霍文和弗米尔的交际能力框架**

范霍文和弗米尔（Verhoeven & Vermeer，1992）的框架中对交际能力成分的定义描述摘选自巴赫曼（Bachman，1988：156－158）、卡纳尔（Canale，1983：7－12）、拉普金（Lapkin，1985：335）以及范霍文和弗米尔（Verhoeven & Vermeer，1992：164－166）的专著。

4.4.2.1　语言能力

语言能力指的是对语言知识本身的掌握能力。学习者需要对语言结构进行掌握，以便能够产出或辨别出正确的句子，进而形成文本。语言能力包括对词形结构规则的掌握、对发音的掌握，以及对句子结构的掌握等。这种对语言编码的知识是建构在对话语意义理解之上的。语言能力包括词汇能力、语法能力、语义能力、语音能力、拼写能力和正音能力等。

4.4.2.2　语篇能力

语篇能力指的是对某一语言在不同情境下使用时能够连接语法与意义的规则的能力，其目的是使文本一致。这种文本的一致表现在形式的衔接和意思的照应上。衔接词包括：介词、近义词、连词和平行结构等，这些词可以将单一的表达方式连接起来，形成一系列逻辑上的关系。照应指的是一个语篇中表达思想的逻辑顺序。语篇能力被看作是在一般会话情境中对自然话语行为的一般度量。与自然语言中使用的语言的适当性相关的观察类别与实现交际目标的功能相结合，可以被描述为语言流畅性的全面的衡量标准，包括语言和语言行为，即话语能力和功能能力。

4.4.2.3 社会语言能力

社会语言能力指的是对会话规则和目标语言文化规则的掌握，前者强调交际行为的适当性和自然性，如身势语、空间关系学和韵律，后者强调使用副语言交流的可表达性（如手势和模拟效应），以及表达是否连贯（the logical sequencing of ideas）。它尤其指语言使用中对社会文化条件的把握；对社会规约的敏感性。它影响着来自不同文化背景的人之间的语言交际。社会语言学能力包括表明社会关系的标识语词语、礼仪规则、大众词语、语体差异、方言和口音等。

4.4.2.4 行事能力

行事能力指的是在会话中恰当进行言外行为的能力。这些言外行为包括抱怨、要求、邀请、索赔等，旨在获得修辞、模仿或反馈效果。

4.4.2.5 策略能力

策略能力指的是在遇到交流障碍时，运用解释、换词、手势、变化声调、速度、重复、变换主题等方法去克服障碍的能力。有些方法（如换种方式解释、避开生僻词）与语言能力密切相关，有些则与社会语言学能力相关，如肢体语言、语调的变化、说话速度或节奏等。策略能力包含两个交际成分：计划（planning）和执行（execution），前者能够从已有的语言能力中搜索必要的语言成分进行规划，以便达到交际目的。后者则是利用心理生理机制，通过输入和输出（receptive/productive）的方式执行该计划，这一过程与交流的目标和情境密切相关。无论是巴赫曼的模型还是范霍文和弗米尔的模型，他们的基本结构及其包含的主要参数项目大同小异，都有语言知识、社会语言学能力、语篇能力、策略能力等组成部分，各组成部分里包含的内容也基本一致。因此综合两种模型，研究者认为要全面完善地分析语言交际能力，需要将两者进行综合。

### 4.4.3 语言交际能力框架的特点

《国际第二语言能力标准》的语言交际能力框架有以下几个特点：

（1）从语言的社会意义解释社会语言能力，具有更为广阔的社会环境视野。

（2）凸显了语言使用是动态的，并提出与语言能力相比，语用能力的建构更受交际双方的互动和文化环境的影响。

(3) 从语言任务角度来阐述交际策略，即完成交际任务，需要运用最适合任务的策略；“语言任务既不是已成模式的，也不是一成不变的，这就需要在语言交际和语言学习中运用策略”；“交际策略是根据明确的交际目的，为符合交际情境的需要成功地完成交际任务，综合自己的资源并以最全面、最经济的方式采取的步骤。因此，不能把交际策略简单地看成是对语言缺失的弥补或对交际失误的补救”。

(4) 不单独提出语法能力，而是使之与词汇能力、语音能力等并列。语用能力包括形式的组织和意义的组织。社会语言学能力的因素也更具体。话语能力则涵盖了篇章能力。

根据上述讨论，本节将从语言交际能力框架的以下几个方面对《国际第二语言能力标准》进行分析：语言能力、策略能力、社会语言学能力及语用能力。策略能力和社会语言学能力主要体现在输出型技能上(说、写)，而语言能力在输出型技能(说、写)和输入型技能(听、读)中都有体现。《国际第二语言能力标准》将四个宏观技能(听、说、读、写)分别描述，每个宏观技能实际上都是交际语言能力的综合体现，但不同技能交际语言能力的侧重点又有所差异。如在《国际第二语言能力标准》(2010)“说”的第三等级中，“当学习者搜索单词或结构时，这种迂回和停顿有时是必要的，这意味着传授信息的总体效率通常低于母语人士”(This circumlocution and the pauses that are sometimes necessary as the learner searches for words or structures mean that the overall rate of imparting information is generally less than that of a native speaker)就体现着对学习者策略能力的要求。

在详读了 2010 年版《国际第二语言能力标准》全文的同时，笔者按照上述对语言交际能力不同能力的定义，试图找出量表中能够反映相关能力成分的描述语，对其进行泛量化分析，分析的结果如下表所示：

**表 4-2 语言技能与交际语言能力的关系**

| 语言技能<br>交际语言能力 | 在“听”中出现的频率 | 在“说”中出现的频率 | 在“读”中出现的频率 | 在“写”中出现的频率 |
|---|---|---|---|---|
| 语言能力 | 高 | 高 | 高 | 高 |
| 语用能力 | 低 | 高 | 低 | 高 |
| 策略能力 | 低 | 高 | 低 | 高 |
| 社会语言学能力 | 等级 0-3 低<br>等级 3+-5 高 | 等级 0-3 低<br>等级 3+-5 高 | 等级 0-3 低<br>等级 3+-5 高 | 等级 0-3 低<br>等级 3+-5 高 |

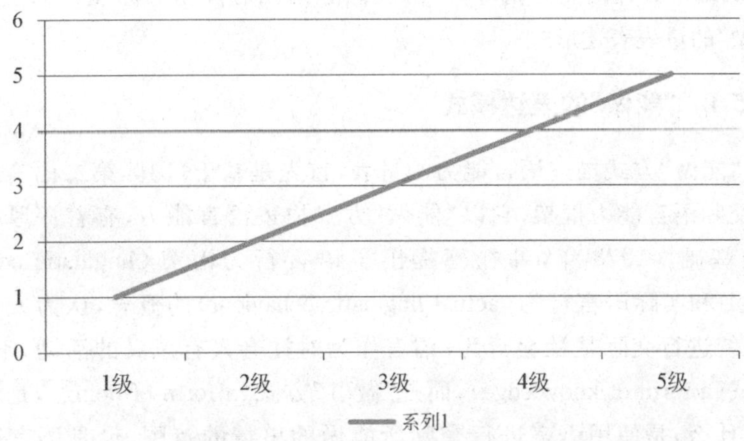


**图 4-5 策略能力和社会语言能力出现频率与等级之间的关系**

《国际第二语言能力标准》中语言能力、策略能力、社会语言能力及语用能力这四种能力在不同语言技能中都有反映，这表明量表在描述语方面能够充分地体现语言交际能力。然而不同的能力成分在相关技能中的出现频率并不相同。如语言能力在四种宏观技能中的出现频率都相对较高，这反映了语言能力是构成交际能力最基础的一部分。而语用能力、策略能力在“说”和“写”中出现频率较高。因为“说”“写”属于输出型能力，这正好反映了量表的性质是交际性的。而社会语言学能力在较低等级中出现频率较低，在较高等级出现频率较高，则体现了量表在设计时的层层深入性，社会文化能力是检测一个人语言能力的关键一环。

## 4.5 《国际第二语言能力标准》的编排表达模式

不同时期的语言能力标准对语言水平的描述有所区别。《国际第二语言能力标准》的最大特点是，每个级别的能力描述都是基于真实的语言运用，解释说明能达到某个级别的人能够胜任什么样的任务（包括任务所处的环境）以及完成这些任务要用到什么（对语言的准确性、流利度及得体性等都有描述）（韩宝成，2006）。

对语言能力水平进行具体的描述，需要使用描述语。无论是《美国外交学院量表》，美国政府的《跨部门语言圆桌量表》考试委员会对《美国外交学院量表》进行细化并相应增加的听、读、写量表，还是在《美国外交学院量表》基础上形成的《ACTFL 外语能力指导方针》、《国际第二语言能力标准》，都主要采用了“能做”的量表表述形式。

### 4.5.1 “能做”的表达模式

以“能做”方式描述语言能力的量表，首先是基于《国际第二语言能力标准》的交际语言能力框架，它以“能做”方式描述语言能力，有着深厚的语言学理论基础。1973 年，韩礼德提出了语言行为潜势（linguistic behaviour potential）和实际语言行为（actual linguistic behaviour）的概念，认为人们通过语言系统进行交际是社会行为；语言作为对社会人有意义的活动，不是“知识”方式（a form of knowledge），而是“做事”方式（a form of doing），是说话人“能做”什么，是使用语言进行交际所能做的事情的范围，也是语言行为潜势；言语是说话人“实际做”什么，是根据交际需要对语言系统所做的选择，是实际语言行为。韩礼德提出的“能做”标准对语言测试产生了深刻的影响，这表明：语言能力是人类共有的能力，语言能力水平是相互可比的，尽管人们的语言相同，两个人的语言能力却不一定完全相同，个体的听、说、读、写技能也不一定平衡；完成语言任务中的语言行为所表现出的语言能力，是“能做某事”的能力，是完成在现实生活中可能遇到的、需要完成的语言任务的能力。

采用“能做”语言能力描述方式是基于交际语言的能力理论。交际语言能力是动态的概念：在现实生活中，语言交际活动和交际策略都是动态的，处于一个个具体的语言任务中；交际语言能力体现在动态的语言环境中，即完成语言任务中。此外，采用“能做”语言能力描述方式反映了“能做”理念。《国际第二语言能力标准》的核心是以任务、行为为导向（action-oriented approach）的：语言使用包括语言学习，构成了作为个体和作为社会成员所采取的行动。他们在行动过程中，发展了综合能力，特别是交际语言能力。而且，《国际第二语言能力标准》明确了行动就是完成任务：一个或几个行为主体有策略地运用自己特有的能力，去实现特定目的，这既是行动，也是任务。任务是为了实现特定目的，在解决问题、履行义务或达到目标的语言环境中，必须采取目的明确的行动。评价语言学习者和使用者的语言能力水平的关键在于能否完成这个任务。

韩礼德（1975）对语言进行了区分，提出了语言的行为潜势和实际行为。言语、语言行为、实际语言行为并没有实质性区别，而对于语言，韩礼德认为是社会符号系统中重要的社会意义学系统。他提出，从语言结构出发探索儿童语言并不能解释为什么儿童语言体系能够过渡到成人语言体系；儿童习得语言在于语言可以满足他们的需要，可以为他们做事情。他将社会学理论中的“能做”理念引入语言学研究，认为通过一个中间步骤即“能表示”，人的行为潜势可转换为语言潜势。他提出，语言不是“知识”方式，而是“做事”的方式，是说话人“能做”什么，是人类使用语言进行交际所能做的事情的范围，是语言和文化允许一个人所做选择的范围，也是语言的行为潜势；言语是说话人“实际做”什么，是根据交际需要对语言系统所做的选择，是语言潜势的实际应用，也是实际语言行为。

用语言做事是 1955 年奥斯汀提出的观点，而韩礼德阐述的用语言“做事”的“能做”关系到语言学习的根本性问题：人们为什么要学习语言？现实世界的需要是学习语言的最根本的驱动力；换个角度说，人们之所以学习语言，最根本的驱动力是要用语言“做事”，要“能做”。这意味着当学习、使用一种语言时，学习者将面对无数语言规则，而归根结底要学会用语言“做事”，要“能做”，即具备做“能做某事”的能力。

以“能做”理念设计描述语有多方面的、历史的成因。20 世纪 60 年代，西方国家因“教育爆炸”引发了大规模的学生运动，形成了“以学生为中心”的教学改革。20 世纪 70 年代，欧洲国家尝试用不同语言之间的学分认证划分语言学习阶段，瓦内克（Van Ek，1977）开始提出以语言为交际工具“能做什么”。奥德尔逊（Alderson，1991）提出语言能力量表分为三种类型：面向使用者类型，倾向于“学习者能做什么”；面向评估者类型，关注“学习者的表现如何”；面向设计者类型，聚焦于“学习者能做什么”。《国际第二语言能力标准》制定的原则是以学习者的基本需求为本，其评估的是外语语言学习者在特定的情境中完成特定任务的能力，其基本理念就是“能做”。

### 4.5.2 《国际第二语言能力标准》的表达模式

《国际第二语言能力标准》的发展经历了不同版本（1984 年版、1997 年版、2006 年版、2010 年版），每个版本都在前一个的基础之上做了进一步的改进，反映着对语言能力的进一步认识。本小节选取最初版和最新版（1984 年版，2010 年版）进行对比，旨在分析量表在表达模式方面是如何一步一步完善的。

#### 4.5.2.1 组成部分与表述形式

不同版本的量表尽管内容上所有不同，但结构上一致，完整版的《国际第二语言能力标准》由三个部分组成：一般描述（general description），特定任务举例(examples of specific tasks)以及评论(comment)。(此处引用图 4－6 和图 4－7 作为参考)。

| GENERAL DESCRIPTION | EXAMPLES OF SPECIFIC TASKS (ESL) | COMMENT |
| --- | --- | --- |
| Able to comprehend sufficiently readily to be able to participate effectively in most formal and informal conversations with native speakers on social topics and on those vocational topics relevant to own interests and experience. Can get the gist of most conversations between native speakers though may some details, especially where there is significant subsumed knowledge. comprehension rarely affected by complex discourse patterns. Can generally understand at normal rates of utterance, even if occasional words are unfamiliar, and rarely has to ask for an utterance to be repeated or paraphrased, except here speech is heavily loaded with colloquial features. | can take information confidently by telephone; can comprehend a discourse or discussion on a non-technical subject and can, if necessary, take notes or summaries it, has reasonable comprehension of radio and television news readers (180 wpm) though more rapid speakers may cause comprehension to suffer. Can comprehend most sums of money and most numerals though longer items may have to be repeated. | It should be noted that colloquial speech may entail changes in every aspect of language, including vocabulary, syntax, semantics, phonology, rate of utterance and paralinguistic. |

**图 4－6　1984 年版第三级最低口语熟练度部分**
(L3: Minimum Vocational Proficiency)

| GENERAL DESCRIPTION OF LANGUAGE BEHAVIOUR L: 3 BASIC 'VOCATIONAL' PROFICIENCY | EXAMPLES OF LANGUAGE BEHAVIOUR VERSION FOR ENGLISH | COMMENT |
| --- | --- | --- |
| Able to perform effectively in a wide range of informal and formal situations pertinent to social and community life and everyday commerce and recreation, and in situations | Can participate effectively in most face-to-face and phone conversations on everyday topics. Can readily take information by phone in most situations related to social and | Register flexibility and sensitivity feature at this level, although finer distinctions are not made. Familiarity with the topic is no |

续图

| | | |
|---|---|---|
| which are not linguistically demanding in own 'vocational' fields. Provided the utterance rates are normal, the learner understands sufficiently well to participate with ease in most straightforward conversations with native speakers about everyday topics, and to participate in some semi specialized (but not in-depth) interviews and discussions on 'vocational' topics relevant to own interests and experience. Provided the utterance rates and clarity of articulation are normal, and there is little acoustic interference, gets the gist of many conversations which s/he overhears (but does not participate in) and most radio and TV interviews on the topic types indicated. Generally follows simple straightforward monologues on such topic types (whether face-to-face or transmitted electronically) at normal rates of utterance, but has problems with complex or unfamiliar rhetorical structure. Even in texts with a relatively simple structure, may occasionally have problems if there are discourse relationships which are not clearly marked, which are marked by low-frequency cohesive devices, or in which a referent is well separated. May have problems with any particularly complex grammatical structures. Can | community life and everyday commerce and recreation. Can get the gist of radio and TV news stories on relatively abstract topics (e.g. a medical breakthrough or overseas political development) and of longer but simply-structured prepared monologues on such topics, provided they are straightforward and aimed at general audiences, and read at normal rates (approximately 180 w.p.m.). Can get the gist of straightforward radio and TV interviews on such topics, provided the speakers do not significantly and/or continually exceed 180 w.p.m. and the speech is coherent and in the target variety or a very closely related variety.<br>In 'vocational' (e.g. work) situations, if utterance rates are normal, can generally follow briefings and participate in well managed meetings up to the point where complex or in-depth meanings are involved, particularly in specialized aspects of the register. When responding to complex utterances (e.g. with embedded propositions), may miss the interlocutor's point. In key situations, particularly when under stress (e.g. confrontations with angry colleagues or customers) misreading of important verbal and nonverbal signals can cause | longer an important factor determining the level of understanding of everyday texts; the extent of learners' English language repertoire is such that they can understand the propositional content of a high proportion of those in which the information is presented in a straightforward manner. As well, learners' level of understanding of how English language texts are influenced by situational variables is such that they can usually perceive the speakers' purposes, attitudes and moods in straightforward texts. Learners at this level have serious problems, however, when information is presented fast and without discipline (as in the type of meeting referred to below) or there is significant acoustic interference. Limited familiarity with the target culture may still affect understanding at this level. Learners who have not been submersed in the culture for a significant |

续图

| | | |
|---|---|---|
| often work out the meaning of unfamiliar words from the context, but has problems with relatively low-frequency idioms and unfamiliar borrowings and acronyms. May have problems with highly colloquial speech. May have to ask for explanation of references to unfamiliar cultural phenomena or institutions, and is likely to have significant problems with meanings associated with esoteric aspects of the culture. Has some ability to go beneath surface meaning but, when there is less support from the context, may fail to perceive the illocutionary force of less straightforward statements. Fails to perceive subtle nuances of meaning. Has significant sensitivity to register variation, although finer distinctions are not made. In straightforward situations, usually perceives the purposes, attitudes and moods of speakers. Genuine appreciation of stylistic variation for aesthetic purposes is very tentative, limited to obvious stylistic effects.<br>Has a broad understanding of the varieties of English that are very closely related to the target variety, but often misses regional references and forms. | problems.<br>In situations which involve registers remote from everyday language or from the language of own 'vocational' fields, and particularly when under stress (e.g. when interviewed by police or cross-examined in court) is likely to misunderstand key meanings realized by unfamiliar lexis or by structures such as modal or tensed verbs, embedded clauses or question tags.<br>In academic (i.e. formal learning) situations, can partly follow lectures in new areas of learning if the lecturer gives comprehensive, effective 'advance organizers''. The type of concentration required tends to limit attention to the particular point being made at the expense of the flow of the argument, and effective note taking is difficult. Often fails, for example, to pick up links which are not clearly signaled to points previously made, and parentheses are likely to cause problems (both because of discourse relationships and 'throwaway' delivery). May fail to perceive the illocutionary force or personal relevance of instructions, warnings, or suggestions (e.g. about submitting drafts of assignments) which are delivered in other than the most straightforward forms. Has problems with complex | period of time are likely to have problems with, for example, mass media items or academic lectures which assume significant cultural knowledge about domestic politics or other local institutions. Learners may have serious problems when there is allusion to 'peripheral' aspects of the culture or to phenomena distinctive of an unfamiliar subcultural group. Understanding is also likely to be seriously affected if learners are unfamiliar with a concept or tradition which is so fundamental to a particular group of native speakers that it is not overtly referred to. (See also the L: 4 COMMENT column and reference to overheard conversations in the L: 2 COMMENT column.)<br>Learners at this level have some degree of mastery of the specialized language of their 'vocational' field(s). Limitations in 'vocational' (including academic) |

续图

| | | |
|---|---|---|
| | interplays in seminars. In some uncomplicated straightforward situations in everyday life or own 'vocational' field(s), understands sufficiently accurately to undertake informal consecutive interpreting into L1. | situations relate to the types of texts and interactions characteristic of the role, and to the speed with which learners can process texts. A particular 'vocational' role may place demands related to either or both of these. Ability to cope with discussions (particularly large-group discussions such as meetings and seminars) depends on, inter alia, the amount that participants interrupt each other, talk over the top of others and/or speed up in anticipation of being interrupted. For reference to societal roles that learners at this level can perform in the L2, see the S: 3 COMMENT columns. |

**图 4-7 2010 年版第三级基础口语熟练度部分**
(L3: Basic "Vocational" Proficiency)

《国际第二语言能力标准》以"能做某事"作为语言能力表述的形式，共有 12 个级别，除了 0 级之外，其他级别全部采用肯定的表述形式，且所有的表述都是对在语言使用环境中所完成的语言使用的任务表述。表述措辞通用且清楚，避免使用技术术语和行话，也避免使用"某些，相当"等意义含糊的字眼。具体体现为：① 在一般描述部分，首先对体现学习者总体语言能力的语言行为进行简要的描述。不同宏观技能下的一般描述部分的内容关键词也基本相同，这就避免了描述项目措辞含义的模糊。比如最常见的词是"理解”和“认出”(comprehension，understand，recognize，identify)。② 在任务举例部分，充分体现了《国际第二语言能力标准》以任务为导向的原则，使学习者的语言能力具体化，着眼于外语使用者在某一领域内、具体环境中、特定场合下作为社会行为人使用外语参加活动完成交际的任务。③ 评论部分则是对前面两项内容中出现的特定用语的具体解释，避免了量表使用者对量表理解上的困难。

《国际第二语言能力标准》最新的版本中大量运用了“能做”的表达模式，描述主题主要分为三类：社会、工作和学习。因为这三个领域覆盖了生活的绝大多数场景，和每个外语语言学习者都息息相关。每个领域中包含了许多不同的场景(situation)，如社会方面的购物、住宿、乘车。每个场景需要四个方面的宏观技能：听、说、读、写。

| Three general areas | A number of more particular areas | Four Macroskills | Level |
| --- | --- | --- | --- |
| Social | Shopping | Listening | L5 |
| | Accommodation | Speaking | L4+ |
| | Travel | Reading | L4 |
| | ...... | Writing | .... |
| | | | L0 |
| Work | Meeting | Listening | L5 |
| | Report | Speaking | L4+ |
| | Negotiation | Reading | L4 |
| | ...... | Writing | .... |
| | | | L0 |
| Study | correspondence | Listening | L5 |
| | Presentation | Speaking | L4+ |
| | Letter | Reading | L4 |
| | ...... | Writing | .... |
| | | | L0 |

图 4-8 《国际第二语言能力标准》的描述主题与表达模式

4.5.2.2 不同版本标准的表达模式比较分析

量表内容在不断更新的同时，量表中对应的能力等级名称也经历了变化，见图 4-9。

能力等级名称的主要变化是将 minimum(“最少”)改成了 basic(基本)，这一变化使得量表的性质进一步凸显——以现实生活基本场景为背景。Minimum 一词过于绝对，使得量表门槛化；而“basic”一词注重能力表现，即在达到某一能力时的基本表现。

| 1995 年前 | 1995 年后 |
| --- | --- |
| 0 Zero Proficiency e.g., S: 0, L: 0, R: 0, W: 0 | 0 Zero Proficiency e.g., S: 0, L: 0, R: 0, W: 0 |
| 0+ Initial Proficiency | 0+ Formulaic Proficiency |
| 1− Elementary Proficiency | 1− Minimum 'Creative' Proficiency |
| 1 Minimum Survival Proficiency | 1 Basic Transactional Proficiency |
| 1+ Survival Proficiency e.g., S: 1+, L: 1+, R: 1+, W: 1+ | 1+ Transactional Proficiency e.g., S: 1+, L: 1+, R: 1+, W: 1+ |
| 2 Minimum Social Proficiency | 2 Basic Social Proficiency |
| 2+ Social Proficiency | 2+ Social Proficiency |
| 3 Minimum Vocational Proficiency | 3 Basic 'Vocational' Proficiency |
| 3+ Minimum Vocational Proficiency Plus | 3+ Basic 'Vocational' Proficiency Plus |
| 4 Vocational' Proficiency e.g., S: 4, L: 4, R: 4, W: 4 | 4 'Vocational' Proficiency e.g., S: 4, L: 4, R: 4, W: 4 |
| 4+ Advanced 'Vocational' Proficiency | 4+ Advanced 'Vocational' Proficiency |
| 5 Native-like Proficiency | 5 Native-like Proficiency |

**图 4-9 量表中对应的能力等级名称的变化**

1984 年版的标准是经过正式实验后的初次版本，很明显该版本无论是对语言能力的一般描述还是特定任务的举例方面都比较简单，描述内容过于简单，会对揭示语言能力发展阶段带来一定的难度，从而有可能对评估者最大限度地评估学生的语言能力带来挑战。例如在 1984 年版听力等级 3 的一般描述中："和母语者交流时能够理解会话的部分内容，尽管一些细节问题不十分清楚。能够应对复杂情况下的会话模式。能够理解正常语速的会话，会遇见不熟悉的单词但不会影响理解。"这样的描述既过于简单又过于笼统，语言能力有不同方面的表现，仅仅一段概括性的陈述并不能让量表使用者知道，哪些表现对应着哪些语言能力。再如在任务样本中："能够自信地进行电话沟通，能够理解非专业性质的交流讨论，在必要时能够做笔记，能够听懂每分钟 180 词语速的电视、广播，在交易时能够对货币进行数字换算等。"很显然，举例内容中的生活场景过少，对每个场景的描述也只是简单的概括，并不能充分地反映出一个能力等级为 3 级的学生在日常生活中能够做什么。量表在内容的数量和质量上都需要很大的改进。

在经过了数次的版本修订和实验之后，最新的 2010 年版标准对内容的描述更加详细，并且对语言能力的各个方面进行了全面的描述。在上一章的讨论中我们知道个体的语言能力有相应的框架，通过对能力框架中对应的语言能力的表述，就可以科学地对学生总体的语言能力进行评估。2010 年版的标准在描述时就考虑到了这一点，不同的描述语反映着学生的语言能力。例如从语法、句法、流畅度、连接词、发音和拼写等方面对量表内容进行了定义，进一步扩展了量表使用的场景，列举的场景更加详细、更加真实、更加具有代表性，能够反映出个体语言学习者生活中的语言使用环境。2010 年版的标准更能够反映出语言学习者的能力框架，能够清晰全面地反映出上一章所讨论的交际能力。与此同时，标准中增加了大量的基于现实生活场景的例子，这使得测试目标具体化。如在 2010 年口语等级 3 中："能够与母语者通过电话或者面对面交流的方式进行相关话题的交流，如社会、社区生活、日常的消费娱乐等，这里的母语者包括朋友，同事，或者是陌生人；能够清晰地表达自己的情感和想法；能够应付一些抽象主题的会话（如自己国家的文化）；能够处理相对难以理解的语言方面的问题（如解释让人误解的话题；或者收到不该有的汽车罚单时说明情况）。"

2010 年版标准的另一个优点在于将量表中的场景分为了职业（vocational）和学术（academic）两个方面，这使得量表在描述语言能力方面时更具针对性和区分性。

## 4.6 《国际第二语言能力标准》的研制过程及方法

本小节，我们将介绍三部分内容：第一，《国际第二语言能力标准》的研制过程，包括标准的制定步骤和澳大利亚移民英语课程项目的研发。第二，标准的研制方法。第三，标准的信度与效度。

首先，笔者将回顾《国际第二语言能力标准》的研制过程。

### 4.6.1 研制过程

#### 4.6.1.1 制定步骤

《国际第二语言能力标准》的制定大致经历了以下几个阶段：

(1) 提出与语言学习者在不同能力水平可以执行的语言任务相关的语言能力概念，并在量表制定过程中不断完善这一概念。

(2) 借鉴其他专家或者量表制定者的经验，形成量表描述内容的大致轮廓，包括语言行为的描述和语言行为发展的描述。

(3) 通过采访学习者的方式对初始量表描述语和语言行为发展的描述进

行反复测试、改进、精炼。采访学习者的目的是为了引出学习者的语言特征，以此来评判量表描述语是否全面、连贯、一致。例如，判断这些描述语是否是对第二语言或外语发展路径的自然描述，以及量表中的语言任务是否能够反映学习者语言能力的不同水平。这一过程经历了数年的时间，基于各种实验数据对特定情境进行研究，这些研究的对象包括了英语和其他语言在内的数千名语言学习者。

(4) 新制定的量表会与心理语言学中的理论进行比较，以评估量表是否与心理语言学中的某些发现相一致。

(5) 量表经历了数次的正式实验测试，测试对象是青年和成人语言学习者(英语和其他语言)。实验假设如果量表的描述语能够反映出第二外语和外语的发展路径，如果它能够描述发生在真实环境中的语言特征，如果它的描述内容真的全面、可操作，那么受过专业训练的语言评估者将能够使用该标准的描述语准确可靠地评估学生的语言能力。然而量表的研制者认为，该测试系统的可靠性很大程度上取决于评估者受到的训练、对量表的解读，以及对评估者采访技巧的监督。

(6) 量表制定之后，又通过了实验检测了它的信度和效度(Ingram, 1985a; Lee, 1993)。李研究分析了 300 多名学生的《国际第二语言能力标准》四项技能的分数，目的是为了证实他们的分数是否能够代表语言能力从 0 到 5 的发展阶段。他的实验结果证实了《国际第二语言能力标准》结果和学生分数之间存在着高度的信度和效度。

4.6.1.2 澳大利亚移民英语课程项目的研制

如上一章所述，《国际第二语言能力标准》产生的背景和内容与澳大利亚移民英语课程项目密切相关，《国际第二语言能力标准》为移民项目提供了框架，两者密切相关，不可分割，因此本节有必要对当时的移民项目做一些介绍。

如果一门课程是为了满足学生的“生存”需求，那么必须具体说明这些需求的性质。换句话说，有必要确定学习者在什么环境中需要使用语言和用于什么目的。例如，一个新移民到达一个国家需要能够使用该语言在商店购买食物、预约看医生、告诉牙医哪颗牙齿疼痛、去邮局发送电报等。因此，在开发新移民英语课程项目时，我们确定了学习者需要涉及的各种生活环境。当识别出环境(如邮局、牙医诊所的候诊室或医院急诊部)时，则可以辨别将在其中发生的对话语言。换句话说，确定环境可以辨别学习者需要进行的交流任务或语言功能、他需要传达的想法或概念，以及执行这些功能或表达那些概念所需的语法和词汇。该环境与在其中发生的语言交流一起被称为情境，例如在公共汽车上买票、在超市中询问路线，或者在医生的问诊中描述症状。此外，当一个人识别出学习者需要能够使用该语言的所有环境时，会发现它们倾向于聚集在群组或主题中。因此，诸如医生的手术室、牙医诊所的候诊室、医院急诊部门或验光师的工作室的设置可清楚地归集到“健康”的主题中。

在新移民英语课程项目中，每个框架（frame）都包含十几个主题（themes），例如在框架1中包含了个人和家庭身份、健康、社会接触、邮政和电信服务、购物、安全、就业、填写表格、运输、住房、银行服务、休闲娱乐、导向和法律等主题，这些主题在框架2和3中重复出现，而重复出现的方法有以下好处：首先，所有新移民，无论其语言水平如何，都有机会在澳大利亚日常生活环境中进行交流。第二，螺旋方法可以在不断修正中不断完善。第三，学习者是在提高复杂程度的同时处理更加复杂的交流情境的，他们首先使用语法简单的语言，然后使用越来越复杂的语法和更广泛的词汇。第四，新移民英语课程项目的语言内容与文化或信息内容紧密结合，螺旋方法确保所有学习者无论其入门级别如何，都将获得文化信息以及在澳大利亚“生存”所需的语言技能。主题、场景、情境、功能、概念、语法、词汇和文化之间的关系如图4-10所示。

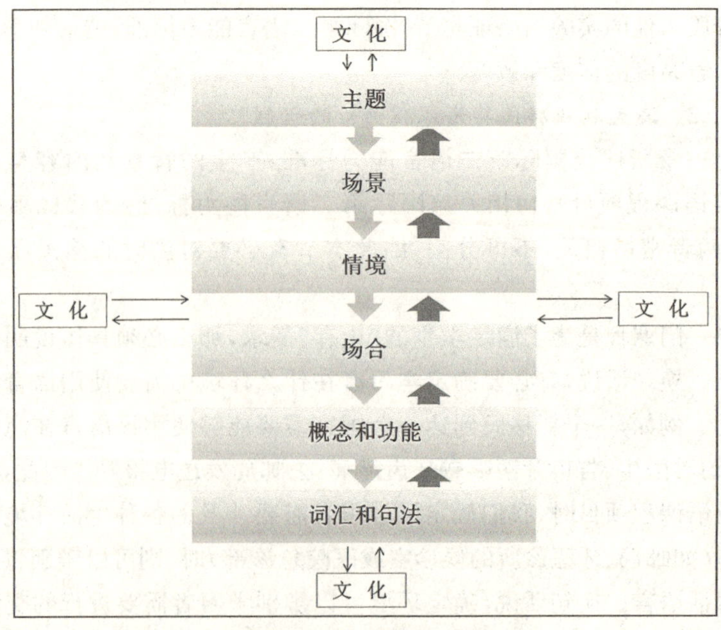


**图4-10 语言内容规格**

例如,一个人在生活中需要进入超市、零售店、药店、面包店等场所购买商品,那么"购物"就是一个主题。在以上的场景中,他需要进行一些交流,如询问面包、衣服的价格,或者感谢店员的帮助,这些任务中就包含了某些句法功能,如是/否的问题(你店里有没有……),形容词修饰(太小了),以及一些特定的词汇(如衬衫、面包、阿司匹林)。

在"交通"主题之下,语言学习者需要能够在诸如公交站台、火车站、轮渡码头、公交车上等场景中进行一些交流。这时一些功能就发生了,比如询问、回答、要求某人做某事等。更具体点,这些任务是在具体场景下发生的具体功能,如询问要坐哪一路公交车(如 Which bus goes to Manly, please? /Does this train stop at Corinda?),从哪里下车(如 Is this the stop for the hospital?),或火车什么时候出发(如 What time's the last train to Ipswich?)。

在这个主题中,时间、频率、地点、请求、费用就是概念。而这些功能的实现也离不开句法,如是/否的问题(Is this the stop for the hospital?)、do 问题(Does this train stop at Wynyard?)或祈使句(Move down the aisle, please.)。当然也少不了词汇,如 numbers, want, need, please, bus, train, bus stop, station。值得注意的是,在特定的语言中,文化信息也是必不可少的一部分。

简言之,设计一个课程标准,内容要考虑到学习者的需求,处理任务的概念、功能和类型,要确定学习者使用语言的环境和情景,要传递的思想、概念等,还要考虑到达到这些目的所需的句法和词汇知识。

作为一个满足学习者需求的语言的主题,文化信息也提供了语言文化的路径,并确保语言和文化教学的整合。新移民英语课程项目的一个主要组成部分是英语和双语信息。教师以学生自己的第一语言提供"信息成分",这个成分旨在发展新移民对澳大利亚生活各方面的理解,包括他们需要的计划和对社会服务的理解,以便成功地融入澳大利亚社区。信息部分包括了就业、住房、健康、购物、教育、交通、安全、法律和政府等主题。显然,大多数这些主题与语言内容中的主题紧密匹配。事实上,语言和文化的融合是新移民英语课程项目中的一个重要原则。学习者光知道有一个联邦就业服务机构能帮助他找到工作是不够的,他还必须具备使自己能够使用该服务的语言技能。因此,课程的语言和文化组成部分需要同时教授,相辅相成,语言组成部分提供必要的语言技能,让学习者可以使用澳大利亚社区提供的程序和服务,帮助自身学习信息组件。此外,语言教学部分的社区参与方面确保学习者具有澳大利亚文化的个人经验,理解他听到的机构和方案。

通过上述的介绍不难看出,新移民英语课程项目的制定过程及内容与《国际第二语言能力标准》的制定有着密切的联系，从中可以推测出《国际第二语言能力标准》在选择描述语时的大致过程。

### 4.6.2 研制方法

《国际第二语言能力标准》是在《美国外交学院量表》的基础之上制定的，英格拉姆和怀利将《美国外交学院量表》作为起点，从澳大利亚的国情出发对《美国外交学院量表》做了一些改进，形成了当时的《国际第二语言能力标准》，因此对《国际第二语言能力标准》制定方法的研究离不开对《美国外交学院量表》研制方法的研究。

无论是《美国外交学院量表》还是在此基础上发展的《跨部门语言圆桌量表》《ACTFL 外语能力指导方针》，或者是《国际第二语言能力标准》，都是基于制定者的经验而研制的(Bachman，1988：16)。

《国际第二语言能力标准》的制定方法主要采用了经验法、实证研究法(empirical methods)两个方法，下文将一一进行介绍。

#### 4.6.2.1 经验法

(1) 专家判断。通过收集经验丰富的教师或语言测试专家的意见，根据已有的语言测试量表，制定新的语言能力量表。教师的教学大纲和社会的需求等内容，都可以为量表的制定提供信息反馈。

(2) 成立专门委员会(committee)。根据专家的初步判断，成立量表制定小组，讨论量表描述语及量表等级规划。

(3) 依靠实验(experiment)。通过专家判断、小组设计，语言能力量表初步形成，然后在量表使用者身上进行测试，不断完善，经过一段时间量表使用者逐渐理解每个等级对应的行为样本。这是量表制定最为常见的方法，《美国外交学院量表》就是使用这种方法制定的。

#### 4.6.2.2 实证研究法

实证研究法是基于数据的或以数据驱动的语言量表制定(data-based or data-driven scale development)的关键方法。这种方法需要分析语言行为，描述完成特定任务的语言行为的主要特征，通过观察这些语言特征，对量表的制定做出参考。

在大量数据对语言特征描述的基础之上，进行两次选择，对语言行为特征进行限定和定义(empirically-derived, binary-choice, boundary definition scales)，即要求专家写出会话和写作样本，并将它们按照内容的质量进行分组或划分等级。将分类原因进行记录，并编排出一系列是/否问题，以便帮助评估者给被试者的语言行为进行打分。

再次，将描述语量表化（scaling descriptors）。这种方法需要把某一量表中的描述语全部单列出来，并让专家按照难易程度排序，然后再进行重新排序制定新的量表。

谈到《国际第二语言能力标准》的制定时，英格拉姆这样说道："在《国际第二语言能力标准》中，每个定义都存在于整个量表的情境之中，定义相互之间联系，构成了一个有机整体。"然而，他并没有提及量表中的描述语是如何选择的。他说："量表的制作过程经过了心理语言学的研究，所以量表的建构效度可以得到保证。"

我们注意到，诸如《国际第二语言能力标准》之类的量表的结构是发展性的，对行为的描述过程试图反映第二外语从 0 到类似母语的发展路径。因此量表的定义并不是任意的，而是与普遍发展顺序（the universal developmental schedule）相一致的。量表的评级则反映着语言学习者对应的语言发展阶段。

然而这种说法受到了皮耶尼曼等人（Pienemann et al.，1988）的质疑，因为他认为"发展"的概念一定是理论上连贯、实际上可以检验的。另外对每个等级的定义应该是经过量化过以后的结果，否则对量表效度的研究就无法进行，他认为这种制定量表的方法是基于制定者的经验，因此学生的语言行为也要符合制定者的经验，这样基于经验制定的量表是没有说服力的。

### 4.6.3 信度与效度

本小节主要围绕《国际第二语言能力标准》的信度效度研究展开论述。

#### 4.6.3.1 信度

1980 年至 1981 年对《国际第二语言能力标准》的实验解决了关于量表评分者间信度和评判内信度的问题。测试—重测的信度随后在语言培训计划和相关领域中进行了说明。

1. 评分者间信度

为了判定评分者间信度，英格拉姆和怀利将 16 个学习者的样本（录像带或者影印手稿）随机地分配给了 21 位身在悉尼、墨尔本、阿德莱德的成人移民教育计划的教师。教师们会把受过《国际第二语言能力标准》测试训练的报告写在信息表格中，范围从"没有受过训练到对包括《国际第二语言能力标准》在内的测试进行过大量学习"（Ingram，1984：67 - 69）。

下面是对教师和作者一致性的总结，相关系数如下：

说：相关性范围从 0.91 到 0.99，均值为 0.96
听：相关性范围从 0.89 到 0.98，均值为 0.94
读：相关性范围从 0.91 到 0.99，均值为 0.96
写：相关性范围从 0.93 到 0.99，均值为 0.96

在所有情况中，显著性水准均在 0.001 或以上，数据显示出了高度的评分者间信度。

2005 年怀利分析了 250 位学习者在格里菲斯大学《国际第二语言能力标准》测试中心测试两次的评级结果。她比较了初次评估员对每个学习者的测试结果，然后又将这些学习者的听、说、读的表现以声音的方式记录下来，将写作的表现的副本保留，最后将这些语音记录提供给别的评估员进行评测。两次评估结果之间的相关系数是为，说：0.96，听：0.97，读：0.96，写：0.93。测试结果也显示出了高度的评分者间信度。

2. 评判内信度

评判内信度又称为评分者自身信度。在成人移民教育计划的老师评估了 16 位学生的语言水平 12 个月之后，他们被要求重新对这些学生的表现进行评估，评估的对象是之前保留的影像资料。以随机的顺序进行评估，判定评分者自身信度。

斯皮尔曼相关系数如下：

说：相关性范围从 0.90 到 0.99，均值为 0.97
听：相关性范围从 0.91 到 0.98，均值为 0.96
读：相关性范围从 0.87 到 0.99，均值为 0.97
写：相关性范围从 0.92 到 0.98，均值为 0.96

在所有的情况下，显著性水平都等于或超过 0.001。以上数据表明了评分者内部的高信度（Ingram，1984）。

3. 测试—重测信度

初次的测试只是解决了评估的过程问题，也就是说，不同的老师做出的评估是在其他评估者收集的语言数据的基础之上的。在实际操作《国际第二语言能力标准》测试时评估者既需要引出材料又需要对材料进行判断。培训环节是《国际第二语言能力标准》训练项目的核心部分，并在严格控制的条件之下提供了重测的测试材料。20 小时的评测者培训之后，评估者首先会对同一个被试者的听、说、读的能力进行测试，并且使用自己选择的测试材料，接着同一个被试者将会被另一个评估者测试（由于实际操作的原因，被试者不会被要求进行两次写作测试，这样两个评估者所选的写作材料就不会相冲突）。

由 84 名评估者对 84 名被试者的测试结果的相关系数如下（Wylie，1996）：

说：0.90　听：0.88　读：0.89

在所有情况下的显著性相关水平均在 0.001 或以上，结果表明，经过严格训练的评估者可以对被试者或者以后的量表使用者进行合格的测试。

在对《国际第二语言能力标准》进行评估者间信度和评估者自身信度的实验以后，英格拉姆表示，量表具有较高的信度，相关系数在 0.9 以上。基于这些实验结果，他表示：

> 《国际第二语言能力标准》似乎能够有效地反映语言学习者的语言能力；无论是英语为母语还是非母语的评估者都能够对学生的语言能力进行准确可靠的解读和评定。

针对量表的效度，英格拉姆（1990）指出《国际第二语言能力标准》得到的广泛接受度足以显示它的表面效度。此外，通过与综合英语测试的比较（Harris & Palmer 1986），英格拉姆表示，《国际第二语言能力标准》的建构效度得以证明。在预测效度方面，英格拉姆（1995）援引了一项由凯列特和卡明（Kellett & Cumming，1995）的研究，研究显示《国际第二语言能力标准》与学生在职业教育课程上的表现有较高的相关性。

4.6.3.2　效度

在验证《国际第二语言能力标准》信度效度的过程中，需要考虑的三个问题是：① 量表的充分性；② 采访时引出被试者语言能力的程度；③ 评估者对语言能力评估的可靠性和准确性。（Ingram，1997）

1980 年在当时的澳大利亚移民和宗教局的资助下，量表制定者进行了关于评估《国际第二语言能力标准》信度和效度的实验。为了确定共时效度（concurrent validity），英格拉姆和怀利将 18 位成年和青少年移民的《国际第二语言能力标准》的等级水平（他们的等级水平从零到接近母语不等）与他们在综合英语测试（Comprehensive English Language Test，简称 CELT）中的成绩（包括填空和听写测试）进行了比较。

下面是两者的斯皮尔曼相关系数：

《国际第二语言能力标准》宏观技能和综合英语测试（整个测试结构、词汇和听力）

说：0.90 听：0.88 读：0.95 写：0.96

《国际第二语言能力标准》宏观技能和完形填空（三段的全部内容）

说：0.89 听：0.85 读：0.93 写：0.94

《国际第二语言能力标准》宏观技能和听力（三段的全部内容）

说：0.90 听：0.88 读：0.97 写：0.94

结果显示，在所有的对比中，显著水平都在0.001或以上，表明了两者之前存在着高度的共时效度。

在初次实验后不久，一项由当时的澳大利亚发展资助援助局的研究证实了《国际第二语言能力标准》的预测有效性（predictive validity）。菲利普斯等人（Phillips et al.，1985）跟踪调查了 76 位就读于澳大利亚大学的印度尼西亚研究生入学一年后的英语能力水平。他们的研究结果证实，《国际第二语言能力标准》3 级以上的英语水平是学习大多数研究生课程的学生的理想先决条件。

凯利特和卡明（Kellett & Cumming，1995 年）跟踪调查了技术与继续教育专业和商业办公基础专业的 35 名移民非英语母语学生的语言能力。他们发现，学生至少需要所有的宏观技能达到《国际第二语言能力标准》2 + 级别，才能在本课程中取得成功，而且语言能力水平至少达到 3 级的学生才更有可能成功。

他们的结论是“入学语言能力与学业表现密切相关”。2009 年，塞夫顿和怀利分析了进入格里菲斯大学的非英语母语国际学生的结果，这些学生分别通过了《国际第二语言能力标准》在 1998 年、1999 年和 2000 年的测试。根据格里菲斯大学的政策，当时本科学生的语言能力至少要达到 3 级，研究生要达到 3 + 等级（Seftonand Wylie，2002）。

许多研究已经证实了《国际第二语言能力标准》的建构效度。李（Lee，1992）使用多方面的 Rasch 程序分析格里菲斯大学《国际第二语言能力标准》测试服务数据库中学生成绩评定数据。自 1990 年成立试验局以来，共有 329 个客户，其中大多数是国际学生（其他人是非英语母语澳大利亚居民），他们来自超过 10 种不同语言的背景，年龄从 14 岁到 40 岁不等。大多数人参加过《国际第二语言能力标准》考试，因为他们想要在澳大利亚接受中等或高等教育；一些人需要证明他们专业领域的语言能力水平。评估者共有八位，李发现，在 0.01 的显著性水平下，所有的评分都是相匹配的，并且在显著性水平为 0.001 时，只有一个宏观技能下的评分不匹配。他总结到：①《国际第二语言能力标准》水平的顺序自然属性得以建立；②《国际第二语言能力标准》的分量表的四个宏观技能的自然属性被建立；③《国际第二语言能力标准》及其分量表似乎能够揭示不同背景和年龄的第二语言学习者的语言能力发展路径。

加里安（Garian）使用多元回归模型分析了 1991 年在澳大利亚注册的 32 735个成人移民教育计划客户的记录。在他关于数据集的讨论中，他发现"错误"的发生率低于 2%（即初始评级大于随后的评级），结论为"这个低错误水平表明《国际第二语言能力标准》充分地区分了一个人的英语语言能力"（Gariano，1997：184）。

对建构效度的主要威胁之一是"建构数量不足"，进而威胁到评估者在考试过程中对学生行为的评估程度（Messick，1994：14－15）。在涉及相对延伸的任务的行为测试中，麦西克强调在"内容覆盖的广度和过程理解的深度"之间实现适当平衡的重要性。正式测试用于评估《国际第二语言能力标准》子课程上的学习者，特别是在学习者拥有较高水平的语言能力时，经常涉及相对延长的任务。例如，在中等水平下，典型的写作任务是一个 250 词的报告、备忘录、公开信或文章；听力任务包括一个独立的课程或纪录片节目，持续 5 分钟。现实制约了可以使用的任务的数量，使得测试主题种类减少，而内容难度加大。为了证明《国际第二语言能力标准》的测试体系中是否包括了建构效度这个方面，怀利比较了基于测试中行为表现而得出的评分和学生对自我表现自测而得出的评分，测试的任务量相对较小。

语言学习者通过简版的《国际第二语言能力标准》进行了自测，并将必要的地方翻译成了母语。研究者将英语、汉语、印尼语作为目标语言。就英语学习者而言，在"说"这一宏观技能下，测试的评分与自测的评分一致性（level of agreement）达到从 0.89（国际学生较多的英语课程的情况）到 0.61（很少有机会使用英语的非英语语言环境下）的区间（Wylie，2001）。在信度下的测试—重测（test-retest reliability）数据也表明《国际第二语言能力标准》的评级效度不受学生较低的表达水平（construct underrepresentation）的影响。

这些比较结果与其他关于在类似量表下对学生自测结果的研究进一步吻合。例如，克拉克和斯温顿（Clark & Swinton，1979）使用《美国外交学院量表》，显示了在"说"的宏观技能下 0.48 的相关性；威尔逊使用《跨部门语言圆桌量表》，在一个包含受教育的瑞士的德语和法语语言学习者的样本研究中也发现了 0.70 的相关性（reported in Oscarson，1997：180）。

# 第5章 《国际第二语言能力标准》的不足与警示

多年来，“直接”的评估方法，如《国际第二语言能力标准》和《ACTFL外语能力指导方针》口试，都受到了大量的质疑。许多与“基于生活情景”方法相关的关键问题已经在部分文章中进行了广泛的研究(Bachman, 1990; Brindley, 1994; McIntyre, 1995; McNamara, 1996)。然而仍然有一些关于该量表的问题值得我们进一步讨论，这对制定我国外语能力标准有一定的警示意义。

## 5.1 面试过程中的不稳定因素

基于口语的评估研究表明，面试过程中的不稳定因素(uncontrolled factors in the oral interview)包括评估者的社会语言学背景，评估者的技能和经验，都可能对结果产生很大影响(Van Lier, 1989; Bachman, 1990; Ross, 1992)。语言能力水平的判断可能受到社会或文化地位、年龄、性格和对话者性别等各种各样的变量的影响(Van Lier, 1989; Porter, 1991; Wigglesworth, 1997a)；另外可能造成影响的还有交互的主题和目的；话语域(Selinker & Douglas, 1985)；交换媒介(Tarone, 1988; Tarone & Yule, 1989; Gass et al., 1989)以及可用于规划话语的时间量(Wigglesworth, 1997b)。所有这些不受控制的因素都可能影响被试者在面试期间产出的语言的数量和质量，从而影响所对其的外语能力评级。在“自由形式”的访谈中，如《国际第二语言能力标准》，获得的评级可能在很大程度上取决于评估者的行为。被试者是否有机会产出他们的“最适合”的语言样本，在很大程度上取决于评估者的技能(Brown & Lumley, 1997)。

## 5.2 忽视语言行为的多维性

一些作者认为,《国际第二语言能力标准》和《ACTFL 外语能力指导方针》等一般能力评定量表不能反映语言发展和使用的复杂性和多维性(Bachman, 1990; North, 1995; Brindley, 1998b)。在这样的量表中,广泛的语言行为被概括成单个级别的描述,评估者需要将被试者的表现与量表相匹配。然而,这对评估者造成了困扰,因为个体宏观技能的特定方面可能会处于不同的发展阶段(例如流利度和发音)。针对这个问题英格拉姆(Ingram, 1984a: 10)指出:

> ……语言是非常复杂的,个体不同的宏观技能的发展速度可能会有差异,因此在个体语言能力发展的大方向下,不同的能力之间可能会略有差异。

然而当个体不同语言技能的差异明显时,将个体的行为表现与某个语言等级相匹配就变得非常困难。科贝尔(Corbel, 1992)将各个等级的量表描述语分解成一组描述每个级别语句中使用的标准的简短陈述(如可理解性、流利度、词汇量)。然后,他们要求教师根据每个简单陈述语分别对语言样本进行评估,而不是使用量表上的描述。科贝尔发现,获得总体评级为 3 级的个体可能会显示出与 2 级和 4 级描述相对应的行为。这个发现使得量表描述语的有效性成了问题。

## 5.3 过于简化二语发展的过程

量表描述语能够在多大程度上反映出第二语言发展的自然属性,这影响着量表的建构效度,也受到了许多语言学家的关注(Brindley 1986, 1991, 1998b)。针对这个问题,英格拉姆表示《国际第二语言能力标准》旨在通过学习者语言行为上可观察到的变化来描述学习者语言能力从 0 级到类似母语水平的变化,然而这个观点被一些学者所质疑。戴维斯(Davies, 1992)对包括《国际第二语言能力标准》在内的许多基于情境的量表描述语提出质疑,认为这些直接测试过度解读了学习者的语言行为表现。然而量表制定者英格拉姆则认为《国际第二语言能力标准》旨在评估语言学习者在真实生活场景中的语言能力，这种语言能力是通过可观察的语言行为体现的。同时他也承认尽管其信度和效度得到了有效的证明，但是相对于其他测试（如雅思）而言，它的整个评估过程和评估时间会让人觉得略显不足。因为雅思考试是通过笔试的方式评测学习者的听、读、写的能力的，时间相对较长，而《国际第二语言能力标准》平均只需要30—45分钟的时间，通过面试的方式对学习者听、说、读的能力进行评估，这无疑会给人一种时间越长评估准确度越高的感觉。

## 5.4 单个评估者对测试结果的影响

《国际第二语言能力标准》评级通常由单个评估者进行。然而，在教育测量和语言测试文献中有相当多的证据表明即使评估者受过严格的培训，单人的评级也是不可靠的（Lunz，1990；North，1993；McNamara，1996）。麦克纳马拉（McNamara，1996）回顾了一系列研究，他使用 Rasch 模型来研究评估语言表现的评估者评估结果的差异。研究最后呈现一致的结果，即评估结果及程度存在的巨大差异，尽管经过训练，但评估结果的差异性似乎没有改变。这意味着，一个被试者的语言表现单凭一个受过严格训练的评估者来判断是不适合的。麦克纳马拉总结道，“依靠受过训练和合格的评估者单个评级的绩效测试这种评估程序很难具有说服力”，他建议至少使用两个评估者。同样，在课堂评估的背景下，杰纳西和厄普舍（Genesee & Upshur，1996：59）指出“最好避免在单一场合将学生的表现作为决定他们语言能力的唯一依据”，并建议在不同的场合使用不同的程序。

## 5.5 评估任务的相似性

《国际第二语言能力标准》没有一套标准的材料来引出用于评估的语言样本，因此用于测试的文本和任务会随着被试者的不同而不同，也会因测试机构而异（McIntyre，1993：8）。虽然给出了可能适合各个级别的学习者任务的示例，但是没有关于哪些任务可以替代其他任务的解释。例如，在《国际第二语言能力标准》口语能力3级中，学习者可以应付日常困难的语言情况，例如管道破损、个人误解、多给的交通票等。然而，由于上下文、参与者之间的关系、交互的目标等的影响，这里的示例任务可能具有相当不同的难度顺序。这可能不利于得到更困难任务的学习者。沃普舍尔（Wapshere，1997）的一项研究的证据表明了《国际第二语言能力标准》这种潜在情况的存在。在基于《国际第二语言能力标准》阅读任务的测试结果分析中，她发现被认为适合 2 级的 8 对阅读任务中的 6 对被试者收到的阅读任务有着不同困难程度。在一些情况下这种状况显著存在，即使配对任务基于相同的文本类型，并由经验丰富的教师判断具有同等的复杂性，但这种不同仍然存在。

在没有关于特定文本的具体特征或可用于引出这些行为的测试类型的任何指导的情况下，教师使用的评估任务和材料的类型存在很大的可变性。关于这一点，奎恩和麦克纳马拉（Quinn & McNamara，1987：8）评论道：

> ……只要个体评估者能够自由地替代给定的示例的任务，整个测试过程就会是一个存在变量的测试方法，从而会导致不同的测试结果。

## 5.6 测试任务的选择对测试结果的影响

《国际第二语言能力标准》的信度和效度在很大程度上取决于评估者创建的评估任务的质量。在评估阅读和听力技能时，会对评估者的评估任务设计技能提出相当高的要求，因为他们不仅要选择适当的文本，还必须设计问题或任务以引出在量表上描述的行为。如果测试要使得提供的信息可靠，需要大量时间和方法。正如英格拉姆所说，要使得测试结果尽可能地准确可靠，就要对评估者进行专业科学的训练，因为评估者怎样选择评测材料，怎样引出被试者的语言行为，怎样合理地将被试者的语言行为与《国际第二语言能力标准》进行比照评估，都会对测试结果产生重大影响。

# 第6章 《国际第二语言能力标准》的启示

国外关于量表的研究为我国研制英语能力等级量表提供了可借鉴的宝贵经验。需要注意的是，由于我国的语言教学环境和教育体制与其他国家和地区存在或大或小的差异，这些差异决定了我们不宜直接采用或照搬其他国家和地区现成的语言能力等级量表，要立足于国情和我国英语教育的现状。

研制我国英语能力等级量表，要立足于我国国情和现状，根据我国的英语教学和测评的实际情况，依据现代先进的语言教学、学习和测试理论，从社会需求、时代发展的新需求出发，注重量表的科学性、实用性和可操作性，以科学严谨的学术态度，力求服务教育、服务考试、服务社会。科学性要求量表的制定必须基于先进的语言能力和心理测量理论，采用科学的研究方法；实用性要求量表对英语学习、英语教学和英语测试等相关工作具有切实的指导意义和促进作用；可操作性要求制定量表所采用的理论、方法和手段必须在当前条件下可以实现，制定出的量表便于教学和测评机构、学习者和其他用户理解、接受和使用。

因此结合上一节对《国际第二语言能力标准》优缺点的综合性介绍，至少可以对我国英语能力等级量表的制定有一定启示。

## 6.1 等级的划分

《国际第二语言能力标准》将语言能力从0到5分为12个级别，并且对较低级别水平进行了较为详细的描述，因为在较低水平的语言学习者的语言能力相对来说更不容易区分，制定我国的英语语言能力量表要考虑到我国学生普遍的英语能力现状，根据学生的普遍能力进行恰当的级别划分，应避免划分过于粗糙，不能反映我国学生的真实英语语言能力发展路径。然而在对我国的英语课程标准进行分析时，除了上述的问题以外，在等级划分上也存在着一些难点。我国目前的《英语课程标准》将我国基础教育阶段的英语分为九个级别，再加上《大学英语课程教学要求》中将大学阶段的英语学习分为三个层次：一般要求、较高要求、更高要求，英语语言能力的划分总共有 12 个等级。原则上不同等级之间反映着不同难度的英语水平，在研读了《英语课程》《大学英语课程教学要求》以及 2010 年版的《国际第二语言能力标准》之后，笔者将两者的描述内容及其所代表的等级作了以下比较（以“说”为例，见表 6-1）。

**表 6-1 中国课程标准与《国际第二语言能力标准》的比较**

| 基础教育阶段《英语课程》/《大学英语课程教学要求》 | 《国际第二语言能力标准》(2010) |
|---|---|
| 第一等级、第二等级、第三等级、第四等级 | 0 |
| | 0+ |
| | 1- |
| | 1 |
| 第五等级、第六等级、第七等级、一般要求 | 1+ |
| | 2 |
| 第八等级、第九等级、较高等级 | 2+ |
| | 3 |
| 更高等级 | 3+ |
| | 4 |
| | 4+ |
| | 5 |

通过对比可以看出，我国的课程标准与教学要求在等级划分上区分度不够，缺乏对最低等级与最高等级的定义，并且不同等级之间描述内容相似，等级之间缺乏难度上的递进。我国虽然也将英语能力从基础教育阶段到高等教育阶段大致分为 12 个等级，等级数量与《国际第二语言能力标准》相同，但是后者的最低等级并没有相对应的英语能力（即我国最低英语能力等级起点过高，没有考虑到那些英语能力为零的人群）。再者，第一、二、三、四等级描述的英语能力，只能对应《国际第二语言能力标准》中的 1-、1 等级，第五、六、七及

一般要求仅大致对应 1+、2 等级；高等教育阶段的更高等级也仅仅对应着 3+、4 等级。通过对比可以看出，我国的课程标准和教学要求的英语能力描述/划分区分度不足，也不能充分地描述或反映个体完整的英语能力发展的路径。在《国际第二语言能力标准》中 4+代表着接近母语水平的英语能力，而我国课程标准中的等级五则代表英语能力和母语水平一致的英语学习者。我国在制定英语能力标准时没有考虑到对这一最高能力的设置，缺少了这一部分能力的设置会不可避免地对一些国内的英语学习者英语能力的评估造成影响。如一个在英语国家长期留学或长大的中国学生，回国参加英语能力评定，虽然他具备接近或者与母语水平一致的英语能力，但在国内评定时最高也只能达到"更高要求"。这种情况下，这类学习者的英语能力就不可避免地被低估了。因此，我国在制定英语能力量表时要具有国际视野与国际接轨。

## 6.2 描述语的选择

描述语的建立是量表制定过程中的核心内容，如何科学有效地选择描述语关系到量表的可信度。早期的量表大多是根据专家的经验设计的，难免缺乏说服力，因此在制定我国的外语能力量表时要引以为戒。我国在制定外语能力量表时可以采取以下步骤：建立描述语库、进行质的分析、量化研究和解释。

### 6.2.1 建立描述语库

国外语言能力量表的制定大都是在现有量表的基础之上开展的，如《国际第二语言能力标准》和《ACTFL 外语能力指导方针》都是在早期的《美国外交学院量表》基础之上制定的，借鉴现有量表经验的优点在于保持了不同量表之间对不同能力等级观点的一致性。如上一章所讨论，我国各个阶段的英语课程标准缺乏对语言场景的定义，从而缺乏一定的实用性，而《国际第二语言能力标准》《ACTFL 外语能力指导方针》《加拿大语言能力标准》等量表是基于真实生活场景而制定的，因此对语言场景的描述比较详细。在制定我国统一的外语能力量表时可以借鉴上述量表描述语言场景内容的经验：收集上述外语能力量表，将量表中的能力描述语按照交际语言活动类型、主题等进行分类，形成一个原始的描述语库。表 6-2 是诺思（North, 2000）在对描述语进行分类时的分类方法（此处引用英文原文更加直观）：

表 6 - 2 描述语的分类方法(North，2000)

| Category | Parameter | Examples |
|---|---|---|
| Overall Interaction | | Can use the language fluently，accurately and effectively on a wide range of general，academic，vocational or leisure topics. Source FSI4/ISLPR 4 |
| Overall Listening Comprehension | | Can recognize a wide range of idiomatic expressions and colloquialisms，appreciating register shifts. Source AMES6/ACTFL Sup |
| Receptive Listening | ① Listening to Announcement & technical instructions<br>② Listening as a member of an audience<br>③ Listening to radio & Audio Recordings<br>④ Watching TV & Film | Can understand complex technical information，such as operating instructions，specifications for familiar products and services. Source AMES 5 |
| Comprehension in Interaction | | Can extrapolate the meaning of occasional unknown words from the context and deduce sentence meaning provided the topic discussed is familiar. Source ISLPR 1 |
| Interaction：Transactional | ① Services encounters<br>② Information exchange<br>③ Negotiating<br>④ Interviewing and being Interviewed | Can cope with less routine situations on public transport e. g.，asking passenger where to get off for unfamiliar destination. Source ISLPR 1+ |
| Interaction：Interpersonal | ① Conversation<br>② Discussion | Can express his/her thought about abstract or cultural topics such as music，films. Source ALTE3 |
| Written Interaction | ① Correspondence<br>② Notes，Messages & Forms | Can write very simple personal letters expressing thanks and apology Source ALTE1 & EC2 |
| Spoken Production | ① Describing & Narrating<br>② Putting a Case | Can fill in uncomplicated forms with personal details names，address，nationality，marital status. Source ISLPR1 |

续图

| Category | Parameter | Examples |
| --- | --- | --- |
| Strategic Competence-Interaction | ① Turning taking<br>② Asking for<br>③ Clarification<br>④ Compensating<br>⑤ Monitoring & repair | Can initiate, maintain and close simple face-to-face conversation on topics that ar familiar or of personal interest. Source ISLPR 1/EC 5/ACTFL Int-M |
| Pragmatic Competence | ① Fluency<br>② Flexibility<br>③ Coherence<br>④ Precision<br>⑤ Thematic Development | Can make him/herself understood in short contributions, even though pauses, false starts and reformulation are very evident. |
| Linguistic Competence | ① General Range<br>② Vocabulary Range<br>③ Grammatical Accuracy<br>④ Vocabulary Control<br>⑤ Phonological Control | Has a repertoire of basic language which enables him or her to deal with everyday situations with predictable content, though he/she will generally have to compromise the message and search for words. Source EC3 |

诺思从两个维度对描述语进行了分类：① 听、说、读、写技能；② 交际语言能力。他先从语言的宏观技能方面将描述语分成听说读写四个方面。每个方面中又包含几个不同的交际语言能力项目，比如策略能力、语用能力、语言能力项目。而每个项目中又包含着不同的参数，这些参数体现着交际语言能力的不同方面，如表 6 - 2 所示，语用能力这个大项目下包含着流利度、灵活度、连贯度、精确度等四个参数。这些参数有一定的具体性，因此可以从描述语中找出能够体现这些参数的表达，进而达到对描述语进行分类的目的。如在流利度参数下，诺思在综合了不同国家的语言能力量表的情况下，整合出了“能够自发地进行交流，在更长的复杂演讲中表现出非凡的流利性和表达自如性”这个描述语，该描述语体现着学习者交际能力中语用能力项下的流利度参数。

### 6.2.2 对描述语进行分析

对描述语进行分析，包括三个阶段：① 质的分析阶段，即将描述项目按范畴进行分类，对描述项目的清晰性、准确性、相关性进行判断，然后进行能力级别划分；② 量化研究阶段，即对学生行为进行评估，然后根据研讨会的结果，选出最清晰、最简洁、最相关的描述项目；③ 解释阶段，即标准形成的阶段。

## 6.3 信度和效度的验证

量表的信度和效度关系到它的科学与否，是否具有一定的说服性，在制定我国的外语能力量表时不仅要重视制定的各个过程，更要重视量表制定完成后对信度和效度的验证。这一过程需要经过大量的测试实验、数据分析等活动，包括《国际第二语言能力标准》在内的一些量表经过了数十年的信度和效度的实验，根据实验结果不断地调整优化量表内容，才使量表的信度和效度最大化，这一点是我们今后在优化我国外语能力量表时应加以借鉴和重视的。建构效度是效度验证时的一个重要环节，在验证我国外语能力量表的建构效度时，可以将学生在该量表上的得分与学生四六级的得分进行比较，并展开数据分析，如果两个成绩结果具有高度的相关性，那么量表的建构效度就可以得到一定的检验。另外一个重要的概念是预测效度(predictive validity)，指的是测验分数与实施测验后一段时间所取得的效标之间的相关性，旨在使用测验分数预测个人在效标方面的未来表现。量表的预测效度能够反映出学习者在未来语言能力的发展。具体操作大致如下：选取某一数量的被试者，用该量表相应的测试评估其语言能力，持续跟踪目标群体进入大学后的语言能力发展。如果测试结果能够反映目标群体在大学时的外语能力发展，则量表的有效性可以得到验证。

除了效度以外，量表的信度验证也至关重要，可以从三个方面进行验证：① 评估者间信度，让不同的评估者对同样的测试样本进行测试，如果测试结果相似，评估者间信度则可得到验证。② 评估者内信度，在评估者对测试样本进行测试的一段时间间隔后(比如 12 个月后)，让同样的评估者对同样的测试样本进行评估，如果两次测试结果相似，则评估者内信度可以得到验证。③ 测试—重测信度，在学习者参加测试的一段时间之后，再次对他们进行测试，测试的目的是为了验证在相似的测试材料的情况下，学习者的测试结果是否相似，如果两次结果相似，那么量表的测试—重测信度就能够得到保证。

# 中　国　篇

# 第1章 《中国英语能力等级量表》的历史沿革

本章主要阐释《中国英语能力等级量表》的历史沿革，从早期的英语教学大纲发展脉络、我国历届英语教学大纲的生态分析、现有标准的评析以及新时期的《中国英语能力等级量表》方面展开论述。

## 1.1 中国大学英语教学大纲的发展脉络

2018年以前我国大陆地区有关外语能力标准的描述主要体现在各类英语教学大纲中，例如《英语课程标准》(2001)、《高等学校英语专业英语教学大纲》(2000)和《大学英语课程教学要求》(2004，2007)及相关考试大纲中。

### 1.1.1 英语教学大纲简介

教学大纲指学校每门学科的《教学纲要》，其中包括教学目的、教学要求、教学内容以及讲授和实习、实验和作业的时数分配等。《教学纲要》是指根据教学计划，以纲要形式规定一门课程教学内容的文件，包括这门课程的教学目的、任务，教学内容的范围、深度和结构、教学进度以及教学法上的基本要求等。

各级各类学校各门学科的教学大纲一般分为：① 说明，揭示本学科的教学目的要求、本学科教材的编选原则、教材的体例、教学中应注意的问题等。② 大纲本文，依据知识的逻辑体系和学生认识过程的规律，系统安排本学科教材的篇、章、节、目的标题、内容要点或课题，上课时数，实际作业(实验、练习、实习)的内容和时数，以及其他教学活动的时数。有的教学大纲还包括参考书目、教学仪器、直观教具等方面的提示。列入教学大纲的教材的广度和深度，一般应是学生必须达到的最低标准。教学大纲是编写教科书和教师进行教学的主要依据，也是检查和评定学生学业成绩和衡量教师教学质量的重要标准。

由教育部颁布实施的《大学英语教学大纲》向全国本科院校在大学英语的教学目标、教学方法、教学测试与教学管理等方面提出了统一的要求。多年来，大学英语教学一直受《大学英语教学大纲》指导，无论是在教学水平、教材建设、课程设置、教学方法、教学环境、教师队伍，还是在教学规模、教学内容、教学观念、教学模式等各个方面都有了长足的进步与发展，取得了辉煌的成就。

### 1.1.2 英语教学大纲的发展

随着中国特色社会主义事业的发展，我国高等教育事业经历了深刻的变革，发生了巨大的变化，《大学英语教学大纲》历经 50 年的发展，也变得越来越成熟和完善。

#### 1.1.2.1 纵向时间序列分析——从“教学大纲”到“课程教学要求”

首先我们将对我国英语教学大纲的发展按照时间顺序进行梳理，探究我国英语教学大纲从“教学大纲”到“课程要求”的发展脉络。

- 1962 年《英语教学大纲(试行草案)》
- 1980 年《公共英语教学大纲(理工科用)》
- 1985 年《大学英语教学大纲(高等学校理工科本科用)》
- 1986 年《大学英语教学大纲(高等学校文理科本科用)》
- 1999 年《大学英语教学大纲(修订本)》(高等学校本科用)
- 2004 年《大学英语课程教学要求(试行)》
- 2007 年《大学英语课程教学要求》

纵向分析很明显的一个特点就是名称上的变化，即“教学大纲”变成了“课程教学要求”。教学大纲是我国学习苏联教育模式的一个重要表现。以“课程教学要求”代替“教学大纲”表明了大学外语教学当时的一个趋势。第一，课程价值趋向从精英教育转向大众教育。教学大纲对学科教学的内容做了统一的硬性的规定，缺乏弹性和选择性，不利于学生的全面发展。第二，课程目标着眼于学生素质的全面提高。现行的教学大纲关注的是学生在知识和技能方面的要求，而课程教学要求着眼于未来社会对国民素质的要求。第三，从只关注教师教学转向关注课程实施过程。教学大纲，顾名思义是各学科教学工作的纲领性文件，教师教学是教学大纲关注的焦点，缺乏对课程实施特别是学生学习过程的关注。第四，课程管理从刚性转向弹性。我国现行的教学大纲对教学工作都做出了十分具体细致的规定，便于教师学习和直接运用，但是“刚”性太强，不利于教师创造性的发挥，没有给教材特色化和个性化发展留下足够的空间，无法适应全国不同地区的学校发展极不平衡的状况。与之相比，课程教学要求对教学目标、教学内容、教学实施、评价及教材编写做出了一些指导和建议。但与教学大纲相比，这种影响是间接的、指导性的、弹性的，给教学与评价的选择余地和灵活空间都很大。同时，课程教学要求提出把实施三级管理政策作为重要目标，给地方和学校创造性地执行国家课程提供了政策保障，和大纲比起来是一种进步。

#### 1.1.2.2 横向同类比较分析

接下来，笔者将对六个时期的教学大纲进行横向同类比较分析，由于表格空间有限，故将各时期教学大纲及要求全称处理为缩写。

**表1-1 各时期大学英语教学大纲对比表**(张蔚磊,2011)

| | 1962年版《大纲》 | 1980年版《大纲》 | 1986年版《大纲》 | 1999年版《大纲》 | 2004年版《要求》 | 2007年版《要求》 |
|---|---|---|---|---|---|---|
| 词汇(个) | 1 400生词 | | 3 800—4 000生词，5 000—5 300生词 | 4 200生词，5 500生词 | 4 500生词，5 500生词，6 500生词 | 4 795生词，6 395生词 |
| 语法 | 强调基础语法结构 | | 有提及 | | 不再列出 | |
| 读 | 强调科技阅读能力 | 强调阅读能力 | 较强的阅读能力 | 较强的阅读能力高于1986年版《大纲》 | 培养读写 | |
| 写 | 无 | 适当的写 | 初步的写 | 一定的写 | | |
| 听 | 无 | 适当的听 | 一定的听 | 一定的听 | 强调听说能力 | |
| 说 | 无 | 适当的说 | 初步的说 | 一定的说 | | |
| 译 | 普通翻译 | 无 | 对理工科要求有译的能力 | 一定的译 | 培养翻译能力 | |
| 语言交际 | 无 | 语言操练 | 重视语言基础的教学，培养交际能力 | 提及用英语交流信息，并非语言交际 | 口头，书面的信息交流 | |

续表

| | 1962 年版《大纲》 | 1980 年版《大纲》 | 1986 年版《大纲》 | 1999 年版《大纲》 | 2004 年版《要求》 | 2007 年版《要求》 |
|---|---|---|---|---|---|---|
| 层次划分 | 无 | | 两个层次：基础，较高 | | 三个层次：一般，较高，更高 | |
| 文理划分 | 理科 | | 文理科并用 | | | |
| 能力培养 | 基础语言知识，语法能力 | | 阅读能力 | 阅读和读写能力 | 特别是听说能力，自主学习能力，综合应用能力 | |
| 教学模式 | 教师面授，讲解课文、生词、语法 | | 分级教学 | 课堂教学 | 计算机，多媒体 | 网络，信息技术，教学软件，多种资源 |
| 四、六级 | 无 | | | 1. 要求达到四级水平；<br>2. 全国统考 | 1. 未列入要求；<br>2. 取消对语法结构的单向测试，而加大听力比例，阅读比例也有加大；<br>3. 提出考试方法可以是全国统考，也可以是地区，校级联考，组织自考 | |
| 教材要求 | 全国统编教材 | | 不同特色的分级英语教科书，提出不搞全国统编教材，强调教材要经过试用 | | 立体化教材，网络教材 | |

## 1.2 中国历届英语教学大纲的生态分析

本小节将从宏观和微观两个方面对我国历届英语教学大纲的生态展开分析。

### 1.2.1 微观生态分析

表 1 - 1 把教学要求、教学目的、教学模式、课程设置等几个大方面细化为 14 个小的方面，又对六个时期的大纲做了对比。我们可以详细地从微观生态

学的角度了解大纲的内容变化发展，比较各时期大纲的异同。

生态系统是指各种生命现象之间在生存过程中相互竞争、相互作用、相互依存，形成的健康有序的状态。每个生物单位在长期的生存竞争中都拥有一个最适合自身生存的时空位置，即生态位，一个生物在群落和生态系统中的时空位置和状况决定了它的形态适应、生理反应和特有的行为。

纵观表1-1，可以看出在大学英语教学大纲的内容中，总的生态结构和发展趋势是好的，但是有些内容出现了生态位摇摆不定和上下起伏的状况。

首先，从新旧大纲颁布的时间间隔上来看，分别为18年、6年、13年、5年和3年。我们可以看出间隔是不均匀的，说明我们相关部门没有有规律地对我国大学外语教学这一版块做定期的检查与维护。当然这与当时的经济发展速度、政治变化，以及政策的重点是密切相关的。

其次，从宏观技能的分布上来看，1962—1986年《大纲》的此部分内容是不符合生态位理论的，因为其过分强调了读而忽视了听、说、写和译。1999年版《大纲》的此部分内容是符合生态位规律的，在强调听和说的同时没有忽视读写译。我们要培养的人才应该是全面的人才，而不是只会听说，或者只会读写的非全面人才。

再次，从用途上看，1980年版《大纲》及以前的大纲是理工科专用的，1986年开始《大纲》才是文理科并用的，这在更深的层次上是生态位的变化，是观念的变化，从"过分重视理工科，忽视文科"到"文理并重"。另外，在四、六级考试这一栏中，我们也可以看到，出现了生态位从无到有和生态位的转换。1962—1986年的《大纲》中没有对等级考试的要求，1999年版《大纲》明确要求通过四级全国统考。2004、2007年版《要求》里面取消了四级统考的要求，提出了考试可以施行地区联考或组织自考等。其实这个四、六级要求是遇到了生态学中的排异现象后，又重新摆正其位置，从而使得生态更加合理化。教材的编纂，从全国统一教材到分地区、分级教材，再到网络立体化教材等等，多种教材林立，也是生态合理化的表现。

总的来说，我国大学英语教学的趋势是好的，是符合生态化发展的。譬如，词汇的发展循序渐进，由少到多；语法从显性的规定逐步过渡到隐性规定；语言交际和层次划分从无到有，从粗到细；能力培养渐进式发展，由"基础的语言能力"逐步发展为"综合应用能力"；教学模式由单一的课堂面授到多种资源的充分利用。同时又做到了具体问题具体分析，因时因地制宜。

这一系列的变化是和国家的经济发展、对外贸易往来等分不开的。下面笔者就从宏观生态的角度进行剖析。

### 1.2.2 宏观生态分析

通过进一步分析此表的宏观生态，我们可以了解《大纲》与当时的经济发展状况的关系，探索大学英语教学逐步走向成熟的过程。笔者将从几个方面来分析国家的发展对大学英语教学发展的影响。

1）开放型大学和大学英语教育

自改革开放政策施行以来，我们的许多大学都已形成了开放办学的局面。这种开放式的办学局面对我国大学英语教学改革有着巨大的推动作用。大学英语教学多年来的改革也是在吸收了国外成功的经验并结合我国的具体情况下进行的。

2）教育体制改革和大学英语教学

首先，为了适应经济体制、政治体制改革的需要，我们对国务院部门管辖的大学进行了重大调整，一部分划转为教育部部属院校，大部分划转给各省、自治区、直辖市实行共建，以地方管理为主。这在我国大学英语教学大纲中的体现也是非常明显的，在"层次划分"上，从 1980 年版《大纲》的没有层次划分，到 1986 年版和 1999 年版《大纲》的两个层次的划分，再到 2004、2007 年版《课程要求》的三个层次的划分。我国大学英语教学已经开始施行国家、地区、校本的"三级管理"了。其次，"质量工程"提出要坚持人文教育与科学教育相融合的理念，使一部分有条件的学校、学科更加综合，改变过去我们的大学基本上是科类单一学校的状态。为实现文理交叉、多学科交叉，我们进行了一次大学的合并调整。相应的，大学英语教学大纲上也有了明显的变化，1962、1980 年版《大纲》是专门针对理工科的。而从 1986 年《大纲》开始，就文理并用了。究其原因，从 1978 年至 1984 年大学的培养目标为培养德智体全面发展的高级工程技术人才；而从 1984 年开始，大学的培养目标改为：拓宽专业口径，调整知识结构，强调产学结合，培养有创新精神的复合型新人才。

3）办学规模和大学公共英语教育

世纪之交，中国兴起了高校合并浪潮，合并高校的办学规模迅速扩大。1998—2000 年连续三年的大调整，将 556 所高校合并调整为 232 所，同时调整了 509 所高校的管理体制。1999—2001 年连续三年的大扩招，使普通高校一年的招生数由 1999 年的 108 万增长至 2002 年的 268 万，即扩大了 2.5 倍，在校生数也在三年内翻了一番。之后，高校从 2003—2005 年，又进入了一个连续三年的“持续发展”。短短六年间，我国高等教育的规模实现了跨越式发展，毛入学率由原来的 9.8% 提高到现在的 19%，标志着我国高等教育已经进入了大众化的发展阶段(毛入学率大于 15%)。

这就出现了入学需求与资源限制的矛盾，并在大学公共外语教学上表现得尤为突出，具体表现为英语教师数量极为不足，硬件设施跟不上，导致教学质量下降。随着大学扩招，大学外语教学任务加重，在 2004 年版《要求》里，网络等现代信息技术教学手段应运而生，实施现代远程教育工程，形成开放式的教育网络，无形地增加了学校的办学容量，解决了一部分教学难题。

4) 办学思想的转变和大学英语教学

1978 年改革开放政策的实施，为高等教育的思想转变提供了历史性机遇。高等教育学专业委员会理事长杨德广教授认为，几十年来，中国高等教育办学方式发生了八个方面的转变：从国有化的办学体制向一主多元的办学体制转变；从条块分割的领导体制向中央和省两级领导体制转变；从高度集权的管理体制向学校依法自主办学转变；从单一的投资体制向多渠道筹资转变；从以知识为本、以教师为中心向以人为本、以学生为中心转变；从统招统分的招生就业制度向面向市场的招生就业制度转变；从封闭的本土化教育向开放的国际化教育转变；从大学办社会的后勤管理体制向社会办大学的后勤管理体制转变。

这些转变在大学外语教学上主要体现为：分级教学、教学要求的层次划分、三级教学管理模式、以学生为中心的教学方法、国际化教学理念等的实施，在 2007 年版《要求》里均有体现。

## 1.3 现有能力标准的评析

在上一节中我们可以看出我国大陆地区有关外语能力标准的描述主要体现在《英语课程标准》(2001)、《高等学校英语专业英语教学大纲》(2000)和《大学英语课程教学要求》(2004，2007)及相关考试大纲中。它们大都只描述了笼统的内容标准，但对于如何将这些内容标准细化到具体的学年、学期、单元，并转化为学生的能力标准并没有表述。全国英语等级考试，是建立在能力量表之上的标准性考试，但是其考纲对该能力标准的描述尚不完善，只涉及听、说、读、写四个维度，并不能顾全学习者语言能力的可持续发展。

相较于国外的语言能力标准，我国现有的大纲和《课程要求》在层次性、精细性、可操作性上还有一定的差距。我国现有的标准是输入驱动型，而非输出驱动型，在本质上属于内容标准，编排体例主要遵循了学科体系的逻辑。现有外语能力标准虽然在总目标中提及学科能力，但没有将外语学科能力作为明确的编排原则，没有明确规定不同年级和学段要培养的外语能力以及所应达到的表现水平。这种学科内容取向的编排模式导致了：① 课程实施程度和外语能力标准模糊不清，使教学管理和改进、学生学业评价缺乏明确的参考依据；② 过分强调学科内容和知识点的传授，学科能力或素养培养不突出、不系统。此外，相较于国外的语言能力标准，国内大纲学习目标较为单一，主要体现在对语言运用能力的重视，强调通过各种语言技能完成交际任务的能力。国外标准更强调学习者学习能力、认知能力和学习态度、性格、情感、动机等方面的培养与发展，旨在使学生达到综合素质的提升，而不仅仅是语言知识、语言技能的提高。

正是在此背景下，2014 年 9 月，中华人民共和国国务院颁布的《关于深化考试招生制度改革的实施意见》明确提出要加强“外语能力测评体系建设”。为此，教育部定下目标：到 2020 年，基本建成标准统一、功能多元的现代化外语测评体系，同时推动考试内容和形式的改革。

## 1.4 新时期的《中国英语能力等级量表》

2014 年 10 月，我国启动了《中国英语能力等级量表》的建设工作，旨在为我国外语能力测评体系建设提供统一标准，为我国英语教学、学习、测评提供参考框架，起到“车同轨、量同衡”的作用，促进各阶段英语教学的衔接，提高英语教学和考试的质量与功用，进而提升国家外语教育水平和学生外语能力（刘建达，2015a，2015b）。刘建达（2017）指出《中国英语能力等级量表》基于中国国情制定，贯彻社会主义核心价值观，落实立德树人的根本任务，坚持特殊性、科学性、实用性和可操作性等原则，具备较高的信度和效度，适合我国学生、教师、考试机构等各类使用者，有利于我国英语学习、教学和测评发展。

在 2017 年 12 月的第三届语言测试与评价国际研讨会上，广东外语外贸大学的刘建达教授宣布了我国教育部研制的《中国英语能力等级量表》问世。

它被划分为九个等级;每个等级在听说读写、翻译、知识策略等方面都有不同的要求。其中,一二级大致对应小学水平,三级对应初中水平,四级对应高中水平,五六级对应大学水平,七级对应英语专业水平,八九级对应高端外语人才。每个等级在听说读写、翻译、知识策略等方面都有不同的要求。量表利用基于运用的原则把语言使用作为描述的方向,主要描述不同能力水平的语言学习者和使用者的典型语言行为,即在特定的情境下能调动各种能力完成什么样的交际任务,简而言之,就是他们能做什么。量表先对语言能力进行综合性描述,然后根据语言学习者和使用者能力水平高低的实际情况和社会需求程度,详略有别地分技能描述各个能力,即听、说、读、写、译及其语言行为。量表的理论框架强调听、说、读、写、语用等能力的综合运用,尤其强调学习者在这些方面的全面协调发展(刘建达、韩宝成,2018)。

今后我国将陆续推出与之配套的等级考试,建立起一个统一的外语测评体系。国家英语能力等级考试就是以《中国英语能力等级量表》为准则参照开发的多等级、连贯有序的系列考试。在此基础上,将适时整合现有英语考试,减少重复考试,改革考试内容与形式,满足学生毕业、升学、就业、出国等对综合语言运用能力评价的多元化需求。

在我国的量表制定前就有很多学者做了相关研究,如杨惠中、桂诗春(2007)提出要制定亚洲统一的英语能力等级量表,指出在制定亚洲统一英语能力等级量表时宜采用定性分析与定量分析相结合的做法,从语言交际功能、语言技能等方面对语言能力等级量表的每一个级别制定详尽、准确、直观、便于用户使用的描述,同时从词汇量、阅读速度、听力材料语速、语言材料难易度等方面对每一等级提出定量指标作为补充。

图 1-1 是以“中国英语能力等级量表”为主题词在中国知网进行文献搜索的可视化统计结果(分析日期为 2017 年 12 月 16 日),足以体现近年来有非常多的专家学者致力于该量表的研究与探索。

图 1-1 是以“中国英语能力等级量表”为主题词的“关键词共现网络”,也就是“中国英语能力等级量表”作为关键词经常出现的研究论文。它们可以被大概分为几类: ① 等级量表框架,如概述语,维度等;② 等级量表的内容,如听力、词汇等;③ 等级量表的拓展,如测试、学习等;④ 等级量表的比较研究,如《欧框》等。可以看出很少有学者研究《加拿大语言能力标准》对于我国量表或是教学等方面的启示,至少在上述的检索条件下是没有观察到这个结果的,这也就说明从《加拿大语言能力标准》视角研究其对我国的启示有一定的必要性。

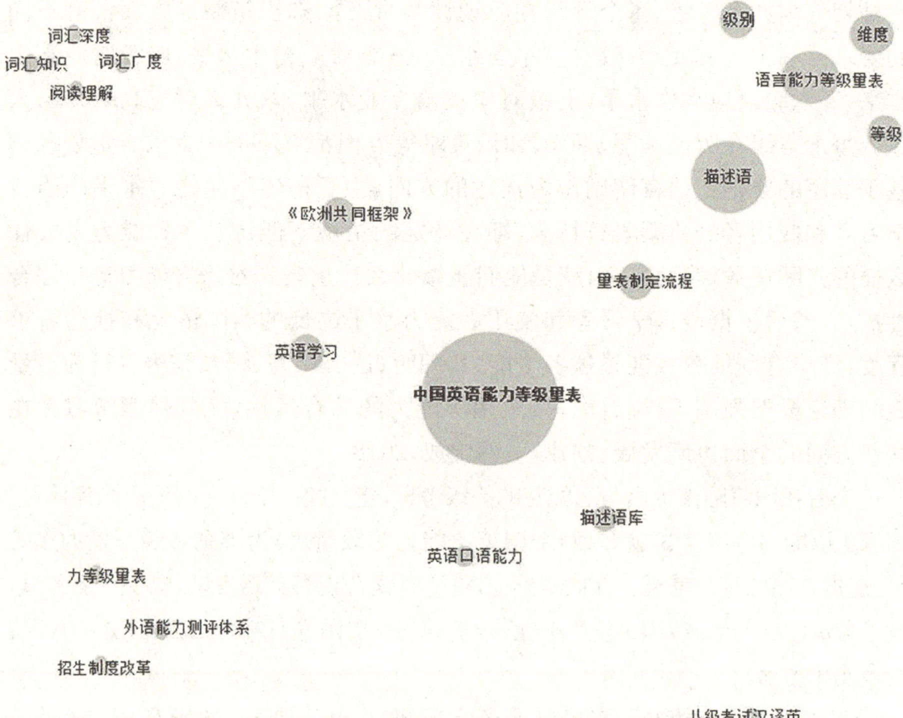


**图 1-1 《中国英语能力等级量表》相关研究关键词**

图 1-2 是我国对于《中国英语能力等级量表》的研究的学科分布饼状图，可见其在各界尤其是外国语言文学界引起了相当大的重视，研究者的代表人物有朱正才、杨慧中、蔡基刚、刘建达、揭薇等。

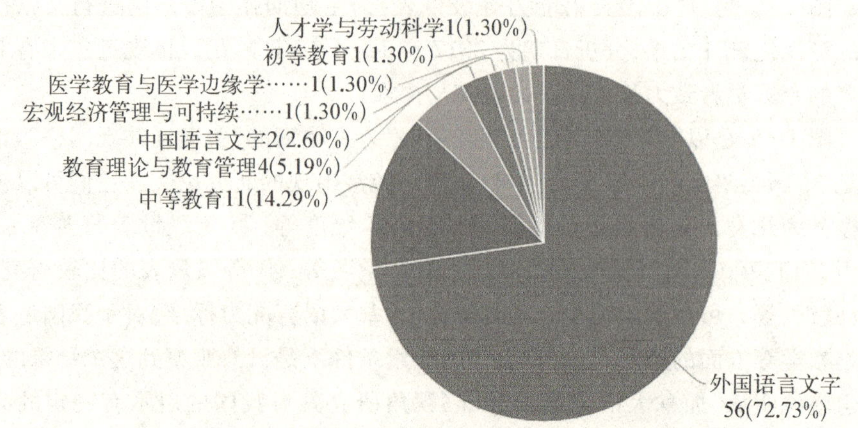


**图 1-2 国内对《中国英语能力等级量表》研究的学科分布**

对于理论基础，专家们倡导我国英语能力等级量表以交际语言能力模型为基础，基于运用的方法对语言能力进行科学的描述或评价，用明确、直观的描述语对语言能力各等级进行“能做”描述，经过效度论证，保证量表本身的有效、可行，使量表涵盖不同层级的语言学习者和使用者，满足不同用户的需要，在我国英语学习、教学、测评之间架起一座连通的桥梁（刘建达，2015a）。

量表通常是先对语言能力进行综合性（holistic）描述，然后根据语言学习者和使用者能力水平高低的实际情况和社会需求程度，详略有别地分技能描述各个能力，即听、说、读、写、译及其语言行为。描述语可以来自国内现有课程标准、教学大纲、考试大纲，国外语言能力标准可作为其文献基础；此外，量表还通过采样的方法补充必要的描述语，利用问卷调查的方式确定典型的语言活动。

一个语言量表的效度被界定为：量表能测量到目标语言能力的程度（朱正才，2016），并且效度比信度更重要。量表效度实际从量表设计之初就已埋下了伏笔，而且贯穿于量表研制的始终（Messick，1989；Kane，2012，2006）。把效度研究前移至量表和测验的开发期而不是仅满足于事后验证，这已是国际同行的共识（朱正才，2016）。

# 第2章 《中国英语能力等级量表》概述

《中国英语能力等级量表》从多维度描述英语能力，全面界定我国英语学习者使用英语进行交际必须达到的标准，详细列出学习者应掌握的各种英语知识、能力以及语言使用策略，注重英语学习者和使用者各项技能的协调发展。

外语能力标准是对某一国家或地区在特定时代语言政策或教育政策的反映，是面向运用的《中国英语能力等级量表》建设的理论基础(韩宝成、常海潮 2011)。构建《中国英语能力等级量表》是建设我国外语能力测评体系的首要任务，它可以为我国英语学习、教学和测评提供参考框架，为外语能力测评体系提供统一标准。

本章将从研制背景、目标人群、指导原则、功能与作用、研制方法、信度和效度、结构框架、理论基础、编排表达模式等 9 个方面进行阐释。

## 2.1 《中国英语能力等级量表》的研制背景

2014 年 10 月，我国启动了《中国英语能力等级量表》的建设工作，旨在为我国外语能力测评体系建设提供统一标准，为我国英语教学、学习、测评提供参考框架，起到“车同轨、量同衡”的作用，促进各阶段英语教学的衔接，提高英语教学和考试的质量与功用，进而提升国家外语教育水平和学生外语能力(刘建达，2015a，2015b)。

根据研制目的，世界上的语言能力量表或标准大致可以分为三大类：① 描述学生语言学习目标的量表；② 作为考试级别或定级尺度的量表；③ 评定不同人员语言水平的量表(韩宝成 2006：443)，我国的语言能力量表同时符合这三类的标准。

## 2.2 《中国英语能力等级量表》的目标人群

《中国英语能力等级量表》广泛适用于各种英语学习者和使用者。由于量表对语言能力的清楚界定和描述，它在学习目标制定、学习结果测评、课程设置、教学/考试大纲编写、教材编写、教育政策制定、评定不同人员的语言水平等方面都发挥着巨大的指导作用。

对于英语学习者而言，可以参照量表对自己的英语能力水平进行准确定位或诊断，并针对自己的实际情况制定明确的学习目标，对学习进步进行自我评价，记录学习轨迹，选择适合的学习材料，并参加适当级别的水平能力测试。这些都将有助于学习者提高自主学习的能力。

对于英语教学而言，量表对教学各环节工作都具有指导意义，如帮助教育机构根据学习者的需求、动机、个性和潜能组织教学；帮助教育机构依据量表制定英语课程教学大纲；帮助教师制定明确、详细、切实的教学目标，并选择合适的教学方法；帮助教材编写单位编写合适的教材；帮助教师、学校设计检测学习计划的评估办法和工具等。

在英语能力测评中，量表则有助于英语学习者进行自评；英语教师和教学机构可以开展学习者英语能力测评以评估教学效果；考试机构可以参照量表设计开发考试项目，对考生能力水平进行清晰准确的评价，并提供信息翔实的证书。基于不同目的开发的英语考试可以通过与量表进行衔接来实现考试结果之间的可比性（刘建达，2015a）。

## 2.3 《中国英语能力等级量表》的指导原则

在研制我国英语能力等级量表时，研究者立足于我国国情和现状，根据我国的英语教学和测评的实际情况，依据现代先进的语言教学、学习和测试理论，从社会需求、时代发展的新需求出发，注重量表的科学性、实用性和可操作性，秉承科学严谨的学术态度，力求服务教育、服务考试、服务社会。其中科学性要求量表的制定必须基于先进的语言能力和心理测量理论，采用科学的研究方法；实用性要求量表对英语学习、英语教学和英语测试等相关工作具有切实的指导意义和促进作用；可操作性要求制定量表所采用的理论、方法和手段必须在当前条件下可以实现，制定出的量表便于教学和测评机构、学习者和其他用户理解、接受和使用（刘建达，2015）。

## 2.4 《中国英语能力等级量表》的功能与作用

《中国英语能力等级量表》以具体英语运用为目的，构建了不同级别对于不同语言技能的具体描述语，为我国英语学习、教学、测评提供了统一的参照标准。量表可广泛适用于各种英语学习者和使用者。由于量表对语言能力的清楚界定和描述，它对学习目标制定、学习结果测评、课程设置、教学/考试大纲编写、教材编写、教育政策制定、语言水平评定等方面都有参考意义。此外，量表的建立还可以使我国的英语教学和测评与国际接轨，该量表主要有以下几个作用。

1）有利于实现学习者英语能力的自我评价（刘建达，2017）

对于英语学习者来说，经常要反思的几个问题包括“我现在的英语水平怎样？我希望我的英语水平提高到什么程度？我怎样才能实现我的英语学习目标？”等（Little，2005）。量表为英语学习者提供了自我评价标准。每一个学习者现有英语水平不同，学习目标也不同，能力要求也不同。例如，简单的日常交流对语言能力要求较低，而外交层次的交流则需较高的语言能力和交流技能。

英语学习者首先要弄清楚自身现有英语水平所处的级别，要具备自我评价、自主学习的能力。量表依据我国英语学习环境的特殊性，把语言能力明确界定为理解语言和表达意义的能力，即语言使用者和学习者运用自己的语言知识和非语言知识以及各种策略，参与特定情境下某一话题的语言活动时体现出的语言理解能力和语言表达能力（刘建达、韩宝成，2018）。量表在语言的各个分技能上也都有详细的能力描述，但整体上强调在具体语言活动中运用语言的能力。此外，量表的对象包括了我国从初学到高级各个水平级别的学习者，并对每个水平阶段都有详细的描述。各个级别的学习者不仅可以在整体语言交际层面评估自己的能力，而且可以在语言的各种具体能力等细节上对自己的能力进行判断。一个学习者在语言各方面能力的发展上存在不平衡的情况，量表可以帮助研究者判断各个能力分项的水平，从而更为详细、有效地制订听说、读、写全面协同发展的学习方案。

量表可通过描述语支持学习者进行自我评价，提供以学习者为中心的语言学习方法,鼓励自主学习(Runnels, 2016)。

自我评价与以学习者为中心的学习也一脉相承。利特尔(Little, 2005)总结了实施自我评价的三个主要理由:第一,学习者作为教师的合作者(Nunan, 1988)不能被排除在评估学习结果之外;第二,自我评价作为学习评估不可或缺的一部分,不仅可以鼓励学习者把评估作为自己责任的一部分,而且可以为其打开更广阔的思路(Oscarson, 1989)。要学习者自主设立学习目标、选择学习内容,他们就必须具备必要的自我评价的能力;第三,如何将课堂上学到的语言知识应用到实际交际中也需要学习者具有自我评价的能力,以便规划以后进一步的学习。

2) 帮助学习者自行确立学习目标

学习目标的设定主要包括五个步骤(Leslie, 2007):分析需求、根据自我评价结果制定特定的学习目标、创造和实施学习策略、利用形成性评价监控学习进步、评估是否达到学习目标。还有学者也提出了学习目标制定的 SMART 五项原则(Moeller et al., 2012)。

学习目标须根据自己和社会的需求来确立(Council of Europe, 2001)。量表就是根据我国英语学习者的英语水平现状和我国未来社会经济发展对英语能力的要求来制定的。有了量表的参照,学习者就可以根据自身的条件和发展目标来制定自己的学习目标。量表把我国英语学习者的英语水平从低到高分成三个阶段,九个等级,每个等级都有详细的描述。学习者在确定了自己目前水平所处的位置后,可以根据自己学习的目的制定学习目标,确定自己要达到的级别。同时,《义务教育英语课程标准》和《高中英语课程标准》将英语课程目标按照能力水平设为九个级别(中华人民共和国教育部,2012);《指南》也把我国大学英语教学学习目标分为三个层次:基础目标、提高目标和发展目标(王守仁,2016b)。调查显示,量表的一至四级大致相当于基础教育阶段的九个级别,五至七级大致相当于《指南》的三个目标。当然,量表的级别跨越了我国目前各种英语课标和《指南》中涉及的级别,涵盖了我国英语学习者的所有级别。对于英语学习者来说,在设定未来学习目标时,有了更为具体和详细的参照。

3) 借助档案袋帮助学习者记录学习轨迹

《中国英语能力等级量表》从语言策略的三个方面——规划(plan)、执行(execute)、评估与补救(evaluate and repair)出发,更全面地列出了学习每种语言技能要掌握的策略,为学习者提供了一系列学习和使用语言的方法和策略。量表倡导自主学习、合作学习和探究学习,注重学习的过程。此外,量表利用语言档案袋记录学习者学习语言的过程，学习经历及自我评价语言能力，让学习者能够自我了解各阶段的学习情况和进步。

档案袋学习指可以不断收集学习证据的学习，基于档案袋的学习鼓励反思性的学习。档案袋收集了学习的各种记录，清楚说明了学习者学了什么，取得了什么进步，主要包括发生的学习行为或经验、学习过程中的反思、完成的各种学习项目、参与的教学、实践活动的多模态记录等(Snadden & Mary, 1998)。电子档案可以记录整个学习过程，尤其是那些非正式、点滴积累的学习，可以帮助学生反思学习过程，验证学习结果，呈现学习过程和结果，计划下一步的学习，评估学习效果等(Attwell, 2005)。电子档案袋让学生、教师、语言导师可以随时跟踪学习的过程，学习者须参与到目标设定和学习成就的评估中，电子档案袋倡导自主学习，鼓励学习者与同伴和教师之间的互动(Bertolotti & Beseghi, 2016)。

在自主学习中，语言学习者和使用者充分意识到自己能力的现状、发展、进步对于学习也有很重要的作用，因此以学习者为中心的学习可以提高学习者的自我意识。对知识和学习的自我意识能够对学习起到重要作用，对自己语言学习有意识的感知可有力促进语言学习(Hawkins, 1999)。量表为学习者提供了很详细的自我评价表，有利于自主学习，因此可以帮助学习者提高学习意识，从而更好地促进学习。

## 2.5 《中国英语能力等级量表》的研制方法

《中国英语能力等级量表》的研制采取了定性与定量相结合的方法，首先依据描述语可能适用的对象的现状，分九个级别进行实地的问卷调研，然后利用现代测评理论和统计方法对这些数据进行统计分析，结合访谈、工作坊等质性调研手段来判断描述语属于哪个级别。最后，来自全国的各类专家、学者从未来英语学习、国家经济社会发展对外语的需求等方面进行一系列的探讨和论证，确定每条描述语的最后级别(刘建达，2017)，这样确保量表既利于现状，又面向未来。量表立足于中国国情和现状，从时代发展的新需求出发，注重科学性、实用性和可操作性的结合(刘建达、彭川，2017)，力求服务教育、服务考试、服务社会。

《中国英语能力等级量表》的研制目的是服务于我国英语教育事业，因而描述语须广泛地覆盖中国英语学习者日常及英语教学需求，只有源于中国学习者日常生活的典型活动和相应能力描述才能真正实现《中国英语能力等级量表》的目的。我国量表的描述语来源广泛，涉及我国各级各类课程标准、教学大纲、考试大纲及国外语言能力标准，部分来自调研与自编（刘建达，2015b），有些则由各教育阶段的教师从日常教学素材中收集，涵盖社会、教育、职业等不同领域的英语活动。不管描述语来自哪个渠道，量表与量表之间、描述语与描述语之间都最大限度地避免了重复。项目组邀请全国 120 多名英语教育专家及博士生分成不同小组多次对描述语查重筛选，精心打磨，从最初收集的 10 多万条描述语精简到最后参与实证调研的近五千条描述语。为了确保量表描述语的科学性和量表的可持续性，项目组建立了具有中国特色的描述语库，以便今后描述语的扩充。无论是质性分析还是量化分析，每条描述语的作答、数据分析和指标都被标记与追踪，并且项目组根据相关指标建立了描述语的质量层级（item quality hierarchy）（North，2000）。对不同梯度描述语的标注有利于更全面地认识、归类、使用描述语，最大化发挥不同质量等级描述语的功能和优势（North，2000，2014）。最终收录的描述语优先来自质量层级中最高层级的描述语。为了避免描述语空缺，项目组尽可能收集更多更广的描述语，以覆盖各种语言技能的各个级别，并在实证之前请专家对描述语进行多轮大小规模的讨论和打磨。当然，量表建设不可能一蹴而就，需要通过大量实证研究与修订不断改进完善。

《中国英语能力等级量表》的描述语主要通过问卷调查方式收集数据，通过数据统计分析确定量表各条描述语的难度与等级归类，研制过程包括：抽样、问卷设计、问卷施测，以及数据分析。

### 2.5.1 抽样

数据收集应确保抽样的科学性。《中国英语能力等级量表》是为中国英语学习者研制，因此抽样样本应在最大程度上代表不同地域、不同学段、不同背景的中国英语学习者，兼顾不同英语水平层次的学习者。样本抽样采用分层抽样法，抽样顺序为从省级行政区到学校再到教师和学生。样本的教育阶段覆盖我国英语教育各个学段，不仅包括小学（三年级和六年级）、初中（初三）、高中（高三）、大学（大学英语二年级、四年级，英语专业二年级、四年级）及研究生教育（英语专业和非英语专业）阶段，也包括中高职教育、继续教育阶段及其他社会人群的英语学习阶段。样本的地域覆盖我国 28 个省、市和自治区。为进一步体现样本的区域覆盖性，项目组将每个区域的 1 至 2 个省级行政区作为重点抽样对象。统计显示，全国共有近 13 万学生、近 3 万英语教师和社会人士参与问卷调查。

### 2.5.2 问卷设计

描述语分级问卷共有 80 份。每份问卷按照听、说、读、写、笔译、口译、语法、语用等八大项语言能力设计，每个能力类别的描述语从包含近 5 000 条描述语的描述语库中随机抽取，数量基本均等。每个级别的平行问卷包含 20%的水平等值锚题，每个级别还有一份问卷包含 20%的垂直等值锚题。问卷回答者涵盖不同级别的教师和学生，从不同视角交叉验证学生是否能够做到各条描述语所描述的内容，评估方式包括教师评学生、学生自评和专家判断。教师选择两名所教年级熟悉的学生，根据问卷描述语的内容与相应的评判准则判断他们能在多大程度上完成某项活动或达到某项标准。学生则开展自我评价，判断自己能在多大程度上完成某项活动或达到某项标准。教师和学生须结合实际情况，根据评判准则从 0—4（0 代表“完全做不到”4 代表“完全做得到”）中选择相应的数字代码，作出客观判断。

《中国英语能力等级量表》建设中的问卷调查是让使用者结合评分标准评判目标群体是否达到描述语所描述的能力的。例如，评分标准每个能力类别的解读不仅包括“能否做到”，还补充说明目标评价个体的语言能力与描述语所描述能力的匹配程度；听、说、读、写、译等角度的解读内容更贴近我国英语教学或日常生活的实际情景等。另外，我国评分标准的修改与制定建立在试测基础之上，在试测中通过访谈了解学生与教师使用量表的感受，根据师生的反馈优化评分标准，确保了评分标准的科学性。

### 2.5.3 问卷施测

为确保数据收集的科学性和有效性，问卷大部分通过网络平台发放施测，少量信息化程度不高的学校采用纸笔作答形式。填写问卷之前，教师和学生通过现场与网络相结合的方式接受培训，培训的目的在于尽力确保问卷填写人充分了解《中国英语能力等级量表》建设，掌握问卷调查的准则，科学合理地填写问卷。问卷由系统随机发放给相应的目标群体，问卷平台也有相应的作答要求与注意事项供随时查看。纸质问卷回收后，由项目组研究人员手工录入问卷平台。

### 2.5.4 数据分析

《中国英语能力等级量表》问卷在分级验证之前利用 Rasch 模型等统计工具进行水平和垂直等值（朱正才，2016），对问卷结果进行各种统计分析，借助临界点锚定各个等级，验证分级结果，以最终确定各个等级标准（刘建达，2015b）。

《中国英语能力等级量表》描述语的实证和分级采用质性分析与量性分析相结合的方式，在所有统计分析之后开展访谈等深入的质性研究，内容涉及师生如何结合评分标准评判描述语，各条描述语是否适合所描述层级的学习者等，进而结合质性分析的结果再考虑量化数据。量表统计数据用于决策参考，但并不是描述语定级的唯一依据。《中国英语能力等级量表》建设没有脱离国内教育政策、英语教学和学生水平现状。经过实证的描述语分级体现了我国各学段学生英语水平与描述语所描述能力的对应关系，考虑了我国教育政策中重点关注的素养及现有或未来的人才培养方案，将切实有利于英语学习、教学和测评发展。

## 2.6 《中国英语能力等级量表》的信度和效度

在《中国英语能力等级量表》的研制过程中，首先依据描述语可能适用的对象的现状，分九个级别进行实地的问卷调研，然后利用现代测评理论和统计方法将这些数据进行统计分析，结合访谈、工作坊等质性调研手段来判断描述语属于哪个级别。最后，来自全国的各类专家、学者从未来英语学习、国家经济社会发展对外语的需求等方面进行一系列的探讨和论证，确定每条描述语的最后级别（刘建达，2017），这样确保量表既利于现状，又面向未来。量表首先对语言能力进行科学的描述，利用定性和定量分析相结合的方法对语言能力进行等级划分，采用“能做”的方式撰写描述语，明确、直观地对语言能力的整体、各分技能以及各等级进行描述，注重科学性、实用性和可操作性相结合（刘建达、彭川，2017）。

## 2.7 《中国英语能力等级量表》的组织架构

《中国英语能力等级量表》将语言能力定义为运用语言理解和表达意义的能力，即语言使用者运用语言知识、非语言知识及策略，参与特定情境下某一话题语言活动时表现出的语言理解能力和表达能力，是一种实践能力。语言活动总是在一定领域内进行。虽然领域不可尽数，但与英语学习相关的主要有个人、公共、工作和教育领域（Council of Europe，2001）。个人领域指个人家庭关系和个人社会活动范畴；公共领域包括所有日常社会交往，包括商务和民事关系、公共服务部门、在公共场地进行的文化和娱乐活动、与媒体的关系等；工作领域指所有与职业相关联的场合；教育领域指正规学校和培训机构。

话语/文本是话题内容的载体，即语言学习者或使用者理解、表达意义时所用的口头或书面语言材料。根据语言功能理论，文本可划分为描述文本、说明文本、指示文本、论述文本、叙述文本等五类（Watkins & Knapp，2005），此外量表还考虑了图表文本。图 2-1 是量表建设中整个语言能力框架的示意图。

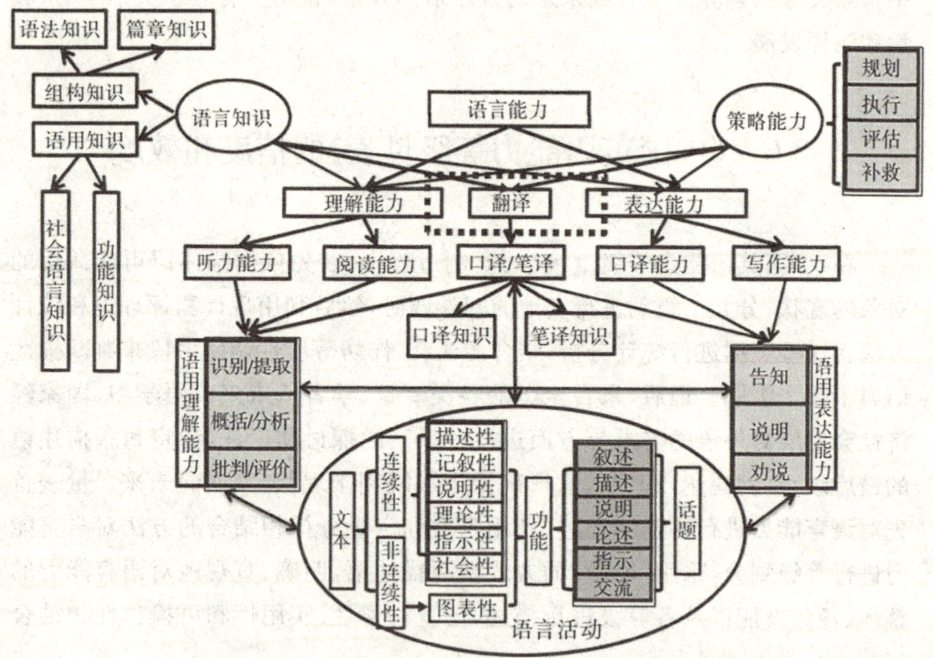


**图 2-1 《中国英语能力等级量表》的框架**（刘建达，2015a）

语言能力量表的结构可从横向和纵向两个维度展开分析。横向结构即量表的描述性参数框架（descriptive scheme），体现量表运用的语言能力理论，界定量表的描述对象和描述范围。纵向结构即量表中描述语的“典型特征系统”（salient feature system），反映不同能力等级的区别性特征，也是量表等级的划分依据。

《中国英语能力等级量表》初步划分初、中、高三大等级共九个级别的英语能力水平。A 等（A1—A3）为初级，对应义务教育阶段的英语学习者水平；B 等

(B1—B3)为中级,对应高中和高等教育阶段的英语学习者水平;C等(C1—C3)为高级,对应高等教育英语专业学习者和精通英语者的水平(教育部考试中心,2014)。量表共有86张能力表(1张语言能力总表、8张分技能总表、69张分项能力表、8张自评表)。语言能力总表包括听力理解能力、阅读理解能力、口头表达能力、书面表达能力、组构能力、语用能力、口译能力和笔译能力等八方面的分技能总表。其中,笔译和口译能力量表填补了国内外语言能力量表尚未包含翻译能力的空白。69张分项能力表是对上述8张分技能总表的详述。其中第一部分是从运用的角度对组构知识进行描述,称组构运用能力。从学习的角度对策略进行描述,称组构知识学习策略。组构知识运用能力包括语法知识运用能力和篇章知识运用能力。第二部分是语言理解能力和语言理解策略,在这一部分的理解能力和理解策略分别从听力和阅读的理解能力和理解策略两方面来进行。第三部分是语言表达能力和语言表达策略,在这一部分的表达能力和表达策略分别从口语和写作的表达能力和表达策略两方面来进行。第四部分是语用知识与语用能力。语用知识分为功能知识和社会语言学知识。语用能力指语言学习者和使用者结合具体语境,运用各种知识和策略理解和表达特定意图的能力,包括语用理解能力和语用表达能力。第五部分是翻译能力和翻译策略。翻译能力包括口译能力和笔译能力。翻译策略包括口译策略和笔译策略。《中国英语能力等级量表》最后一部分是8张自评表,用于语言学习者和使用者对自身英语能力水平的判断或诊断,包括组构知识运用能力、听力理解能力、书面理解能力、口头表达能力、书面表达能力、语用能力、口译能力和笔译能力等方面的自我评价量表。达到某一能力等级的英语学习者和使用者具备该等级及以下所有等级所描述的能力,该等级不再重复描述其以下等级的能力。本规则适用于本规范所有能力表。

## 2.8 《中国英语能力等级量表》的理论基础

我国的英语学习环境有其特殊性,必须根据实际情况对语言能力做出明确的界定,并对语言运用和语言学习给出清晰的解释。交际语言能力模型反映了人们对交际语言能力及其相关方面的基本认识,为外语教学和测试提供了基本的理论指导(刘建达,2018)。《中国英语能力等级量表》也是以交际语言能力模型为基础,采用面向运用的方法对语言能力进行科学的描述或评价

（刘建达，2015b）。

乔姆斯基（Chomsky，1965）区分了语言能力和语言运用，但海姆斯（Hymes，1972a）认为乔姆斯基的理论忽视了语境的作用，没有考虑社会文化因素，因而提出了交际能力这一概念。海姆斯（Hymes，1972b）认为，交际能力指本族语者能准确且恰当使用语言的能力，语言能力包括语法能力和话语的可接受性和合适性。卡纳尔（Canale，1983）和卡纳尔和斯温（Canale & Swain，1980）认为交际能力应该包括语言能力和社会语言学能力。卡纳尔（Canale，1984）又把范畴扩大到四个方面：语法能力、社会语言学能力、话语能力、策略能力。巴赫曼（Bachman，1990）和巴赫曼和帕尔默（Bachman & Palmer，1996；2010）结合外语教学进一步提出交际语言能力，包括语言知识和在具体交际语言使用中恰当运用知识的能力，把知识和技能区分开来。巴赫曼的模型包括三种能力：语言能力（知识）、策略能力（在含有具体情境的交际语言使用中恰当运用各种语言能力的能力）和心理生理机制，把卡纳尔和斯温语法能力、社会语言学能力和话语能力归为语言能力，下分组构能力和语用能力。组构能力分为语法能力和篇章能力；语用能力则包括功能能力和社会语言能力。策略能力把语言知识、语言使用者的知识结构、语境结合在一起，在决定达到表达目的最佳方法时起到评估、策划、执行的作用。心理生理机制主要指语言使用的渠道（如视觉和听觉）和模式（如接受和产生）（刘建达，2017，2018）。

《中国英语能力等级量表》把语用能力分为语用理解能力和语用表达能力，前者指理解说话人或作者的意图，后者指表达说话或写作意图。交际语言能力理论（Bachman，1990；Bachman & Palmer，2010）把语言知识定义为：为了顺利完成理解和表达所需要的语言组构知识和语用知识。组构知识指的是遣词造句以及布局谋篇的知识；语用知识指的是语言使用者/学习者在具体语境中恰当使用话语完成交际目的所需的知识。策略指语言使用者完成一项语言交际活动所采取的有组织、有计划、目标明确的行动步骤。具体而言，该步骤可以分解为三个子步骤：规划、执行、评估与补救。

## 2.9 《中国英语能力等级量表》的编排表达模式

面向运用的语言能力量表把语言使用作为描述方向，主要描述不同能力水平的语言学习者和使用者的典型语言行为，即在特定的情境下调动各种能力能完成不同的交际任务。这种量表通常先对语言能力进行综合性描述，然后根据语言学习者和使用者能力水平高低的实际情况和社会需求程度，详略有别地分技能描述各个能力，包括听、说、读、写、译，及其语言行为等。作为一种实践能力，语言能力可分为不同级别，不仅受制于人们对各种知识和策略知识的掌握程度，更依赖于对各种知识和策略的运用能力。我国量表的描述遵循每条描述语包括行为（performance）、标准（criteria）、条件（conditions）三要素的模式（刘建达、彭川，2017）。

据语言教学和社会发展的实际需求，《中国英语能力等级量表》在交际语言能力理论框架（Bachman，1990）下构建了基于运用的语言能力描述框架（刘建达，2015a；朱正才，2015），如图 2－2 所示，本节将按照《中国英语能力等级量表》编排顺序对能力描述框架进行详细剖析。

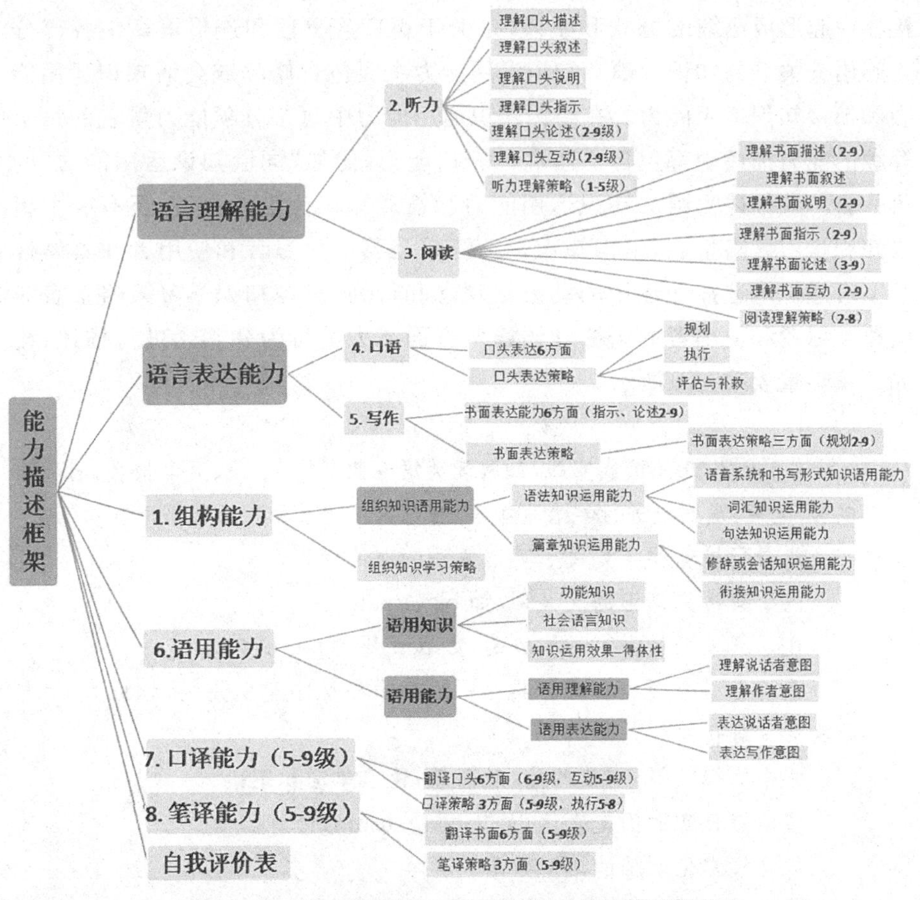


图 2－2 《中国英语能力等级量表》的能力描述框架

### 2.9.1 组构知识运用能力和组构知识学习策略

依据交际语言能力理论(Bachman, 1990; Bachman & Palmer, 2010),我们把语言知识定义为：为了顺利完成理解和表达所需要的语言组构知识和语用知识。组构知识指的是遣词造句以及布局谋篇的知识；语用知识指的是语言使用者和学习者在具体语境中恰当使用话语完成交际目的所需的知识。组构知识运用能力包括语法知识运用能力和篇章知识运用能力，从学习的角度对策略进行描述，被称为组构知识学习策略。语法知识运用能力是指语言学习者和使用者对语言知识的掌控能力，是语法知识和策略能力的结合，特别指在测试或语言使用情境中将语法知识准确地用于表达意义的能力。语法知识运用能力包含语音系统和书写形式知识运用能力、词汇知识运用能力以及句法知识运用能力。篇章知识包含将口头或书面话语连接在一起形成语篇的方式和手段，是关于篇章连贯性和连贯篇章中各部分之间语义关系的知识。篇章知识运用能力主要包含修辞或会话知识运用能力和衔接知识运用能力。在组构知识运用能力中每个分项能力量表的每个等级的能力描述中都包含了理解和表达能力，比如"词汇知识运用能力"的第一级。在描述完语法知识运用能力和篇章知识运用能力后，还有一个组构知识学习策略量表，组构知识学习策略是英语学习者和使用者在具体环境下有意识地选择和运用的动态性观念和行为，组构知识学习策略量表对英语学习者和使用者的语法和语篇两方面能力的行为和观念进行描述，比如此策略量表第九级所示：

> 能通过广泛阅读或实践，如阅读英语专业书籍、小说、英语报刊，看英语电影、电视、戏剧或进行学术写作等，有意识地积累和更新英语语言知识。
>
> 能自行梳理和学习关于英语语法的理论知识。
>
> 能了解常见词汇的反义词，如 big、small。
>
> 能了解单词是由字母构成的，如 pen 是由 p-e-n 组成。
>
> 能将常用名词和动词与其对应的事物和动作建立关联，如将 tiger 与所指动物进行关联。
>
> 能根据视觉提示，如图片、动画等，说出单词和短语。
>
> 能掌握日常的固定表达，如"Good morning!"。
>
> 能掌握常见名词的单复数形式。
>
> 能使用有关个人、家庭和学校的基本词汇。

可以看出，上文的描述语如“能了解”“能掌握”是表达语言学习者和使用者的“理解能力”；而“能使用”“能将……进行关联”是表达语言学习者和使用者的“表达能力”。

### 2.9.2 语言理解能力和语言理解策略

语言理解能力(language comprehension ability)指语言学习者和使用者理解话语意义的能力，包括理解口头语言信息的能力(听力理解能力)和理解书面语言信息的能力(阅读理解能力)。理解是知识的迁移，不管是口头的、书面的信息，还是以图表、图形等形式呈现的信息；不管是通过讲授、阅读还是观看等方式(Anderson & Krathwohl，2001：54)。听力理解能力作为一种综合认知能力，由与听力活动相关的识别、提取、概括、分析、批判、评价等认知能力组成。听力理解能力量表包括理解口头描述、理解口头叙述、理解口头说明、理解口头指示、理解口头论述、理解口头互动六个方面。听力理解策略包括规划、执行、评估与补救等方面，只对第一级至第五级进行综合描述，达到第六级及以上能力的学习者和使用者具备第一级至第五级的能力要求。此听力策略量表对英语学习者和使用者在使用听力能力时的观念和行为上的活动进行了描述，比如第一级中“能借助说话者的手势、表情、语气等判断说话者的情绪”。

阅读理解能力是语言学习者和使用者作为读者阅读并处理书面材料时，运用各种知识(包括语言知识和非语言知识)和策略，围绕所读材料建构意义的能力，包括识别与提取书面信息的能力、概括与分析书面信息的能力、批判与评价书面信息的能力。阅读理解能力量表包括理解书面描述、理解书面叙述、理解书面说明、理解书面指示、理解书面论述、理解书面互动六个方面。这六个方面与听力理解能力的六个方面是一致的。但是因能力水平处于基础阶段的语言学习者和使用者较少涉及对书面描述、说明、指示、论述、互动材料的理解，因此在描述、说明指示，和互动这三个表中只有二至九级，论述只有三至九级，这表明即使是同一种能力，其不同方面对能力却有不同要求。阅读理解策略包括规划、执行、评估与补救等方面。阅读理解策略量表对第二至八级进行综合描述，不列第一级(涉及很少)和第九级(要求同第二至八级)。

#### 2.9.2.1 听力理解能力

听力理解能力是语言能力的重要组成部分。基于运用的听力能力模型把听力理解能力看成使用者或学习者作为受话人，运用各种知识资源(包括语言知识和非语言知识)与策略，实时建立目标话语的抽象表征，并利用该抽象表征完成特定认知任务的能力，见图 2-3。人们更关注听力理解的认知过程，把听力理解能力看作语言使用者和学习者作为受话人在接受并处理一个或数个讲话人的口头信息时，运用各种知识和策略建构意义的能力。

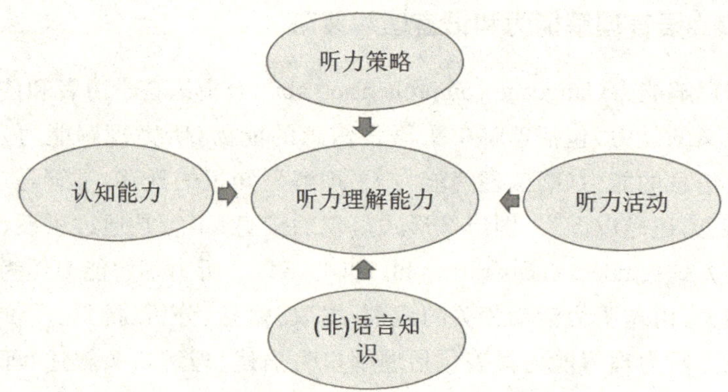


**图 2-3 基于运用的听力能力模型**(何莲珍、陈大建，2017)

听力能力描述语的横向参数框架也可称为分类框架，是量表的横向架构，涵盖描述某个级别某种语言能力需要考虑的全部要素。因此，语言能力的构念是建立描述语参数框架的依据。根据基于运用的听力理解能力模型，听力能力主要包含认知能力、听力策略、(非)语言知识三大要素，因而听力能力量表从这三个层面出发，全面描述听力理解能力。听力描述语的参数框架如图 2-4 所示。

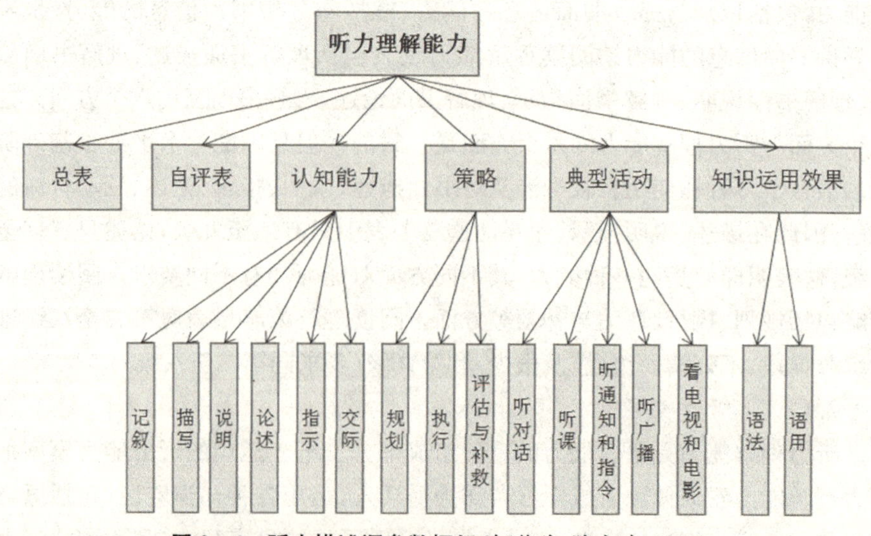


**图 2-4 听力描述语参数框架**(何莲珍、陈大建，2017)

在现实生活中,中国英语学习者接触或参与的听力活动纷繁复杂,这些听力活动按照交际功能大致可以分为记叙、交际、说明、论述、指示、描写等六类,因此听力认知能力量表包含六个分量表。同样,听力策略和语言知识运用效果也可以细分,前者包含规划、执行、评估与补救分量表,后者归入语法、语用等分量表。从语义结构来看,听力认知能力描述语包含认知行为、听力材料标准和附加条件三个基本成分,其中前两个是必要成分,最后一个为非必要成分。

**表 2-1 听力活动级别分布**(何莲珍、陈大建,2017)

| 级别 | 记叙类 | 交际类 | 论述类 | 说明类 | 指示类 | 描写类 |
|---|---|---|---|---|---|---|
| 1 | 简单陈述;绘本故事;动画片 | 简单对话;简单提问;寒暄或问候 | | 简单介绍 | 简单指令 | 口头描述 |
| 2 | 故事 | 电话 | 讲话;辩论 | | 指路;操作指令 | |
| 3 | 广播节目;英语电影 | 简短对话;正式谈话 | 发言;论述 | 简单讲解 | 广播通知 | |
| 4 | 生活情景剧;新闻报道;轶事和游记;寓言故事;话剧 | 与英语母语者面对面交谈;职场面试 | 演讲;讲座;文献或影视剧评论 | 天气预报 | 公告 | |
| 5 | 幽默故事;小说;英语歌曲 | 商务谈判 | 学术报告;讨论;访谈 | 纪录片;科普讲解;访谈 | 使用和操作说明 | |
| 6 | 新闻广播 | | 会议发言 | 博物馆讲解;网络公开课 | | |
| 7 | 体育赛事报道;现场新闻报道 | | 学术辩论;专业技术报告 | 操作指南;服务说明;电视广告 | | |
| 8 | 诗歌朗诵;长篇故事;电视访谈 | 学术讨论;群体采访 | 时事评论;法庭、公共策略辩论 | | 实验步骤 | |
| 9 | 戏剧和文学作品 | | 政治辩论;复杂论述 | 现场解说;学术报告 | | |

从听力材料特征维度、理解目标维度和附加条件维度的分析结果来看，不同级别听力认知能力描述语的典型特征梯度较为明显，并且因跨交际功能类别而呈现出一定的系统性。就话题而言，初级英语学习者能够听懂的话题局限于周围事物或日常生活等，中级英语学习者通常会接触到社交、职业、旅行、社会热点等话题，高级英语学习者则能理解包含专业技术知识的各类话题。各等级描述语之间关于语速的描述比较系统，按级别由低到高依次为：语速缓慢、语速较慢、语速正常和语速较快。就语音特征而言，初级和中级英语学习者都要求听力材料发音清晰、语音标准，而高级英语学习者则能听懂带有一定口音的材料或某种方言。就词汇短语层面而言，初级英语学习者能够听懂简单或常见用词的材料，高级英语学习者能够听懂含有术语、生僻词、俚语等的材料。就内容结构层面而言，初级和中级英语学习者都要求材料结构清晰，高级英语学习者则能听懂结构复杂、观点隐晦、专业性强、含有隐喻或双关等修辞、概念抽象的材料。就理解目标而言，初级英语学习者以理解时间、地点、人物及说话者的意图、情感、态度等基本的事实性信息为主，中级英语学习者以理解大意、观点、重要细节等为主，高级英语学习者则以理解抽象概念、关键信息、隐含意义、文化背景等为主。附加条件也是限制条件，即听者能在何种条件下完成听力任务。初级英语学习者须借助图片、手势或重复才能听懂材料；随着听力能力的提高，中级和高级英语学习者逐渐摆脱这些限制条件，甚至能在有噪声干扰、环境嘈杂的情况下听懂目标语内容。听力描述语在听力材料特征维度、理解目标维度和附加条件维度方面的典型特征具体如表 2－2 所示。

**表 2－2 听力描述语典型特征**（何莲珍、陈大建，2017）

| 级别 | 话题 | 语速 | 语音 | 词汇短语 | 内容结构 | 理解目标 | 附加条件 |
|---|---|---|---|---|---|---|---|
| 1 | 周围事物；儿童游戏；人物外表、服饰；个人信息 | 语速缓慢 | 发音清晰 | 简单用词 | | 物体、家庭成员、数字、颜色等信息；问候语、道别语 | 借助图片、手势 |
| 2 | 日常生活；交通出行；手工操作 | | 语音标准 | 常见词汇 | | 时间、地点、事件、人物关系、爱好等信息；说话者意图 | 重复 |

续表

| 级别 | 话　题 | 语速 | 语音 | 词汇短语 | 内容结构 | 理解目标 | 附加条件 |
|---|---|---|---|---|---|---|---|
| 3 | 购物；工作；熟悉的产品、国家、地区、动物等 | 语速较慢 | | 正式用语 | | 事物特征（如商品价格、材质）信息；人物、事件的逻辑关系；观点、态度、情感等 | |
| 4 | 社交、职业话题；个人兴趣相关话题；旅行、风土人情、名胜古迹；天气 | | | | | 主旨大意；论点与论据；言外之意；说话者立场 | |
| 5 | 社会热点问题；社会文化；专业相关问题 | 语速正常 | | | 结构清晰 | 重要细节；人物行为动机；歌词大意；文化内涵；观点合理性 | 噪声干扰 |
| 6 | 时事政治；公共政策；心理、环境描写 | | | 专业词汇；生僻词 | 结构复杂；观点隐晦 | 特定信息；信息的主次关系；重要概念；演讲风格；蕴含的哲理 | 环境嘈杂 |
| 7 | 经济、政治、历史文化等话题 | 语速较快 | 略带口音 | 专业术语、俚语 | 专业性强；含有隐喻、双关 | 抽象概念；关键信息；隐含意义；得体性 | 几乎不需要母语者重复或解释 |
| 8 | 广泛话题 | | 地区方言、口音较重；多种英语变体 | 大量专业术语 | 内容复杂；大量抽象概念 | 韵律、节奏；社会影响 | |
| 9 | 体育赛事 | | | 俗语、行话 | | 典故、双关语的文化所指；说服策略；事态发展；工作原理 | 高端论坛、学术会议等正式场合 |

范德格里夫特（Vandergrift，1997）把听力理解策略分为元认知策略和认知策略。元认知策略适用于各个听力任务，认知策略则因具体听力活动而异。

元认知策略主要包括四个方面：① 规划：在进行听力任务前，对听力过程中可能遇到的情景或困难做出预测，并规划出合适的应对方案，如明确任务目标，确定注意力重点，对可能的问题准备等；② 审视：在听力任务过程中，不断地对自己的理解进行检查、对比和修正，如对材料大意进行审视和修正，对语音语调进行合理修正，对前后文关系进行修正等；③ 评估：对听力结果进行完整性和准确性评估，发现与规划阶段的异同，寻求补救措施；④ 发现问题：对造成听力失败的原因进行反思，寻求改进的补救方法等。而认知策略主要包括：① 推断：利用听力材料的内容来猜测不熟悉的词汇意思、预测事件结果、补足丢失信息，包括运用语音语调推理、关联词汇猜测、背景声音推理、事件关系推理等；② 演绎：利用先验知识和外部知识来对听力材料进行预测或者填补丢失信息，包括联系个人经验、利用常识、利用学科知识、发散逻辑、头脑风暴、想象联想等；③ 归纳总结：在听力过程中做头脑或书面上的归纳总结；④ 翻译：找到复杂概念的对应目的语翻译，便于理解和记忆；⑤ 重复：重复记忆关键细节信息；⑥ 做笔记：记录主要线索以帮助理解等。

#### 2.9.2.2 阅读理解能力

阅读能力量表包含 1 张总表(9 个等级的认知能力和阅读策略)、6 张阅读认知能力分量表(9 个等级的理解书面叙述、描写、说明、论述、指示和交流能力描述)和 3 张阅读策略量表(9 个等级的规划、执行、评估与补救策略描述)(详见表 2-3，曾用强，2017)。

基于阅读能力的维度分析和语言能力的宏观定义，专家们认为阅读能力包含阅读认知能力和策略。阅读认知能力指语言使用者和学习者在阅读并处理书面材料时，运用各种知识(语言知识、非语言知识)和策略围绕材料构建意义的能力，包括识别与提取、概括与分析、批判与评价书面信息的能力。识别与提取书面信息的能力指语言使用者基于阅读材料，准确辨认、复现具体信息的能力。概括与分析书面信息的能力指语言使用者整体把握阅读材料，在比较、总结的基础上厘清信息要素关系并作出合理推断和预测的能力。批判与评价书面信息的能力是指语言使用者运用已有知识对阅读材料的内容、形式、风格及意图等作出反思、评判的能力，图 2-5 概括了阅读认知能力的结构(曾用强，2017)。

大多数语言能力量表的描述语是对语言行为目标的表述。一条行为目标描述语一般包含行为主体(audience)、行为动词(behavior)、行为条件(condition)和表现程度(degree)四个要素(钟启泉、崔允漷，2008：106)。

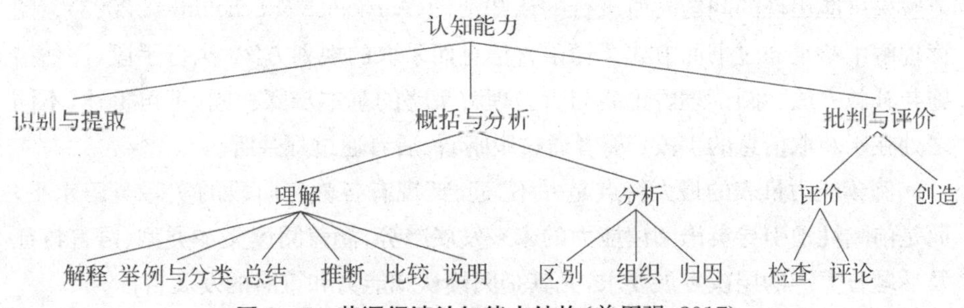


**图 2-5 英语阅读认知能力结构**(曾用强,2017)

**表 2-3 阅读能力描述语的参数**(曾用强,2017)

| 主要参数类型 | | 参数项目 |
|---|---|---|
| 文本类型 | 叙述 | 绘本故事、儿歌、童谣、故事、寓言、人物轶事、人物传记、小说、日记、诗歌、戏剧等 |
| | 描写 | (人物、地点、场景等)描写文、散文 |
| | 说明 | 应用文、科普短文、说明书、报纸杂志、数据图表类材料、学术报告(调研报告)等 |
| | 论述 | 议论文、演讲稿、社会评论、时事评论、学术文献等 |
| | 指示 | 指示类短文、标识、交通指南、操作指南等 |
| | 交流 | 应用文、对话、书信等 |
| 话题类别 | | 人/事/物/景、日常生活、社会生活、文化、科技、人文、时事热点、哲理等 |
| 认知能力 | 识别与提取 | 提取、寻找、识别、罗列、指出等 |
| | 概括与分析 | 区分、辨别、归类、比较、解释、分析、总结、概括、推论、预测等 |
| | 批判与评价 | 评价、批判、判断、辩解、欣赏、赏析等 |
| 内容结构 | 语言结构 | 词义、句子结构、篇章结构、语言特征、修辞手法、语言得体性等 |
| | 显性信息(内容) | 细节信息、具体信息(内容)、故事梗概、主要信息(内容)、主旨大意、关联信息等 |
| | 隐性信息(内容) | 隐含信息(内容、意义)、写作意图、作者观点或态度、美学价值等 |

阅读理解策略指读者怎样理解一项任务,利用什么样的上下文线索,在不能理解课文时采取的策略(Block, 1986),是读者为了充分理解文章,在预测、确认

或解决可能出现的问题时所进行的认知活动（Aarnoutse & Schellings，2003）。阅读理解策略是通过书面方式读懂语言信息而采取的规划方案、执行手段、评估措施与补救方法。阅读理解策略与听力理解策略的基本步骤相同，不再赘述，不同之处在于获取信息的手段：前者通过眼睛看，后者通过耳朵听。

阅读能力量表的最大特点是并不"迎合"现有各教育阶段的实际英语水平，而是前瞻性地引导英语阅读能力的未来发展趋势，涵盖阅读文本类型、语言特征及话题分类等的层次发展要求，尤其是阅读认知能力和策略的发展目标。

### 2.9.3 语言表达能力和语言表达策略

语言学习者和使用者运用语言表达意义的能力，包括口头表达能力和书面表达能力。口头表达能力具体表现为说话人在分析情境、参与者、表达目的、交流渠道等语境因素的基础上，恰当地运用语言知识和交际策略有效地完成口语交际任务，实现交际目的。口头表达能力量表包括口头描述、口头叙述、口头说明、口头指示、口头论述、口头互动六个方面。口头表达策略指语言学习者和使用者在完成口语交际任务时运用的交际策略，包括规划、执行、评估与补救三方面。书面表达能力通过不同的写作功能、目的和情境相互作用反映，主要体现为语言学习者和使用者撰写不同功能文本的能力。书面表达能力量表包括书面描述、书面叙述、书面说明、书面指示、书面论述和书面互动六个方面。第一级的语言学习者和使用者较少涉及采用书面指示、书面论述的能力，因此指示和论述表不列第一级，指示表未列第九级，其要求同第二至八级。根据书面表达的特点，书面表达策略包括规划（构思）、执行（撰写）和评估与补救（修改）三个方面。第一级的语言学习者和使用者较少涉及书面表达中规划策略的运用，故表"执行"不列第一级。

#### 2.9.3.1 口头表达能力

口头表达能力指语言使用者和学习者通过口头语言的方式（即说出）向一位或数位听众发表讲话或陈述，以表达自己信息的能力（Bachman & Palmer，1996）。这种能力既包含说话人内在的语言知识，又涉及口语在具体场合中的使用。口语活动具有其独特性，如交互性、动态性、即时性等。口语量表制定遵循三项基本原则：第一，立足中国国情，服务于中国的英语教学和测试；第二，制定便于师生理解、运用的等级描述；第三，以语言运用为导向，关注口语交际活动和显性文本特征，开展实证研究，验证量表效度。

量表采用"能做"描述语，描述具体交际情境下的语言运用，而不是抽象的语言能力。因此，口语量表建设以描述语库为基础，既关注口头交际活动和完成活动所需的交际策略，也关注口语文本特征，通过描述语分级和分类的问卷调查、专家判断等大量定量、定性研究，实现描述语的量表化，这是制定语言能力等级量表的核心任务。

口语量表的描述语分类操作性框架设有三级参数。第一级参数为框架的三个主要维度，即口头交际活动、口头交际策略和口头文本特征。第二级参数将交际活动分为口头表达和口头交流，将口头交际策略分为规划、执行、评估与补救策略，将口头文本特征分为语言、语篇和语用特征。第三级参数是构建分量表的具体参数，共有 17 项分类(见图 2 - 6，金艳、揭薇，2017)。

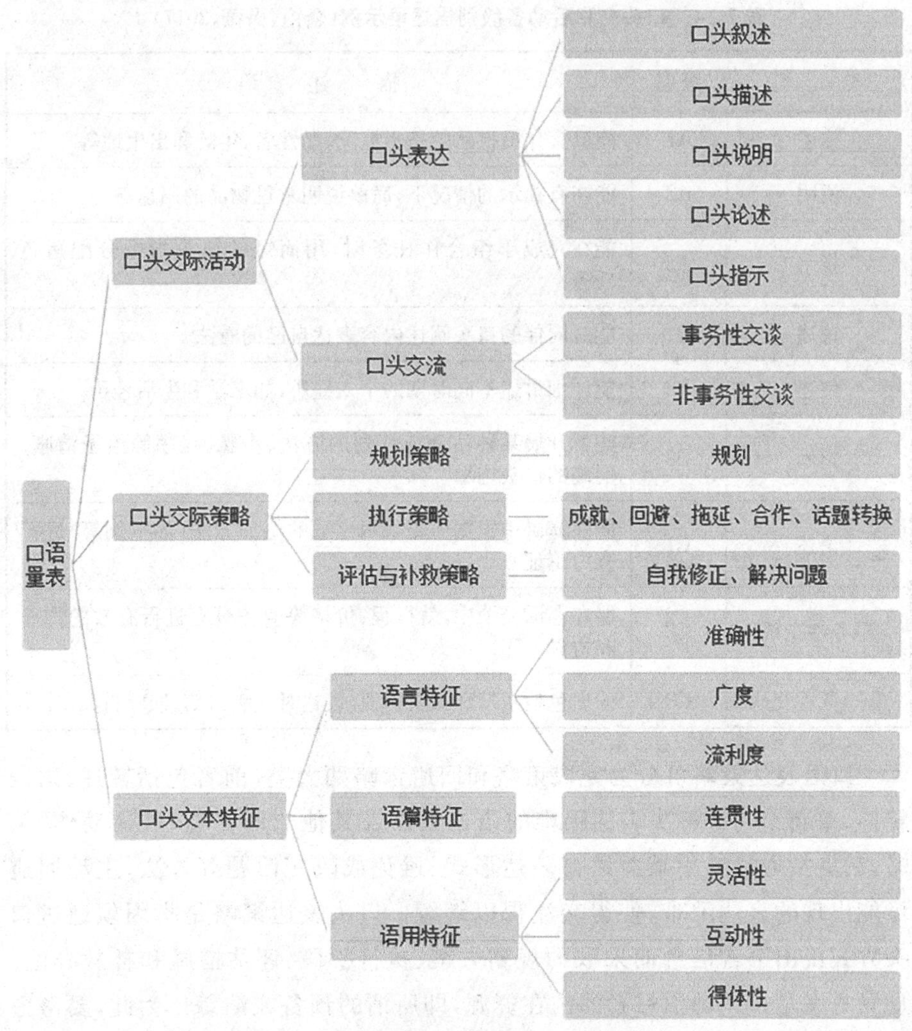


图 2 - 6 口语量表描述框架(金艳、揭薇，2017)

抽象的语言能力主要表现在具体语言运用之中，因此口语量表细致地描述各类口头交际活动。根据口语文本体裁对应的交际功能（Halliday，1978；Martin & Rose，2003），口语量表可描述以下口头交际活动：口头叙述（如个人经历、历史事件）、口头描述（如自然场景、人物心理）、口头说明（如报告）、口头论述（如演讲）、口头指示（如指令、程序）、事务性交谈（如谈判）和非事务性交谈（如聊天）。策略能力是语言能力的重要成分，口语文本特征对教学和测试具有重要的现实意义。各个级别的口头交际活动描述语示例如表 2-4 所示。

**表 2-4　口头交际活动各级别描述语示例**（金艳、揭薇，2017）

| 类　别 | 级别 | 描　述　语 |
| --- | --- | --- |
| 描述 | A1 | 能口头介绍自己的基本情况，如姓名、年龄和出生地等 |
| 说明 | A2 | 能在有提示的情况下，简单说明常见物品的用途 |
| 指示 | A3 | 能在完成小组合作任务时，用简短的口头指令分配角色任务 |
| 论述 | B1 | 能对同伴的口头阐述内容表达自己的看法 |
| 叙述 | B2 | 能详细讲述不同时期的个人经历，如求学和生活经历 |
| 指示 | B3 | 能就开展某种活动或计划的方法、步骤、程序等给予清晰、明确的口头指示 |
| 论述 | C1 | 能在演讲中根据需要采用合适的论证方法（如举例等）进行有力论证 |
| 事务性交谈 | C2 | 能在电话交谈中，就行程、价格等商务事宜进行有效的沟通和协调 |
| 非事务性交谈 | C3 | 能出色地主持和接受访谈，表达时充满自信、谈吐自如 |

口语表达策略可分为完成策略和回避策略两大类，前者包括转述、语码转换、重新组句等解决表达困难的语言性以及其他非语言性（肢体动作）策略，后者指通过弃用某类语言表达形式、避免或改变话题等方法，主动回避可能出现的表达困难，使得交流得以继续。口头表达策略是指因须通过口头方式说出语言信息而采取的规划方案、执行手段、评估措施和补救办法。规划方案是指调动学习者的内在资源，即所谓的预备或演练。为此，要考虑文本效果、话语结构或不同的表达方式，也就是要关注受众的因素；还要考

虑在语言缺失的情况下，寻找信息或寻求帮助的问题，也就是要预先做好资源定位。让交际目标与交际手段相匹配、进而在有限的范围完成交际任务称为规避策略；增加交际任务难度和找到应对措施则称为完成策略。语言使用者运用这些策略，表明他在积极开发利用自己拥有的资源。这些都是执行阶段的常用方法。学习者的举动从对方的表情、手势或者后续的对话中得到反馈，就知道交际信息已经传递过去，这便是评估阶段。学习者有意识地从语言和交际两方面检查自己的表达能力，找出自己惯有的错误并加以纠正，这就是补救阶段。

#### 2.9.3.2 书面表达能力

写作认知活动的理论和实验研究产生了多个有关写作过程的认知活动模型（Fitzgerald，1987；Kellogg，1988，2001；Scardamalia & Bereiter，1991；Hayes，2012），简称为写作认知模型。从写作过程来看，所有写作无一例外都包含生成（观点形成过程）、转换（从观点到文本的语言生成过程）、修改（编辑和检查文本过程）三个子过程（Beard et al.，2009：18）。从结构来看，写作认知模型研究一致认为模型含有规划、撰写和修改三个要素（Alamargot & Fayol，2009：25）。然而由于研究视角、关注焦点等各异，不同模型在结构、功能、要素名称等方面都存在不同程度的差异，模型的结构图示也都比较复杂。为了提高写作认知过程描述的一致性和可操作性，我们在相关研究的基础上构建了写作认知模型（见图 2 - 7 及表 2 - 5 邓杰、邓华，2017）。

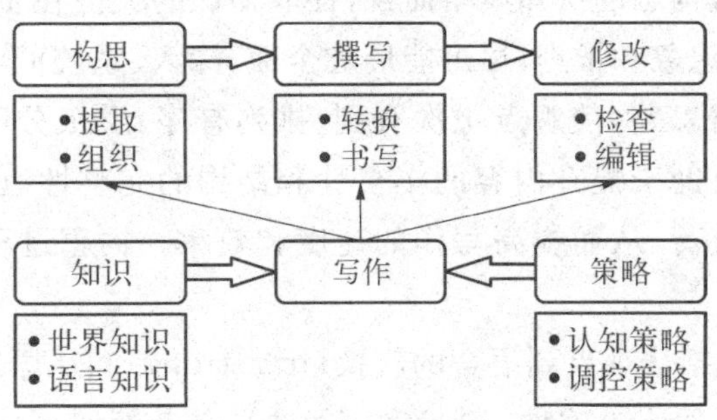


**图 2 - 7 写作认知模型**（邓杰、邓华，2017）

写作过程总体而言按“构思—撰写—修改”的顺序进行，但在具体写作过程中三种活动通常交织进行，一般都是边构思、边撰写、边修改。根据写作认知模型，写作过程总体上也依照上述三个活动顺序展开，每个环节都包含两项主要认知活动且运用认知与调控策略。书面表达策略与口头表达策略的基本步骤相同，不同之处在于获取信息的手段：前者通过手写，后者通过口述。

表 2－5 写作策略框架(邓杰、邓华，2017)

<table>
<tr><th colspan="2">写作活动</th><th>认知策略</th><th>调控策略</th></tr>
<tr><td rowspan="2">构思</td><td>提取</td><td>捕捉要点：围绕话题展开想象、联想、推理等</td><td rowspan="2">自我规划：制定目标、明确对象、预判效果等<br>素材积累：查阅/摘录/补充文献、咨询/访谈、记录灵感等</td></tr>
<tr><td>组织</td><td>厘清思路：明确先后、主次、层级等逻辑关系</td></tr>
<tr><td rowspan="2">撰写</td><td>转换</td><td>生成语言：同义替换、句式变换、使用主题句/衔接手段/修辞手法等</td><td rowspan="2">自我监控：实施构思计划、分配注意、排除干扰等<br>实时交互：提问、澄清、确认、迂回等<br>工具利用：联想输入、图文编辑、扫描识别、语音识别等</td></tr>
<tr><td>书写</td><td>促进表述：列要点、拟提纲、打草稿、画结构图等</td></tr>
<tr><td rowspan="2">修改</td><td>检查</td><td>发现问题：复读、审读、诊断、预演讲稿等</td><td rowspan="2">自评与他评：自我评价、同伴互评、教师批改等<br>自我调整：重新规划、调整语气/态度/情感等<br>自动功能：语法/拼写改错、批量查找/替换、自动转换等</td></tr>
<tr><td>编辑</td><td>解决问题：纠正错误、调整结构、润色文字等</td></tr>
</table>

构思过程主要包含从长时记忆中提取知识形成观点和组织观点两方面的认知活动。就构思的认知策略而言，提取知识的关键在于捕捉要点，围绕话题展开联想、想象和推理，尽可能形成全面、深入、系统的观点。组织观点的作用在于厘清思路，使观点主次有别、排列有序、层级分明。这些认知策略的运用不仅有助于提升内容的丰富性和结构的完整性，也有助于减轻知识提取的认知负荷，从而提高写作的速度和效率。构思过程也涉及调控策略的运用。

撰写过程包括从观点到语言的转换(translating)和从语言到文本的书写(transcribing)两种认知活动。转换和书写主要依赖短时记忆或工作记忆，都要消耗认知资源，并且撰写难度越大，认知资源消耗越多(Kellogg, 1988, 1990; Alamargot & Fayol, 2009)。

修改过程主要包括检查发现问题和编辑解决问题两种认知活动。修改既可能发生在撰写之后，也可能发生在构思和撰写之中；既可能是标点、拼写、语法等的表层修改，也可能是意义、结构、写作风格、修辞手法等的深层修改；既可能是为了改正错误，也可能是为了改善表达效果（Fitzgerald，1987）。

### 2.9.4 语用知识与语用能力

语用能力是在某社会情境中恰当使用语言的能力（Taguchi，2009），对外语环境下有效交际起着非常重要的作用。语用知识分为功能知识和社会语言学知识。功能知识指语言使用者通过识别和选择恰当的话语，将语言形式与其潜在目的相匹配，表达其交际目的的知识。语言使用得体与否是交际能力的一部分，指语言运用是否与特定语境相符，符合程度如何。换句话说，它不仅注重完成任务的能力，还注重任务完成的效果。语用能力指语言学习者和使用者结合具体语境，运用各种知识和策略理解和表达特定意图的能力，包括语用理解能力和语用表达能力。语用理解能力包括理解说话者意图和理解作者意图的能力。理解说话者意图能力指在特定交际活动（以口语为主）中对具体言语行为所蕴含的话语意图做出解读的能力；理解作者意图指对作者在特定交际性文体（以信件为主）中所表达的写作意图的理解能力。理解作者意图表仅列第一级至第六级，第七级及以上的语言学习者和使用者具备第一级至第六级的能力。语用表达能力是说话人或写作者运用语用知识，根据不同交际场合及交际意图灵活选择相应话语，得体地表达意图的能力。表达说话意图的能力指在特定交际活动（以口语为主）中恰当表达某一言语行为及其意图的能力；表达写作意图的能力指在特定交际性文体（以信件为主）中恰当表达某一写作意图的能力。表达写作意图表仅列第一至六级，它默认第七级及以上的语言学习者和使用者具备第一至六级的能力。

### 2.9.5 翻译能力和翻译策略

“翻译”就是把一种语言文字的意义用另一种语言文字表达出来（现代汉语词典，2012）。当交际双方使用不同语言进行交互时，需要翻译作为沟通的媒介，翻译过程是理解和表达共同参与的过程，是跨文化语际中介活动，为不能直接进行跨语际沟通的交际者提供服务。翻译能力包括口译能力和笔译能力。翻译策略包括口译策略和笔译策略。口译能力是指通过口头表达形式，调用语言知识和策略将一次性的源语听力文本转换为目的语文本的跨文化语际中介能力。口译能力量表包括翻译口头描述、翻译口头叙述、翻译口头说明、翻译口头指示、翻译口头论述、翻译口头互动六个方面。因口译活动涉及的能力要求不同，翻译口头描述、翻译口头叙述、翻译口头说明、翻译口头指示、翻译口头论述只列第六至九级，翻译口头互动只列第五至九级。口译策略是指在口译学习和实践中，为解决问题或提升口译效果运用的技巧、方法或行动，包括规划策略、执行策略、评估与补救策略。口译策略、口译规划策略和口译评估与补救策略包含第五到九级，但口译执行策略未列第九级，其要求等同第五至八级。口译策略是指通过口头方式将交际内容对应地翻译出来时所使用的规划方案、执行手段、评估措施和补救办法。这个程序不仅包括规划，还需要研究着手完成翻译任务的方式。规划方案是指组织和最大限度地利用现有资源的活动，具体做法有调动先前的知识、选定翻译载体、预备词汇等。在口译过程中，译者在翻译的同时应该能预测随后的话语，即使前后两端要翻译的话相对应。译者应该记下事物的指示方法，以丰富自己的词汇，并创建事先约定的"意义岛"，这样能增加处理语言信息的能力，提高预测的效果。另外，译者也要运用技巧，适度规避翻译难点和翻译"卡壳"现象，但同时不能放松预测的能力，即适时弥补缺陷。上述过程就是执行手段。评估阶段主要针对交际行为和语言能力，旨在检查译文与原文的一致性和语言使用的连贯性。笔译是以源语文本为输入对象，目标语文本为输出产品的跨文化语际中介。笔译能力是指语言学习者和使用者在交际参与过程中表现出来的语言应用能力。笔译能力量表包括翻译书面描述、翻译书面叙述、翻译书面说明、翻译书面指示、翻译书面论述、翻译书面互动六个方面，六个方面的能力包含第五至九级。笔译策略是指在笔译学习和实践中，为解决问题或提升笔译效果而运用的技巧、方法或行动，包括规划策略、执行策略、评估与补救策略。三个方面的策略量表包含第五级到第九级。笔译策略与口译策略有很多相似之处，主要差别在于前者是通过书面方式表现出来，有时间斟酌推敲，讲求信、达、雅。

《中国英语能力等级量表》中所指的"语言能力"是广义的综合语言能力，笔译能力也属于此范畴之中。笔译能力包括翻译涉及的两种语言的交际语言能力（包括纯语言能力、社会语言学能力和语用能力）、笔译策略能力，以及综合语言能力框架下的百科知识、笔译专业知识、心理能力（如动机、焦虑等）和职业能力（如职业道德）（白玲、冯莉、严明，2018）。量表中笔译能力的构成要素包括双语交际能力、翻译策略能力、翻译知识、百科知识、心理生理主体因素、工具使用与研究能力六个子能力维度（见图 2-8）。

此外，翻译能力受到译者心理生理主体因素的影响。译者心理生理主体因素包括认知因素、态度因素、心理运动机制和译者信念（PACTE，2003）。认知因素是指译者通过感知翻译目标、记忆翻译信息、理解翻译要求、注意翻译

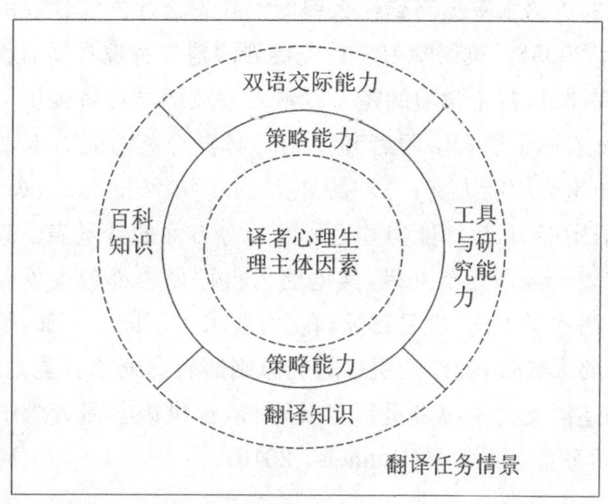


**图 2-8 翻译能力构念图**(白玲、冯莉、严明,2018)

动态,从而实现对翻译资源的分析与整合,并运用其批判性思维和创造性思维对翻译过程进行逻辑推理。态度因素则指译者自身对翻译问题具有强烈的求知欲,在翻译过程中表现出坚强的毅力、充沛的精力、高度的自信以及顽强的抗压能力,并且能够不断地自我激励,最终完成翻译任务。

笔译能力量表旨在描写不同翻译水平的英语学习者的笔译能力,在笔译教学和笔译评价等方面具有可操作性。在拟定的笔译量表参数框架中,笔译能力以交际功能作为分类角度,以叙述、说明、描写、论述、指示、交流六大功能为基本参数(Halliday, 2014;刘建达、彭川,2017),从典型笔译翻译活动中体现该功能的典型特征。笔译策略能力可按过程分解为三个分项:规划、执行、评估与补救,与人类认知过程相符。

从上述的各项技能的编排模式可以看出,几项能力的编排是不一样的,这一点与《加拿大语言能力标准》中按照交际、说服、指示和信息这四方面来编写的方式有所不同。《中国英语能力等级量表》听力包含了认知能力、听力策略和(非)语言知识;口语包含了口头交际活动、口头交际策略与口语文本特征;阅读包含了文本类型、认知策略和内容结构;写作包含了写作认知能力和策略;笔译包含了双语交际、翻译策略、翻译知识、百科知识、心理生理主体因素、工具使用以及研究能力。

### 2.9.6 自我评价量表

对于英语学习者来说,经常要反思的几个问题包括"我现在的英语水平怎样？我希望我的英语水平提高到什么程度？我怎么才能实现我的英语学习目标？”等(Little，2005)。英语学习者首先要弄清楚自身现有英语水平所处的级别，须具备自我评价、自主学习的能力。量表为英语学习者提供了自我评价标准，自我评价量表用于语言学习者和使用者对自身英语能力水平的判断或诊断，包括组构知识运用能力、听力理解能力、书面理解能力、口头表达能力、书面表达能力、语用能力、口译能力和笔译能力等方面的分量表。口译和笔译两个自我评价量表包含第五至九级，其他能力自评量表都包含了九级。每一个学习者现有英语水平不同，学习目标和能力要求也不同。例如，简单的日常交流对语言能力要求较低，而外交层次的交流则需较高的语言能力和交流技能。量表可通过描述语支持学习者进行自我评价，提供以学习者为中心的语言学习方法，鼓励学习者自主学习(Runnels，2016)。

# 第3章 我国英语能力标准研究热点及趋势

本章主要借助 BICOMB 2.0 软件和 SPSS 22.0，对中国知网 2008 年至 2017 年收录的 243 篇英语能力标准领域的期刊及研究生论文进行统计分析，通过高频关键词相似矩阵、聚类分析矩阵和多维尺度分析图表，绘制出《中国英语能力等级量表》热点研究的知识图谱。研究发现，这十年来，我国英语能力标准领域的研究主要集中在对测评体系的研究；对外语能力量表的本体研究；对语言能力的研究、对“教师的教”的研究；以及对“学生的学”的研究这五个方向。未来的研究需要积极探索“中国特色的外语测评体系”；探索量表应用模式的新路径；完善跨文化能力和翻译能力的评价机制；开展外语教师专业能力评价标准的研制；开发基于《中国英语能力等级量表》的课程标准和学生自主学习指南；注重英语课程和考试与英语能力标准一体化的实证研究。

2014 年 9 月，中国国务院颁布的《关于深化考试招生制度改革的实施意见》，明确提出要加强“外语能力测评体系建设”。2014 年 10 月，我国启动了《中国英语能力等级量表》的建设工作。2017 年 12 月，在第三届语言测试与评价国际研讨会上，刘建达教授宣读了我国教育部研制的《中国英语能力等级量表》。该量表为我国外语能力测评体系建设提供统一标准，为我国英语教学、学习、测评提供参考框架，起到“车同轨、量同衡”的作用（刘建达，2015）；并且预期到 2020 年我国将基本建成具有中国特色的现代外语能力测评体系，助力外语教学改革，推动分级分类考试，提升外语教育质量和成效（姜钢，2016）。围绕英语能力标准进行的研究已经成为近十年来热点。笔者拟采用科学计量学研究方法，运用共词分析法和多维尺度分析法，梳理我国 2008 年以来英语能力量表研究的热点关键词，并绘制我国英语能力量表研究热点视角的知识图谱，进一步研究分析我国英语能力量表的热点和发展趋势。

## 3.1 研究样本与数据来源

本研究主要以中国知网作为文献搜索的来源。首先，笔者在中国知网数据库搜索，确定以“英语能力标准”“英语能力量表”“语言能力标准”“语言能力量表”“外语能力标准”和“外语能力量表”为关键词进行搜索，搜索日期为2008年1月到2017年12月。该主题的相关文献篇数为10 508篇，其中包括报告、会议、征稿启事、博硕士论文和期刊等。其次，通过限定搜索范围保留了学术期刊和博硕士论文，剔除无效文献，并进行逐项排查，最终确定有效文献为243篇，其中博硕士论文49篇、期刊论文194篇。再次，笔者依次导出了这些符合要求文献的基本信息，包括作者、题名、发表时间、期刊名称和关键词等。最后，笔者规范了研究文本编码格式，以TXT的文本保存为ANSI格式，并对文本进行格式编码，使之符合BICOMB2.0软件的处理要求。

## 3.2 研究方法

本节将对研究方法展开研究，包括共词分析和知识图谱分析。

### 3.2.1 共词分析

本节主要应用BICOMB 2.0软件，对从中国知网中筛选出来的符合实证分析的243篇文献(49篇博硕士论文、194篇期刊论文)进行关键词的提取统计与分析，并生成相应TXT形式的词篇矩阵和共现矩阵。具体操作流程图如图3-1。

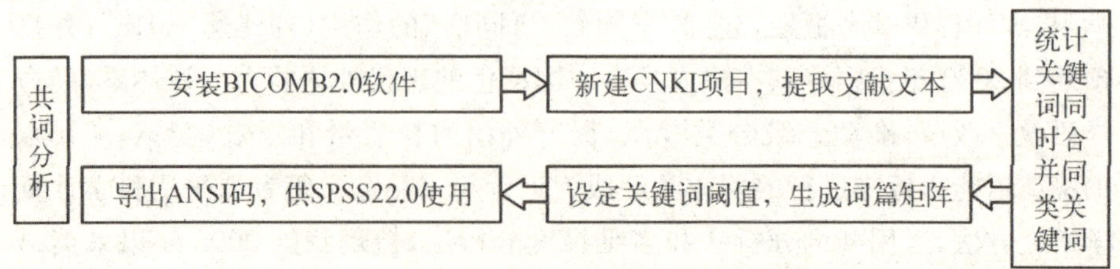


**图3-1 共词分析流程图**(张蔚磊、雷春林，2020)

结果显示 2008 年到 2017 年间的期刊论文和博硕士论文中出现的关键词共 624 个，所有关键词累计出现的总频次为 955 次，其中最高频次为 53 次，对应的关键词是“英语能力标准”。为深入研究 2008 年以来我国英语能力标准研究的热点和发展方向，根据研究需要，笔者对部分词义重合的关键词进行统一性处理，即合并相同意思的关键词，如将“英语能力标准”“英语能力量表”统一规范为“英语能力标准”。然后，笔者提取出现频次 3 次及以上的关键词，共 50 个，系统生成词频统计数据表，最后笔者将该表格导出，并对这 50 个高频关键词进行词频排序，相似关键词经过合并后共计 30 个(见表 3-1)。

**表 3-1　“英语能力标准”共词分析高频关键词排序数据表**(张蔚磊、雷春林，2020)

| 序号 | 关键字段 | 出现频次 | 百分比 | 累计百分比 |
|---|---|---|---|---|
| 1 | ***英语能力标准*** | **53** | **5.549 7%** | **15.719 9%(平均)** |
| 2 | ***语言能力*** | **52** | **5.445 1%** | **12.286 9%(平均)** |
| 3 | ***口语能力*** | **24** | **2.513 1%** | **23.088 0%(平均)** |
| 4 | ***欧洲语言共同参考框架*** | **20** | **2.094 3%** | **14.240 8%(平均)** |
| 5 | ***英语课程标准*** | **17** | **1.780 1%** | **20.209 4%(平均)** |
| 6 | ***英语教学*** | **15** | **1.570 7%** | **20.698 1%(平均)** |
| 7 | ***语言测试*** | **14** | **1.466 0%** | **16.649 2%(平均)** |
| 8 | 自主学习 | 13 | 1.361 1% | 17.140 7% |
| 9 | ***写作能力*** | **11** | **1.151 8%** | **28.691 1%(平均)** |
| 10 | 描述语 | 7 | 0.733 0% | 11.937 2% |
| 11 | 大学英语 | 7 | 0.733 0% | 13.403 1% |
| 12 | 情感态度 | 6 | 0.628 3% | 15.950 2% |
| 13 | 比较研究 | 6 | 0.628 3% | 16.649 2% |
| 14 | 效度 | 6 | 0.628 3% | 18.534 0% |
| 15 | 学生 | 6 | 0.628 2% | 32.041 9% |
| 16 | 学习策略 | 5 | 0.523 6% | 18.325 8% |
| 17 | 美国 | 5 | 0.523 6% | 20.942 4% |

续表

| 序号 | 关 键 字 段 | 出现频次 | 百分比 | 累计百分比 |
|---|---|---|---|---|
| 18 | 英语 | 5 | 0.523 6% | 23.036 6% |
| 19 | 信度 | 4 | 0.418 8% | 25.654 5% |
| 20 | 阅读能力 | 4 | 0.418 8% | 26.492 1% |
| 21 | 自主学习 | 4 | 0.418 8% | 27.329 8% |
| 22 | 评价标准 | 4 | 0.418 8% | 27.748 7% |
| 23 | 加拿大语言标准 | 4 | 0.418 8% | 28.586 4% |
| 24 | 翻译能力 | 3 | 0.314 1% | 28.900 5% |
| 25 | 听力能力 | 3 | 0.314 1% | 29.842 9% |
| 26 | 专业能力 | 3 | 0.314 1% | 31.099 5% |
| 27 | 教师专业标准 | 3 | 0.314 1% | 31.727 7% |
| 28 | 评估框架 | 3 | 0.314 1% | 32.041 9% |
| 29 | 教师发展 | 3 | 0.314 1% | 32.356 0% |
| 30 | 综合能力 | 3 | 0.314 1% | 32.670 2% |

上表中的加粗斜体关键词表示该关键词是经过合并的关键词。合并的关键词主要有以下几个：

英语能力标准：是量表、语言能力标准、语言能力量表、能力标准、外语能力标准、标准、英语能力标准和能力量表等关键词的合并；

语言能力：是语言能力、外语能力和英语能力等关键词的合并；

口语能力：是跨文化交际能力、语言交际能力、口语能力、交际能力和交际语言能力等关键词的合并；

欧洲语言共同参考框架：是欧洲语言共同参考框架、CEFR和《欧洲语言共同参考框架》的合并；

英语课程标准：是课程标准、新课程标准和英语课程标准等关键词的合并；

英语教学：是外语教育、外语教学和英语教学等关键词的合并；

语言测试：是语言测试和测试的合并；

写作能力：是写作能力、写作和英语写作等关键词的合并。

从表 3－1 中我们可以清晰地看出，“英语能力标准”这一主题词的出现频次高达 53 次。围绕这一主题词，排名第二到第十位的关键词分别是：语言能力、口语能力、欧洲语言共同参考框架、英语课程标准、英语教学、语言测试、自主学习、写作能力和描述语。这从一定程度上反映出围绕英语能力标准展开的几大研究方向，从学生的语言能力与语言学习，再到教师的语言教学，从能力量表的制定到评测体系的建立，体现出十余年来英语能力标准领域研究的主要方面。

### 3.2.2　知识图谱分析

知识图谱也叫知识域可视化，是社会网络分析研究中的重要组成部分(Bertschi, 2011)。作为实证研究的一种，它是一种计量分析方法，是教育学学术评论、学术研讨、成果展示和未来展望的一种重要研究类型(朱旭东，2017)。知识图谱将抽象知识可视化，使其易于观察，易于理解(Zhao, & Zhang, 2011)。知识图谱作为一种快速发展的新兴技术，已成为一个结合了图像、文献目录、数据统计等多种理论的新型研究领域(Wang & Jacobson, 2011)。它可以直观呈现当下教育研究最前沿领域和学科知识的信息会聚点，从宏观、中观、微观等不同层面呈现当下教育热点问题研究的现状，便于人们全面审视该研究领域的结构、热点及其演进等信息(郭文斌，2016)。在本节研究中，我们借助 SPSS22.0 统计软件，利用共词分析时生成的词篇矩阵和共现矩阵，运用 Ochiai 系数分析法进行相似性分析、聚类分析和多维尺度分析。具体操作流程如图 3－2 所示。

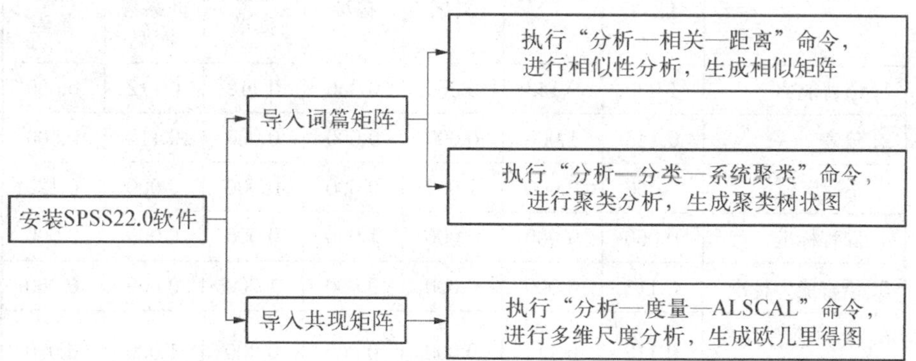


**图 3－2　知识图谱分析流程图**(张蔚磊、雷春林，2020)

在该研究的知识图谱分析过程中，笔者对以“英语能力标准”为主题的 243 篇博硕士论文和期刊论文中提取的 50 个高频关键词进行词篇矩阵的生成，并展开系统聚类分析，导出相似矩阵、聚类树状图和高频关键词聚类树状图。然后对它们的相似矩阵进行多维尺度分析，获取欧几里得(Euclidean)的距离模型散点图，再根据聚类树状图和距离模型散点图情况研究绘制英语能力标准研究热点和趋势的各领域分布图。

## 3.3 研究结果与发现

本节将通过相似性分析、系统聚类分析、多维尺度分析和知识图谱分析的方法展示研究结果与发现。

### 3.3.1 相似性分析

笔者主要运用SPSS22.0软件对之前统计出来的前50位高频关键词之间的关系进行分析，得到的关键词Ochiia相似系数如表3－2所示(部分)。50个高频关键词(参见表3－1)的词频次数之和是313次，占所有关键词(955次)的32.77%。其中，排前十位的高频关键词出现的频率皆在7次以上，按照顺序分别是：英语能力标准、语言能力、口语能力、欧洲语言共同参考框架、英语课程标准、英语教学、语言测试、自主学习、写作能力和描述语。

**表3－2 高频关键词相似Ochiia系数矩阵(前15位)－1**(张蔚磊、雷春林，2020)

| | 1. 语言能力 | 2. 量表 | 3. 语言测试 | 4. 课程标准 | 5. 语言能力标准 | 6. 欧洲语言共同参考框架 | 7. 语言能力量表 |
|---|---|---|---|---|---|---|---|
| 1. 语言能力 | 1.000 | 0.143 | 0.050 | 0.056 | 0.112 | 0.112 | 0.060 |
| 2. 量表 | 0.143 | 1.000 | 0.000 | 0.000 | 0.000 | 0.114 | 0.000 |
| 3. 语言测试 | 0.050 | 0.000 | 1.000 | 0.000 | 0.000 | 0.000 | 0.120 |
| 4. 课程标准 | 0.056 | 0.000 | 0.000 | 1.000 | 0.000 | 0.000 | 0.000 |
| 5. 语言能力标准 | 0.112 | 0.000 | 0.000 | 0.000 | 1.000 | 0.000 | 0.000 |
| 6. 欧洲语言共同参考框架 | 0.112 | 0.114 | 0.000 | 0.000 | 0.000 | 1.000 | 0.000 |
| 7. 语言能力量表 | 0.060 | 0.000 | 0.120 | 0.000 | 0.000 | 0.000 | 1.000 |
| 8. 描述语 | 0.060 | 0.000 | 0.000 | 0.000 | 0.134 | 0.000 | 0.286 |
| 9. 标准 | 0.000 | 0.000 | 0.000 | 0.000 | 0.000 | 0.143 | 0.000 |
| 10. 大学英语 | 0.000 | 0.000 | 0.000 | 0.000 | 0.134 | 0.000 | 0.000 |

续表

| | 1. 语言能力 | 2. 量表 | 3. 语言测试 | 4. 课程标准 | 5. 语言能力标准 | 6. 欧洲语言共同参考框架 | 7. 语言能力量表 |
|---|---|---|---|---|---|---|---|
| 11. 能力标准 | 0.000 | 0.000 | 0.000 | 0.000 | 0.000 | 0.000 | 0.143 |
| 12. 外语能力 | 0.000 | 0.000 | 0.000 | 0.000 | 0.289 | 0.154 | 0.000 |
| 13. 外语教学 | 0.000 | 0.000 | 0.000 | 0.000 | 0.433 | 0.154 | 0.000 |
| 14. 外语能力标准 | 0.000 | 0.000 | 0.000 | 0.000 | 0.000 | 0.154 | 0.000 |
| 15. 比较研究 | 0.000 | 0.000 | 0.000 | 0.144 | 0.000 | 0.000 | 0.154 |

（接表 3 - 3）

**表 3 - 3　高频关键词相似 Ochiia 系数矩阵(前 15 位)- 2**

| | 8. 描述语 | 9. 标准 | 10. 大学英语 | 11. 能力标准 | 12. 外语能力 | 13. 外语教学 | 14. 外语能力标准 | 15. 比较研究 |
|---|---|---|---|---|---|---|---|---|
| 1. 语言能力 | 0.060 | 0.000 | 0.000 | 0.000 | 0.000 | 0.000 | 0.000 | 0.000 |
| 2. 量表 | 0.000 | 0.000 | 0.000 | 0.000 | 0.000 | 0.000 | 0.000 | 0.000 |
| 3. 语言测试 | 0.000 | 0.000 | 0.000 | 0.000 | 0.000 | 0.000 | 0.000 | 0.000 |
| 4. 课程标准 | 0.000 | 0.000 | 0.000 | 0.000 | 0.000 | 0.000 | 0.000 | 0.144 |
| 5. 语言能力标准 | 0.134 | 0.000 | 0.134 | 0.000 | 0.289 | 0.433 | 0.000 | 0.000 |
| 6. 欧洲语言共同参考框架 | 0.000 | 0.143 | 0.000 | 0.000 | 0.154 | 0.154 | 0.154 | 0.000 |
| 7. 语言能力量表 | 0.286 | 0.000 | 0.000 | 0.143 | 0.000 | 0.000 | 0.000 | 0.154 |
| 8. 描述语 | 1.000 | 0.000 | 0.000 | 0.143 | 0.000 | 0.000 | 0.000 | 0.000 |
| 9. 标准 | 0.000 | 1.000 | 0.000 | 0.000 | 0.000 | 0.154 | 0.000 | 0.000 |
| 10. 大学英语 | 0.000 | 0.000 | 1.000 | 0.000 | 0.154 | 0.154 | 0.000 | 0.000 |
| 11. 能力标准 | 0.143 | 0.000 | 0.000 | 1.000 | 0.000 | 0.000 | 0.000 | 0.154 |
| 12. 外语能力 | 0.000 | 0.000 | 0.154 | 0.000 | 1.000 | 0.500 | 0.333 | 0.000 |
| 13. 外语教学 | 0.000 | 0.154 | 0.154 | 0.000 | 0.500 | 1.000 | 0.000 | 0.000 |
| 14. 外语能力标准 | 0.000 | 0.000 | 0.000 | 0.000 | 0.333 | 0.000 | 1.000 | 0.333 |
| 15. 比较研究 | 0.000 | 0.000 | 0.000 | 0.154 | 0.000 | 0.000 | 0.333 | 1.000 |

注：由于篇幅所限，本节只列出了前 15 位高频关键词相似 Ochiia 系数矩阵。

这个数据初步表明，自我国引入“外语能力标准”或“语言能力标准”概念以来，我国对英语能力标准的研究大多围绕着语言能力、能力量表、语言测试、教师教学与学生学习方式等核心概念展开。这些概念都处在英语能力标准的内涵和外延的范围之内。

为进一步探讨“英语能力标准”与其他高频关键词之间的关系，以及“英语能力标准”研究与外语教和学的分支领域[① 教学的角度：课程标准、评价/考试标准、课堂/英语教学；② 学习的角度：语言能力(写作能力、阅读能力、交际能力、听说能力)、语言知识、自主学习、情感态度、学习策略]之间的关系。笔者在使用 BICOMB2.0 共词分析了 50 个高频关键词的基础上，生成了词篇矩阵，再运用 SPSS22.0 选取 Ochiia 系数生成共词相似矩阵，并将其转化为一个 50×50 的共词相似矩阵。在此笔者提取出部分数据，以说明英语能力标准与其他核心关键词之间的关系。

根据知识图谱的分析原理，笔者采用“公式相似矩阵 = 1 - 相异矩阵”，得出研究的高频关键词相似矩阵。如表 3 - 2 所示，数字代表着关键词之间的相似性，其各个数值的大小表明高频关键词之间的关系亲疏状况。相似系数显示两个变量之间距离的统计变量，它通常介于 0 和 1 之间。一般情况下，相似系数越大，两个变量之间的距离越近，亲密程度就越高。当相似系数趋向于 1 时，两个变量之间关系最为紧密。相似系数越小，两个变量之间的距离越远，亲密程度就越低。当相似系数趋向于 0 时，两个变量之间关系最为疏远。由表3 - 2可见，与“英语能力标准”关系由近至远的高频关键词依次包括：比较研究(0.641)、外语能力(0.622)、外语教学(0.587)、描述语(0.563)、欧洲语言共同参考框架(0.411)、语言能力(0.315)、大学英语(0.134)、语言测试(0.120)。[注：括号内的数值等于各相应关键词与表示英语能力标准的各个关键词之间的相似系数之和，例如，0.641(关键词“比较研究”与关键词“英语能力标准”的相似系数是 0.641) = 0.154(关键词“比较研究”与关键词“语言能力量表”的相似系数) + 0.154(关键词“比较研究”与关键词“能力标准”的相似系数) + 0.333(关键词“比较研究”与关键词“外语能力标准”的相似系数)]

通过对这些高频关键词之间的系数进行分析，笔者发现：首先，“英语能力标准”与“英语课程标准”息息相关，与英语学科内容结构及构成元素紧密相连(如测评标准、语言能力、自主学习和英语教学等)；其次，语言能力、语言测试、外语教学等关键词之间也存在一种一衣带水的关系；第三，从这些高频关键词的相似性系数来看，这些关键词与主题词“英语能力标准”之间、各个关键词之间都存在着紧密联系，且这些高频关键词与“英语能力标准”相关研究领域的发展空间还比较大，研究者可以进行进一步探索。最后，"课程标准"与主题词"英语能力标准"之间的关系还不够紧密（它们之间的相似性系数为0）。笔者研究发现关键词"课程标准"主要出现在与2011新课标相关的文章中，并不是和英语能力标准直接相关。因此基于英语能力量表的课程标准的研究还是一个较新的话题，该方向发展空间还比较大，研究者可以进行进一步探索。

### 3.3.2　系统聚类分析

聚类的方法有很多，除了快速聚类之外还有系统聚类。相比于快速聚类，系统聚类可以对较小的数据文件的个案或者变量进行聚类，对类型相同的变量分析其区间、计数或者二值变量。系统聚类统计分析的功能是把关联密切的关键词聚集在一起形成一个大的类别，展示的是该领域里面某一类研究的具体层次。关键词聚类分析时，首先将频次最高、影响力最大的关键词生成聚类（即种子关键词）。然后根据数据之间的亲疏关系，对种子关键词进行重新聚类，形成聚类矩阵。

为了找出2008年以来"英语能力标准"研究的不同领域和层次，笔者充分利用共词分析和相似性分析的结果，对50个高频关键词进行了系统聚类分析。在这次研究中，由于数据量较小，且变量类型都相同，故而确定了聚类分析的方法，笔者把50个高频关键词生成的词篇矩阵导入SPSS 22.0，选取Ochiia系数分析，得到"英语能力标准"高频关键词系统聚类树状图，如图3-3所示。

根据系统聚类树状图，可以清晰地发现近十年来，国内英语能力标准领域的研究主要从五个大方向展开。

（1）对测评体系的研究。即测评标准下的英语能力标准研究，这一方向主要包括6个关键词，即语言测试、测试、效度、信度、评价标准和评估框架。

（2）对语言能力量表本身的研究。基本可以概括为围绕等级量表制定下的英语能力标准研究。这一方向主要包括13个关键词，即量表、语言能力标准、语言能力量表、能力标准、外语能力标准、标准、英语能力标准、能力量表、描述语、欧洲语言共同参考框架、加拿大语言标准、美国和比较研究。

（3）对语言能力的研究（含听、说、读、写、交际能力、专业能力、职业能力、语言运用），也可解释为围绕语言能力的英语能力标准研究。这一方向主要包括20个关键词，即语言能力、大学英语、英语、外语能力、英语能力、跨文化交际能力、语言交际能力、口语能力、交际能力、交际语言能力、写作能力、写作、英语写作、学生、中小学生、听力能力、阅读能力、翻译能力、专业能力和综合能力。

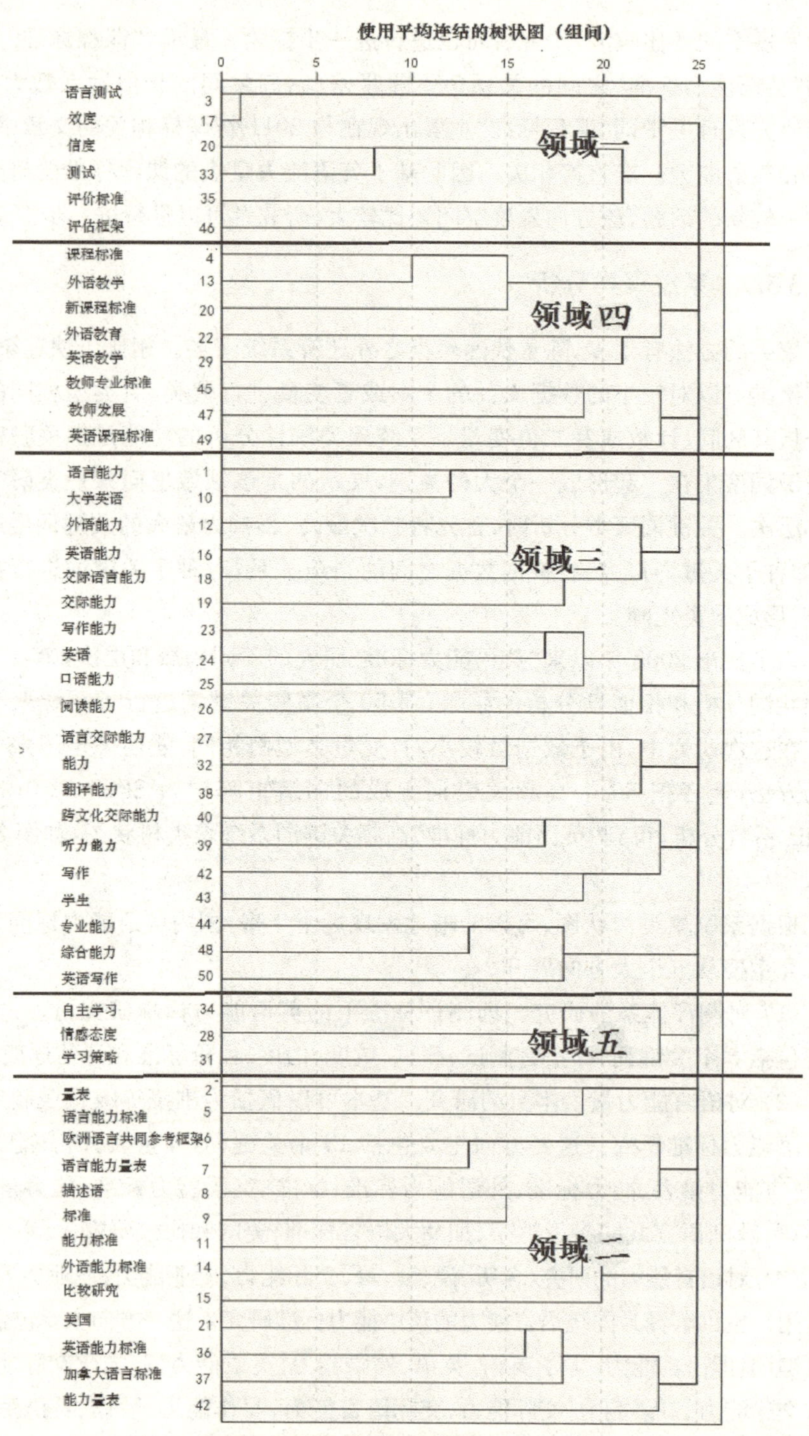


**图 3-3　高频关键词系统聚类树状图**（张蔚磊、雷春林，2020）

(4) 对“教师的教”的研究,其中课程标准最为热门。这一方向基本可以概括为教师教学下的英语能力标准研究,主要包括9个关键词,即课程标准、新课程标准、英语课程标准、课堂教学、外语教学、外语教育、英语教学、教师专业标准和教师发展。

(5) 对“学生的学”的研究,亦可称为学生学习下的英语能力标准研究,这一方向主要包括3个关键词,即自主学习、情感态度,以及学习策略和认识过程。

### 3.3.3 多维尺度分析

多维尺度分析是一种常用的多元统计分析方法,主要用于创建多维空间感知图,用图中的点的距离反映它们各自之间的相似性或差异性程度,以研究对象关键词之间的向心度和密度为参数绘制成二维坐标,从而清晰又概括性地表现一个领域或亚领域的结构特征(郭文斌、俞树文,2014;Bu et al.,2016)。多维尺度分析,在统计学中常被用来研究多个事物之间的相似性,以低维空间(多为二维空间)中点与点之间的距离表示事物之间的相似性。在本节中,为了进一步分析这些关键词之间的相似性,笔者利用SPSS22.0软件绘制出以关键词之间的向心度和密度为横纵坐标的直角坐标系。线性拟合散点图如图3-4所示。

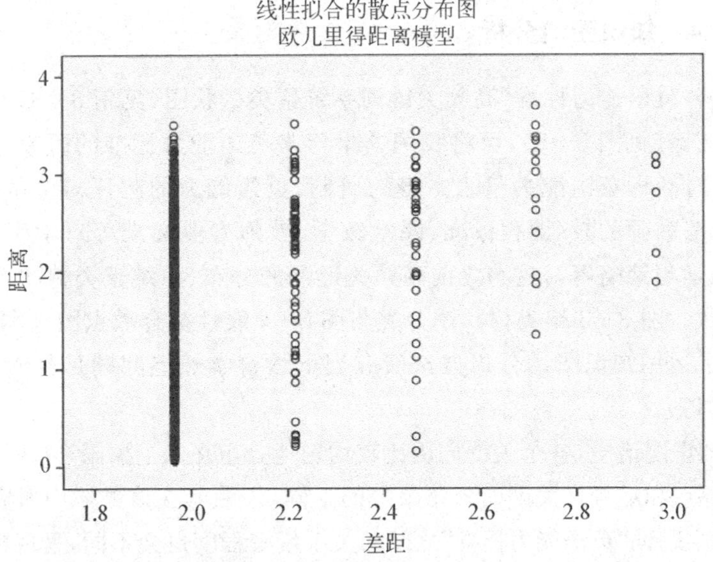


**图3-4 高频关键词线性拟合散点图**(张蔚磊、雷春林,2020)

从图 3－4 中可以看出，所有的散点都分布在一条直线上，说明这个模型的拟合程度较好。随后，笔者利用聚类分析和多维尺度分析的结果，绘制了“英语能力标准”相关研究热点的知识图谱（详见图 3－5）。

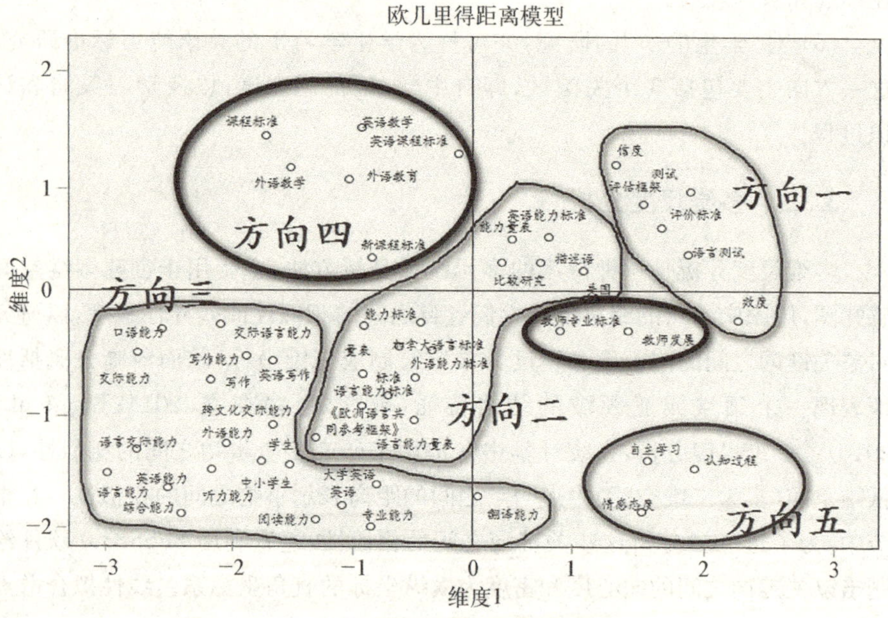


**图 3－5　研究热点知识图谱**（张蔚磊、雷春林，2020）

### 3.3.4　知识图谱分析

根据“英语能力标准”高频关键词系统聚类树状图（见图 3－3）和研究热点知识图谱（见图 3－5），可将我国这十年来英语能力标准的研究总体上划为五个方向，即英语能力量表本身的研制；英语能力的测评与考试；语言能力的研究；教师的教（课程标准、课堂教学、教师专业标准等）；学生的学（自主学习、学习策略等），这与之前高频关键词的分布、系统聚类树状图的分布基本一致。图 3－3 聚类树状图分类与图 3－4 线性拟合散点图基本一致，这也验证了运用知识图谱分析方法研究当下教育学热点问题是科学的（王庆超等，2017）。

在知识图谱中，各个关键词语比较均匀地分布在四个象限，体现了该领域的研究热点和趋势。关键词分布象限的不同，表明其在该领域中研究的地位不同，与主题词“英语能力标准”之间的关系紧密程度也会不同，呈现出的研究动态信息亦有所不同。

3.3.4.1 对测评体系的研究

该方向的关键词除“效度”外全部分布在第一象限,布局集中,且接近坐标轴的中心位置,如语言测试、评价标准、测试、信度和评估框架。第一象限是整个主题研究的网络中心,具备着较强的密度和向心度,第一象限的关键词在该领域研究中占据着核心地位(郭文斌、俞树文,2014)。这表明该方向处于英语能力标准研究领域的核心“领导”地位,研究比较多且集中。测评体系的建设可以使得我国外语教育体系更加科学、系统、连贯和合理。我国亟须构建一个外语学习、教学与测评的完整体系,为我国的外语课程大纲、外语教学、外语考试提供一套适合我国国情的参照标准(姜刚,2016)。通过分析该方向关键词在坐标轴中的位置,我们可以发现该方向的主要研究主题有:

(1) 对语言能力标准评估框架的研究。该类主题处于知识图谱最核心的位置,主要研究者有刘建达 (2015)、韩宝成(2011)、张蔚磊(2016)等。该方向的研究观点基本一致:应以教育总体目标为指向,构建一个整体性框架来系统设计、组织和编排外语能力标准和测评体系。我国外语能力标准和测评体系的研制可以考虑遵循计划、调研、开发、意见征询和采纳的整体思路。

(2) 对语言测试的研究。第一象限的关键词“语言测试”和“测试”处于核心地位,体现了当前的一大研究热点。外语测试与职业相关,与外语人才的能力相连,体现外语能力量表,凸显外语评价标准,是测评体系的重要组成部分。测试作为评价的一种手段,要实现与量表的有效对接,就要保证测试的科学性,包括保证命题的科学性、评分的一致性、组织的严密性、成绩的可比性和可解释性等(姜刚,2016)。研制出相应的考试质量标准,才能保证科学选才,促进教育公平。此外,对语言能力标准信度的研究也比较集中,在相应的听说读写的量表研究中都有体现。

(3) 对量表效度的研究关键词“效度”位于第四象限内,这表明关于“效度”的研究尚处于初级阶段,但由于它比较靠近坐标轴的中心,未来会成为研究的新关注点。目前的效度研究主要涉及量表效度和考试效度、即时效度和延时效度、构念效度和公平效度、教学反拨效度和社会影响效度以及决策效度等(朱正才,2016);此外还有构念效度、内容效度、效标关联效度和使用效度(方绪军、杨惠中,2017)。

3.3.4.2 对语言能力量表的本体研究

该方向包括的关键词有:量表、语言能力标准、语言能力量表、能力标准、外语能力标准、标准、英语能力标准、能力量表、描述语、欧洲语言共同参考框架、加拿大语言标准、美国和比较研究。该方向的关键词主要分布在第一象限和第三象限，分布在第一象限表明其处于研究网络的中心，联系比较紧密；分布在第三象限表明该象限内的关键词与研究主题之间、各关键词之间的内部联系紧密，且研究方向较为明确(郭文斌、俞树文，2014)。主题关键词"英语能力标准"位于该领域，且处于第一象限，突出表明其核心地位。通过该领域关键词的分布情况，可以看出当下对语言能力量表的本体研究的研究主要集中在以下三点：

第一，语言能力量表的国际比较研究。从图 3-5 中可见关键词"比较研究"靠近坐标轴中心，突出表明其核心地位。在国际比较研究中，对美国、加拿大和欧盟的语言能力量表研究相对集中。由于我国的英语能力量表刚出台，不久在出台前对发达国家外语能力量表进行研究可以为我国量表的制定和完善提供有益的参考。世界上语言能力量表的研究已由来已久，且主要集中在北美、澳大利亚和欧洲等国家与地区(张蔚磊，2014，2016)，较有影响力的能力量表有《ACTFL 外语能力指导方针》《加拿大语言能力标准》《国际第二语言能力标准》《欧洲语言测试者协会标准》和《欧框》。在知识图谱中，关键词"欧洲语言共同参考框架""美国"和"加拿大语言标准"围绕在量表关键词的周围，体现了它们之间的紧密关系。

第二，对描述语的研究。能力量表的制定要借助科学严谨的描述语，充分体现科学性、实用性和可操作性。知识图谱中"描述语"离中心轴很近，其重要地位不言而喻。学者们需要对描述语进行收集、分类和分级(刘建达，2015)。在收集描述语时，学者们需要参考国内现有的课程标准、教学大纲、考试大纲以及国外语言能力标准。从知识图谱中可以发现，关键词"描述语"和"比较研究"均处于第一象限，且距离较近，体现了彼此之间的关系。我国在量表制定过程中除大量的问卷调查外，也充分借鉴了国外经典量表的描述语，以及描述语的编辑、修改和撰写等(朱正才，2015，2016)。

第三，对我国外语能力标准的研究。该类研究包括对理论基础和研制思路的研究(刘建达，2015a，2015b；刘建达，彭川，2017)和对描述语的"典型特征系统"的研究。它主要从横向和纵向两个维度展开研究，分解量表内部结构，探讨量表的描述性参数框架，界定量表的描述对象和描述范围，确定量表的典型特征系统，反映不同能力等级的区别性特征等(何莲珍、陈大建，2017)。

#### 3.3.4.3 对语言能力的研究

对语言能力研究的关键词有：语言能力、外语能力、英语能力、跨文化交际能力、语言交际能力、口语能力、交际能力、交际语言能力、写作能力、写作、英语写作、听力能力、阅读能力、翻译能力、专业能力和综合能力。这些关键词主要分布在第三象限，体现出均匀分散同时又相对集中的特点。该象限内的关键词与研究主题之间、各关键词之间的内部联系较为紧密，研究方向较为明确。从关键词在坐标轴的分布状况可以看出，该领域的关键词围绕着学生语言能力的内容展开，涉及多个领域层面的研究。通过分析该领域的关键词分布情况、集中程度、远近关系，并结合相关理论可以得出以下信息：

第一，构成外语能力标准各个关键指标的研究较为详细：听力能力（何莲珍等，2018，）、口语能力（金艳、揭薇，2017 许艺、穆雷，2017）、阅读能力（曾用强，2017）、写作能力（邓杰，2017）、翻译能力（许明，2018；王巍巍，2018）、跨文化交际能力（孙有中，2016）、专业能力和综合能力等都有涉及。这些关键词分布较为紧凑，说明了彼此之间的内在联系性。结合表3-1，表3-2和图3-5，我们可以发现"写作能力""阅读能力""听力能力"和"口语能力"等关键词之间的系数差距相对较小，展现的是英语能力标准在语言能力综合培养上较多地结合在一起，是一衣带水的关系；

第二，对于听、说、读、写的研究较多。对于语言输出的研究相对更多一些，与口语能力相关的关键词多达4个，其中2个位于中心轴附近，与写作能力相关的关键词有3个，这也体现出了英语能力量表对语言输出能力的更多的要求。

第三，翻译能力将会成为新的研究关注点。从图中可以看出翻译能力贴在纵轴线上，这说明翻译能力是英语能力量表中一个极为重要的能力。同时它位于第四象限，说明目前对翻译能力的研究还不多，但是对该主题的研究将有很大的发展空间。

#### 3.3.4.4　对"教师的教"的研究

对"教师的教"的研究包含的关键词有：课程标准、新课程标准、英语课程标准、外语教学、外语教育、英语教学、教师专业标准和教师发展。笔者在研究中用粗笔对这类研究做了标线。这个方向的研究主要分布在第二象限，只有2个关键词分布在第四象限。第二象限中各关键词之间的分布状况较为松散，这表示对该领域的研究尚处于初级阶段，且在整个"英语能力标准"主题研究之下还有潜在的发展空间。通过对该领域关键词的归类，笔者发现该领域的研究主要涉及两个层面：

第一，与课程标准相关的研究。在这些关键词中，"课程标准""新课程标准"和"英语课程标准"都体现了当前研究中课程标准的地位，课程标准对教师的教学起着指导作用。基于2018年《中国英语能力等级量表》的课程标准尚未出台，这方面的研究还存在着巨大的空间。有了与等级量表配套的课程标准，教师就能够借此明确自己的教学目标，利用合适的教学方法培养学生听说读写的协同发展能力。教学机构也可以以此编写合适的教材，选择合适的测评工具。

第二，英语教师专业标准的研究。关键词“教师专业标准”和“教师发展”位于第四象限，且在中心轴附近，表明该领域目前研究非常少，急需进行相关研究。目前国际上已经有国家研制出自己的外语教师专业能力标准（张治国，2009），国内虽有部分学者就中小学英语教师专业标准做过研究（参见龚亚夫，2011），但是总体上对这方面的关注度不够。外语教师是语言能力标准和外语课程标准改革的重要实践者，因此制定出针对他们的专业标准就显得更为迫切。此外，关键词“外语教育”和“英语教学”位于这一领域的中心位置，说明无论是课程标准还是教师发展，都为外语教学服务。

#### 3.3.4.5 对“学生的学”的研究

对“学生的学”研究的关键词有：自主学习、情感态度和学习策略。这三个关键词均位于第四象限，且距离中心点较远，说明和英语能力标准相关的学生学习的研究较少。在该研究方向中，学习策略是标准提出的新要求，它鼓励学生形成自我学习的能力，让学习者自己决定学习活动，鼓励他们积极参与讨论，设计自己的学习目标，探索自己感兴趣的话题，设计适合自己的学习内容、方法和节奏等。英语学习者可以根据等级量表，对自己的英语能力水平有清晰的定位和认知，明确自己的努力方向，并针对自己的学习表现进行合理的评估。新的等级量表更加鼓励学生的自主学习与自我评价，在现有的研究中针对学生英语自主学习能力量表的研究较多（胡杰辉，2011；韦晓保，2012；林莉兰，2013 等），但是这些研究较为分散，没有参照一个统一的基准进行研究。

## 3.4 小　结

教育部宣布启动我国外语能力标准研制工作之后，在外语界引起了高度的关注和广泛的讨论。通过对“英语能力标准”研究热点的知识图谱的分析，笔者发现我国最近十年英语能力标准的研究主要集中在以下几个方向：① 对英语测评体系的研究；② 对语言能力量表的本体研究；③ 对语言能力的研究；④ 对“教师的教”的研究；⑤ 对“学生的学”的研究。国家教育部协同国内外教育专家，共同研制出台的《中国英语能力等级量表》是我国第一个覆盖全学段的英语能力测评标准。将来的“英语能力标准”的研究也将呈现以下几个趋势：① 研究如何完善适合中国学生的英语测评体系，开发对接《中国英语能力等级量表》的相关测试工具；② 对现有量表的效度进行进一步的研究、完善和改进，探索其应用模式的新路径；③ 完善跨文化能力和翻译能力的评价机制；④ 研制外语教师专业能力评价标准；⑤ 开发基于《中国英语能力等级量表》的课程标准；⑥ 研发应用《中国英语能力等级量表》的学生自主学习指南。

# 结　语

深化外语能力测评体系改革，完善我国外语能力标准是落实我国外语教育改革和发展规划的重要举措。以输出驱动的外语能力标准是指学生在完成各学段时应该具备的基本外语素养及其应该达到的具体水平的明确界定和描述。根据国际上目前最新的外语教育政策和实践研究，外语能力标准大体上可以分为三种模式：以英国为代表的成就目标及其表现水平模式、以美国为代表的案例例证模式和以澳大利亚为代表的成就图模式。外语能力标准应是以外语学科能力模型为核心的规范性表现标准和实际表现标准相结合的产物。深化外语能力测评体系改革并完善我国外语能力标准将极大地提高我国外语界对外语学科能力和素养的重视。我国外语能力标准的后期完善工作可以考虑遵循计划、调研、开发、意见征询和采纳的整体思路。

通过比较美国、澳大利亚、英国、加拿大四国的外语能力标准的研制、完善、修订和发展的经验以及具体做法，如研制背景（需求分析）、整体架构设计、素养模型建构、编排与表述模式、实践策略、反馈修订等，尝试为完善我国外语测评体系，尤其是完善《中国英语能力等级量表》的修订提供参考，进而实现本领域的知识创新。

在该系列专著中，笔者主要进行了五个相关专题的研究，包括本书中的美国篇、澳大利亚篇和中国篇研究，以及加拿大篇和英国篇研究（收录于本书的姊妹篇专著《外语能力标准的国别研究——加拿大与英国》中）。

在美国篇的研究中，笔者选择了五个和美国的外语能力标准相关的文件：《ACTFL 外语能力指导方针》(2012)；《语言绩效描述语量表》(2015)；《语言学习的世界标准》(2012)；《NCSSFL - ACTFL 全球外语能力“能做”绩效指标体系》(2017)和《世界各种语言教学实用指南》。

笔者从发展历程、基本信息、整体架构、描述方式、信度效度、社会影响、不足之处、优势与启示等几个角度对以上标准进行了深入研究,并从中发现了美国的外语能力标准具有的优势:第一,量表经过了大范围的效度测试与反复修订;第二,除基本的量表外,还有与之配套的教师教学指导手册,教师可以更清楚地知道自己如何在实际教学中应用标准;第三,量表有与标准配套的学生自主外语学习量表,该量表包含详细的任务量表,学生可以更清楚如何自我评估外语水平,更清楚地了解自己今后的努力方向;第四,语言绩效与语言熟练度的关系有精准区分,对量表的描述语有更科学的定义和描述。

在澳大利亚篇的研究中,笔者对澳大利亚的《国际第二语言能力标准》的三个不同版本都进行了深入细致的研究。从研制目的及用途、能力框架、编排表达模式、研制方法及过程、信度和效度的验证、不足与警示、优势与对我国的启示等方面进行了全面的研究。

在经过了全国范围的实践、数次的版本修订之后,最新的 2010 版标准对内容的描述更加详细,并且从语言能力的各个方面进行了全面的描述。语言能力框架和交际能力框架是澳大利亚语言能力标准的核心。《国际第二语言能力标准》是交际能力理论运用的典范。语言能力、策略能力、社会语言能力及语用能力在不同语言技能中都有反映,这表明量表在描述语方面能够充分地体现语言交际能力。

在加拿大篇的研究中,笔者选取了《加拿大语言能力标准》《加拿大语言能力标准 2000:实施指南》《英语为第二语言的学习者的读写量表》《基本技能》《加拿大护士英语语言能力标准评估》等五个文件进行了深入研究。

笔者重点研究了加拿大第二语言测评二十年的实践经验及其对我国的启示,从语言能力标准的发展历程、理论基础、目标人群、整体架构、描述方式、信度效度、实践应用、优势与不足等几个方面进行了深入研究。笔者从中发现了加拿大外语能力测评体系的优势:第一,语言能力标准以语言使用任务为基础,便于教师和学生进行操作;第二,以标准为基础的《实施指南》为教师提供了切实可行的指导;第三,《加拿大语言能力标准》作为一项国家标准,统一了加拿大语言教学的课程规划、语言能力评估和测试;第四,该标准以标准为基准的相关衍生品为行业英语标准奠定了良好的基础;第五,该标准在学生学习和工作应用方面发挥的作用巨大;第六,经过二十余年的反复修订,逐步趋于完善。

在英国篇的研究中,笔者选取了四个语言教育政策文件和一个能体现语言能力量表的国家外语课程标准文件。分别是是苏格兰语言教育政策——《苏格兰的语言学习:1+2 模式》(2012)、北爱尔兰语言教育政策——《未来语言：北爱尔兰语言战略》(2012)、威尔士外语教育政策——《全球未来：改善和促进威尔士现代外语的计划 2015—2020 年》(2015)、国家课程政策——《英格兰国家课程—框架文件》(2013—2014)。

笔者从宏观和微观视角对英国的语言教育政策进行了深入研究。宏观视角，分别从时间维度和空间维度进行了深入研究。笔者首先对英格兰的语言教育政策进行历史发展梳理，然后分别研究英国各地区(英格兰、苏格兰、威尔士及北爱尔兰)的语言教育政策。微观视角下，笔者，对语言教育政策在学校中的实施情况，以及《国家课程》中的语言课程实施状况进行了详尽的研究，此外还对中英语言课程标准进行了比较分析。通过宏观和微观视角的综合研究，笔者发现英国语言教育政策的优缺点并探讨其对中国外语教育政策完善的启示。通过研究发现，英国的语言教育政策在宏观方面注重多语言教育、语言的经济意义以及对语言教育的资金投入和教师的培训。微观角度，在学校教育中英国注重语言的跨学科教育、语言教育的实效性以及语言在课堂外的使用。

在中国篇的研究中，笔者主要研究了中国外语能力标准和课程大纲的发展脉络，重点梳理了《中国英语能力等级量表》的研制背景、目标人群、指导原则、功能与作用、研制方法、信度效度、组织架构、理论基础、表达模式等方面信息。该篇研究了中国英语能力标准近十年的研究热点和趋势。关于中国外语测评体系的完善策略主要分布在前面四篇的内容之中。

本系列专著中的研究可以为我国外语测评体系的完善提供提供一定的参考。外语能力标准作为一个系统至少包括四个部分：各种能力或构成的界定；不同能力之间的相关关系或结构，或者不同维度能力的理解和整合；对各种能力的表现水平的界定和描述；对能力在不同表现水平的发展机制的阐述。标准所规定的能力应该和就业期望相一致(杨惠中，2012：25)。标准应当包括高水平的认知要求(推理、判断、分析、综合和问题解决)，应当具备精准性、可测量性、有效性，并反映学习进程，还应当符合国际基准。

笔者建议中国外语测评体系的完善工作可以考虑遵循计划、调研、研发、意见征询和采纳的整体思路；推进策略上可以采用整体规划、分步推进、先期尝试、全面铺开的基本模式。我国外语能力标准的完善工作，可以按照以下七个步骤进行：新时代的需求分析、标准的应用数据研究、分析现状与不足、完善核心素养模型、改进能力框架和维度、更新能力描述语、阐释能力在不同表现水平的发展机制。此外，笔者还提出了以下建议。

建议一：在大规模测试的基础上，不断积累实践经验和数据，完善我国外语能力标准。在理论分析形成不同学段能力发展预期的基础上，进行大面积应用和测试。通过实际测试校正理论预期的可行性，并补充评价任务样例、学生实际表现样例及其相应的分析情况。探索外语能力评价的实践，形成至少三个可借鉴的外语能力评价案例，创造在理论关照下的实践经验，为外语能力测评体系的完善提供支撑。

建议二：注重搜集一手数据，进行需求再分析。采用文本分析法和多元回归分析法对学生群体、教师群体、专家群体和用人单位等主体，就外语能力标准应用和测试数据信息等话题进行问卷和访谈调查，并采用文本分析法、编码分析法，整合用户使用的反馈信息。意见征询阶段通过各种渠道，在不同范围内对外语能力标准的实际应用效果进行意见征询和修改。结合文献研究和比较研究的成果，提出修订的具体建议。

2018 年《中国英语能力等级量表》公布后，我国外语测评体系的发展还有很长一段路要走。国际上诸多外语能力标准的研究已经有几十年的历史，他们的外语能力标准也经过数次的改进和更新，对国际上其他国家的外语能力标准的发展历程进行深入细致的研究，对我国今后外语能力标准的完善，信度和效度的提升，与国际测评体系的接轨等是大有裨益的。

限于时间和精力，笔者仅对以上国家的重点量表进行了深入研究。在研究探索中我们发现：各个发达国家不仅有经过几十年修订完善的外语能力量表，每年还有针对这些量表的年度报告，大范围的测试和信度效度的反馈，以及可以和该量表对接的各种课程标准、教师教学标准、学生学习标准、行业外语标准等相关衍生标准、测试、指导手册等。这对我国外语能力测评体系的完善有非常大的启示，今后应重点深入研究这些方面的内容。

# 参考文献


［1］ACTFL. ACTFL Proficiency Guidelines[A]. In Byrnes H, Canale M. (Eds.). Defining and Developing Proficiency: Guidelines, Implementations and Concepts[C]. Lincolnwood (Ⅲ): National Textbook Company, 1986.

［2］Adams M L E, Frith J R. Testing Kit: French and Spanish[J]. ADFL Bulletin, 1980(1): 151.

［3］Ager D E. Language Policy in Britain and France[M]. London: A&C Black, 1995.

［4］Agresti A. Categorical Data Analysis[M]. Second Edition. Hoboken: John Wiley, 2002.

［5］Alderson J C. Judgements in Language Testing, Version Three[J]. Comparative Analysis, 1990(04): 13.

［6］Alderson J C. Report of the Discussion on Communicative Language Testing[A]. In Alderson J C, Hughes A (Eds.). Issues in Language Testing[C]. 1981: 55－65.

［7］Alderson J. Bands and Scores[A]. In Alderson J, North B (Eds.). Language Testing in the 1990s[C]. London: Modern English Publications and the British Council, 1991.

［8］Alonso E. Evaluation of the oral performance of bilingual Hispanic students by means of the ACTFL guidelines[J]. Hispania, 1997, 80(2): 328－341.

［9］ALTE. European Language Examinations: Descriptors of Examinations Offered by Members of the Association of Language Testers in Europe (ALTE)[M]. Cambridge: Cambridge University Press, 1994.

[10] American Council on the Teaching of Foreign Language. ACTFL Writing Proficiency Test Familiarization Guide[M]. Yonkers: Author, 2002a.

[11] American Council on the Teaching of Foreign Language. ACTFL Oral Proficiency Interview Tester Certification Information Application Packet[M]. Yonkers: Author, 2002b.

[12] American Council on the Teaching of Foreign Language. ACTFL Proficiency Guidelines[M]. Yonkers: Author, 1986.

[13] American Council on the Teaching of Foreign Languages. ACTFL Proficiency Guidelines — Speaking: Revised[M]. Yonkers, NY: Author, 1999.

[14] American Council on the Teaching of Foreign Languages. ACTFL Performance Guidelines for K12 Learners[M]. Yonkers: Author, 1998.

[15] American Council on the Teaching of Foreign Languages. ACTFL Performance Descriptors for Language Learners[M]. Yonkers: Author, 2012b.

[16] American Council on the Teaching of Foreign Languages. ACTFL Proficiency Guidelines[M]. Yonkers: Author, 2012a.

[17] American Council on the Teaching of Foreign Languages. NCSSFL-ACTF Global Can-Do Benchmarks[M]. Yonkers: Author, 2013b.

[18] American Council on the Teaching of Foreign Languages. NCSSFL - ACTFL Can-Do Statements: Progress Indicators for Language Learners. Yonkers[M]. Yonkers: Author, 2013a.

[19] American Council on the Teaching of Foreign Languages. Preliminary Proficiency Guidelines — Writing: Revised[M]. Yonkers: Author, 2001.

[20] American Educational Research Association, American Psychological Association, National Council on Measurement in Education. Standards for Educational and Psychological Testing [M]. Washington: Author, 1999.

[21] Anastasi A. Psychological Testing [M]. Sixth Edition. New York: Macmillan, 1988.

[22] Apple M W. The politics of official knowledge: Does a national curriculum make sense? [J]. Discourse, 1993, 14(1): 1 - 16.

[23] Bachman L F, Savignon S J. The evaluation of communicative language

proficiency: A critique of the ACTFL oral interview[J]. The Modern Language Journal, 1986, 70(4): 380 - 390.

[24] Bachman L F. Fundamental Considerations in Language Testing[M]. Oxford: Oxford University Press, 1990.

[25] Bachman L F. Problems in examining the validity of the ACTFL oral proficiency interview[J]. Studies in Second Language Acquisition, 1988, 10(2): 149 - 164.

[26] Barnwell D. Oral proficiency testing in the United States[J]. British Journal of Language Teaching, 1987, 25(1): 35 - 42.

[27] Barraket J. Teaching research method using a student-centered approach? Critical reflections on practice[J]. Journal of University Teaching & Learning Practice, 2005, 2: 64 - 74.

[28] Benson P. Teaching and Researching Autonomy in Language Learning. Applied Linguistics in Action Series[J]. Pearson Schweiz AG, 2001, 22 (4): 51 - 58.

[29] Berk R A. Criterion-referenced tests[A]. In JP Keeves (Ed.). Educational Research, Methodology, and Measurement: An International Handbook [C]. Oxford: Pergamon Press, 1988: 365 - 370.

[30] Berwick R, Ross S. Cross-cultural Pragmatics in Oral Proficiency Interview Strategies[A]. In Milanovic M, Saville N (Eds.). Performance Testing, Cognition and Assessment: Selected Papers from The 15th Language Testing Research Colloquium (LTRC) [C]. Cambridge: Cambridge University Press, 1996.

[31] Bolton S, Perlmann-Balme M, Steiner S, Glaboniat M, Lorenz H. Mundlich, Mundliche Produktion und Interaktion Deutsch, Illustration der Niveaustufen des Gemeinsamen Europaischen Referenzrahmens[C]. Berlin: Langenscheidt, 2008.

[32] Breiner-Sanders K E, Lowe P, Miles J. ACTFL Proficiency Guidelines — Speaking: Revised 1999 [J]. Foreign Language Annals, 2000, 33: 13 - 17.

[33] Breiner-Sanders K E, Swender E, Terry R M. Preliminary Proficiency Guidelines — Writing: Revised 2001 [J]. Foreign Language Annals, 2010, 35(1): 9 - 15.

[34] Bresciani S, Crawford T, Goebel R, Kienreich W, Lindner M. What is knowledge visualization? Perspectives on an emerging discipline[A]. In Information Visualisation (IV), 2011 15th International Conference[C]. IEEE, 2011: 329 - 336.

[35] Brindley G. Competency-based assessment in second language programs: Some issues and questions[J]. Prospect, 1994, 9(2): 41 - 55.

[36] Brindley G. Describing language development? Rating scales and second language acquisition[A]. In Bachman L F, Cohen A D (Eds.). Interfaces between second language acquisition and language testing research[C]. Cambridge: Cambridge University Press, 1998b.

[37] Brown A, Lumley T. Interviewer variability in specific-purpose language performance tests[A]. In Huhta A, Kohonen V, Kurki-Suonio L, Luoma S (Eds.). Current Developments and Alternatives in Language Assessment[C]. Jyväskylä: University of Jyväskylä, 1997, 137 - 150.

[38] Brown J D. Testing in Language Programs[M]. New Jersey: Prentice Hall Regents, 1996: 336 - 368.

[39] Bu Y, Liu T, Huang W B. MACA: a modified author co-citation analysis method combined with general descriptive metadata of citations[J]. Scientometrics, 2016, 108(1): 143 - 166.

[40] Burge B. European survey on language competences: language proficiency in England[J]. Department of Education, 2013.

[41] Burton B, Swain M. Student Success with LinguaFolio[R]. Greensbro: The Growing Success for ELLs Conference, 2014.

[42] Bustamante C, Hurlbut S, Moeller A. Web 2.0 and language learners: Moving from consumers to creators[A]. In Sildus T (Ed.). 2012 Report of the Central States Conference on the Teaching of Foreign Languages [C]. Richmond: Richmond Publishing, 2012: 109 - 131.

[43] Canale M, Swain M. Theoretical bases of communicative approaches to second language teaching and testing[J]. Applied Linguistics, 1980, 1 (1): 1 - 47.

[44] Carless D. Learning-oriented Assessment: Principles, Practice and a Project[J]. Ako Aotearoa, 2009: 79 - 90.

[45] Carroll B J, Hall P J. Make Your Own Language Tests: A Practical Guide

to Writing Language Performance Tests[M]. Oxford: Pergamon, 1985.

[46] Carroll B J, West R. ESLI (English Speaking Union) Framework: Performrmance Scales for English Language Examinations[M]. London: Longman, 1989.

[47] Carroll B J. Testing Communicative Performance: An Interim Study[M]. Zurich: Janus Book Pub, 1980.

[48] Carroll B J. The foreign language attainments of language majors in the senior year: A survey conducted in U.S. colleges and universities[J]. Foreign Language Annals, 1967, 1: 131-51.

[49] Cattell R B. The meaning and strategic use of factor analysis[A]. In Cattell R B, Nesselroade J R (Eds.). Handbook of Multivariate Experimental Psychology: Perspectives on Individual Differences[C]. Second Edition. New York: Plenum Press, 1998: 131-203.

[50] Council of Europe. The Common European Framework of Reference for Languages (CEFR) and the Development of Language Policies: Challenges and Responsibilities[Z]. Strasbourg: Council of Europe, 2007.

[51] Chalhoub-Deville M, Fulcher G. The Oral Proficiency Interview: A research agenda[J]. Foreign Language Annals, 2003, 36(4): 498-506.

[52] Chalhoub-Deville M. The Minnesota Articulation Project and its proficiency-based assessments[J]. Foreign Language Annals, 1997, 30(4): 492-502.

[53] Champney H. The measurement of parent behavior[J]. Child Development, 1941: 131-166.

[54] Ciesielkiewicz M, Coca D. The electronic language portfolio as a tool for lifelong learning[A]. In International Conference ICT for Language Learning: Conference Proceedings[C]. Florence: Libreria Universitaria, 2013.

[55] Clarke O D. LinguaFolio goal setting intervention and academic achievement: Increasing student capacity for self-regulated learning[J]. Proquest Llc, 2013.

[56] Collett P, Sullivan K. Considering the use of can do statements to develop learners' self-regulative and metacognitive strategies[A]. In

Schmidt M G, Naganuma N, O'Dwyer F, Imig A, Sakai K (Eds.). Can do Statements in Language Education in Japan and Beyond: Applications of the CEFR[C]. Tokyo: Asahi Press, 2010,167 - 183.

[57] Common Core State Standards for English Language Arts & Literacy in History, Social Studies, Science, and Technical Subjects [EB/OL]. 2019. (2019 - 05 - 30) [2011 - 02 - 18]. http://www.corestandards.org/the-standards.

[58] Corbel C. Improving Global Rating Reliability with a Category-oriented, Hypertext-based Computerised Profiling Instrument [D]. Melbourne: University of Melbourne, 1991.

[59] Coste D, Cavalli M. Education, Mobility, Otherness: The Mediation Functions of Schools[M]. Strasbourg: Language Policy Unit, Council of Europe, 2015.

[60] Council of Europe. Common European Framework of Reference for Languages: Learning, Teaching, Assessment [S]. Cambridge: Cambridge University Press, 2001.

[61] Council of Europe. Common European Framework of Reference for Languages: Learning, Teaching, Assessment[S]. Strasbourg: Council of Europe, 2002.

[62] Cox T. National Curriculum In The Early Years: Challenges And Opportunities[M]. London: Routledge, 2014.

[63] Creswell J W, Plano C V L. Designing and Conducting Mixed Methods Research [M]. Second Edition. Thousand Oaks: SAGE Publications, 2011.

[64] Dam L. Learner Autonomy 3: From Theory to Classroom Practice[M]. Dublin: Authentik, 1995.

[65] Dandonoli P, Henning G. An investigation of the construct validity of the ACTFL proficiency guidelines and oral interview procedure[J]. Foreign Language Annals, 1990, 23(1): 11 - 22.

[66] Daugherty R. National Curriculum Assessment: A Review of Policy, 1987 - 1994[M]. Philadelphia: Psychology Press, 1995.

[67] Davies A, Brown A, Elder C, HILL K, Lumley T, McNamara T. Dictionary of Language Testing[M]. Cambridge: Cambridge University

Press, 1999.

[68] Davies A. Assessing Academic English: Testing English Proficiency 1950 - 1989 — The IELTS Solution [M]. Cambridge: Cambridge University Press, 2008.

[69] Department for Education and Skills. Languages for All: Languages for Life: A Strategy for England[M]. London: Department for Education and Skills, 2002.

[70] Dickinson L. Self-instruction in Language Learning[M]. Oxford: Oxford University Press, 1987.

[71] Doran T. There's a S.M.A.R.T. way to write managements' goals and objectives[J]. Management Review, 1981, 70: 35 - 36.

[72] Dörnyei Z. Researching motivation: From integrativeness to the ideal L2 self[A].In Hunston S, Oakey D (Eds.). Introducing Applied Linguistics: Concepts and Skills[C].London: Routledge, 2010: 74 - 83.

[73] Edwards A I. Reading proficiency assessment and the ILR/ACTFL text typology: A revaluation[J]. The Modern Language Journal, 1996, 80 (3): 350 - 361.

[74] Edwins S D. Increasing reflective writing and goal setting skills on high ability sixth grade mathematics students[J]. Grade, 1995: 68.

[75] Faez F, Majhanovich S, Taylor S, Smith M, Crowley K. The power of "Can Do" statements: Teachers' perceptions of CEFR-informed instruction in French as a second language classrooms in Ontario[J]. The Canadian Journal of Applied Linguistics (Special Issue) 2011, 14: 1 - 19.

[76] Feldt L S, Brennan R L. Reliability[A]. In Linn R L (Ed.). Educational measurement [C]. Third Edition. Washington American Council on Education, 1989: 105 - 46.

[77] Figueras N, North B, Takala S, Verhelst N, Van Avermaet P. Relating examinations to the Common European Framework: A manual [J]. Language Testing, 2005, 22: 261 - 279.

[78] Flanagan J C. Units, scores, and norms[A]. In Lindquist E F (Ed.). Educational Measurement [C]. Washington: American Council on Education, 1951: 695 - 763.

[79] Fulcher G, Davidson F. Language Testing and Assessment: An Advanced

Resource Book[M]. London: Routledge, 2007.

[80] Fulcher G. Testing Second Language Speaking[M]. London: Pearson Education, 2003.

[81] Gardner W. On the reliability of sequential data: measurement, meaning, and correction[A]. In John M. Gottman (Ed.). The Analysis of Change[C]. Mahwah: Erlbaum, 1995.

[82] Gariano A. The Role of English Language Competence on Migrant Settlement[D]. Sydney: University of New South Wales, 1997.

[83] Gass S M. Variation in Second Language Acquisition[M]. Clevedon: Multilingual Matters, 1989.

[84] Glisan E W. Assessing students' oral proficiency in an outcome-based curriculum: Student performance and teacher intuitions[J]. Modern Languages Journal, 1998, 82(1): 1-18.

[85] Gonzalez J. Promoting student autonomy through the use of the European Language Portfolio[J]. ELT Journal, 2009, 63: 373-382.

[86] Government S. Language learning in Scotland: A 1 + 2 Approach[J]. Scottish Government, 2012: 1-7.

[87] Grenfell M. Modern languages — Beyond Nuffield and into the 21st Century[J]. Language Learning Journal, 2000, 22(1): 23-29.

[88] Griffee D T, Templin S A. Goal-setting affects task performance[J]. English, 1997: 18.

[89] Guttman L. A basis for scaling qualitative data[J]. American Sociological Review, 1944, 9: 139-150.

[90] Hall J K. "Aw, man where you goin'?": Classroom interaction and the development of L2 interactional competence[J]. Issues in Applied Linguistics, 1995, 6: 37-62.

[91] Halleck G B. Assessing oral proficiency: A comparison of holistic and objective measures[J]. Modern Languages Journal, 1995, 79(2): 223-235.

[92] Halleck G B. Interrater reliability of the OPI: Using academic trainee raters[J]. Foreign Language Annals, 1996, 29(2): 223-238.

[93] Halleck G B. The Oral Proficiency Interview: Discrete point test or a measure of communicative language ability? [J]. Foreign Language

Annals, 1992, 25(3): 227-231.

[94] Halliday M A K. Learning How to Mean: Explorations in the Development of Language[M]. London: Edward Arnold, 1975.

[95] Holec H. Autonomy and Foreign Language Learning [M]. Oxford: Pergamon, 1981.

[96] Hornberger N H. Language policy, language education, language rights: Indigenous, immigrant, and international perspective[J]. Language in Society, 1998, 27(04): 439-458.

[97] Hudson T. Theoretical perspective on reading[J]. Annual Review of Applied Linguistics, 1998, 18: 43-60.

[98] Hudson T. Trends in assessment scales and criterion-referenced assessment[J]. Annual Review of Applied Linguistics, 2005, (25): 205-227.

[99] Hunt M, Barnes A, Powell B. Primary modern foreign languages: An overview of recent research, key issues and challenges for educational policy and practice[J]. Research Papers in Education, 2005, 20(4): 371-390.

[100] Hymes D. On Communicative Competence[J]. Sociolinguistics, 1972: 269-293.

[101] Ingram D E, Lee T. Report on the profile of community proficiency in languages other than English conducted by AGB Australia for the Australian Language and Literacy Council [R]. Brisbane: Griffith University, 1993.

[102] Ingram D E. Methodology (Chapter A in the Teacher's Manual of the Adult Migrant Education Program, Australia) [J]. Adult Education, 1979: 41.

[103] Ingram D E. National Testing of English language skills for taxi drivers [R]. Darwin: Darwin Convention Center, 2010.

[104] Ingram D E. The Australian Second Language Proficiency Ratings (ASLPR)[J]. Standardization in Language Testing. Amsterdam: Free University Press, 1990: 46-61.

[105] Ingram D E, John G. The teaching of languages and cultures in Queensland. Towards a Language Education Policy for Queensland

schools[J]. Administrative Organization, 1990: 257.

[106] Jarvis G A. Proficiency Testing: A matter of false hopes? [J]. ADFL Bulletin, 1986, 18(1): 20 - 21.

[107] Johnston D. Languages for the Future[J]. Northern Ireland Languages Strategy, 2012.

[108] Kane M. Validating score interpretations and uses [J]. Language Testing, 2012, 29(1): 3 - 17.

[109] Kane M. Validity[A] In LINN R L (Eds.). Educational Measurement. New York: American Council on Education, 2006

[110] Kaplan I. Oral proficiency testing and the language curriculum: Two experiments in curricular design for conversation courses[J]. Foreign Language Annal, 1984, S/157: 491 - 498.

[111] Kaplan R W, Saccuzzo D P. Psychological Testing: Principles, Applications, and Issues[M]. Belmont: Brooks and Cole, 2001.

[112] Kasper G, Ross S J. Multiple questions in oral proficiency interviews [J]. Journal of Pragmatics, 2007, 39(11): 2045 - 2070.

[113] Ke C, Reed D J. An analysis of results from the ACTFL Oral Proficiency Interview and the Chinese proficiency test before and after intensive instruction in Chinese as a foreign language [J]. Foreign Language Annals, 1995, 28(2): 203 - 222.

[114] Ke C. An empirical investigation of the relationship between a Simulated Oral Proficiency Interview and the ACTFL Oral Proficiency Interview[J]. Selecta, 1993, 14: 6 - 10.

[115] Kelly A V. The National Curriculum: A Critical Review[M]. London: SAGE Publications, 1990.

[116] Kelly G. A Brief Introduction to personal construct theory [A]. In Bannister D (Ed.). Perspectives in Personal Construct Theory [C]. London: Academic Press,1970: 1 - 29.

[117] Kelly R. Aspects of Communicative Performance [J]. Applied Linguistics, 1981, London: SAGE Publications (2): 169 - 179.

[118] Kenyon D M, Tschirner E. The rating of direct and semi-direct Oral Proficiency Interviews: Comparing performance at lower proficiency levels[J]. Modern Languages Journal, 2000, 84(1): 85 - 101.

[119] Kern R. Perspectives on technology in learning and teaching languages [J].TESOL Quarterly, 2006,40: 183 - 210.

[120] Kohonen V, Westhoff G. Enhancing the Pedagogical Aspects of the European Language Portfolio[M]. Strasbourg: Council of Europe, 2001.

[121] Kuo J, Jiang X. Assessing the assessments: The OPI and the SOPI[J]. Foreign Language Annals, 1997, 30(4): 503 - 512.

[122] Lado R. Language Testing: The Construction and Use of Foreign Language Tests[M]. London: Longman, 1961.

[123] Landis J, Koch G G. The measurement of observer agreement for categorical data[J]. Biometrics, 1977, 33: 159 - 174.

[124] Landy F J, Farr J L. The measurement of work performance: methods, theory, and applications[J]. Academic Press, 1996.

[125] Lange D L, Lowe P J. Grading reading passages according to the ACTFL/ETS/ILR Reading Proficiency Standard: Can it be learned? [J]. College Entrance Examinations, 1987: 22.

[126] Lantolf J P, Frawley W. Oral Proficiency Testing: A critical analysis [J].Modem Language Journal, 1985: 69(4): 337 - 345.

[127] Lanvers U. Language Education Policy in England: Is English the elephant in the room? [J]. Apples-Journal of Applied Language Studies, 2011.

[128] Lazaraton A. Preference organization in Oral Proficiency Interviews: The case of language ability assessments[J]. Research on Language and Social Interaction, 1997, 30(1): 53 - 72.

[129] Lee J F, Musumeci D. On hierarchies of reading skills and text types [J]. The Modern Language Journal, 1988, 72: 173 - 187.

[130] Lee J F. Tasks and Communicating in Language Classrooms[M]. New York: McGraw-Hill, 2000.

[131] Lee T, Wylie E, Ingram D E. Mapping rates of progress in proficiency [R]. Toronto: The 20th International Language Testing Research Colloquium.

[132] Lee Y. The multimedia assisted test of English speaking: The SOPI approach[J]. Language Assessment Quarterly, 2007, 4(4): 352 - 366.

[133] Lin A, Peter W M. Decolonisation, Globalisation: Language-in-

Education Policy and Practice [M]. Clevedon: Multilingual Matters, 2005.

[134] Liskin-Gasparro J E. Circumlocution, communication strategies, and the ACTFL proficiency guidelines: An analysis of student discourse[J]. Foreign Language Annals, 1996, 29(3): 317 - 330.

[135] Liskin-Gasparro J E. The ACTFL Proficiency Guidelines: A historical perspective[J]. Competency Based Education, 1984: 11 - 42.

[136] Little D. The European Language Portfolio in Use: Nine Examples[M]. Strasbourg: Council of Europe, 2003.

[137] Little D, Perclova R. The European Language Portfolio: A Guide for Teachers and Teacher Trainers [M]. Strasbourg: Council of Europe, 2001.

[138] Little D, Goullier F, Hughes G. The European Language Portfolio: the story so far (1991 - 2011) [M]. Strasbourg: Council of Europe, 2011.

[139] Little D. Language learner autonomy and the European Language Portfolio: Two L2 English examples[J]. Language Teaching, 2009, 42 (2): 222 - 233.

[140] Little D. The Common European Framework of Reference for Languages: Contents, purpose, origin, reception and impact [J]. Language Teaching, 2006, 39: 167 - 190.

[141] Locke E A, Shaw K N, Saari L M, Latham G P. Goal setting and task performance: 1967 - 1980[J]. Psychological Bulletin, 1981, 90: 125 - 152.

[142] Lowe P. The ILR proficiency scale as a synthesizing research principle: The view from the mountain[A]. In James C J (Ed.). Foreign Language Proficiency in the Classroom and Beyond. Lincolnwood [C]. Lincolnwood: National Textbook Company, 1985: 9 - 53.

[143] Lunz M E, Wright B D, Linacre J M. Measuring the impact of judge severity on examination scores[J]. Applied Measurement in Education, 1990, 3(4): 331 - 345.

[144] Magnan S S, Murphy D. Goals of postsecondary students and the National Standards for foreign language learning[J]. Progress Report, 2011.

[145] Magnan S S. Assessing speaking proficiency in the undergraduate curriculum：Data from French[J]. Foreign Language Annals，1986，19：429 - 438.

[146] Magnan S S. Rater reliability of the ACTFL Oral Proficiency Interview [J]. The Canadian Modern Language Review，1987，43：267 - 276.

[147] Manidis M，Prescott P. Assessing Oral Language Proficiency[J]. Human Heredity，23(23)：105 - 112. 1994.

[148] Manton J，McKay P，Clyne M. English language learning needs of migrants in the suburbs of Melbourne[A]. In Smolicz J (Ed.). Studies in Adult Migration[C]. Canberra：Department of Immigration and Ethnic Affairs/AGPS，1983.

[149] Marschak J. Economics of Language [M]. California：Behavioral Science，1965(2)：101.

[150] McIntyre P N. Language assessment and real-life：The ASLPR revisited [J]. Language Assessment in Action，1995：113 - 144.

[151] McIntyre P N. The importance and effectiveness of moderation training on the reliability of teacher assessments of ESL writing samples[J]. English Language，1993.

[152] McNamara T F. Measuring Second Language Performance[M]. Harlow：Addison Wesley Longman，1996.

[153] Mecartty F H. The effects of proficiency level and passage content on reading skills assessment[J]. Foreign Language Annals，1998，31(4)：517 - 553.

[154] Meredith R A. The Oral Proficiency Interview in real life：Sharpening the scale[J]. Modern Languages Journal，1990，74(3)：288 - 296.

[155] Messick S. Validity[A]. In LINN R L (Eds.). Educational Measurement [C]. London：Macmillan Publishing Company，1989.

[156] Michael W. Review of Modern Foreign Languages Provision in Higher Education in England [R] London：HEFCE 2009 Higher Education Founding Council for England.

[157] Mikhailova J. Rethinking description in the Russian SOPI：Shortcomings of the Simulated Oral Proficiency Interview [J]. Foreign Language Annals，2007，40(4)：583 - 603.

[158] Miller A F, Cunningham J A. How to avoid costly job mismatches[J]. Management Review, 1981,70: 29 - 31.

[159] Millere M, Stansfield C W, Kenyon D M. The validity of the Portuguese speaking test for use in a summer study abroad program[J]. Hispania, 1991, 74(3): 778 - 787.

[160] Mitchell R. Rethinking the concept of progression in the National Curriculum for Modern Foreign Languages: A research perspective[J]. Language Learning Journal, 2003, 27(1): 15 - 23.

[161] Moeller A, Yu F. NCSSFL - ACTFL Can-Do Statements: An effective tool for improving language learning within and outside the classroom [A]. In Swanson P (Eds.). Dimension[C]. Decatur: SCOLT, 2015: 50 - 69.

[162] Moeller A, Theiler J, Wu C. Goal setting and student achievement: A longitudinal study[J]. The Modern Language Journal, 2012, 96: 153 - 169.

[163] Monereo C. Teaching consciousness: Towards a metacognitive teaching? [J]. Aula, 1995,34: 74 - 80.

[164] Moriarity J, Pavelonis K, Pellouchoud D, Wilson J. Increasing student motivation through the use of instructional strategies[J]. Action Research, 2001: 60.

[165] Morrow K. Testing: revolution or evolution[A]. In Johson K, Brunfit C (Eds.). The Communicative Approach to Language Teaching[C]. London: Oxford University Press, 1979.

[166] Murphy K R, Davidshofer C O. Psychological Testing: Principles and Applications[M]. Englewood Cliffs: Prentice-Hall, 1994.

[167] National Council of State Supervisors for Languages (NCSSFL). How to Use the NCSSFL - ACTFL Can-Do Statements[R]. 2014.

[168] National Standards in Foreign Language Education Project. Standards for Foreign Language Learning in the 21st Century (SFLL)[M]. Second and Third Editions. Lawrence: Allen Press. 1996.

[169] National Standards in Foreign Language Education Project. World-Readiness Standards for Learning Languages[M]. Alexandria: Author, 2014.

[170] Norris J M. The German speaking test: Utility and caveats [J]. Unterrichtspraxis, 1997, 30(2): 148-158.

[171] North B, Docherty C. Validating a set of CEFR illustrative descriptors for mediation [J]. Cambridge English: Research Notes, 2016, (63): 24-33.

[172] North B, Panthier J. Updating the CEFR descriptors in the context of [J]. Cambridge English: Research Notes, 2016, (63): 16-24.

[173] North B, Schneider G. Scaling descriptors for language proficiency scales[J]. Language Testing, 1998, 15(2): 217-263.

[174] North B. Scales of language proficiency [J]. Melbourne Papers in Language Testing, 1995, 4(2): 60-11.

[175] North B. The CEFR in Practice[M]. Cambridge: Cambridge University Press, 2014.

[176] North B. The development of a Common Framework Scale of language proficiency[J]. Modern Language Journal, 2000, 86, (3): 482-483.

[177] North B. The Development of a Common Framework Scale of Language Proficiency[M]. New York: P. Lang, 2000.

[178] North B. The Development of Descriptors on Scales of Language Proficiency[M]. Baltimore: Johns Hopkins University, 1993.

[179] Nunnally J C, Bernstein I H. Psychometric Theory[M]. Third Edition. New York: McGraw Hill Book Company, 1994.

[180] Nunnally J C. Psychometric Theory[M]. Second Edition. New York: McGraw Hill Book Company, 1978.

[181] O'Dwyer F. Runnels J. Bringing learner self-regulation practices forward[J]. Studies in Self-Access Learning Journal, 2014, 5: 404-422.

[182] O'Dwyer F, Imig A, Jacob B, Nagai N, Naganuma N, Sakai K. Forming a Framework and Language Portfolio SIG[A]. In Stoke A M (Ed.). JALT 2008 Conference Proceedings[C]. Tokyo: JALT, 2008: 535-548.

[183] O'Dwyer F, Naganuma N, Atobe S, Horiguchi S, Imoto Y, Nagai N, Sato Y. Framework and Language Portfolio SIG Forum: Use of can do statements [A]. In Stoke A M (Ed.). JALT 2009 Conference

Proceedings[C]. Tokyo: JALT: 320 - 331.

[184] O'Dwyer F, Noriko N, Collett P, Sullivan K, Smith A. Framework & Language Portfolio SIG Forum: Looking forward[A]. In Stewart A (Ed.). JALT 2010 Conference Proceedings[C]. Tokyo: JALT, 2011: 269 - 280.

[185] O'Dwyer F. Facilitating coordination through the use of can do statements and the CEFR[J]. Journal of the Research Institute for World Languages, 2011,5: 101 - 118.

[186] Phillips D, Burke E, Ingram D E, Campbell A. The formative evaluation of preparatory English language training of sponsored Indonesian students[R]. Report to ADAB. Canberra: University of Canberra, 1985.

[187] Pica T. Task-based instruction[A]. In Van Deusen-Scholl N V, Hornberger N H (Eds.). Encyclopedia of Language and Education, Vol. 4: Second and Foreign Language Education[C]. Second Edition New York: Springer Science/Business Media, 2008: 71 - 82.

[188] Pink D. Drive: The Surprising Truth about What Motivates Us[M]. New York: Riverhead Books, 2011.

[189] Porter D. Affective factors in language testing[A]. In Alderson J C, North B. (Eds.). Language Testing in the 1990s[C]. London: Macmillan, 1991: 32 - 34.

[190] Qualifications and Curriculum Authority. Programme of Study for Key Stage 3 and Attainment Targets: English, Science, Mathematics[M]. London: Qualifications and Curriculum Authority, 2007.

[191] Qualifications and Curriculum Authority. The National Curriculum Programmes of Study and Attainment Targets for Key Stage 1 - 4: English, Science, Mathematics[M]. London: Qualifications and Curriculum Authority, 1999.

[192] Quinn T J, McNamara T F. Review of Australian second language proficiency ratings[A]. In Alderson, J C, Krahnke, K., Stansfield, C. W (Eds.). Reviews of English Language Proficiency Tests[C]. Washington: TESOL, 1987: 7 - 9.

[193] Rees M. Tertiary Assessment & Higher Education Student Outcomes:

Policy, Practice & Research[M]. Wellington: Ako Aotearoa, 2009.

[194] Ricento T. An Introduction to Language Policy: Theory and Method [M]. New York: John Wiley and Sons, 2009.

[195] Ross S J, Berwick R. The discourse of accommodation in Oral Proficiency Interviews[J]. Studies in Second Language Acquisition, 1992, 14(2): 159 - 176.

[196] Ross S J. A comparative task-in-interaction analysis of OPI backsliding [J]. Journal of Pragmatics, 2007, 39(11): 2017 - 2044.

[197] Ross S J. Accommodative questions in Oral Proficiency Interviews[J]. Language Testing, 1992, 9(2): 173 - 186.

[198] Salaberry R. Revising the revised format of the ACTFL Oral Proficiency Interviews[J]. Language Testing, 2000, 17(3): 289 - 310.

[199] Sato Y. Using the CEFR and portfolio in university classes: A case study in progress [A]. In Stoke A M (Ed.). JALT 2009 Conference Proceedings[C]. Tokyo: JALT, 2010: 323 - 325.

[200] Sefton R, O'Hara L. Report of the work place education project: Survey on behalf of the vehicle manufacturing industry [R]. Melbourne: Victorian Automotive Industry Training Board, 1992.

[201] Selinker L, Douglas D. Wrestling with context in interlanguage theory [J]. Applied Linguistics, 1985, 6: 190 - 204.

[202] SFLL. International Standards for Foreign Language Learning in the 21st Century[S].1999.

[203] Shohamy E G. Language Policy: Hidden Agendas and New Approaches [M]. Philadelphia: Psychology Press, 2006.

[204] Shrum J L, Glisan E W. Teacher's Handbook: Contexualized Language Instruction[M]. Fourth Edition. Boston: Heinle, 2009.

[205] Singh P, Parker K, Dooley K. Technical workplace English for the Indonesian mining sector[R]. Brisbane: Griffith University, 1999.

[206] Smith K, Baldauf R. The concurrent validity of self-rating with interviewer rating on the Australian Second Language Proficiency Scale [J]. Educational and Psychological Measurement, 1982: 42(4): 1117 - 1124.

[207] Smith P C, Kendall J M. Retranslation of expectations: An approach to

the construction of unambiguous anchors for rating scales[J]. Journal of Applied Psychology, 1963, 47(2): 149 - 155.

[208] Society for Industrial and Organizational Psychology. Principles for the Validation and Use of Personnel Selection Procedures [M]. Fourth Edition. Bowling Green: Author, 2003.

[209] Sprat M, Humphreys G, Chan V. Autonomy and motivation: Which comes first? [J]. Language Teaching Research, 2002, 6: 245 - 266.

[210] Stanley J C. Reliability [A]. In Thorndike R L (Ed.). Educational Measurement[C]. Second Edition. Washington: American Council on Education, 1971: 356 - 442.

[211] Surface E A, Dierdorff E C. Reliability and the ACTFL Oral Proficiency Interview: Reporting indices of interrater consistency and agreement for 19 languages[J]. Foreign Language Annals, 2003, 36: 507 - 519.

[212] Surface E A, Dierdorff E C, Poncheri R M. The write stuff: A preliminary assessment of a writing proficiency test[R]. Dallas: Society for Industrial and Organizational Psychology, 2006.

[213] Surface E A, Poncheri R M, Bhavsar K S. Two studies investigating the reliability and validity of the English ACTFL OPIc with Korean test takers: The ACTFL OPIc validation project technical report [R]. Raleigh: SWA Consulting Inc., 2008.

[214] Swender E. (Ed.). ACTFL Oral Proficiency Interview Tester Training Manual[M]. Yonkers: ACTFL, 1999.

[215] Swender E. Oral proficiency testing in the real world: Answers to frequently asked questions[J]. Foreign Language Annals, 2003, 36(4), 520 - 526.

[216] Tarone E, Yule G. Focus on the Learner[M]. Oxford: Oxford University Press, 1989.

[217] Tarone E. Variation in Interlanguage [M]. London: Hodder Arnold, 1988.

[218] Terry L. Language policy in multilingual UK[J]. Language Learning Journal, 1996, 23: 4 - 12.

[219] Thompson I. A study of interrater reliability of the ACTFL Oral Proficiency Interview in five European languages: Data from ESL,

French，German，Russian，and Spanish[J]. Foreign Language Annals，1995，28(3)：407－422.

[220] Thompson I. Assessing foreign language skills：Data from Russian[J]. Modern Language Journal，1996：47－65.

[221] Thompson L. Policy for Language Education in England：Does less mean more? [J]. RELC Journal，2004，35(1)：83－103.

[222] Thorndike R L. Reliability[A]. In Lindquist E F (Ed.). Educational Measurement[C]. Washington：American Council on Education，1951.

[223] Tschirner E，Heilenman L K. Reasonable expectations：Oral proficiency goals for the intermediate-level students of German [J]. Modern Languages Journal，1998，82(2)：147－158.

[224] Tschirner E. Scope and sequence：Rethinking beginning foreign language instruction[J]. Modern Languages Journal，1996，80(1)：1－14.

[225] Tschirner E. The development of oral proficiency in a four-week intensive immersion program in Germany[J]. Die Unterrichtspraxis/Teaching German，2007，40：111－117.

[226] Tuttle H. Modern Language Proficiency：Can-Do Strategies. [EB/OL]. (2019－06－25)[2014－03－09]2014. https://www.smashwords.com/books/view/434075.

[227] Ursula L. Language education policy in England：Is English the elephant in the room? [J]. Apples-Journal of Applied Language Studies，2011.

[228] Vaillancourt F. The Economics of Language and Language Planning[J]. Language Problems and Language Planning，1983，7(2)：162－178.

[229] Van Ek，J A. The Threshold Level for Modern Language Learning in Schools[M]. London：Longman Publishing Group，1977.

[230] Van Houten J. A look at the European language portfolio：Its implications for use in the US[A]. In DiDonatok N R. Humbach N (Eds.). Making Connections：From the Classroom to the World Beyond [C]. Eau Claire：Crown Prints，2004：19－30.

[231] Van Houten J. NCSSFL's LinguaFolio project[A]. In Cherry C，Bradley L. (Eds.). Dimension：Proceedings of the Southern Conference on Language Teaching[M]. Valdosta：SCOLT Publications，2007：1－12.

[232] Van Lier L. Reeling, writhing, fainting and stretching in coils: oral proficiency interviews as conversation[J]. TESOL Quarterly, 1989: 23 (3): 489 – 508.

[233] Vygotsky L S. Mind in Society: The Development of Higher Psychological Processes[M]. Cambridge: Harvard University Press, 1978.

[234] Wang M, Jacobson M J. Guest editorial-knowledge visualization for learning and knowledge management[J]. Educational Technology & Society, 2011, 14(3): 1 – 3.

[235] Wapshere D. Texts and tasks: Investigating reading comprehension skills in English as a second language[A]. In B Clayton, House R (Eds.). Working away at CBA: Improving Assessment Practice[C]. Canberra: Australian National Training Authority, 1997: 101 – 109.

[236] Wertz R, Van Houten J. LinguaFolio Can-Do Language Learning ACTFL 2013[R]. Orlando: ACTFL Annual Conference.

[237] Wiggins G, McTighe J. Understanding by Design (Expanded 2nd edition)[M]. Alexandria: Association for Supervision and Curriculum Development, 2005.

[238] Wigglesworth G. An investigation of planning time and proficiency level on oral test discourse[J]. Language Testing, 1997b: 14(1): 85 – 106.

[239] Wigglesworth G. Task variation in oral interaction tests: Increasing the reality[J]. Prospect, 1997a: 12(1): 35 – 49.

[240] Wilds C P. The Oral Interview Test[A]. In Spolsky B, Jones R (Eds.). Testing Language Proficiency[C]. Washington D C: Center for Applied Linguistics, 1975.

[241] Wilds C. The oral interview test[A]. In Jones R L, Spolsky B (Eds.). Testing Language Proficiency[C]. Arlington: Center for Applied Linguistics, 1975: 29 – 44.

[242] Worton M. Review of modern foreign languages provision in higher education in England[R]. London: HEFCE 2009.

[243] Wylie E, Ingram D E. Rating according to the ISLPR[J]. Unpublished Manuscript, Griffith University Assessment in the Adult Migrant English Program, 1992.

[244] Wylie E. Proficiency scales as a means of integrating the teaching/learning curriculum and assessment[R]. Sydney: English Australia, 2000, 245 - 252.

[245] Wyse D, Torrance H. The development and consequences of national curriculum assessment for primary education in England[J]. Educational Research, 2009, 51(2): 213 - 228.

[246] Yang N. Exploring a new role for teachers: Promoting learner autonomy[J]. System, 1998, 26: 127 - 135.

[247] Zhao L, Zhang Q. Mapping knowledge domains of Chinese digital library research output, 1994 - 2010[J]. Scientometrics, 2011,89(1): 51 - 87.

[248] Ziegler N, Moeller A. Increasing self-regulated learning through the LinguaFolio[J]. Foreign Language Annals,2012,45(3), 330 - 348.

[249] Ziegler N. Fostering self-regulated learning through the European Language Portfolio: An intervention mixed methods study[J]. The Modern Language Journal, 2014, 98(4): 921 - 936.

[250] Moeller, Aleidine J, Wu J. Goal setting and student achievement: A longitudinal study[J]. Modern Language Journal, 2012, 96(2): 153 - 169.

[251] Eddy J. Uncovering content and designing for performance[J]. Academic Exchange Quarterly, 2007a, 11(1).

[252] Omaggio Hadley, A. Teaching Language in Context. Boston, MA: Heinle & Heinle, 2001.

[253] 白玲,冯莉,严明.中国英语笔译能力等级量表的构念与原则[J].现代外语,2018,41(01): 101 - 110,147.

[254] 蔡基刚.我国大学英语教学目标设定研究——再论听说与读写的关系[J].外语界,2011(1): 21 - 29.

[255] 蔡永良.语言规划与政策的语言文化生态观[J].语言政策与规划研究,2014(2): 2.

[256] 岑海兵,邹为诚.《欧洲语言共同参考框架》对我国大学英语教育的影响研究[J].中国外语,2011,(4): 31 - 38.

[257] 曾用强.中国英语能力等级量表的"阅读量表"制定原则和方法[J].外语界,2017(5): 2 - 11.

[258] 陈霞.英国 1988 年以来的国家课程评价政策述评[J].外国中小学教育,

2003(5)：1-5.
[259] 程晓堂.英国外语教育发展战略述评[J].山东师范大学外国语学院学报：基础英语教育,2006,8(1)：3-7.
[260] 程晓堂.英语学习对发展学生思维能力的作用[J].课程·教材·教法,2015(6)：73-79.
[261] 邓杰,邓华.中国英语能力等级量表的写作策略框架研究[J].外语界,2017(2)：29-36.
[262] 杜晓敏.英国国家课程的价值观和课程目标概述[J].学科教育,2001(11)：46-48.
[263] 方绪军,杨惠中,朱正才.制定全国统一的语言能力等级量表的原则与方法[J].现代外语,2008(04)：380-387,437.
[264] 高等学校外语专业教学指导委员会英语组.高等学校英语专业英语教学大纲[S].北京：外语教学与研究出版社,2000.
[265] 高旭阳.英语口语交际能力评价体系的构建[J].教学月刊(中学版),2007(8)：3-6.
[266] 郜晖.英国国家课程目标及价值取向[J].湖南师范大学教育科学学报,2002,1(2)：120-121.
[267] 龚亚夫.创建我国中小学英语教师知识与能力体系——中小学英语教师专业等级标准的制订[J].中国教育学刊,2011(07)：60-65.
[268] 郭宝仙.国际视野下我国中小学生外语能力量表的编制[J].全球教育展望,2014(11)：32-37.
[269] 郭化龙.印度语言政策研究[D].青岛：中国海洋大学,2012.
[270] 郭爵湘.2014 版英国国家课程标准研究[D].重庆：重庆师范大学,2015.
[271] 郭文斌,俞树文.我国远程教育研究热点知识图谱——基于 3 170 篇硕士及博士学位论文的关键词共词分析[J].电化教育研究,2014,35(02)：45-49,67.
[272] 郭文斌.知识图谱：教育文献内容可视化研究新技术[J].华东师范大学学报(教育科学版),2016,34(01)：45-50,114.
[273] 韩宝成,常海潮.中外外语能力标准对比研究[J].中国外语,2011,8(4)：39.
[274] 韩宝成.国外语言能力量表述评[J].外语教学与研究,2006,38(6)：443-450.
[275] 何莲珍,陈大建,闵尚超.英语听力测试中测试方法对任务难度的影响研

究[J].现代外语,2018,41(01)：43-54,146.

[276] 何莲珍,陈大建.中国英语能力等级量表结构探微——听力描述语的横向参数框架与纵向典型特征[J].外语界,2017(4)：12-19.

[277] 候文瑜.ISLPR 语言框架对商务英语课程设置的影响[J].北方经贸,2015(4)：231-232.

[278] 胡杰辉.外语自主学习能力评价——基于二维模型的量表设计[J].外语界,2011(04)：12-17,35.

[279] 黄丽燕,李文郁.英国基础教育 2014 年国家课程计划述评[J].课程·教材·教法,2014,34(9)：114-119.

[280] 黄志军.英国新修订的英语国家课程框架探析[J].比较教育研究,2015,37(5)：93-97.

[281] 姜钢.贯彻落实《实施意见》积极推进国家外语能力测评体系建设[J].中国考试,2016(01)：3-6.

[282] 蒋又兰.英国威尔士中小学的双语教育[D].重庆：西南大学,2006.

[283] 教育部高等教育司.大学英语课程教学要求[S].北京：高等教育出版社,2007.

[284] 教育部高等教育司.大学英语课程教学要求(试行)[S].北京：高等教育出版社,2004.

[285] 金艳,揭薇.中国英语能力等级量表的“口语量表”制定原则和方法[J].外语界,2017(2)：10-19.

[286] 金志茹,李宝红.关于我国目前外语教育政策和规划的思考[J].长春大学学报,2008(2)：85-87.

[287] 金志茹.澳大利亚语言政策对我国外语教育的启示[J].北华大学学报(社会科学版),2007,8(6)：63-67.

[288] 柯飞,傅荣.国外外语教育政策：考察与比较[J].外语教学与研究,2006,38(4)：309-311.

[289] 李才静.英国国家课程评价的演变与发展趋势——基于英国国家课程评价方案的分析[J].教师教育学报,2016,3(4)：95-101.

[290] 林莉兰.基于三维构念的大学生英语自主学习能力量表编制与检验[J].外语界,2013(04)：73-80,96.

[291] 刘建达,韩宝成.面向运用的中国英语能力等级量表建设的理论基础[J].现代外语,2018(1)：78-90.

[292] 刘建达,彭川.构建科学的中国英语能力等级量表[J].外语界,2017(2)：

2-9.

[293] 刘建达.基于标准的外语评价探索[J].外语教学与研究,2015(3):417-425.

[294] 刘建达.我国英语能力等级量表研制的基本思路[J].中国考试,2015(1):7-11.

[295] 刘建达.中国英语能力等级量表:回归教育本质[J].英语学习(教师版):2017(8):17-20.

[296] 刘建达.中国英语能力等级量表与英语学习[J].中国外语,2017(6):4-12.

[297] 刘岩."学科素养"下的高中英语探究式课堂教学的评价策略[J].教育科学(全文版),2016(12):108.

[298] 刘志慧.1988年至今英国中小学课程政策的价值变迁研究[D].重庆:西南大学,2014.

[299] 刘壮,韩宝成,阎彤.《欧洲语言共同参考框架》的交际语言能力框架和外语教学理念[J].外语教学与研究:外国语文双月刊,2012,44(4):616-623.

[300] 罗生全.英国国家课程的发展机制[J].课程·教材·教法,2013(12):111-115.

[301] 潘章仙.后殖民时代英国外语教育的多元文化认同研究——《全民的外语:生活的外语——外语教育发展战略》评析[J].比较教育研究,2010(3):41-45.

[302] 秦涛.澳大利亚外语教育政策现状及其启示[J].湖北经济学院学报(人文社会科学版),2011,08(11):209-210.

[303] 史成周.美国ACTFL听力标准及评论[J].海外英语,2014(10):98-99.

[304] 史成周.美国ACTFL写作能力标准及评论[J].海外英语,2014(6):227-228.

[305] 孙燕.澳大利亚外语教育政策的演变发展及其启示[J].教育教学论坛,2013(22):128-130.

[306] 孙有中.外语教育与跨文化能力培养[J].中国外语,2016,13(03):1,17-22.

[307] 田颖.英国"国家课程"政策研究(1976-1988)[D].济南:山东师范大学,2011.

[308] 王勃然,赵雯,金檀.基于《大学英语课程教学要求》的中国大学英语语言

能力标准研究[J].山东外语教学,2015,36(1)：34－43.

[309] 王淙,王建娜.商务英语阅读能力量表研究[J].山海经,2016,8(4)：135－138.

[310] 王淙,杨妍.商务英语口语能力量表研究[J].海外英语,2016(7)：84－86.

[311] 王淙,张国建,马青.商务英语翻译能力量表研究[J].电子测试,2015(24)：147－149.

[312] 王笃勤.从 CEF 到大学英语能力标准[J].疯狂英语：教师版,2008(5)：17－22.

[313] 王辉.近 20 年澳大利亚外语教育政策演变的启示[J].北华大学学报(社会科学版),2010,11(6)：28－32.

[314] 王佶旻.汉语能力标准的描述语任务难度研究——以中级口语能力量表为例[J].世界汉语教学,2013(3)：413－423.

[315] 王庆超,孙芙蓉,袁娇,潘龙飞.我国教师培训研究热点及演进——基于 1430 篇 CSSCI 期刊论文知识图谱分析[J].中小学教师培训,2017(02)：5－8.

[316] 王守仁.《大学英语教学指南》要点解读[J].外语界,2016(3)：2－10.

[317] 王守仁.谈中国英语教育的转型[J].外国语(上海外国语大学学报),2016,39(3)：2－4.

[318] 王巍巍,许艺,穆雷.中国英语能力等级量表中的口译能力[J].现代外语,2018,41(01)：111－121,147.

[319] 王雪雯.21 世纪英国语言教育政策战略评述[J].海外英语,2014(22)：259－263.

[320] 韦鸿发.澳大利亚 ISLPR 框架下职业英语能力测试模式及开发与启示[J].高教论坛,2011(11)：126－129.

[321] 韦晓保.非英语专业大学生外语自主学习能力评价体系的构建[J].当代外语研究,2012(09)：61－65,78.

[322] 吴晓玲.英格兰中小学新国家课程与学业评价改革政策述评[J].外国教育研究,2016,43(4)：36－48.

[323] 夏雪梅.澳大利亚国家学业质量标准的设计与反省[J].全球教育展望,2012(5)：49－54.

[324] 谢倩.当代英国语言战略探析及借鉴[J].外语界,2015(4)：74－80.

[325] 谢倩.外语教育政策的国际比较研究[D].上海：华东师范大学,2011,1：8－9.

[326] 徐启龙.基于语言经济学视角的我国外语教育决策研究[J].全球教育展望,2010,39(3): 93-96.

[327] 许明.面向"一带一路"的语言服务人才培养与能力建设对策研究[J].中国翻译,2018(1): 63-67.

[328] 许艺,穆雷.中国英语口译能力等级量表的策略能力构建——元认知理论视角[J].外语界,2017(06): 11-19.

[329] 杨惠中,桂诗春.制定亚洲统一的英语语言能力等级量表[J].中国外语,2007(2): 34-37.

[330] 杨惠中,朱正才,方绪军.中国语言能力等级共同量表研究——理论方法与实证研究[M].上海: 上海教育出版社,2012.

[331] 易红郡.英国国家课程实施中的问题、对策及启示[J].课程·教材·教法,2004(1): 91-95.

[332] 张沉香.澳大利亚外语教育对我国外语教育的启示[J].中南林业科技大学学报(社会科学版),2009,4(3): 159-161.

[333] 张蔚磊.大学英语教学大纲对比分析——生态化视角[J].现代教育科学,2011(5): 148-151.

[334] 张蔚磊.发达国家外语能力标准比较研究与我国外语能力标准构建[J].外语界,2016(06): 71-76.

[335] 张蔚磊.美国 21 世纪初外语教育政策述评[J].外语界,2014(02): 90-96.

[336] 张蔚磊.美国 ACTFL 外语能力指导方针研究及启示[J].外国语文研究(辑刊),2021(00): 109-120.

[337] 张蔚磊,宋秋逸,魏冬亮.《世界各种语言教学实用指南》与我国各学段英语教学实用指南开发[J].当代外语研究,2019(06): 11-25,36.

[338] 张蔚磊.美国语言政策研究:《语言学习的世界标准》的内涵与启示[J].浙江外国语学院学报,2019(02): 25-31,37.

[339] 张蔚磊.国外语言政策与规划理论研究述评[J].外国语(上海外国语大学学报),2017,40(05): 77-85.

[340] 张晓蕾.英国基础教育质量标准《国家课程》及监控系统[J].全球教育展望,2012(5): 42-48.

[341] 张忻.语言经济学与语言政策评估研究[J].语言文字应用,2007(4): 13-20.

[342] 张治国.美国四大全国性教师专业标准的比较及其对我国的借鉴意义

[J].外国教育研究,2009,36(10)：34 - 38.

[343] 赵玉玲.中泰两国现行小学英语课程标准比较研究[D].扬州：扬州大学,2015.

[344] 中华人民共和国教育部.义务教育英语课程标准(2011 年版)[M].北京：北京师范大学出版社,2012.

[345] 中华人民共和国教育部.中国英语能力等级量表[M].北京：高等教育出版社,2018.

[346] 中华人民共和国教育部.高中英语课程标准[M].北京：北京师范大学出版社,2012.

[347] 中华人民共和国教育部.义务教育英语课程标准[M].北京：北京师范大学出版社,2011.

[348] 中华人民共和国教育部.英语课程标准(实验稿)[S].北京：北京师范大学出版社,2001.

[349] 钟启泉,崔允漷.新课程的理念与创新——师范生读本[M].北京：高等教育出版社,2008.

[350] 仲伟合,潘鸣威.论《英语专业本科教学质量国家标准》的制定——创新与思考[J].现代外语,2015(1)：112 - 120.

[351] 朱海青.专门用途英语语言能力测试探索研究[J].教育界,2013(12)：104 - 107.

[352] 朱旭东.论教师的全专业属性[J].教育发展研究,2017,37(10)：1 - 7.

[353] 朱正才.中国英语能力等级量表效度研究框架[J].中国考试,2016(8)：3 - 13.

[354] 朱正才.英语能力等级量表描述语量表化的可行性方案探讨[J].中国考试,2016(04)：3 - 7,41.

# 附录1

# ACTFL 外语能力指导方针

ACTFL

**PROFICIENCY GUIDELINES**

2012

## ACKNOWLEDGMENTS

*ACTFL is deeply indebted to the many mdioiduals who contributed to the previous editions of the Proficiency Guidelines.*

*In addition, ACTFL wishes to acknowledge the principal authors and editors of this 3rd Edition of the Proficiency Guidelines: Elvira Swender; Daniel J. Conrad, and Robert Vicars; and the invaluable contributions of the project consultants: Mahdi Alosh, Karen Breiner-Sanders, Ray 77 Clifford, Helm Hamfyn, David Hiple, Judith Liskin-Gasparro, Pardee Lowe, Jr., Cynthia Martin, Karl E Otto, Jr., Benjamin Rifkin, Mildred Rivera-Martinez, and Erwin Tschirner.*

*Finally, ACTFL is most appreciative of the comments and feedback from the many members of the profession who contributed generously of their time and expertise in reviewing earlier drafts of this document.*

*The ACTFL Proficiency Guidelines 2012 may be usedfor non-profit, educational purposes only, provided that they are reproduced in their entirety, with no alterations, and with credit to ACTFL.*

## *General Preface*
## *to the* **ACTFL Proficiency Guidelines 2012**

The ACTFL Proficiency Guidelines are descriptions of what individuals can do with language in terms of speaking, writing, listening, and reading in real-world situations in a spontaneous and non-rehearsed context, for each skill, these guidelines identify five major levels of proficiency: Distinguished, Superior, Advanced, Intermediate, and Novice. The major levels Advanced, Intermediate, and Novice are subdivided into High, Mid, and Low sub-levels. The levels of the ACTFL Guidelines describe the continuum of proficiency from that of the highly articulate, well-educated language user to a level of little or no functional ability.

These Guidelines present the levels of proficiency as ranges, and describe what an individual can and cannot do with language at each level, regardless of where, when, or how the language was acquired. Together these levels form a hierarchy in which each level subsumes all lower levels. The Guidelines are not based on any particular theory pedagogical method, or educational curriculum. They neither describe how an individual learns a language nor prescribe how an individual should learn a language, and they should not be used for such purposes. They are an instrument for the evaluation of functional language ability.

The ACTFL Proficiency Guidelines were first published in 1986 as an adaptation for the academic community of the U. S. Government's Interagency Language Roundtable (ILR) Skill Level Descriptions. This third edition of the ACTFL Proficiency Guidelines includes the first revisions of Listening and Reading since their original publication in 1986, and a second revision of the ACTFL Speaking and Writing Guidelines, which were revised to reflect real-world assessment needs in

1999 and 2001 respectively New for the 2012 edition are the addition of the major level of Distinguished to the Speaking and Writing Guidelines, the division of the Advanced level into the three sublevels of High, Mid, and Low for the Listening and Reading Guidelines, and the addition of a general level description at the Advanced, Intermediate, and Novice levels for all skills.

Another new feature of the 2012 Guidelines is their publication online, supported with glossed terminology and annotated, multimedia samples of performance at each level for Speaking and Writing, and examples of oral and written texts and tasks associated with each level for Reading and Listening.

The direct application of the ACTFL Proficiency Guidelines is for the evaluation of functional language ability The Guidelines are intended to be used for global assessment in academic and workplace settings. However, the Guidelines do have instructional implications. The ACTFL Proficiency Guidelines underlie the development of the ACTFL Performance Guidelines for K-12 Learners (1998) and are used in conjunction with the National Standards for foreign Language Learning (1996, 1998, 2006) to describe how well students meet content standards. For the past 25 years, the ACTFL Guidelines have had an increasingly profound impact on language teaching and learning in the United States.

# ACTFL PROFICIENCY GUIDELINES 2012 – SPEAKING

## *Preface*

**The ACTFL Proficiency Guidelines 2012 - Speaking** describe five major levels of proficiency: Distinguished, Superior, Advanced, Intermediate, and Novice. The description of each major level is representative of a specific range of abilities. Together these levels form a hierarchy in which each level subsumes all lower levels. The major levels Advanced, Intermediate, and Novice are divided into High, Mid, and Low sub-levels.

The Guidelines describe the tasks that speakers can handle at each level, as well as the content, context, accuracy and discourse types associated with tasks at each level. They also present the limits that speakers encounter when attempting to function at the next higher major level.

These Guidelines can be used to evaluate speech that is either Interpersonal (interactive, two-way communication) or Presentational (one-way non-interactive).

The written descriptions of speaking proficiency are accompanied online by speech samples illustrating the features of each major level.

The ACTFL Proficiency Guidelines 2012 — Speaking may be used for non-profit, educational purposes only provided that they are reproduced in their entirety with no alterations, and with credit to ACTFL.

## DISTINGUISHED

Speakers at the Distinguished level are able to use language skillfully, and with accuracy, efficiency, and effectiveness. They are educated and articulate users of the language. They can reflect on a wide range of global issues and highly abstract concepts in a culturally appropriate manner. Distinguished-level speakers can use persuasive and hypothetical discourse for representational purposes, allowing them to advocate a point of view that is not necessarily their own. They can tailor language to a variety of audiences by adapting their speech and register in ways that are culturally authentic.

Speakers at the Distinguished level produce highly sophisticated and tightly organized extended discourse. At the same time, they can speak succinctly, often using cultural and historical references to allow them to say less and mean more. At this level, oral discourse typically resembles written discourse.

A non-native accent, a lack of a native-like economy of expression, a limited control of deeply embedded cultural references, and/or an occasional isolated language error may still be present at this level.

# ACTFL Proficiency Guidelines 2012 — SPEAKING

## SUPERIOR

Speakers at the Superior level are able to communicate with accuracy and fluency in order to participate fully and effectively in conversations on a variety of topics in formal and informal settings from both concrete and abstract perspectives. They discuss their interests and special fields of competence, explain complex matters in detail, and provide lengthy and coherent narrations, all with ease, fluency, and accuracy. They present their opinions on a number of issues of interest to them, such as social and political issues, and provide structured arguments to support these opinions. They are able to construct and develop hypotheses to explore alternative possibilities.

When appropriate, these speakers use extended discourse without unnaturally lengthy hesitation to make their point, even when engaged in abstract elaborations. Such discourse, while coherent, may still be influenced by language patterns other than those of the target language. Superior-level speakers employ a variety of interactive and discourse strategies, such as turn-taking and separating main ideas from supporting information through the use of syntactic, lexical, and phonetic devices.

Speakers at the Superior level demonstrate no pattern of error in the use of basic structures, although they may make sporadic errors, particularly in low-frequency structures and in complex high-frequency structures. Such errors, if they do occur, do not distract the native interlocutor or interfere with communication.

## ADVANCED

Speakers at the Advanced level engage in conversation in a clearly participatory manner in order to communicate information on autobiographical topics, as well as topics of community, national, or international interest. The topics are handled concretely by means of narration and description in the major times frames of past, present, and future. These speakers can also deal with a social situation with an unexpected complication. The language of Advanced-level speakers is abundant, the oral paragraph being the measure of Advanced-level length and discourse. Advanced-level speakers have sufficient control of basic structures and generic vocabulary to be understood by native speakers of the language, including those unaccustomed to non-native speech.

**Advanced High**

Speakers at the Advanced High sublevel perform all Advanced-level tasks with linguistic ease, confidence, and competence. They are consistently able to explain in detail and narrate fully and accurately in all time frames. In addition, Advanced High speakers handle the tasks pertaining to the Superior level but cannot sustain performance at that level across a variety of topics. They may provide a structured argument to support their opinions, and they may construct hypotheses, but patterns of error appear. They can discuss some topics abstractly, especially those relating to their particular interests and special fields of expertise, but in general, they are more comfortable discussing a variety of topics concretely.

Advanced High speakers may demonstrate a well-developed ability to compensate for an imperfect grasp of some forms or for limitations in vocabulary by the confident use of communicative strategies, such as paraphrasing, circumlocution, and illustration. They use precise vocabulary and intonation to express meaning and often show great fluency and ease of speech. However, when called on to perform the complex tasks associated with the Superior level over a variety of topics, their language will at times break down or prove inadequate, or they may avoid the task altogether, for example, by resorting to simplification through the use of description or narration in place of argument or hypothesis.

## ACTFL Proficiency Guidelines 2012 — SPEAKING

**Advanced Mid**

Speakers at the Advanced Mid sublevel are able to handle with ease and confidence a large number of communicative tasks. They participate actively in most informal and some formal exchanges on a variety of concrete topics relating to work, school, home, and leisure activities, as well as topics relating to events of current, public, and personal interest or individual relevance.

Advanced Mid speakers demonstrate the ability to narrate and describe in the major time frames of past, present, and future by providing a full account, with good control of aspect. Narration and description tend to be combined and interwoven to relate relevant and supporting facts in connected, paragraph-length discourse.

Advanced Mid speakers can handle successfully and with relative ease the linguistic challenges presented by a complication or unexpected turn of events that occurs within the context of a routine situation or communicative task with which they are otherwise familiar. Communicative strategies such as circumlocution or rephrasing are often employed for this purpose. The speech of Advanced Mid speakers performing Advanced-level tasks is marked by substantial flow. Their vocabulary is fairly extensive although primarily generic in nature, except in the case of a particular area of specialization or interest. Their discourse may still reflect the oral paragraph structure of their own language rather than that of the target language.

Advanced Mid speakers contribute to conversations on a variety of familiar topics, dealt with concretely, with much accuracy, clarity and precision, and they convey their intended message without misrepresentation or confusion. They are readily understood by native speakers unaccustomed to dealing with non-natives. When called on to perform functions or handle topics associated with the Superior level, the quality and/or quantity of their speech will generally decline.

**Advanced Low**

Speakers at the Advanced Low sub-level are able to handle a variety of communicative tasks. They are able to participate in most informal and some formal conversations on topics related to school, home, and leisure activities. They can also speak about some topics related to employment, current events, and matters of public and community interest.

Advanced Low speakers demonstrate the ability to narrate and describe in the major time frames of past, present, and future in paragraph-length discourse with some control of aspect. In these narrations and descriptions, Advanced Low speakers combine and link sentences into connected discourse of paragraph length, although these narrations and descriptions tend to be handled separately rather than interwoven. They can handle appropriately the essential linguistic challenges presented by a complication or an unexpected turn of events.

Responses produced by Advanced Low speakers are typically not longer than a single paragraph. The speakers dominant language may be evident in the use of false cognates, literal translations, or the oral paragraph structure of that language. At times their discourse may be minimal for the level, marked by an irregular flow, and containing noticeable self-correction. More generally, the performance of Advanced Low speakers tends to be uneven.

Advanced Low speech is typically marked by a certain grammatical roughness (e.g., inconsistent control of verb endings), but the overall performance of the Advanced-level tasks is sustained, albeit minimally. The vocabulary of Advanced Low speakers often lacks specificity. Nevertheless, Advanced Low speakers are able to use communicative strategies such as rephrasing and circumlocution.

Advanced Low speakers contribute to the conversation with sufficient accuracy, clarity, and precision to convey their intended message without misrepresentation or confusion. Their speech can be understood by native speakers unaccustomed to dealing with non-natives, even though this may require some repetition or restatement. When attempting to perform functions or handle topics associated with the Superior level, the linguistic quality and quantity of their speech will deteriorate significantly.

## ACTFL Proficiency Guidelines 2012 — SPEAKING

### INTERMEDIATE

Speakers at the Intermediate level are distinguished primarily by their ability to create with the language when talking about familiar topics related to their daily life. They are able to recombine learned material in order to express personal meaning. Intermediate-level speakers can ask simple questions and can handle a straightforward survival situation. They produce sentence-level language, ranging from discrete sentences to strings of sentences, typically in present time. Intermediate-level speakers are understood by interlocutors who are accustomed to dealing with non-native learners of the language.

#### Intermediate High

Intermediate High speakers are able to converse with ease and confidence when dealing with the routine tasks and social situations of the Intermediate level. They are able to handle successfully uncomplicated tasks and social situations requiring an exchange of basic information related to their work, school, recreation, particular interests, and areas of competence.

Intermediate High speakers can handle a substantial number of tasks associated with the Advanced level, but they are unable to sustain performance of all of these tasks all of the time. Intermediate High speakers can narrate and describe in all major time frames using connected discourse of paragraph length, but not all the time. Typically, when Intermediate High speakers attempt to perform Advanced-level tasks, their speech exhibits one or more features of breakdown, such as the failure to carry out fully the narration or description in the appropriate major time frame, an inability to maintain paragraph-length discourse, or a reduction in breadth and appropriateness of vocabulary.

Intermediate High speakers can generally be understood by native speakers unaccustomed to dealing with non-natives, although interference from another language may be evident (e.g., use of code-switching, false cognates, literal translations), and a pattern of gaps in communication may occur.

**Intermediate Mid**

Speakers at the Intermediate Mid sub-level are able to handle successfully a variety of uncomplicated communicative tasks in straightforward social situations. Conversation is generally limited to those predictable and concrete exchanges necessary for survival in the target culture. These include personal information related to self, family, home, daily activities, interests and personal preferences, as well as physical and social needs, such as food, shopping, travel, and lodging.

Intermediate Mid speakers tend to function reactively, for example, by responding to direct questions or requests for information. However, they are capable of asking a variety of questions when necessary to obtain simple information to satisfy basic needs, such as directions, prices, and services. When called on to perform functions or handle topics at the Advanced level, they provide some information but have difficulty linking ideas, manipulating time and aspect, and using communicative strategies, such as circumlocution.

Intermediate Mid speakers are able to express personal meaning by creating with the language, in part by combining and recombining known elements and conversational input to produce responses typically consisting of sentences and strings of sentences. Their speech may contain pauses, reformulations, and self-corrections as they search for adequate vocabulary and appropriate language forms to express themselves. In spite of the limitations in their vocabulary and/or pronunciation and/or grammar and/or syntax, Intermediate Mid speakers are generally understood by sympathetic interlocutors accustomed to dealing with non-natives.

Overall, Intermediate Mid speakers are at ease when performing Intermediate-level tasks and do so with significant quantity and quality of Intermediate-level language.

# ACTFL Proficiency Guidelines 2012 — SPEAKING

**Intermediate Low**

Speakers at the Intermediate Low sub-level are able to handle successfully a limited number of uncomplicated communicative tasks by creating with the language in straightforward social situations. Conversation is restricted to some of the concrete exchanges and predictable topics necessary for survival in the target-language culture. These topics relate to basic personal information; for example, self and family, some daily activities and personal preferences, and some immediate needs, such as ordering food and making simple purchases. At the Intermediate Low sub-level, speakers are primarily reactive and struggle to answer direct questions or requests for information. They are also able to ask a few appropriate questions. Intermediate Low speakers manage to sustain the functions of the Intermediate level, although just barely.

Intermediate Low speakers express personal meaning by combining and recombining what they know and what they hear from their interlocutors into short statements and discrete sentences. Their responses are often filled with hesitancy and inaccuracies as they search for appropriate linguistic forms and vocabulary while attempting to give form to the message. Their speech is characterized by frequent pauses, ineffective reformulations and self-corrections. Their pronunciation, vocabulary, and syntax are strongly influenced by their first language. In spite of frequent misunderstandings that may require repetition or rephrasing, Intermediate Low speakers can generally be understood by sympathetic interlocutors, particularly by those accustomed to dealing with non-natives.

# ACTFL Proficiency Guidelines 2012 — SPEAKING

## NOVICE

Novice-level speakers can communicate short messages on highly predictable, everyday topics that affect them directly. They do so primarily through the use of isolated words and phrases that have been encountered, memorized, and recalled. Novice-level speakers may be difficult to understand even by the most sympathetic interlocutors accustomed to non-native speech.

### Novice High

Speakers at the Novice High sublevel are able to handle a variety of tasks pertaining to the Intermediate level, but are unable to sustain performance at that level. They are able to manage successfully a number of uncomplicated communicative tasks in straightforward social situations. Conversation is restricted to a few of the predictable topics necessary for survival in the target language culture, such as basic personal information, basic objects, and a limited number of activities, preferences, and immediate needs. Novice High speakers respond to simple, direct questions or requests for information. They are also able to ask a few formulaic questions.

Novice High speakers are able to express personal meaning by relying heavily on learned phrases or recombinations of these and what they hear from their interlocutor. Their language consists primarily of short and sometimes incomplete sentences in the present, and may be hesitant or inaccurate. On the other hand, since their language often consists of expansions of learned material and stock phrases, they may sometimes sound surprisingly fluent and accurate. Pronunciation, vocabulary, and syntax may be strongly influenced by the first language. Frequent misunderstandings may arise but, with repetition or rephrasing, Novice High speakers can generally be understood by sympathetic interlocutors used to non-natives. When called on to handle a variety of topics and perform functions pertaining to the Intermediate level, a Novice High speaker can sometimes respond in intelligible sentences, but will not be able to sustain sentence-level discourse.

**Novice Mid**

Speakers at the Novice Mid sub-level communicate minimally by using a number of isolated words and memorized phrases limited by the particular context in which the language has been learned. When responding to direct questions, they may say only two or three words at a time or give an occasional stock answer. They pause frequently as they search for simple vocabulary or attempt to recycle their own and their interlocutors words. Novice Mid speakers may be understood with difficulty even by sympathetic interlocutors accustomed to dealing with non-natives. When called on to handle topics and perform functions associated with the Intermediate level, they frequently resort to repetition, words from their native language, or silence.

**Novice Low**

Speakers at the Novice Low sublevel have no real functional ability and, because of their pronunciation, may be unintelligible. Given adequate time and familiar cues, they may be able to exchange greetings, give their identity, and name a number of familiar objects from their immediate environment. They are unable to perform functions or handle topics pertaining to the Intermediate level, and cannot therefore participate in a true conversational exchange.

# ACTFL PROFICIENCY GUIDELINES 2012 – WRITING

## *Preface*

**The ACTFL Proficiency Guidelines 2012 — Writing** describe five major levels of proficiency: Distinguished, Superior; Advanced, Intermediate, and Novice. The description of each major level is representative of a specific range of abilities. Together these levels form a hierarchy in which each level subsumes all lower levels. The major levels Advanced, Intermediate, and Novice are divided into High, Mid, and Low sub-levels.

The Guidelines describe the tasks that writers can handle at each level as well as the content, context, accuracy; and discourse types associated with the writing tasks at each level. They also present the limits that writers encounter when attempting to function at the next higher major level.

These Guidelines can be used to describe written text that is either Presentational (essays, reports, letters) or Inter-personal (instant messaging, e-mail communication, texting). Moreover; they apply to writing that is spontaneous (immediate, unedited) or reflective (revised, edited). This is possible because the Guidelines describe the product rather than the process or purpose of the writing.

The written descriptions of writing proficiency are accompanied online by writing samples illustrating the features of each major level.

The ACTFL Proficiency Guidelines 2012 — Writing may be used for non-profit, educational purposes only provided that they are reproduced in their entirety with no alterations, and with credit to ACTFL.

# ACTFL Proficiency Guidelines 2012 — WRITING

## DISTINGUISHED

Writers at the Distinguished level can carry out formal writing tasks such as official correspondence, position papers, and journal articles. They can write analytically on professional, academic and societal issues. In addition, Distinguished-level writers are able to address world issues in a highly conceptualized fashion.

These writers can use persuasive and hypothetical discourse as representational techniques, allowing them to advocate a position that is not necessarily their own. They are also able to communicate subtlety and nuance. Distinguished-level writing is sophisticated and is directed to sophisticated readers. Writers at this level write to their audience; they tailor their language to their readers. Distinguished-level writing is dense and complex; yet, it is characterized by an economy of expression. The writing is skillfully crafted and is organized in a way that reflects target-culture thought patterns. At the Distinguished level, length is not a determining factor. Distinguished-level texts can be as short as a poem or as long as a treatise.

Writers at the Distinguished level demonstrate control of complex lexical, grammatical, syntactic, and stylistic features of the language. Discourse structure and punctuation are used strategically, not only to organize meaning but also to enhance it. Conventions are generally appropriate to the text modality and the target culture.

## SUPERIOR

Writers at the Superior level are able to produce most kinds of formal and informal correspondence, in-depth summaries, reports, and research papers on a variety of social, academic, and professional topics. Their treatment of these issues moves beyond the concrete to the abstract.

Writers at the Superior level demonstrate the ability to explain complex matters, and to present and support opinions by developing cogent arguments and hypotheses. Their treatment of the topic is enhanced by the effective use of structure, lexicon, and writing protocols. They organize and prioritize ideas to convey to the reader what is significant. The relationship among ideas is consistently clear, due to organizational and developmental principles (e.g., cause and effect, comparison, chronology). These writers are capable of extended treatment of a topic which typically requires at least a series of paragraphs, but can extend to a number of pages.

Writers at the Superior level demonstrate a high degree of control of grammar and syntax, of both general and specialized/profes-sional vocabulary, of spelling or symbol production, of cohesive devices, and of punctuation. Their vocabulary is precise and varied. Writers at this level direct their writing to their audiences; their writing fluency eases the readers task.

Writers at the Superior level do not typically control target-language cultural, organizational, or stylistic patterns. At the Superior level, writers demonstrate no pattern of error; however, occasional errors may occur, particularly in low-frequency structures. When present, these errors do not interfere with comprehension, and they rarely distract the native reader.

# ACTFL Proficiency Guidelines 2012 — WRITING

## ADVANCED

Writers at the Advanced level are characterized by the ability to write routine informal and some formal correspondence, as well as narratives, descriptions, and summaries of a factual nature. They can narrate and describe in the major time frames of past, present, and future, using paraphrasing and elaboration to provide clarity. Advanced-level writers produce connected discourse of paragraph length and structure. At this level, writers show good control of the most frequently used structures and generic vocabulary, allowing them to be understood by those unaccustomed to the writing of non-natives.

### Advanced High

Writers at the Advanced High sub-level are able to write about a variety of topics with significant precision and detail. They can handle informal and formal correspondence according to appropriate conventions. They can write summaries and reports of a factual nature. They can also write extensively about topics relating to particular interests and special areas of competence, although their writing tends to emphasize the concrete aspects of such topics. Advanced High writers can narrate and describe in the major time frames, with solid control of aspect. In addition, they are able to demonstrate the ability to handle writing tasks associated with the Superior level, such as developing arguments and constructing hypotheses, but are not able to do this all of the time; they cannot produce Superior-level writing consistently across a variety of topics treated abstractly or generally. They have good control of a range of grammatical structures and a fairly wide general vocabulary. When writing at the Advanced level, they often show remarkable ease of expression, but under the demands of Superior-level writing tasks, patterns of error appear. The linguistic limitations of Advanced High writing may occasionally distract the native reader from the message.

**Advanced Mid**

Writers at the Advanced Mid sub-level are able to meet a range of work and/or academic writing needs. They demonstrate the ability to narrate and describe with detail in all major time frames with good control of aspect. They are able to write straightforward summaries on topics of general interest. Their writing exhibits a variety of cohesive devices in texts up to several paragraphs in length. There is good control of the most frequently used target-language syntactic structures and a range of general vocabulary. Most often, thoughts are expressed clearly and supported by some elaboration. This writing incorporates organizational features both of the target language and the writers first language and may at times resemble oral discourse. Writing at the Advanced Mid sub-level is understood readily by natives not used to the writing of non-natives. When called on to perform functions or to treat issues at the Superior level, Advanced Mid writers will manifest a decline in the quality and/or quantity of their writing.

**Advanced Low**

Writers at the Advanced Low sub-level are able to meet basic work and/or academic writing needs. They demonstrate the ability to narrate and describe in major time frames with some control of aspect. They are able to compose simple summaries on familiar topics. Advanced Low writers are able to combine and link sentences into texts of paragraph length and structure. Their writing, while adequate to satisfy the criteria of the Advanced level, may not be substantive. Writers at the Advanced Low sub-level demonstrate the ability to incorporate a limited number of cohesive devices, and may resort to some redundancy and awkward repetition. They rely on patterns of oral discourse and the writing style of their first language. These writers demonstrate minimal control of common structures and vocabulary associated with the Advanced level. Their writing is understood by natives not accustomed to the writing of non-natives, although some additional effort may be required in the reading of the text. When attempting to perform functions at the Superior level, their writing will deteriorate significantly.

# ACTFL Proficiency Guidelines 2012 — WRITING

## INTERMEDIATE

Writers at the Intermediate level are characterized by the ability to meet practical writing needs, such as simple messages and letters, requests for information, and notes. In addition, they can ask and respond to simple questions in writing. These writers can create with the language and communicate simple facts and ideas in a series of loosely connected sentences on topics of personal interest and social needs. They write primarily in present time. At this level, writers use basic vocabulary and structures to express meaning that is comprehensible to those accustomed to the writing of non-natives.

### Intermediate High

Writers at the Intermediate High sub-level are able to meet all practical writing needs of the Intermediate level. Addition-ally, they can write compositions and simple summaries related to work and/or school experiences. They can narrate and describe in different time frames when writing about everyday events and situations. These narrations and descriptions are often but not always of paragraph length, and they typically contain some evidence of breakdown in one or more features of the Advanced level. For example, these writers may be inconsistent in the use of appropriate major time markers, resulting in a loss of clarity. The vocabulary, grammar, and style of Intermediate High writers essentially correspond to those of the spoken language. Intermediate High writing, even with numerous and perhaps significant errors, is generally comprehensible to natives not used to the writing of non-natives, but there are likely to be gaps in comprehension.

### Intermediate Mid

Writers at the Intermediate Mid sub-level are able to meet a number of practical writing needs. They can write short, simple communications, compositions, and requests for information in loosely connected texts about personal preferences, daily routines, common events, and other personal topics. Their writing is framed in present time but may contain references to other time frames. The writing style closely resembles oral discourse. Writers at the Intermediate Mid sub-level show evidence of control of basic sentence structure and verb forms. This writing is best defined as a collection of discrete sentences and/or questions loosely strung together. There is little evidence of deliberate organization. Intermediate Mid writers can be understood readily by natives used to the writing of non-natives. When Intermediate Mid writers attempt Advanced-level writing tasks, the quality and/or quantity of their writing declines and the message may be unclear.

**Intermediate Low**

Writers at the Intermediate Low sub-level are able to meet some limited practical writing needs. They can create statements and formulate questions based on familiar material. Most sentences are recombinations of learned vocabulary and structures. These are short and simple conversational-style sentences with basic word order. They are written almost exclusively in present time. Writing tends to consist of a few simple sentences, often with repetitive structure. Topics are tied to highly predictable content areas and personal information. Vocabulary is adequate to express elementary needs. There may be basic errors in grammar, word choice, punctuation, spelling, and in the formation and use of non-alphabetic symbols. Their writing is understood by natives used to the writing of non-natives, although additional effort may be required. When Intermediate Low writers attempt to perform writing tasks at the Advanced level, their writing will deteriorate significantly and their message may be left incomplete.

# ACTFL Proficiency Guidelines 2012 — WRITING

## NOVICE

Writers at the Novice level are characterized by the ability to produce lists and notes, primarily by writing words and phrases. They can provide limited formulaic information on simple forms and documents. These writers can reproduce practiced material to convey the most simple messages. In addition, they can transcribe familiar words or phrases, copy letters of the alphabet or syllables of a syllabary, or reproduce basic characters with some accuracy.

### Novice High

Writers at the Novice High sub-level are able to meet limited basic practical writing needs using lists, short messages, postcards, and simple notes. They are able to express themselves within the context in which the language was learned, relying mainly on practiced material. Their writing is focused on common elements of daily life. Novice High writers are able to recombine learned vocabulary and structures to create simple sentences on very familiar topics, but are not able to sustain sentence-level writing all the time. Due to inadequate vocabulary and/or grammar, writing at this level may only partially communicate the intentions of the writer. Novice High writing is often comprehensible to natives used to the writing of non-natives, but gaps in comprehension may occur.

### Novice Mid

Writers at the Novice Mid sub-level can reproduce from memory a modest number of words and phrases in context. They can supply limited information on simple forms and documents, and other basic biographical information, such as names, numbers, and nationality. Novice Mid writers exhibit a high degree of accuracy when writing on well-practiced, familiar topics using limited formulaic language. With less familiar topics, there is a marked decrease in accuracy. Errors in spelling or in the representation of symbols may be frequent. There is little evidence of functional writing skills. At this level, the writing may be difficult to understand even by those accustomed to non-native writers.

**Novice Low**

Writers at the Novice Low sub-level are able to copy or transcribe familiar words or phrases, form letters in an alphabetic system, and copy and produce isolated, basic strokes in languages that use syllabaries or characters. Given adequate time and familiar cues, they can reproduce from memory a very limited number of isolated words or familiar phrases, but errors are to be expected.

# ACTFL PROFICIENCY GUIDELINES 2012 -LISTENING

## *Preface*

**The ACTFL Proficiency Guidelines 2012 — Listening** describe five major levels of proficiency: Distinguished, Superior; Advanced, Intermediate, and Novice. The description of each major level is representative of a specific range of abilities. Together these levels form a hierarchy in which each level subsumes all lower levels. The major levels Advanced, Intermediate, and Novice are divided into High, Mid, and Low sub-levels. The subdivision of the Advanced Level into High, Mid, and Low is new This makes the Listening descriptions parallel to the other skill-level descriptions.

Listening is an interpretive skill. Listening comprehension is based largely on the amount of information listeners can retrieve from what they hear and the inferences and connections that they can make. By describing the tasks that listeners can perform with different types of oral texts and under different types of circumstances, the Listening Proficiency Guidelines describe how listeners understand oral discourse. The Guidelines do not describe how listening skills develop, how one learns to listen, nor the actual cognitive processes involved in the activity Rather, they are intended to describe what listeners understand from what they hear

These Guidelines apply to listening that is either Interpretive (non-participative overheard) or Interpersonal (participative).

The written descriptions of listening proficiency are accompanied online by authentic speech samples and the functional listening tasks associated with each major level.

The ACTFL Proficiency Guidelines 2012 — Listening may be used for non-profit, educational purposes only provided that they are reproduced in their entirely with no alterations, and with credit to ACTFL.

## ACTFL Proficiency Guidelines 2012 — LISTENING

### DISTINGUISHED

At the Distinguished level, listeners can understand a wide variety of forms, styles, and registers of speech on highly specialized topics in language that is tailored to different audiences. Listeners at the Distinguished level can understand language such as that found in classical theater, art films, professional symposia, academic debates, public policy statements, literary readings, and most jokes and puns. They are able to comprehend implicit and inferred information, tone, and point of view, and can follow highly persuasive arguments. They are able to understand unpredictable turns of thought related to sophisticated topics. In addition, their listening ability is enhanced by a broad and deep understanding of cultural references and allusions. Listeners at the Distinguished level are able to appreciate the richness of the spoken language.

Distinguished-level listeners understand speech that can be highly abstract, highly technical, or both, as well as speech that contains very precise, often low-frequency vocabulary and complex rhetorical structures. At this level, listeners comprehend oral discourse that is lengthy and dense, structurally complex, rich in cultural reference, idiomatic and colloquial. In addition, listeners at this level can understand information that is subtle or highly specialized, as well as the full cultural significance of very short texts with little or no linguistic redundancy.

Distinguished-level listeners comprehend language from within the cultural framework and are able to understand a speakers use of nuance and subtlety. However, they may still have difficulty fully understanding certain dialects and nonstandard varieties of the language.

### SUPERIOR

At the Superior level, listeners are able to understand speech in a standard dialect on a wide range of familiar and less familiar topics. They can follow linguistically complex extended discourse such as that found in academic and professional settings，lectures，speeches and reports. Comprehension is no longer limited to the listeners familiarity with subject matter，but also comes from a command of the language that is supported by a broad vocabulary，an understanding of more complex structures and linguistic experience within the target culture. Superior listeners can understand not only what is said，but sometimes what is left unsaid；that is，they can make inferences.

Superior-level listeners understand speech that typically uses precise，specialized vocabulary and complex grammatical structures. This speech often deals abstractly with topics in a way that is appropriate for academic and professional audiences. It can be reasoned and can contain cultural references.

## ACTFL Proficiency Guidelines 2012 — LISTENING

### ADVANCED

At the Advanced level, listeners can understand the main ideas and most supporting details in connected discourse on a variety of general interest topics, such as news stories, explanations, instructions, anecdotes, or travelogue descriptions. Listeners are able to compensate for limitations in their lexical and structural control of the language by using real-world knowledge and contextual clues. Listeners may also derive some meaning from oral texts at higher levels if they possess significant familiarity with the topic or context.

Advanced-level listeners understand speech that is authentic and connected. This speech is lexically and structurally uncomplicated. The discourse is straightforward and is generally organized in a clear and predictable way.

Advanced-level listeners demonstrate the ability to comprehend language on a range of topics of general interest. They have sufficient knowledge of language structure to understand basic time-frame references. Nevertheless, their understanding is most often limited to concrete, conventional discourse.

#### Advanced High

At the Advanced High sublevel, listeners are able to understand, with ease and confidence, conventional narrative and descriptive texts of any length as well as complex factual material such as summaries or reports. They are typically able to follow some of the essential points of more complex or argumentative speech in areas of special interest or knowledge. In addition, they are able to derive some meaning from oral texts that deal with unfamiliar topics or situations. At the Advanced High sub-level, listeners are able to comprehend the facts presented in oral discourse and are often able to recognize speaker-intended inferences. Nevertheless, there are likely to be gaps in comprehension of complex texts dealing with issues treated abstractly that are typically understood by Superior-level listeners.

**Advanced Mid**

At the Advanced Mid sub-level, listeners are able to understand conventional narrative and descriptive texts, such as expanded descriptions of persons, places, and things, and narrations about past, present, and future events. The speech is predominantly in familiar target-language patterns. Listeners understand the main facts and many supporting details. Comprehension derives not only from situational and subject-matter knowledge, but also from an increasing overall facility with the language itself.

**Advanced Low**

At the Advanced Low sub-level, listeners are able to understand short conventional narrative and descriptive texts with a clear underlying structure though their comprehension may be uneven. The listener understands the main facts and some supporting details. Comprehension may often derive primarily from situational and subject-matter knowledge.

# ACTFL Proficiency Guidelines 2012 — LISTENING

## INTERMEDIATE

At the Intermediate level, listeners can understand information conveyed in simple, sentence-length speech on familiar or everyday topics. They are generally able to comprehend one utterance at a time while engaged in face-to-face conversations or in routine listening tasks such as understanding highly contextualized messages, straightforward announcements, or simple instructions and directions. Listeners rely heavily on redundancy, restatement, paraphrasing, and contextual clues.

Intermediate-level listeners understand speech that conveys basic information. This speech is simple, minimally connected, and contains high-frequency vocabulary.

Intermediate-level listeners are most accurate in their comprehension when getting meaning from simple, straightforward speech. They are able to comprehend messages found in highly familiar everyday contexts. Intermediate listeners require a controlled listening environment where they hear what they may expect to hear.

### Intermediate High

At the Intermediate High sub-level, listeners are able to understand, with ease and confidence, simple sentence-length speech in basic personal and social contexts. They can derive substantial meaning from some connected texts typically understood by Advanced-level listeners although there often will be gaps in understanding due to a limited knowledge of the vocabulary and structures of the spoken language.

### Intermediate Mid

At the Intermediate Mid sub-level, listeners are able to understand simple, sentence-length speech, one utterance at a time, in a variety of basic personal and social contexts. Comprehension is most often accurate with highly familiar and predictable topics although a few misunderstandings may occur. Intermediate Mid listeners may get some meaning from oral texts typically understood by Advanced-level listeners.

**Intermediate Low**

At the Intermediate Low sub-level, listeners are able to understand some information from sentence-length speech, one utterance at a time, in basic personal and social contexts, though comprehension is often uneven. At the Intermediate Low sub-level, listeners show little or no comprehension of oral texts typically understood by Advanced-level listeners.

# ACTFL Proficiency Guidelines 2012 — LISTENING

## NOVICE

At the Novice level, listeners can understand key words, true aural cognates, and formulaic expressions that are highly contextualized and highly predictable, such as those found in introductions and basic courtesies.

Novice-level listeners understand words and phrases from simple questions, statements, and high-frequency commands. They typically require repetition, rephrasing, and/or a slowed rate of speech for comprehension. They rely heavily on extralinguistic support to derive meaning.

Novice-level listeners are most accurate when they are able to recognize speech that they can anticipate. In this way, these listeners tend to recognize rather than truly comprehend. Their listening is largely dependent on factors other than the message itself.

### Novice High

At the Novice High sub-level, listeners are often but not always able to understand information from sentence-length speech, one utterance at a time, in basic personal and social contexts where there is contextual or extralinguistic support, though comprehension may often be very uneven. They are able to understand speech dealing with areas of practical need such as highly standardized messages, phrases, or instructions, if the vocabulary has been learned.

### Novice Mid

At the Novice Mid sub-level, listeners can recognize and begin to understand a number of high-frequency, highly contextualized words and phrases including aural cognates and borrowed words. Typically, they understand little more than one phrase at a time, and repetition may be required.

**Novice Low**

At the Novice Low sublevel, listeners are able occasionally to recognize isolated words or very high-frequency phrases when those are strongly supported by context. These listeners show virtually no comprehension of any kind of spoken message, not even within the most basic personal and social contexts.

# ACTFL PROFICIENCY GUIDELINES 2012 – READING

## *Preface*

**The ACTFL Proficiency Guidelines 2012 - Reading** describe five major levels of proficiency: Distinguished, Superior; Advanced, Intermediate, and Novice. The description of each major level is representative of a specific range of abilities. Together these levels form a hierarchy in which each level subsumes all lower levels. The major levels Advanced, Intermediate, and Novice are divided into High, Mid, and Low sub-levels. The subdivision of the Advanced level is new. This makes the Reading descriptions parallel to the other skill level descriptions.

Reading is an interpretive skill. Reading comprehension is based largely on the amount of information readers can retrieve from a text, and the inferences and connections that they can make within and across texts. By describing the tasks that readers can perform with different types of texts and under different types of circumstances, the Reading Proficiency Guidelines describe how readers understand written texts. These Guidelines do not describe how reading skills develop, how one learns to read, nor the actual cognitive processes involved in the activity of reading. Rather; they are intended to describe what readers are able to understand from what they read.

These Guidelines apply to reading that is either Interpretive (books, essays, reports, etc.) or Interpersonal (instant messaging, texting, email communication, etc.).

The written descriptions of reading proficiency are accompanied online by authentic text samples and the functional reading tasks associated with each major level.

The ACTFL Proficiency Guidelines 2012 — Reading may be used for non-profit, educational purposes only provided that they are reproduced in their entirety with no alterations, and with credit to ACTFL.

# ACTFL Proficiency Guidelines 2012 — READING

## DISTINGUISHED

At the Distinguished level, readers can understand a wide variety of texts from many genres including professional, technical, academic, and literary. These texts are characterized by one or more of the following: a high level of abstraction, precision or uniqueness of vocabulary; density of information; cultural reference; or complexity of structure. Readers are able to comprehend implicit and inferred information, tone, and point of view and can follow highly persuasive arguments. They are able to understand unpredictable turns of thought related to sophisticated topics.

Readers at the Distinguished level are able to understand writing tailored to specific audiences as well as a number of historical, regional, and colloquial variations of the language. These readers are able to appreciate the richness of written language. Distinguished-level readers understand and appreciate texts that use highly precise, low-frequency vocabulary as well as complex rhetorical structures to convey subtle or highly specialized information. Such texts are typically essay length but may be excerpts from more lengthy texts.

Distinguished-level readers comprehend language from within the cultural framework and are able to understand a writers use of nuance and subtlety. However, they may still have difficulty fully understanding certain nonstandard varieties of the written language.

## SUPERIOR

At the Superior level, readers are able to understand texts from many genres dealing with a wide range of subjects, both familiar and unfamiliar. Comprehension is no longer limited to the readers familiarity with subject matter, but also comes from a command of the language that is supported by a broad vocabulary, an understanding of complex structures and knowledge of the target culture. Readers at the Superior level can draw inferences from textual and extralinguistic clues.

Superior-level readers understand texts that use precise, often specialized vocabulary and complex grammatical structures. These texts feature argumentation, supported opinion, and hypothesis, and use abstract linguistic formulations as encountered in academic and professional reading. Such texts are typically reasoned and/or analytic and may frequently contain cultural references.

Superior-level readers are able to understand lengthy texts of a professional, academic, or literary nature. In addition, readers at the Superior level are generally aware of the aesthetic properties of language and of its literary styles, but may not fully understand texts in which cultural references and assumptions are deeply embedded.

# ACTFL Proficiency Guidelines 2012 — READING

## ADVANCED

At the Advanced level, readers can understand the main idea and supporting details of authentic narrative and descriptive texts. Readers are able to compensate for limitations in their lexical and structural knowledge by using contextual clues. Comprehension is likewise supported by knowledge of the conventions of the language (e.g., noun/adjective agreement, verb placement, etc.). When familiar with the subject matter, Advanced-level readers are also able to derive some meaning from straightforward argumentative texts (e.g., recognizing the main argument).

Advanced-level readers are able to understand texts that have a clear and predictable structure. For the most part, the prose is uncomplicated and the subject matter pertains to real-world topics of general interest.

Advanced-level readers demonstrate an independence in their ability to read subject matter that is new to them. They have sufficient control of standard linguistic conventions to understand sequencing, time frames, and chronology. However, these readers are likely challenged by texts in which issues are treated abstractly.

### Advanced High

At the Advanced High sub-level, readers are able to understand, fully and with ease, conventional narrative and descriptive texts of any length as well as more complex factual material. They are able to follow some of the essential points of argumentative texts in areas of special interest or knowledge. In addition, they are able to understand parts of texts that deal with unfamiliar topics or situations. These readers are able to go beyond comprehension of the facts in a text, and to begin to recognize author-intended inferences. An emerging awareness of the aesthetic properties of language and of its literary styles permits comprehension of a wide variety of texts. Misunderstandings may occur when reading texts that are structurally and/or conceptually more complex.

**Advanced Mid**

At the Advanced Mid sub-level, readers are able to understand conventional narrative and descriptive texts, such as expanded descriptions of persons, places, and things and narrations about past, present, and future events. These texts reflect the standard linguistic conventions of the written form of the language in such a way that readers can predict what they are going to read. Readers understand the main ideas, facts, and many supporting details. Comprehension derives not only from situational and subject-matter knowledge but also from knowledge of the language itself. Readers at this level may derive some meaning from texts that are structurally and/or conceptually more complex.

**Advanced Low**

At the Advanced Low sublevel, readers are able to understand conventional narrative and descriptive texts with a clear underlying structure though their comprehension may be uneven. These texts predominantly contain high-frequency vocabulary and structures. Readers understand the main ideas and some supporting details. Comprehension may often derive primarily from situational and subject-matter knowledge. Readers at this level will be challenged to comprehend more complex texts.

# ACTFL Proficiency Guidelines 2012 — READING

## INTERMEDIATE

At the Intermediate level, readers can understand information conveyed in simple, predictable, loosely connected texts. Readers rely heavily on contextual clues. They can most easily understand information if the format of the text is familiar, such as in a weather report or a social announcement.

Intermediate-level readers are able to understand texts that convey basic information such as that found in announcements, notices, and online bulletin boards and forums. These texts are not complex and have a predictable pattern of presentation. The discourse is minimally connected and primarily organized in individual sentences and strings of sentences containing predominantly high-frequency vocabulary.

Intermediate-level readers are most accurate when getting meaning from simple, straightforward texts. They are able to understand messages found in highly familiar, everyday contexts. At this level, readers may not fully understand texts that are detailed or those texts in which knowledge of language structures is essential in order to understand sequencing, time frame, and chronology.

### Intermediate High

At the Intermediate High sub-level, readers are able to understand fully and with ease short, non-complex texts that convey basic information and deal with personal and social topics to which the reader brings personal interest or knowledge. These readers are also able to understand some connected texts featuring description and narration although there will be occasional gaps in understanding due to a limited knowledge of the vocabulary, structures, and writing conventions of the language.

**Intermediate Mid**

At the Intermediate Mid sub-level, readers are able to understand short, non-complex texts that convey basic information and deal with basic personal and social topics to which the reader brings personal interest or knowledge, although some misunderstandings may occur. Readers at this level may get some meaning from short connected texts featuring description and narration, dealing with familiar topics.

**Intermediate Low**

At the Intermediate Low sublevel, readers are able to understand some information from the simplest connected texts dealing with a limited number of personal and social needs, although there may be frequent misunderstandings. Readers at this level will be challenged to derive meaning from connected texts of any length.

# ACTFL Proficiency Guidelines 2012 — READING

## NOVICE

At the Novice level，readers can understand key words and cognates，as well as formulaic phrases that are highly contextualized. Novice-level readers are able to get a limited amount of information from highly predictable texts in which the topic or context is very familiar，such as a hotel bill，a credit card receipt，or a weather map. Readers at the Novice level may rely heavily on their own background knowledge and extralinguistic support（such as the imagery on the weather map or the format of a credit card bill）to derive meaning.

Readers at the Novice level are best able to understand a text when they are able to anticipate the information in the text. At the Novice level，recognition of key words，cognates，and formulaic phrases makes comprehension possible.

### Novice High

At the Novice High sub-level，readers can understand，fully and with relative ease，key words and cognates，as well as formulaic phrases across a range of highly contextualized texts. Where vocabulary has been learned，they can understand predictable language and messages such as those found on train schedules，roadmaps，and street signs. Readers at the Novice High su-blevel are typically able to derive meaning from short，non-complex texts that convey basic information for which there is contextual or extralinguistic support.

### Novice Mid

At the Novice Mid sublevel，readers are able to recognize the letters or symbols of an alphabetic or syllabic writing system or a limited number of characters in a character-based language. They can identify a number of highly contextualized words and phrases including cognates and borrowed words but rarely understand material that exceeds a single phrase.

Rereading is often required.

**Novice Low**

At the Novice Low sublevel，readers are able to recognize a limited number of letters，symbols or characters. They are occasionally able to identify high-frequency words and/or phrases when strongly supported by context.

# 附录2

# 语言绩效描述语量表(2015)(部分)

## 2.1 ACTFL Performance Descriptors for Language Learners| Interpersonal

| Domain | Novice Range | Intermediate Range | Advanced Range |
| --- | --- | --- | --- |
| | Expresses self in conversations on very familiar topics using a variety of words, phrases, simple sentences, and questions that have been highly practiced and memorized. | Expresses self and participates in conversations on familiar topics using sentences and series of sentences. Handles short social interactions in everyday situations by asking and answering a variety of questions. Can communicate about self, others, and everyday life. | Expresses self fully to maintain conversations on familiar topics and new concrete social, academic, and work-related topics. Can communicate in paragraph-length conversation about events with detail and organization. Confidently handles situations with an unexpected complication* Shares point of view in discussions* |
| Functions | Can ask highly predictable and formulaic questions and respond to such questions by listing, | Can communicate by understanding and creating personal meaning. | Can communicate with ease and confidence by understanding and producing narrations and |

续表

| Domain | Novice Range | Intermediate Range | Advanced Range |
| --- | --- | --- | --- |
| Functions | naming, and identifying. May show emerging evidence of the ability to engage in simple conversation. | Can understand, ask, and answer a variety of questions. Consistently able to initiate, maintain, and end a conversation to satisfy basic needs and/or to handle a simple transaction. May show emerging evidence of the ability to communicate about more than the "here and now". | descriptions in all major time frames and deal efficiently with a situation with an unexpected turn of events. May show emerging evidence of the ability to participate in discussions about issues beyond the concrete. |
| Context/ Content | Able to function in some personally relevant contexts on topics that relate to basic biographical information. May show emerging evidence of the ability to communicate in highly practiced contexts related to oneself and immediate environment. | Able to communicate in contexts relevant to oneself and others, and one's immediate environment. May show emerging evidence of the ability to communicate in contexts of occasionally unfamiliar topics. | Functions fully and effectively in contexts both personal and general. Content areas include topics of personal and general interest (community, national, and international events) as well as work-related topics and areas of special competence. May show emerging evidence of the ability to communicate in more abstract content areas. |
| Text Type | Understands and produces highly practiced words and phrases and an occasional sentence. Able to ask formulaic or memorized questions. | Able to understand and produce discrete sentences, strings of sentences and some connected sentences. Able to ask questions to initiate and sustain conversations. | Able to understand and produce discourse in full oral paragraphs that are organized, cohesive, and detailed. Able to ask questions to probe beyond basic details. |

## 2.2　ACTFL Performance Descriptors for Language Learners| Interpretive

| Domains | Novice Range | Intermediate Range | Advanced Range |
|---|---|---|---|
| Language Control | Can usually comprehend highly practiced and basic messages when supported by visual or contextual clues, redundancy or restatement, and when the message contains familiar structures. Can control memorized language sufficiently to be appropriate to the context and understood by those accustomed to dealing with language learners, however at times with difficulty. | Understands straightforward language that contains mostly familiar structures. Control of language is sufficient to be understood by those accustomed to dealing with language learners. | Language control is sufficient to interact efficiently and effectively with those unaccustomed to dealing with language learners. Consistent control of basic high-frequency structures facilitates comprehension and production. |
| Vocabulary | Able to understand and produce a number of high frequency words, highly practiced expressions, and formulaic questions. | Communicates using high frequency and personalized vocabulary within familiar themes or topics. | Comprehends and produces a broad range of vocabulary related to school, employment, topics of personal interest, and generic vocabulary related to current events and matters of public and community interest. |
| Communication Strategies | May use some or all of the following strategies to maintain communication, able to: | Uses some of the following strategies to maintain communication, but not all of the time and | Uses a range of strategies to maintain communication, able to: • Request clarification • Repeat |

续表

| Domains | Novice Range | Intermediate Range | Advanced Range |
| --- | --- | --- | --- |
| Communication Strategies | • Imitate modeled words<br>• Use facial expressions and gestures<br>• Repeat words<br>• Resort to first language<br>• Ask for repetition<br>• Indicate lack of understanding | inconsistently, able to:<br>• Ask questions<br>• Ask for clarification<br>• Self-correct or restate when not understood<br>• Circumlocute | • Restate<br>• Rephrase<br>• Circumlocute |
| Cultural Awareness | May use culturally appropriate gestures and formulaic expressions in highly practiced applications. May show awareness of the most obvious cultural differences or prohibitions, but may often miss cues indicating miscommunication. | Recognizes and uses some culturally appropriate vocabulary, expressions, and gestures when participating in everyday interactions. Recognizes that differences exist in cultural behaviors and perspectives and can conform in familiar situations. | Understands and uses cultural knowledge to conform linguistically and behaviorally in many social and work-related interactions. Shows conscious awareness of significant cultural differences and attempts to adjust accordingly. |

| Domain | Novice Range | Intermediate Range | Advanced Range |
| --- | --- | --- | --- |
|  | Understands words, phrases, and formulaic language that have been practiced and memorized to get meaning of the main idea from simple, highly-predictable oral or written texts, with strong visual support* | Understands main ideas and some supporting details on familiar topics from a variety of texts. | Understands main ideas and supporting details on familiar and some new, concrete topics from a variety of more complex texts that have a clear, organized structure. |

续表

| Domain | Novice Range | Intermediate Range | Advanced Range |
| --- | --- | --- | --- |
| Functions | Comprehends meaning through recognition of key words and formulaic phrases that are highly contextualized.<br>May show emerging evidence of the ability to make inferences based on background and prior knowledge. | Comprehends main ideas and identifies some supporting details.<br>May show emerging evidence of the ability to make inferences by identifying key details from the text. | Comprehends the main idea and supporting details of narrative, descriptive, and straightforward persuasive texts.<br>Makes inferences and derives meaning from context and linguistic features. |
| Context/ Content | Comprehends texts with highly predictable, familiar contexts (those related to personal background, prior knowledge, or experiences). | Comprehends information related to basic personal and social needs and relevant to one's immediate environment such as self and everyday life, school, community, and particular interests. | Comprehends texts pertaining to real-world topics of general interest relevant to personal, social, work-related, community, national, and international contexts. |
| Text Type | Derives meaning when authentic texts (listening, reading, or viewing) are supported by visuals or when the topic is very familiar.<br>Comprehends texts ranging in length from lists, to phrases, to simple sentences, often with graphically organized information. | Comprehends simple stories, routine correspondence, short descriptive texts or other selections within familiar contexts.<br>Generally comprehends connected sentences and much paragraph-like discourse.<br>Comprehends information-rich texts with highly predictable order. | Comprehends paragraph discourse such as that found in stories, straightforward literary works, personal and work-related correspondence, written reports or instructions, oral presentations (news), anecdotes, descriptive texts, and other texts dealing with topics of a concrete nature. |

续表

| Domains | Novice Range | Intermediate Range | Advanced Range |
| --- | --- | --- | --- |
| Language Control | Primarily relies on vocabulary to derive meaning from texts. May derive meaning by recognizing structural patterns that have been used in familiar and some new contexts. | Sufficient control of language (vocabulary, structures, conventions of spoken and written language, etc.) to understand fully and with ease short, non-complex texts on familiar topics; limited control of language to understand some more complex texts.<br>May derive meaning by:<br>• Comparing target language structures with those of the native language<br>• Recognizing parallels in structure between new and familiar language | Sufficient control of language (vocabulary, structures, conventions of spoken and written language, etc.) to understand fully and with ease more complex and descriptive texts with connected language and cohesive devices.<br>Derives meaning by:<br>• Understanding sequencing, time frames, and chronology<br>• Classifying words or concepts according to word order or grammatical use |
| Vocabulary | Comprehends some, but not all of the time, highly predictable vocabulary, a limited number of words related to familiar topics, and formulaic expressions. | Comprehends high frequency vocabulary related to everyday topics and high frequency idiomatic expressions | Comprehends and produces a broad range of vocabulary related to school, employment, topics of personal interest, and generic vocabulary related to current events and matters of public and community interest. |
| Communication Strategies | May use some or all of the following strategies to comprehend texts, able to:<br>• Skim and scan<br>• Rely on visual support and background knowledge | May use some or all of the following strategies to comprehend texts, able to:<br>• Skim and scan<br>• Use visual support and background knowledge | Comprehends fully the intent of the message adapting strategies for one's own purposes; uses some or all of the following strategies, able to:<br>• Skim and scan<br>• Use visual support and background |

续表

| Domains | Novice Range | Intermediate Range | Advanced Range |
|---|---|---|---|
| Communi-cation Strategies | • Predict meaning based on context, prior knowledge, and/or experience<br>For alphabetic languages:<br>• Reply on recognition of cognates<br>• May recognize word family roots, prefixes and suffixes | • Predict meaning based on context, prior knowledge, and/or experience<br>• Use context clues<br>• Recognize word family roots, prefixes and suffixes<br>For non-alphabetic languages:<br>• Recognize radicals | knowledge<br>• Predict meaning based on context, prior knowledge, and/or experience<br>• Use context clues<br>• Use linguistic knowledge<br>• Identify the organizing principle of the text<br>• Create inferences<br>• Differentiate main ideas from supporting details in order to verify |
| Cultural Awareness | Uses own culture to derive meaning from texts that are heard, read, or viewed. | Generally relies heavily on knowledge of one's own culture with increasing knowledge of the target culture(s) to interpret texts that are heard, read, or viewed. | Uses knowledge of cultural differences between one's own culture and target culture(s) as well as increasing knowledge of the target culture(s) to interpret text that are heard, read or viewed |

## 2.3 ACTFL Performance Descriptors for Language Learners | Presentational

| Domain | Novice Range | Intermediate Range | Advanced Range |
|---|---|---|---|
| Functions | Communicates information on very familiar topics using a variety of words, phrases, and sentences that have been practiced and memorized. | Communicates information and expresses one's own thoughts about familiar topics using sentences and series of sentences. | Communicates information and expresses self with detail and organization on familiar and some new concrete topics using paragraphs. |

续表

| Domain | Novice Range | Intermediate Range | Advanced Range |
|---|---|---|---|
| Functions | Presents simple，basic information on very familiar topics by producing words，list，notes，and formulaic language using highly practiced language. May show emerging evidence of the ability to express one's own thoughts and preferences. | Expresses one's own thoughts and presents information and personal preferences on familiar topics by creating with language primarily in present time. May show emerging evidence of the ability to tell or retell a story and provide additional description. | Produces narrations and descriptions in all major time frames on familiar and some unfamiliar topics. May show emerging evidence of the ability to provide a well-supported argument，including detailed evidence in support of a point of view. |
| Context/ Content | Creates messages in some personally relevant contexts on topics that relate to basic biographical information. May show emerging evidence of the ability to create messages in highly practiced contexts related to oneself and immediate environment. | Creates messages in contexts relevant to oneself and others，and one's immediate environment. May show emerging evidence of the ability to create messages on general interest and work-related topics. | Creates messages fully and effectively in contexts both personal and general. Content areas include topics of personal and general interest （community，national，and international events） as well as work-related topics and areas of special competence. May show emerging evidence of the ability to create messages in more abstract content areas. |
| Text Type | Produces words and phrases and highly practiced sentences or formulaic questions. | Produces sentences，series of sentences，and some connected sentences. | Produces full paragraphs that are organized and detailed. |

| Domains | Novice Range | Intermediate Range | Advanced Range |
|---|---|---|---|
| Language Control | Produces memorized language that is appropriate to the context；limited | Control of language is sufficient to be understood by audiences accustomed | Control of high-frequency structures is sufficient to be understood by audiences |

续表

| Domains | Novice Range | Intermediate Range | Advanced Range |
|---|---|---|---|
| Language Control | language control may require a sympathetic audience to be understood.<br>With practice, polish, or editing, may show emerging evidence of Intermediate-level language control. | to language produced by language learners.<br>With practice, polish, or editing, may show emerging evidence of Advanced-level language control. | not accustomed to language of language learners.<br>With practice, polish, or editing, shows evidence of Advanced-level control of grammar and syntax. |
| Vocabulary | Produces a number of high frequency words and formulaic expressions; able to use a limited variety of vocabulary on familiar topics. | Produces vocabulary on variety of everyday topics, topics of personal interest, and topics that have been studied. | Produces a broad range of vocabulary related to topics of personal, public, and community interest, and some specific vocabulary related to areas of study or expertise. |
| Communication Strategies | May use some or all of the following strategies to communicate, able to:<br>• Rely on a practiced format<br>• Use facial expressions and gestures<br>• Repeat words<br>• Resort to first language<br>• Use graphic organizers to present information<br>• Rely on multiple drafts and practice sessions with feedback<br>• Support presentational speaking with visuals and notes | May use some or all of the following strategies to communicate and maintain audience interest, able to:<br>• Show an increasing awareness of errors and able to self-correct or edit<br>• Use phrases, imagery, or content<br>• Simplify<br>• Use known language to compensate for missing vocabulary<br>• Use graphic organizers<br>• Use reference resources as appropriate | May use some or all of the following strategies to communicate and maintain audience interest, able to:<br>• Demonstrate conscious efforts at self-editing and correction<br>• Elaborate and clarify<br>• Provide examples, synonyms, or antonyms<br>• Use cohesion, chronology and details to explain or narrate fully<br>• Circumlocute |

续表

| Domains | Novice Range | Intermediate Range | Advanced Range |
| --- | --- | --- | --- |
| Communication Strategies | • Support presentational writing with visuals or prompts | | |
| Cultural Awareness | May use some memorized culturally appropriate gestures, formulaic expressions, and basic writing conventions. | Uses some culturally appropriate vocabulary, expressions, and gestures. Reflects some knowledge of cultural differences related to written and spoken communication. | Uses cultural knowledge appropriate to the presentational context and is increasingly reflective of authentic cultural practices and perspectives. |

# 附录3
# 语言学习的世界标准(2012)(部分)

## WORLD-READINESS STANDARDS FOR LEARNING LANGUAGES

| GOAL AREAS | STANDARDS | | |
|---|---|---|---|
| **COMMUNICATION** Communicate effectively in more than one language in order to function in a variety of situations and for multiple purposes | **Interpersonal Communication:** Learners interact and negotiate meaning in spoken, signed, or written conversations to share information, reactions, feelings, and opinions. | **Interpretive Communication:** Learners understand, interpret, and analyze what is heard, read, or viewed on a variety of topics. | **Presentational Communication:** Learners present information, concepts, and ideas to inform, explain, persuade, and narrate on a variety of topics using appropriate media and adapting to various audiences of listeners, readers, or viewers. |
| **CULTURES** Interact with cultural competence and understanding | **Relating Cultural Practices to Perspectives:** Learners use the language to investigate, explain, and reflect on the relationship between the practices and perspectives of the cultures studied. | **Relating Cultural Products to Perspectives:** Learners use the language to investigate, explain, and reflect on the relationship between the products and perspectives of the cultures studied. | |
| **CONNECTIONS** Connect with other disciplines and acquire information and diverse perspectives in order to use the language to function in academic and career-related situations | **Making Connections:** Learners build, reinforce, and expand their knowledge of other disciplines while using the language to develop critical thinking and to solve problems creatively. | **Acquiring Information and Diverse Perspectives:** Learners access and evaluate information and diverse perspectives that are available through the language and its cultures. | |
| **COMPARISONS** Develop insight into the nature of language and culture in order to interact with cultural competence | **Language Comparisons:** Learners use the language to investigate, explain, and reflect on the nature of language through comparisons of the language studied and their own. | **Cultural Comparisons:** Learners use the language to investigate, explain, and reflect on the concept of culture through comparisons of the cultures studied and their own. | |
| **COMMUNITIES** Communicate and interact with cultural competence in order to participate in multilingual communities at home and around the world | **School and Global Communities:** Learners use the language both within and beyond the classroom to interact and collaborate in their community and the globalized world. | **Lifelong Learning:** Learners set goals and reflect on their progress in using languages for enjoyment, enrichment, and advancement. | |

# 附录4

# NCSSFL－ACTFL全球语言能力“能做”绩效指标体系(2017)(部分)

NCSSFL-ACTFL CAN-DO STATEMENTS

# PROFICIENCY BENCHMARKS

| | NOVICE PROFICIENCY BENCHMARK | INTERMEDIATE PROFICIENCY BENCHMARK |
|---|---|---|
| **COMMUNICATION** | | |
| INTERPRETIVE | ***I can*** identify the general topic and some basic information in both very familiar and everyday contexts by recognizing practiced or memorized words, phrases, and simple sentences in texts that are spoken, written, or signed. | ***I can*** understand the main idea and some pieces of information on familiar topics from sentences and series of connected sentences within texts that are spoken, written, or signed. |
| INTERPERSONAL | ***I can*** communicate in spontaneous spoken, written, or signed conversations on both very familiar and everyday topics, using a variety of practiced or memorized words, phrases, simple sentences, and questions. | ***I can*** participate in spontaneous spoken, written, or signed conversations on familiar topics, creating sentences and series of sentences to ask and answer a variety of questions. |
| PRESENTATIONAL | ***I can*** present information on both very familiar and everyday topics using a variety of practiced or memorized words, phrases, and simple sentences through spoken, written, or signed language. | ***I can*** communicate information, make presentations, and express my thoughts about familiar topics, using sentences and series of connected sentences through spoken, written, or signed language. |
| **INTERCULTURAL COMMUNICATION** | | |
| INVESTIGATE | In my own and other cultures ***I can*** identify products and practices to help me understand perspectives. | In my own and other cultures ***I can*** make comparisons between products and practices to help me understand perspectives. |
| INTERACT | ***I can*** interact at a survival level in some familiar everyday contexts. | ***I can*** interact at a functional level in some familiar contexts. |

NCSSFL-ACTFL CAN-DO STATEMENTS

PROFICIENCY BENCHMARKS

| | ADVANCED PROFICIENCY BENCHMARK | SUPERIOR PROFICIENCY BENCHMARK | DISTINGUISHED PROFICIENCY BENCHMARK |
|---|---|---|---|
| **COMMUNICATION** | | | |
| INTERPRETIVE | ***I can*** understand the main message and supporting details on a wide variety of familiar and general interest topics across various time frames from complex, organized texts that are spoken, written, or signed. | ***I can*** interpret and infer meaning from complex, academic and professional texts on a range of unfamiliar, abstract, and specialized issues that are spoken, written, or signed. | ***I can*** interpret and infer meaning from dense, structurally sophisticated texts on a wide range of global issues and highly abstract concepts, with deeply embedded cultural references and colloquialisms and dialects that are spoken, written, or signed. |
| INTERPERSONAL | ***I can*** maintain spontaneous spoken, written, or signed conversations and discussions across various time frames on familiar, as well as unfamiliar, concrete topics, using series of connected sentences and probing questions. | ***I can*** participate fully and effectively in spontaneous spoken, written, or signed discussions and debates on issues and ideas ranging from broad general interests to my areas of specialized expertise, including supporting arguments and exploring hypotheses. | ***I can*** interact, negotiate, and debate on a wide range of global issues and highly abstract concepts, fully adapting to the cultural context of the conversation, using spoken, written, or signed language. |
| PRESENTATIONAL | ***I can*** deliver detailed and organized presentations on familiar as well as unfamiliar concrete topics, in paragraphs and using various time frames through spoken, written, or signed language. | ***I can*** deliver extended presentations on abstract or hypothetical issues and ideas ranging from broad general interests to my areas of specialized expertise, with precision of expression and to a wide variety of audiences, using spoken, written, or signed language. | ***I can*** deliver sophisticated and articulate presentations on a wide range of global issues and highly abstract concepts, fully adapting to the cultural context of the audience, using spoken, written, or signed language. |
| **INTERCULTURAL COMMUNICATION** | | | |
| INVESTIGATE | In my own and other cultures ***I can*** explain some diversity among products and practices and how it relates to perspectives. | In my own and other cultures ***I can*** suspend judgment while critically examining products, practices, and perspectives. | In my own and other cultures ***I can*** objectively evaluate products and practices and mediate perspectives. |
| INTERACT | ***I can*** interact at a competent level in familiar and some unfamiliar contexts. | ***I can*** interact in complex situations to ensure a shared understanding of culture. | ***I can*** engage with complexity and pluricultural identities and serve as a mediator between and among cultures. |

## INTERPRETIVE COMMUNICATION
PROFICIENCY BENCHMARKS + PERFORMANCE INDICATORS

| NOVICE | INTERMEDIATE | ADVANCED | SUPERIOR | DISTINGUISHED |
|---|---|---|---|---|
| PROFICIENCY BENCHMARK | PROFICIENCY BENCHMARK | PROFICIENCY BENCHMARK | PROFICIENCY BENCHMARK | PROFICIENCY BENCHMARK |
| ***I can*** identify the general topic and some basic information in both very familiar and everyday contexts by recognizing practiced or memorized words, phrases, and simple sentences in texts that are spoken, written, or signed. | ***I can*** understand the main idea and some pieces of information on familiar topics from sentences and series of connected sentences within texts that are spoken, written, or signed. | ***I can*** understand the main message and supporting details on a wide variety of familiar and general interest topics across various time frames from complex, organized texts that are spoken, written, or signed. | ***I can*** interpret and infer meaning from complex, academic and professional texts on a range of unfamiliar, abstract, and specialized issues that are spoken, written, or signed. | ***I can*** interpret and infer meaning from dense, structurally sophisticated texts on a wide range of global issues and highly abstract concepts, with deeply embedded cultural references and colloquialisms and dialects that are spoken, written, or signed. |

### What can I understand, interpret or analyze in authentic **informational texts?**

| Novice: PERFORMANCE INDICATORS | | | Intermediate: PERFORMANCE INDICATORS | | | Advanced: PERFORMANCE INDICATORS | | | Superior: PERFORMANCE INDICATOR | Distinguished: PERFORMANCE INDICATOR |
|---|---|---|---|---|---|---|---|---|---|---|
| LOW | MID | HIGH | LOW | MID | HIGH | LOW | MID | HIGH | | |
| ***I can*** identify memorized or familiar words when they are supported by gestures or visuals in informational texts. | ***I can*** identify some basic facts from memorized words and phrases when they are supported by gestures or visuals in informational texts. | ***I can*** identify the topic and some isolated facts from simple sentences in informational texts. | ***I can*** identify the topic and related information from simple sentences in short informational texts. | ***I can*** understand the main idea and key information in short straightforward informational texts. | ***I can*** usually follow the main message in various time frames in straightforward, and sometimes descriptive, paragraph-length informational texts. | ***I can*** identify the underlying message and some supporting details across major time frames in descriptive informational texts. | ***I can*** understand the underlying message and most supporting details across major time frames in descriptive informational texts. | ***I can*** follow the flow of ideas and infer meaning from complex language on unfamiliar, abstract topics within informational texts. | ***I can*** follow the flow of ideas and infer meaning from unfamiliar, abstract topics in complex language in informational texts. | ***I can*** easily understand sophisticated language, regardless of the cultural context in professional, technical and academic texts. |

### What can I understand, interpret or analyze in authentic **fictional texts?**

| Novice: PERFORMANCE INDICATORS | | | Intermediate: PERFORMANCE INDICATORS | | | Advanced: PERFORMANCE INDICATORS | | | Superior: PERFORMANCE INDICATOR | Distinguished: PERFORMANCE INDICATOR |
|---|---|---|---|---|---|---|---|---|---|---|
| LOW | MID | HIGH | LOW | MID | HIGH | LOW | MID | HIGH | | |
| ***I can*** identify memorized or familiar words when they are supported by gestures or visuals in fictional texts. | ***I can*** identify some basic facts from memorized words and phrases when they are supported by gestures or visuals in fictional texts. | ***I can*** identify the topic and some isolated elements from simple sentences in short fictional texts. | ***I can*** identify the topic and related information from simple sentences in short fictional texts. | ***I can*** understand the main idea and key information in short straightforward fictional texts. | ***I can*** usually follow the main story and actions expressed in various time frames in paragraph-length fictional texts. | ***I can*** follow the main story and some supporting detail across major time frames in fictional texts. | ***I can*** follow the main story and most supporting details across major time frames in fictional texts. | ***I can*** follow the flow of ideas and some nuances from different viewpoints in most fictional texts. | ***I can*** follow the flow of ideas and infer meaning on unfamiliar, abstract topics in complex language from fictional texts. | ***I can*** interpret tone, nuance, and mood in almost any genre of fictional texts. |

### What can I understand, interpret or analyze in **conversations and discussions?**

| Novice: PERFORMANCE INDICATORS | | | Intermediate: PERFORMANCE INDICATORS | | | Advanced: PERFORMANCE INDICATORS | | | Superior: PERFORMANCE INDICATOR | Distinguished: PERFORMANCE INDICATOR |
|---|---|---|---|---|---|---|---|---|---|---|
| LOW | MID | HIGH | LOW | MID | HIGH | LOW | MID | HIGH | | |
| ***I can*** understand memorized or familiar words when they are supported by gestures or visuals in conversations. | ***I can*** identify some basic facts from memorized words and phrases when they are supported by gestures or visuals in conversations. | ***I can*** understand familiar questions and statements from simple sentences in conversations. | ***I can*** identify the main idea in short conversations. | ***I can*** identify the main idea and key information in short straightforward conversations. | ***I can*** usually understand the main idea and flow of events expressed in various time frames in conversations and discussions. | ***I can*** understand the main message and some supporting details across major time frames in conversations and discussions. | ***I can*** understand the main message and most supporting details across major time frames in conversations and discussions. | ***I can*** follow the flow of ideas and some nuances from different viewpoints in conversations and discussions. | ***I can*** follow abstract, complex and unfamiliar topics in extended conversations and discussions involving multiple speakers. | ***I can*** interpret tone, nuance, and mood in almost any extended conversation and discussion. |

# INTERPERSONAL COMMUNICATION

PROFICIENCY BENCHMARKS + PERFORMANCE INDICATORS

| NOVICE | INTERMEDIATE | ADVANCED | SUPERIOR | DISTINGUISHED |
|---|---|---|---|---|
| PROFICIENCY BENCHMARK | PROFICIENCY BENCHMARK | PROFICIENCY BENCHMARK | PROFICIENCY BENCHMARK | PROFICIENCY BENCHMARK |
| ***I can*** communicate in spontaneous spoken, written, or signed conversations on both very familiar and everyday topics, using a variety of practiced or memorized words, phrases, simple sentences, and questions. | ***I can*** participate in spontaneous spoken, written, or signed conversations on familiar topics, creating sentences and series of sentences to ask and answer a variety of questions. | ***I can*** maintain spontaneous spoken, written, or signed conversations and discussions across various time frames on familiar, as well as unfamiliar, concrete topics, using series of connected sentences and probing questions. | ***I can*** participate fully and effectively in spontaneous spoken, written, or signed discussions and debates on issues and ideas ranging from broad general interests to my areas of specialized expertise, including supporting arguments and exploring hypotheses. | ***I can*** interact, negotiate, and debate on a wide range of global issues and highly abstract concepts, fully adapting to the cultural context of the conversation, using spoken, written, or signed language. |

## How can I **exchange information and ideas** in conversations?

| NOVICE PERFORMANCE INDICATORS | | | INTERMEDIATE PERFORMANCE INDICATORS | | | ADVANCED PERFORMANCE INDICATORS | | | SUPERIOR PERFORMANCE INDICATOR | DISTINGUISHED PERFORMANCE INDICATOR |
|---|---|---|---|---|---|---|---|---|---|---|
| LOW | MID | HIGH | LOW | MID | HIGH | LOW | MID | HIGH | | |
| ***I can*** provide information by answering a few simple questions on very familiar topics, using practiced or memorized words and phrases, with the help of gestures or visuals. | ***I can*** request and provide information by asking and answering a few simple questions on very familiar and everyday topics, using a mixture of practiced or memorized words, phrases, and simple sentences. | ***I can*** request and provide information by asking and answering practiced and some original questions on familiar and everyday topics, using simple sentences most of the time. | ***I can*** request and provide information in conversations on familiar topics by creating simple sentences and asking appropriate follow-up questions. | ***I can*** exchange information in conversations on familiar topics and some researched topics, creating sentences and series of sentences and asking a variety of follow-up questions. | ***I can*** exchange information in conversations and some discussions on a variety of familiar and some concrete topics that I have researched, using connected sentences that may combine to form paragraphs and asking a variety of questions, often across various time frames. | ***I can*** exchange information and ideas in discussions on a variety of familiar and concrete academic and social topics, using a few simple paragraphs across major time frames. | ***I can*** maintain discussions on a wide variety of familiar and unfamiliar concrete topics of personal and general interest, and sometimes academic, social or professional topics, by using probing questions and providing detailed responses across major time frames. | ***I can*** discuss and sometimes debate a variety of complex concrete and some abstract academic, social and professional topics and often deal with related issues hypothetically, using precise questions and explanations. | ***I can*** discuss and debate a wide variety of complex issues and abstract ideas using precise, sophisticated, and academic language. | ***I can*** debate complex issues and abstract ideas skillfully and succinctly, tailoring language to the cultural context of the interaction, using cultural and historical references as appropriate. |

## How can I **meet my needs or address situations** in conversations?

| NOVICE PERFORMANCE INDICATORS | | | INTERMEDIATE PERFORMANCE INDICATORS | | | ADVANCED PERFORMANCE INDICATORS | | | SUPERIOR PERFORMANCE INDICATOR | DISTINGUISHED PERFORMANCE INDICATOR |
|---|---|---|---|---|---|---|---|---|---|---|
| LOW | MID | HIGH | LOW | MID | HIGH | LOW | MID | HIGH | | |
| ***I can*** express some basic needs, using practiced or memorized words and phrases, with the help of gestures or visuals. | ***I can*** express basic needs related to familiar and everyday activities, using a mixture of practiced or memorized words, phrases, and questions. | ***I can*** interact with others to meet my basic needs related to routine everyday activities, using simple sentences and questions most of the time. | ***I can*** interact with others to meet my basic needs in familiar situations by creating simple sentences and asking appropriate follow-up questions. | ***I can*** interact with others to meet my needs in a variety of familiar situations, creating sentences and series of sentences and asking a variety of follow-up questions. | ***I can*** interact with others to meet my needs in a variety of situations, sometimes involving a complication, using connected sentences that may combine to form paragraphs and asking a variety of questions, often across various time frames. | ***I can*** interact and negotiate to resolve an unexpected complication that arises in a familiar situation, using a few simple paragraphs across major time frames. | ***I can*** interact and negotiate to resolve an unexpected complication that arises in a familiar situation, providing detailed explanations and offering a variety of resolutions across major time frames. | ***I can*** interact and negotiate to resolve an unexpected complication in a situation that is generally unfamiliar. | ***I can*** interact and negotiate to resolve abstract and complex matters on a wide variety of topics in a variety of situations. | ***I can*** interact and negotiate to resolve highly abstract and complex matters in culturally appropriate ways on a wide variety of topics and to persuasively advocate a point of view that is not necessarily my own. |

## How can I **express, react to, and support preferences and opinions** in conversations?

| NOVICE PERFORMANCE INDICATORS | | | INTERMEDIATE PERFORMANCE INDICATORS | | | ADVANCED PERFORMANCE INDICATORS | | | SUPERIOR PERFORMANCE INDICATOR | DISTINGUISHED PERFORMANCE INDICATOR |
|---|---|---|---|---|---|---|---|---|---|---|
| LOW | MID | HIGH | LOW | MID | HIGH | LOW | MID | HIGH | | |
| ***I can*** express basic preferences or feelings, using practiced or memorized words and phrases, with the help of gestures or visuals. | ***I can*** express my own preferences or feelings and react to those of others, using a mixture of practiced or memorized words, phrases, and questions. | ***I can*** express, ask about, and react to preferences, feelings, or opinions on familiar topics, using simple sentences most of the time and asking questions to keep the conversation on topic. | ***I can*** express, ask about, and react with some details to preferences, feelings, or opinions on familiar topics, by creating simple sentences and asking appropriate follow-up questions. | ***I can*** exchange preferences, feelings, or opinions and provide basic advice on a variety of familiar topics, creating sentences and series of sentences and asking a variety of follow-up questions. | ***I can*** explain preferences, opinions, and emotions and provide advice on a variety of familiar and some concrete topics that I have researched, using connected sentences that may combine to form paragraphs and asking a variety of questions, often across various time frames. | ***I can*** maintain conversations by providing explanations and comparisons of preferences, opinions, and advice on familiar and concrete academic and social topics using a few simple paragraphs across major time frames. | ***I can*** maintain extended conversations by supporting, reacting to, and comparing preferences and opinions and expressing advice and emotions in detail across major time frames, and by asking probing questions. | ***I can*** discuss, support, and sometimes debate opinions and advice on a variety of complex concrete topics, often addressing hypothetical or abstract issues, and asking precise questions. | ***I can*** discuss and debate opinions and advice with multiple participants on a wide variety of complex issues and abstract ideas, concretely, abstractly, and hypothetically. | ***I can*** tailor language to a variety of audiences by adapting my speech and register in culturally authentic ways. |

# PRESENTATIONAL COMMUNICATION

## PROFICIENCY BENCHMARKS + PERFORMANCE INDICATORS

| NOVICE | INTERMEDIATE | ADVANCED | SUPERIOR | DISTINGUISHED |
|---|---|---|---|---|
| PROFICIENCY BENCHMARK | PROFICIENCY BENCHMARK | PROFICIENCY BENCHMARK | PROFICIENCY BENCHMARK | PROFICIENCY BENCHMARK |
| ***I can*** present information on both very familiar and everyday topics using a variety of practiced or memorized words, phrases, and simple sentences through spoken, written, or signed language. | ***I can*** communicate information, make presentations, and express my thoughts about familiar topics, using sentences and series of connected sentences through spoken, written, or signed language. | ***I can*** deliver detailed and organized presentations on familiar as well as unfamiliar concrete topics, in paragraphs and using various time frames through spoken, written, or signed language. | ***I can*** deliver extended presentations on abstract or hypothetical issues and ideas ranging from broad general interests to my areas of specialized expertise, with precision of expression and to a wide variety of audiences, using spoken, written, or signed language. | ***I can*** deliver sophisticated and articulate presentations on a wide range of global issues and highly abstract concepts, fully adapting to the cultural context of the audience, using spoken, written, or signed language. |

### *How can I present information to **narrate about my life, experiences and events**?*

| NOVICE PERFORMANCE INDICATORS: LOW | NOVICE: MID | NOVICE: HIGH | INTERMEDIATE PERFORMANCE INDICATORS: LOW | INTERMEDIATE: MID | INTERMEDIATE: HIGH | ADVANCED PERFORMANCE INDICATORS: LOW | ADVANCED: MID | ADVANCED: HIGH | SUPERIOR PERFORMANCE INDICATOR | DISTINGUISHED PERFORMANCE INDICATOR |
|---|---|---|---|---|---|---|---|---|---|---|
| ***I can*** introduce myself using practiced or memorized words and phrases, with the help of gestures or visuals. | ***I can*** present information about myself, my interests and my activities using a mixture of practiced or memorized words, phrases and simple sentences. | ***I can*** present personal information about my life and activities, using simple sentences most of the time. | ***I can*** present personal information about my life, activities and events, using simple sentences. | ***I can*** tell a story about my life, activities, events and other social experiences, using sentences and series of connected sentences. | ***I can*** tell stories about school and community events and personal experiences, using a few short paragraphs, often across various time frames. | ***I can*** tell stories about school and community events and personal experiences, using paragraphs across major time frames. | ***I can*** tell stories based on concrete experiences in academic, social, and professional topics of interest, using organized paragraphs across major time frames. | ***I can*** give complex detailed narrations beyond the concrete, often addressing abstract experiences or hypothetical issues. | ***I can*** present clearly-articulated, coherent and detailed narrations on complex, abstract issues and hypothetical issues. | ***I can*** narrate succinctly and precisely, often using historical or cultural references to engage an audience whose cultural attitudes, expectations and perspectives may be different from my own. |

### *How can I present information to **give a preference, opinion or persuasive argument**?*

| NOVICE PERFORMANCE INDICATORS: LOW | NOVICE: MID | NOVICE: HIGH | INTERMEDIATE PERFORMANCE INDICATORS: LOW | INTERMEDIATE: MID | INTERMEDIATE: HIGH | ADVANCED PERFORMANCE INDICATORS: LOW | ADVANCED: MID | ADVANCED: HIGH | SUPERIOR PERFORMANCE INDICATOR | DISTINGUISHED PERFORMANCE INDICATOR |
|---|---|---|---|---|---|---|---|---|---|---|
| ***I can*** express my likes and dislikes using practiced or memorized words and phrases, with the help of gestures or visuals. | ***I can*** express my likes and dislikes on very familiar and everyday topics of interest, using a mixture of practiced or memorized words, phrases and simple sentences | ***I can*** express my preferences on familiar and everyday topics of interest, using simple sentences most of the time. | ***I can*** express my preferences on familiar and everyday topics of interest and explain why I feel that way, using simple sentences. | ***I can*** state my viewpoint about familiar topics and give some reasons to support it, using sentences and series of connected sentences. | ***I can*** state my viewpoint on familiar or researched topics and provide reasons to support it, using a few short paragraphs, often across various time frames. | ***I can*** state a viewpoint with supporting evidence on some concrete academic, social and professional topics of interest using paragraphs across major time frames. | ***I can*** present an argument with supporting evidence, based on a variety of concrete academic, social and professional topics of interest, using organized paragraphs across major time frames. | ***I can*** clearly and accurately present an argument with supporting evidence on complex concrete issues, and often deal with related issues hypothetically. | ***I can*** deliver a clearly articulated and well-structured argument, refute counterarguments, and give extensive supporting evidence on abstract or hypothetical issues and ideas, ranging from broad general interests to areas of specialized expertise. | ***I can*** tailor a sophisticated presentation to advocate my own or another's point of view or to persuade an audience whose attitudes and cultural perspectives may be different from my own. |

### *How can I present information to **inform, describe, or explain**?*

| NOVICE PERFORMANCE INDICATORS: LOW | NOVICE: MID | NOVICE: HIGH | INTERMEDIATE PERFORMANCE INDICATORS: LOW | INTERMEDIATE: MID | INTERMEDIATE: HIGH | ADVANCED PERFORMANCE INDICATORS: LOW | ADVANCED: MID | ADVANCED: HIGH | SUPERIOR PERFORMANCE INDICATOR | DISTINGUISHED PERFORMANCE INDICATOR |
|---|---|---|---|---|---|---|---|---|---|---|
| ***I can*** name very familiar people, places, and objects using practiced or memorized words and phrases, with the help of gestures or visuals. | ***I can*** present on very familiar and everyday topics using a mixture of practiced or memorized words, phrases and simple sentences. | ***I can*** present on familiar and everyday topics, using simple sentences most of the time. | ***I can*** present on familiar and everyday topics, using simple sentences. | ***I can*** give straightforward presentations on a variety of familiar topics and some concrete topics I have researched, using sentences and series of connected sentences. | ***I can*** give detailed presentations on a variety of familiar topics and some concrete topics I have researched, using a few short paragraphs, often across various time frames. | ***I can*** deliver presentations on some concrete academic, social and professional topics of interest, using paragraphs across major time frames. | ***I can*** deliver detailed presentations and elaborate on a variety of concrete academic, social and professional topics of interest, using organized paragraphs across major time frames. | ***I can*** deliver cohesive presentations on a variety of complex concrete topics related to community interests and some specialized fields, and often deal with related issues hypothetically. | ***I can*** deliver clearly articulated and well-structured presentations to various audiences on abstract or hypothetical issues and ideas, ranging from broad general interests to areas of specialized expertise. | ***I can*** deliver sophisticated presentations with accuracy, efficiency and effectiveness on global and highly abstract concepts in my field of expertise, adapting my language to the characteristics of the audience and embedding cultural perspectives. |

## INTERCULTURAL COMMUNICATION

PROFICIENCY BENCHMARKS + PERFORMANCE INDICATORS

| | NOVICE | INTERMEDIATE | ADVANCED | SUPERIOR | DISTINGUISHED |
|---|---|---|---|---|---|
| | PROFICIENCY BENCHMARK | PROFICIENCY BENCHMARK | PROFICIENCY BENCHMARK | PROFICIENCY BENCHMARK | PROFICIENCY BENCHMARK |
| **INVESTIGATE**<br>Investigate Products And Practices To Understand Cultural Perspectives | In my own and other cultures ***I can*** identify products and practices to help me understand perspectives. | In my own and other cultures ***I can*** make comparisons between products and practices to help me understand perspectives. | In my own and other cultures ***I can*** explain some diversity among products and practices and how it relates to perspectives. | In my own and other cultures ***I can*** suspend judgment while critically examining products, practices, and perspectives. | In my own and other cultures ***I can*** objectively evaluate products and practices and mediate perspectives. |
| | PERFORMANCE INDICATORS | PERFORMANCE INDICATORS | PERFORMANCE INDICATORS | PERFORMANCE INDICATORS | PERFORMANCE INDICATORS |
| PRODUCTS | In my own and other cultures ***I can*** identify some typical products related to familiar everyday life. | In my own and other cultures ***I can*** compare products related to everyday life and personal interests or studies. | In my own and other cultures ***I can*** explain how a variety of products of public and personal interest are related to perspectives. | In my own and other cultures ***I can*** analyze how products of personal and public interest are related to perspectives. | In my own and other cultures ***I can*** evaluate a wide range of concrete and abstract products from different viewpoints. |
| PRACTICES | In my own and other cultures ***I can*** identify some typical practices related to familiar everyday life. | In my own and other cultures ***I can*** compare practices related to everyday life and personal interests or studies. | In my own and other cultures ***I can*** explain how a variety of practices within familiar and social situations are related to perspectives. | In my own and other cultures ***I can*** analyze how practices within informal and formal situations are related to perspectives. | In my own and other cultures ***I can*** evaluate a wide range of concrete and abstract practices from different viewpoints. |

| | NOVICE | INTERMEDIATE | ADVANCED | SUPERIOR | DISTINGUISHED |
|---|---|---|---|---|---|
| | PROFICIENCY BENCHMARK | PROFICIENCY BENCHMARK | PROFICIENCY BENCHMARK | PROFICIENCY BENCHMARK | PROFICIENCY BENCHMARK |
| **INTERACT**<br>Interact With Others In And From Another Culture | ***I can*** interact at a survival level in some familiar everyday contexts. | ***I can*** interact at a functional level in some familiar contexts. | ***I can*** interact at a competent level in familiar and some unfamiliar contexts. | ***I can*** interact in complex situations to ensure a shared understanding of culture. | ***I can*** engage with complexity and pluricultural identities and serve as a mediator between and among cultures. |
| | PERFORMANCE INDICATORS | PERFORMANCE INDICATORS | PERFORMANCE INDICATORS | PERFORMANCE INDICATORS | PERFORMANCE INDICATORS |
| LANGUAGE | ***I can*** communicate with others from the target culture in familiar everyday situations, using memorized language and showing basic cultural awareness. | ***I can*** converse with peers from the target culture in familiar situations at school, work, or play, and show interest in basic cultural similarities and differences. | ***I can*** converse comfortably with others from the target culture in familiar and some unfamiliar situations and show some understanding of cultural differences. | ***I can*** suspend judgement, adapt my language, and make appropriate cultural references when interacting with others from the target culture in social and professional situations. | ***I can*** show empathy and cultural sophistication in my language when interacting in social, academic or professional situations with others from the target culture. |
| BEHAVIOR | ***I can*** use appropriate rehearsed behaviors and recognize some obviously inappropriate behaviors in familiar everyday situations. | ***I can*** recognize that significant differences in behaviors exist among cultures, use appropriate learned behaviors and avoid major social blunders. | ***I can*** demonstrate awareness of subtle differences among cultural behaviors and adjust my behavior accordingly in familiar and some unfamiliar situations. | ***I can*** adhere to basic social and professional norms and etiquette, read nonverbal cues and adjust my behavior in complicated situations. | ***I can*** transition smoothly from formal to informal styles of behavior, respond effectively to nonverbal cues and mediate situations of cultural misunderstanding with empathy. |

INVESTIGATE
PRODUCTS
PRACTICES
INTERACT
LANGUAGE
BEHAVIOR

附录5

# 澳大利亚外语教育政策(2010)——《国际第二语言能力标准》

## International second language proficiency ratings (ISLPR): General proficiency version for English

Published by and available from ISLPR® LANGUAGE Services PTY LTD ABN 83 138 312 919

Level 1, Office Suites
Eight Mile Plains Shopping Centre
Cnr Padstow and Warrigal Roads
Eight Mile Plains
QLD Australia 4113

PO Box 4659
Eight Mile Plains
Queensland
Australia 4113

Website: www.islpr.org
Email: info@islpr.org
Phone/Fax: +61 (0)7 3423 2505

© **Elaine Wylie and D.E.Ingram 2010**

ISLPR® is the registered trademark of ISLPR® LANGUAGE SERVICES PTY LTD directors, Elaine Wylie and Professor David Ingram, AM.

Institutions wishing to make copies of this version of the ISLPR® must obtain a licence to do so. Please contact the authors at ISLPR® Language Services.

Persons intending to use or using the ISLPR® to formally rate learner require training in interpreting the scale for such purpose and in administering the associated testing procedures. For information about training programs, contact the Administrative Officer at ISLPR® LANGUAGE SERVICES.

Wylie and Ingram 2010 ISLPR: General Proficiency Version for English.

FOREWORD TO THIS VERSION OF THE ISLPR®

The version of the International Second Language Proficiency Ratings (formerly Australian Second Language Proficiency Ratings) incorporates a number of changes made since we published the major revision of the General Proficiency versions in 1995.

Users who are familiar only with the pre-1995 versions will note that the names of some of the levels have been changed. Initial Proficiency (Level 0 + ) has been renamed **Formulaic Proficiency**, **Elementary Proficiency** (Level 1 − ) has been renamed **Minimum "Creative" Proficiency** Respectively, **Minimum Survival Proficiency** (Level 1) and **Survival Proficiency** (Level 1 + ) have been renamed **Basic Transactional Proficiency** and **Transactional Proficiency** respectively, Minimum Social. Proficiency has been renamed **Basic Social Proficiency**, and **Minimum Vocational Proficiency** has been renamed **Basic "Vocational" Proficiency**. Inverted commas are used around the terms "Creative" and "Vocational" to indicate that they have a particular meaning in the ISLPR (see GLOSSARY, pp vii-xi). For a full list of the names of the levels, see OVERVIEW OF DEVELOPMENT ACCORDING TO THE ISLPR (p vi).

ASLPR/ISLPR users have given us valuable feedback over many years. As a result, this version represents a distillation of the development paths of tens of thousands of learners of different ages, language backgrounds, learning backgrounds, and personalities. This field testing constitutes an invaluable complement to the more formal validation processes to which the scale has been submitted (see Note 2 on the following page for validation reference). We acknowledge contributions of participants in training courses, especially at the Advanced level, to drafts of this document, and are particularly appreciative of the expertise and honesty of colleagues, Breda Carty, Laura Commins, Peter Grainger, Huang Xizhe, Catherine Hudson, Hilda Maclean, Des Power, and Geoff Woollams.

We acknowledge our debt to the Australian Department of Immigration and Ethnic Affair, which funded the development and trialling of the first version of the ASLPR in the late 1970s and early 1980s, and to the National Languages and Literacy Institute of Australia and the Department of Employment, Education and Training, which have funded versions for other languages and for specified purposes.

We also acknowledge that the Absolute Language Proficiency Ratings developed by the U.S. Foreign Service Institute School of Language Studies was an important input to the initial version of the scale in 1978.

We continue to welcome feedback. Please send comments about the coherence and usability of this version. Also, since the column headed GENERAL DESCRIPTION OF LANGUAGE BEHAVIOUR and to some extent the COMMENT column are being used as the basis for other language versions (with changes to account for language-specific features such as grammatical and orthographic systems), we would be interested in hearing comments about their applicability to other languages, spoken or signed.

**Elaine Wylie and David Ingram**

NOTES

**The following points are important for correct interpretation of the ISLPR. They and the overview of the development which follows them should be carefully noted before reading the scale (see Note 1 on the use of the term 'scale').**

Guidelines for the use of the version in testing are provided in Direct, Adaptive Testing of Proficiency according to the International Second Language Proficiency Ratings (Wylie and Ingram), which is part of documentation given to participants in ISLPR training courses run by the authors. **The authors emphasise that only those persons who have been trained in interpreting the scale for testing purposes and in administering the associated testing procedures should formally rate learners against the scale.**

1. To be precise, the ISLPR is a set of sub-scales for Speaking, Listening, Reading and Writing. It is usually, however, referred to simply as 'a sale'. The authors have always stressed that the sub-scales are conceptually related, even though any learner may develop at different rates in the different macroskills, and therefore at a particular time and at different levels on the four sub-scales. This inter-relatedness has been confirmed by statistical analyses of the database of learner profiles.

2. The ISLPR authors are seeking to describe language as it is used by learners in real life. The scale has a strong empirical base; it draws on observations of many thousands of learners made by the authors and by other users of the scale (see FOREWORD TO THIS VERSION OF THE ISLPR®). The authors have not, however, tried to refer to every facet of real-life linguistic and paralinguistic behaviour. Apart from the impracticability of trying to describe every facet of interlanguage, such an endeavour would almost certainly be dysfunctional in terms of the purposes for which the scale is

intended. A road map provides an analogy; if a map refers to features that have little significance to users, they are likely to be overwhelmed by detail (Masters, personal communication). In deciding what phenomena to include in the scale, and how to describe those phenomena, the authors have been guided by current theories of linguistics, psycholinguistics and sociolinguistics.

3. The ISLPR can be used whenever a focus on second language learners' practical language skill is relevant. For a summary of the types of uses related to assessment, curriculum, research and language policy, see *An overview of the International Second Language Proficiency Ratings* (SLPR), which is distributed in training programs and may also be accessed on the ISLPR® Language Services website.

4. The scale is applicable to adolescents and adults who are using and developing their language in second or foreign language learning situations (the abbreviation $L_2$ is used to apply to both situations).

5. The ISLPR is a 12-level scale. Eight of these levels are described in this document; others are described sparingly. For a quick reference to the 12 levels and their names, see OVERVIEW OF DEVELOPMENT ACCORDING TO THE ISLPR on p vi. The method used to rate a earner at one of the undescribed levels is discussed in training programs. It is not legitimate to create or refer to levels other than the 12 levels.

6. The middle column, headed EXAMPLES OF LANGUAGE BEHAVIOUR, contains **examples** of tasks that learners can perform and language forms used at the particular level; it must **not** be seen as a checklist. Many of the tasks listed in this column can be performed at different levels of complexity; they must, therefore, be interpreted in terms of the GENERAL DESCRIPTION OF LANGUAGE BEHAVIOUR column for the particular level and, to a somewhat lesser extent, in terms of the language forms outlines in the middle column.

7. Every effort has been made to describe levels precisely by minimising the use of vague, relative terms. For persons wishing to use the scale, however, the descriptions need to be complemented by exemplars of language behavior, which are a feature of training programs.

8. The description of any level is intended to be self-contained, and overt references to other levels are generally avoided. In a sense, however, each level must be seen in relation to the whole scale, and the COMMENT column in particular acknowledges this.

9. Notwithstanding the self-containment referred to above, not all the selected facets (see Note 2 above) are addressed at every level. Where there is no significant development in a particular facet at a particular level, there may be only a cursory reference or none at all.

10. The names of levels should be interpreted in terms of the full descriptions of the levels. For instance, at Level 3, Basic "Vocation" Proficiency, learners have achieved a degree of mastery of the various systems of the language (e.g. syntax, discourse) and a degree of register sensitivity and flexibility as well as degree of mastery of the language of their "vocation(s)". (See also OVERVIEW OF DEVELOPMENT ACCORDING TO THE ISLPR on p vi and "vocation" in the GLOSSARY, p xi). Moreover, reading of levels below Level 3 should make it quite clear that the name Basic "Vocational" Proficiency should not be taken as implying that a learner below this level is incapable of using the target language to carry out tasks in any work or other special interest situation.

11. The ability to recode between the spoken and written language tends to be discussed under READING and WRITING but not under SPEAKING and LISTENING in acknowledgement of the natural primacy of the spoken form in an alphabet language (the written form being a secondary, or derivative, symbolic system). It is not intended to imply that, for a particular learner, the spoken forms of the language will be learned first.

12. Each of the levels should be seen as a band which extends above and below the point which is described (except in the cases of 0 and 5). This means that it may be possible to rank learners who are, nevertheless, rated at the same level. It also means that, during a particular time (e.g. the duration of a language course), a learner may make progress, but progress that is not recordable as a change of level on scale.

13. When the scale is being used to rate an individual learner, the level assigned to the learner in a macroskill is that which his/her behaviour most closely matches. Thus, for example, a learner rated as S: 1+ may not be "1+-like" in every feature of speaking. Lesser development in some features of the language may be compensated for by greater development in other features; or, while the learner is marginally lower or higher than 1+ in some feature, with no compensatory or counteractive development, the behaviour manifested may still be more "1+ like" than "1 - like" or "2 - like".

14. This version of the ISLPR is called a "general proficiency version" because it refers to language use in a range of life roles (see **General proficiency** in the GLOSSARY, p viii) and thereby facilitates the rating of learners' general proficiency. Other scales that focus on situations related to a particular sphere of knowledge or activity and thereby facilitate the rating of proficiency for a specified purpose have been developed (Version for Teachers of Indonesian) or being finalised (versions for Academic Purposes, Business and Commerce Purposes, and Engineering Purposes).

15. A range of simple versions of this general proficiency scale are available for self-assessments.

# 索 引